MW00462412

Un año en los Salmos

365 DEVOCIONALES
para tu caminar con Dios

B&H
ESPAÑOL
NASHVILLE, TN

Un año en los Salmos: 365 devocionales para tu caminar con Dios

B&H Publishing Group
Nashville, TN 37234

Diseño de portada: Karin Albrecht

Director editorial: Giancarlo Montemayor
Coordinadora de proyectos: Cristina O'Shee

Clasificación Decimal Dewey: 242.2
Clasifíquese: BIBLIA. A.T. SALMOS / LITERATURA DEVOCIONAL / CALENDARIO DEVOCIONAL

ISBN: 978-1-0877-5146-7

Impreso en EE. UU.
3 4 5 6 7 8 * 26 25 24 23 22

UNA NOTA DEL EDITOR

*C*arlos Spurgeon, el famoso predicador del Siglo xx, alguna vez dijo: «He aprendido a amar las olas que me golpean contra la Roca eterna». El sufrimiento tiene una cualidad única de mostrarnos nuestra necesidad de Dios, ¿no es así? Primero, nos desestabiliza de las cosas que pensábamos que perdurarían para siempre. Luego, nos muestra lo frágiles que son los ídolos de nuestro corazón. Finalmente, si estamos en Cristo, nos lleva a la Roca eterna para anclarnos en Él y recordarnos que Él es nuestro inconmovible sostén en la tribulación.

El Libro de los Salmos es, en su mayoría, una colección de respuestas piadosas a las olas de esta vida. En ellos encontramos a personas vulnerables que nos hablan de su experiencia con el dolor, la ansiedad, la depresión y el temor. En los Salmos encontramos oraciones inspiradas por Dios que nos enseñan que Él se complace en escucharnos en nuestra fragilidad. Oraciones como «Roca mía, ¿por qué te has olvidado de mí?» (Sal. 42:9) y «Me has puesto en el hoyo profundo, en tinieblas, en lugares profundos» (Sal. 88:6) son bienvenidas ante el trono de la gracia. Parte de lo que significa amar a Dios con todo nuestro corazón es precisamente llevar nuestra alma tal y como está delante de Él.

Así, te animo a que uses estos devocionales de esperanza en los Salmos como una guía de oración y una brújula ante tu propia situación. Mi oración es que, al pasar por aguas turbulentas, estos devocionales puedan recordarte en Quién estás parado, y puedas decir como el salmista: Nada me faltará.

Gracia y paz,
Giancarlo Montemayor
Director editorial, B&H y Biblias Holman

SALMO 1:1

«Bienaventurado el varón que no anduvo en consejo
de malos, ni estuvo en camino de pecadores,
ni en silla de escarnecedores se ha sentado»

(SAL. 1:1, RVR1960).

Este salmo puede ser considerado como el salmo prefacio, puesto que en él hay una idea del contenido de todo el libro. El deseo del salmista es enseñarnos el camino a la bienaventuranza y advertirnos de la destrucción segura de los pecadores. Este es, pues, el asunto del primer salmo, que puede ser considerado, en ciertos aspectos, como el texto sobre el cual el conjunto de los Salmos forma un sermón divino.

¡Observa cómo este Libro de los Salmos empieza con una bendición, lo mismo que el famoso Sermón del monte! La palabra traducida como «bienaventurado» es una palabra muy expresiva. En el original es plural, y es una cuestión discutida si se trata de un adjetivo o de un sustantivo. De ahí podemos colegir la multiplicidad de las bendiciones que reposan sobre el hombre, a quien Dios ha justificado, y la perfección y grandeza de las bendiciones de que gozará.

Bienaventurado el varón que no anduvo en consejo de malos. Este hombre sigue el consejo prudente, y anda en los mandamientos del Señor, su Dios. Para él los caminos de la piedad son caminos de paz y bienandanza. Sus pisadas son ordenadas por la Palabra de Dios y no por la astucia y argucias del hombre carnal. Es una señal cierta de gracia interior cuando el modo de andar ha cambiado y la impiedad es apartada de nuestras acciones.

Cuando los hombres viven en el pecado, van de mal en peor. Al comienzo andan meramente en el consejo de los descuidados e impíos, que no se preocupan de Dios —el mal es más bien de carácter práctico que habitual—, pero después de esto se habitúan al mal y andan en el camino de los pecadores declarados que voluntariamente quebrantan los mandamientos de Dios; y si se les deja solos, van un paso adelante y se vuelven maestros y tentadores deplorables respecto a los demás, y con ello se sientan en la silla de los escarnecedores. Se han graduado en el vicio, y como verdaderos doctores de condenación, se les ha concedido el título, y los demás los consideran como maestros en Belial. Pero el hombre bienaventurado, el hombre que posee todas las bendiciones de Dios, no puede tener contacto con personas de esta clase. Se mantiene puro y libre de estos leprosos; aparta las maldades de él como vestidos manchados por la carne; sale de entre los perversos y se va fuera del campamento llevando el reproche de Cristo. ¡Oh, si pudiéramos tener gracia para mantenernos separados así de los pecadores!

SALMO 119:38

«Confirma tu promesa a este siervo...»

(SAL. 119:38).

Uno de los grandes enemigos en la vida son las dudas. Pero todas nuestras dudas se disipan cuando encontramos una firme confirmación de la verdad. El enamorado que duda del amor es su prometida vuelve de tanto en tanto a leer las cartas de su amada para poderse decir a sí mismo en voz baja: «Sí me ama». El heredero que duda si la casa donde vive es suya, regresa a sus archivos y al ver el título de propiedad exclama: «Sí es mía».

Del mismo modo pueden llegar las dudas a la vida del cristiano. Puedes sentirte abatido, cansado, frustrado, pero al regresar a la Palabra una y otra vez las promesas de Dios afirman la verdad en tu corazón. Una de las escenas más dramáticas de *El progreso del peregrino*, de John Bunyan, es cuando Cristiano y Esperanza son hechos prisioneros por un gigante en el Castillo de la Desesperación. Son del todo incapaces de escapar, hasta que descubren la llave de las promesas con la cual abren la puerta del calabozo que los retenía.

En la Palabra de Dios tenemos todas Sus promesas que nos liberan de la angustia de la duda y de la desesperación. Necesitamos recordar la verdad. Necesitamos que se nos repita una y otra vez. Necesitamos ponernos a nosotros mismos bajo la santa influencia de las Escrituras, para que la Palabra de Dios confirme en nuestros corazones Su bondad y nuestras dudas se desvanezcan como la niebla de la mañana cuando sale el sol.

Esta porción del Salmo 119 expresa esa urgencia. Todas las estrofas de la sección *He* empiezan con esa letra del alfabeto hebreo, que es la usada para formar la forma imperativa de los verbos. De ahí que el autor elija imperativos para iniciar cada frase: v. 33, «enséñame»; v. 34, «dame»; v. 35, «dirígeme»; v. 36, «inclina»; v. 37, «aparta»; v. 38, «confirma»; v. 39, «quita»; v. 40, «dame». Sus palabras denotan la urgente necesidad de una salida a todas nuestras ansiedades.

Como el salmista, pídele también a Dios que haga Su obra en ti, porque necesitas desesperadamente que Él te guie, te enseñe y te dirija. Tan solo bajo el poderoso cuidado de tu Buen Pastor tu alma se ve reconfortada. Pero necesitas recordarlo continuamente. La inercia humana ante las dificultades es siempre intentar hacer todo lo que está en nuestras manos para ayudarnos a nosotros mismos. Los discípulos en medio de la tormenta sacaban con sus manos el agua para lograr que su barca continuara a flote. Del mismo modo has de reconocer las muchas veces que has intentado usar tus propias fuerzas para salir adelante en los retos de esta vida sin ver que Jesús estaba contigo en la barca.

Deja de luchar por ti mismo y clama al Señor por Su socorro y Su intervención en tu vida. La Palabra te repite con claridad que necesitas que sea Él quien obre mientras tú contemplas cómo confirma Sus admirables promesas delante de ti.

SALMO 2

«... ¡Dichosos los que en él buscan refugio!»

(SAL. 2:12).

*C*uando mi hijo pequeño tuvo un resfriado, me sentí completamente impotente. Él mismo no parecía entender lo que le sucedía a su cuerpo: el dolor, la fiebre, la tos. Todos nosotros hemos tenido algún resfriado alguna vez. Me sorprende pensar que un virus microscópico, algo que no podemos ver con nuestros propios ojos, nos debilite de tal modo que terminemos en la cama sin nada que hacer.

En estos tiempos nos hemos dado cuenta de que algo pequeño, como un virus, puede doblegar no solamente a una persona, sino a naciones enteras. Cuando sucede algo así, cuando incluso las instituciones más poderosas se ven rebasadas por algo tan pequeño, pudiera ser inevitable pensar: ¿quién está a cargo?

¿Será que el gobierno está a cargo? Parece que no. ¿Quizás la medicina y la ciencia son la respuesta? Tampoco. ¿Nosotros mismos? Mucho menos.

El Salmo 2 señala claramente quién es el que está a cargo: Dios. Este salmo mesiánico (es decir, que predice y apunta hacia el Mesías, Jesucristo) proclama que ninguna de las naciones poderosas puede salirse del señorío del Cristo, el Mesías de Dios (vv. 1-3).

Aunque las naciones piensen que pueden salirse del reinado y soberanía de Jesucristo, eso es absolutamente imposible. Dios está en Su trono y nada lo puede sacar de allí.

Es ese Dios, sentado en el trono, quien ha decretado a Jesucristo como Su Hijo eterno (v. 7), como el heredero del mundo, el único que puede regir a las naciones con juicio y justicia (vv. 8-9).

Así que cuando tu vida parece salirse de control, hay alguien que siempre estará en absoluto y completo control. El mismo Dios que estableció a Su Hijo Jesús como el rey del mundo, es el mismo que gobierna sobre las naciones.

Y también sobre tu situación.

Puede ser que en tiempos así tu alma se vea invadida por la duda. Estamos acostumbrados a tener las cosas bajo control. O por lo menos, eso intentamos. Y cuando repentinamente algo sucede, y esas cosas con las que hacíamos malabares con aparente destreza caen al suelo y se estrellan en pedazos, recordamos algo que deberíamos saber, pero frecuentemente olvidamos: no estamos en control. No somos los reyes de nuestro propio imperio.

Cuando Dios nos lleva hasta allí, debemos levantar nuestra mirada al cielo, al lugar en donde nuestra mirada debería siempre estar, y poner nuestra confianza en Dios.

Tú puedes confiar en ese Dios. De hecho, el salmo termina diciendo: «… ¡Dichosos los que en él buscan refugio!» (v. 12). Así que el salmista proclama una bienaventuranza sobre aquellos que depositan su confianza en el Dios verdadero.

Quiero animarte a que, por la gracia, obedezcas a la voz de Dios que te anima: «Confía en mí».

Sí, confía.

SALMO 67

«Dios nos tenga compasión y nos bendiga;
Dios haga resplandecer su rostro sobre nosotros»

(SAL. 67:1).

Este salmo comienza con uno de los anhelos más esenciales de las personas que se saben pecadoras: el anhelo de recibir la misericordia de Dios (v. 1); la certeza de que, en el día de la calamidad, Dios nos muestre Su bondadoso rostro y no nos dé la espalda (ver Jer. 18:17). Esta era la petición del salmista en favor del pueblo, y esta es también la realidad de aquellos que hemos experimentado la gracia del evangelio. El apóstol Pablo declara que es en el evangelio donde hemos recibido esta «misericordia»; en el evangelio, Dios, «que ordenó que la luz resplandeciera en las tinieblas, hizo brillar su luz en nuestro corazón para que conociéramos la gloria de Dios que resplandece en el rostro de Cristo» (2 Cor. 4:1, 6). Es en el rostro de nuestro Salvador donde Dios ha hecho resplandecer Su rostro sobre nosotros y nos ha llenado de «toda bendición espiritual en Cristo» (Ef. 1:3). Por lo tanto, la petición del salmista nos ha sido ya otorgada. Por esta razón, al enfrentar como creyente cualquier tipo de aflicción o necesidad, no necesitas vivir en incertidumbre. Por el contrario, tienes la plena certeza de la bendición de Dios por causa de la obra de Jesús consumada en la cruz a tu favor. ¡Sublime gracia!

Ahora, la misericordia que Dios nos ha otorgado como Su pueblo, nos ofrece mucho más que una simple certeza personal e individual en tiempos de necesidad. En realidad, Su bondad misericordiosa nos ha dado un propósito y una responsabilidad eternos y trascendentes. Los versículos 2 al 7 lo expresan en términos que crean una imagen maravillosa. En primer lugar, el versículo 2 nos señala que la misericordia que hemos recibido es «para que se conozcan en la tierra sus caminos, y entre todas las naciones su salvación». Cada vez que el rostro de Dios ilumina a una persona, Su propósito se revela una vez más como evangelístico, misional y salvífico. Porque cuando la salvación de Dios llega, otras bendiciones espirituales se añaden también. Y cada una de ellas debe ser nuestro anhelo y petición a Dios a favor del mundo a nuestro alrededor. El salmista pide en el versículo 3: «Que te alaben, oh Dios, los pueblos; que todos los pueblos te alaben». Tan grande es su anhelo de que el Dios Salvador sea alabado, que lo repite en el versículo 5. La obra misericordiosa de Dios por nosotros es por lo tanto primeramente teocéntrica. Su intención primaria es que Dios reciba la adoración que solo Él merece y que en el presente está ausente en muchos confines de la tierra. Pero observa el versículo 4, en el centro del doble anhelo de alabanza a Dios, descubrimos que Dios consuma nuestra dicha: «Alégrense y canten con júbilo las naciones, porque tú las gobiernas con rectitud...». ¡La adoración a Dios es para la alegría y el gozo de toda la tierra! Finalmente, el versículo 7 nos anuncia que toda esta bendición busca aquello que es el principio de la sabiduría: el temor de Dios.

Cuando te enfrentes a pruebas y tribulaciones, recuerda siempre que, en el evangelio, tienes la certeza de la misericordia y la bendición de Dios. Y que esta bondad se te ha dado para que todas las naciones conozcan, alaben, y teman a Dios, y como resultado, se regocijen en Su salvación.

SALMO 8:1-9

«¡Oh Jehová, Señor nuestro, cuán glorioso
es tu nombre en toda la tierra!»

(SAL. 8:1).

El creyente, redimido por la preciosa sangre de Jesús vertida en la cruz, reconoce la majestad, el poder y la gloria del Señor porque ha experimentado la gracia divina en su propia vida. Esa fue la experiencia del salmista, el rey David, quien expresó la alegría y el gozo que inundaban su corazón por las bendiciones de Dios.

La vida de cada uno de nosotros, los creyentes redimidos, está compuesta de una cadena interminable de bendiciones, todas inmerecidas, pero otorgadas por la gracia del Salvador. Por lo tanto, debemos expresar nuestro agradecimiento adorándolo con alabanzas y expresiones que ensalcen el nombre de Aquel que nos llamó de las tinieblas a Su luz admirable.

Jesús pagó el precio de la redención, del rescate, y por Su sacrificio fuimos justificados. Su entrega a la causa de nuestra salvación fue total e incondicional. Y como lo expresó el profeta Isaías, por Su llaga fuimos sanados. Él sufrió nuestro castigo y llevó nuestros pecados al madero de la cruz para limpiarnos con Su sangre. Nos corresponde reconocer Su sacrificio, agradecerlo con verdadero sentimiento y declarar al mundo nuestro genuino aprecio por Su obra. Glorificar el nombre del Señor Jesús debe ser nuestro constante cántico y oración para que el mundo sepa del amor de Dios y de la oferta de salvación eterna por medio del sacrificio de Su Hijo. Demos gracias a Dios por Su amor y Su perdón.

Oh, Señor, ¡cuán grande es tu amor y misericordia! Te alabamos y glorificamos tu nombre.

SALMO 119

*«Mi alma desfallece por Tu salvación;
en Tu palabra espero»*

(SAL. 119:81).

Hay situaciones de la vida que nos llevan a pensar: *¿hasta cuándo, Dios? ¿Cuánto más tengo que esperar?* Parece que así se sentía el autor del Salmo 119 cuando escribió: «Mi alma desfallece por Tu salvación; en Tu palabra espero» (v. 81). Algo estaba provocando una angustia sin igual en su vida, pero decidió acudir a la fuente de esperanza, la Palabra de Dios. Lee los versículos que siguen:

«Para siempre, oh Señor, Tu palabra está firme en los cielos» (v. 89).

«Tu fidelidad permanece por todas las generaciones; Tú estableciste la tierra, y ella permanece» (v. 90).

«Si Tu ley no hubiera sido mi deleite, entonces habría perecido en mi aflicción» (v. 92).

«Jamás me olvidaré de Tus preceptos, porque por ellos me has vivificado» (v. 93).

Cuando las circunstancias que vivimos nos empujan al desaliento, tenemos que escoger dónde poner la esperanza. Este hombre estaba en el banco de la paciencia, su vida detenida. ¡Tan parecido a nuestras vidas ahora mismo ante una pandemia! No obstante, estaba seguro de que la palabra de Dios es eterna, que va más allá del día de hoy y, sobre todo, comprendió que la Palabra de Dios nos sostiene y nos da vida.

Pero no es una fórmula mágica. No se logra nada con dejar la Biblia abierta sobre la mesa de noche o cubrir las paredes con versículos bíblicos. Es una cuestión del corazón, por decirlo de alguna manera. Para que la Palabra de Dios se convierta en nuestra fuente de esperanza es necesario conocerla, aprenderla, atesorarla y, sobre todo, pedirle al Espíritu Santo que abra nuestros ojos a Su verdad, tal y como indica el versículo 18. Cuando nuestra mente se llena de la Palabra de Dios, tenemos una provisión de la que nos nutrimos constantemente, un tesoro que nadie nos puede quitar.

Varios siglos después Pablo lo reafirmó con su pluma mientras escribía a los cristianos de Roma: «Porque todo lo que fue escrito en tiempos pasados, para nuestra enseñanza se escribió, a fin de que por medio de la paciencia y del consuelo de las Escrituras tengamos esperanza» (15:4). Sí, la Palabra de Dios es un caudal de esperanza que Él nos ha regalado, pero ningún regalo es útil guardado en un rincón. Tenemos que darle el uso necesario. Así podremos decir junto con el salmista: «Tus testimonios he tomado como herencia para siempre, porque son el gozo de mi corazón» (119:111).

Tal vez hoy te sientes como este salmista, *¿hasta cuándo, Señor; cuándo terminará esta situación?* Esa pregunta una y otra vez regresa a tu mente. No tengo respuesta, pero hay algo que sí puedo decirte con certeza: haz de la Palabra de Dios tu esperanza. Mira el versículo 114: «Tú eres mi escondite y mi escudo; en tu palabra he puesto mi esperanza». Mientras la vida parezca estar en pausa, aférrate a la esperanza que se encierra entre Génesis y Apocalipsis porque todo lo demás de este mundo es pasajero, pero Dios y Su Palabra son eternos.

SALMO 119:36

«Inclina mi corazón hacia tus estatutos»

(SAL. 119:36).

*C*uando el capitán de un barco ve la luz del faro en el horizonte, entiende cuál es el camino que debe de seguir. De inmediato sus manos hacen girar con fuerza el timón en la dirección apropiada. Pero todo esto no significa necesariamente que el barco vire en ese momento. No puede haber un cambio de dirección verdadero hasta que el motor cambia de verdad su acción. Cuando el motor cambia, entonces sí, toda la nave es propulsada en la dirección deseada. Cuando el motor cambia es cuando de verdad se establece un nuevo rumbo.

Del mismo modo sucede con nosotros. Si te acercas a la Palabra de Dios, tus ojos serán capaces de ver la verdad, tu mente comprenderá la verdad, y en consecuencia dirigirás tus manos y tus pies hacia lo que es verdadero. Pero el cambio definitivo tan solo podrá tener lugar cuando tu corazón, el motor de tu vida, gire hacia la verdad. El corazón es el centro de la vida interior. El alma, el espíritu, o la mente son tan solo provincias del corazón. El corazón es el centro de la voluntad, de los afectos y de la fe, de modo que todo aquello que incida sobre nuestro corazón transformará nuestra existencia, para bien o para mal.

Por eso Salomón declara: «Por sobre todas las cosas cuida tu corazón, porque de él mana la vida» (Prov. 4:23). La Palabra de Dios ilumina tus ojos y hace que pongamos la mira en las cosas de arriba, no en las de la tierra (Col. 3:2). La Palabra de Dios ilumina tu mente, y te hace permanecer en la verdad porque es lámpara a tus pies, mostrándote el camino en que debes de andar (Sal. 119:105). La Palabra de Dios ilumina tus pies, y te conduce por la puerta estrecha y por el camino angosto que conduce a la vida eterna (Mat. 7:13-14). Pero del mismo modo necesitas que la Palabra ilumine tu corazón.

Canta con el salmista: «Inclina mi corazón hacia tus estatutos». Sí, que Dios incline tu corazón. Ora al Señor pidiéndole que Su Palabra preciosa no cambie tan solo tus pensamientos o tus acciones o tus pasos. Que Dios mueva tu corazón para que tu vida entera esté dirigida por la luz de Cristo. Tal es el impacto de la voluntad de Dios en nuestras vidas que el resultado final no es tan solo unos ojos que ven, una mente que entiende, unos pies que andan en el camino de la verdad, sino un corazón transformado que ama a Dios sobre todas las cosas y al prójimo como a uno mismo. Que tu cristianismo sea auténtico y no tan solo algo externo. Que tu corazón se vea inclinado a los estatutos del Señor, que en la Palabra encuentres tu delicia y al beber del agua viva y comer del maná del cielo, tu corazón sea transformado por la Palabra del Señor.

SALMO 22

*«Porque él no desprecia ni tiene en poco
el sufrimiento del pobre; no esconde de él su rostro,
sino que lo escucha cuando a él clama»*

(SAL. 22:24).

En el momento más crítico de la historia de la humanidad, cuando todo parecía perdido y el Hijo de Dios agonizaba en la cruz del Calvario, este fue el salmo que estuvo en Su mente y corazón (Mat. 27:46). Se trata de uno de los pasajes de la Biblia más explícitos sobre el sufrimiento incomparable de Jesús por nosotros.

Al igual que David, el autor humano del salmo, Jesús soportó gran aflicción antes de ser exaltado como el Rey del pueblo de Dios. Sin embargo, las cosas que en este salmo lucen como exageraciones o meras figuras literarias por parte de David para ilustrar y expresar su dolor, fueron verdaderas en Jesús.

Los vestidos de Jesús fueron repartidos y otros echaron suerte sobre ellos mientras Él estaba desnudo y en vergüenza (v. 18; comp. Mat. 27:35). Sus manos y pies fueron horadadas en verdad (v. 16). La gente lo miró colgado en la cruz, y menearon la cabeza en burla hacia Él mientras le decían: «Este confía en el Señor, ¡pues que el Señor le ponga a salvo!» (v. 8; comp. Mat. 27:43). En aquella cruz, Él experimentó realmente el abandono de Dios para que nosotros no tengamos que experimentarlo jamás si creemos el evangelio (v. 11; comp. Mat. 27:46).

El Salmo 22 parece escrito por el mismo Jesús mientras agonizó en el Calvario. Por lo tanto, es un salmo que nos llama a la esperanza en Dios. No importa cuán terrible sea la adversidad que enfrentemos, sabemos que Dios está con nosotros porque Su Hijo sufrió hasta lo sumo para que eso fuese una realidad. Cristo fue tratado como un criminal ante el Juez del universo para que tú y yo podamos ser recibidos como hijos.

Además, este salmo nos recuerda que Dios conoce el dolor no solo porque conoce todas las cosas, sino también porque lo experimentó por nosotros. Nuestro Salvador es varón de dolores experimentado en aflicción (Isa. 53:3). Esto no brinda todas las respuestas que quisiéramos aquí y ahora a todas nuestras preguntas en medio del sufrimiento, pero sí es la muestra más grande de que Dios no es indiferente a nuestra aflicción. El sufrimiento de Jesús en la cruz es la muestra irrefutable de Su amor por nosotros que nunca nos dejará (Rom. 5:8; 8:31-39).

Al mismo tiempo, este salmo no solo nos apunta al sufrimiento de Cristo, sino también a Su exaltación (v. 22) y nuestra adoración a Dios en respuesta a Su salvación (vv. 23-31). Por tanto, ora que el Señor te conceda deleitarte más en Su amor revelado en el evangelio, y que así tu corazón sea movido a la alabanza en medio de la prueba. Cristo no se quedó en el sepulcro. Él fue exaltado. En esto tenemos la certeza de nuestra salvación y esperanza.

SALMO 1:3

«Será como árbol plantado junto a corrientes de aguas, que da su fruto en su tiempo, y su hoja no cae; y todo lo que hace, prosperará»

(SAL 1:3, RVR1960).

Será como árbol plantado; no un árbol silvestre, sino «un árbol plantado», escogido, considerado como propiedad, cultivado y protegido de ser desarraigado, porque «toda planta que no ha plantado mi Padre celestial será desarraigada».

Junto a corrientes de aguas. De modo que incluso si falla una corriente, hay otra disponible. Los ríos del perdón y los ríos de la gracia, los ríos de la promesa y los ríos de la comunión con Cristo son fuentes de provisiones que no fallan nunca.

Que da su fruto a su tiempo. El hombre que se deleita en la Palabra de Dios recibe instrucción de ella, dispone de paciencia en la hora del sufrimiento, fe en la de la prueba y gozo santo en la hora de la prosperidad. El dar fruto es una calidad esencial del hombre que posee gracia, y su fruto será en sazón.

Los impíos tienen sus días marcados, sus ocasiones, sus obras y sus lugares determinados, a los cuales se adhieren estrechamente; de modo que, si su vecino muriera de hambre, no por ello se apartarían de su costumbre. Pero el hombre bienaventurado, siendo libre en todos los momentos, en todos los lugares, para todas las obras y para todas las personas, acude a servir y ayudar siempre que haya una necesidad.

Y su hoja no cae. Describe antes el fruto que la hoja, y, por ello, se intima al que profesa la palabra de doctrina que dé primero los frutos de vida si no quiere que su fruto se marchite, porque Cristo maldijo la higuera que no daba fruto.

Y todo lo que hace, prosperará. Así como hay una maldición envuelta en la prosperidad del malvado, hay también una bendición escondida en las cruces, pérdidas y aflicciones del justo. Las pruebas y tribulaciones del santo pertenecen a la administración divina, y por medio de ellas crece y da fruto en abundancia.

La prosperidad externa, si sigue al hecho de andar con Dios, es muy dulce; como el cero, que cuando sigue a un dígito aumenta el valor del número, aunque él mismo, en sí, no es nada.

SALMO 121

*«Mi ayuda proviene del SEÑOR,
creador del cielo y de la tierra»*

(SAL. 121:1-2).

*T*odo sucedió en una fracción de segundo. Conducía el automóvil rumbo al aeropuerto para ir por un amigo, cuando el auto que me pasaba a mi izquierda perdió el control, se estrelló contra el muro de contención, y antes de que yo pudiera hacer nada, giró e impactó mi auto, a unos cuantos centímetros de mi puerta.

El auto fue pérdida total. Cuando mi auto se detuvo, y me percaté de que estaba bien y no había salido herido, inmediatamente alcé mi vista por el vidrio delantero, buscando ayuda. Allí venían varias personas, acercándose hacia mí para ver si estaba bien.

La situación en la que me encontré me recuerda un poco al Salmo 121. Este salmo era uno que los peregrinos cantaban cuando subían a Jerusalén a una de las fiestas judías. El salmista alza su mirada a las montañas preguntándose si de allí encontrará socorro (v. 1). ¿Hacia dónde miras cuando te encuentras en dificultad? Muchas veces Dios nos pone en situaciones difíciles para que reconozcamos que, si nuestra mirada no está puesta en Él, entonces está en el lugar equivocado.

El salmista responde a la pregunta inmediatamente: «Mi socorro viene de Jehová, que hizo los cielos y la tierra» (v. 2). El Dios que hizo la Vía Láctea, el sol y los anillos de Júpiter, el que hizo al águila que surca el cielo buscando comida, y el que hizo el pez más pequeño que nada solitario en la oscuridad, es el mismo Dios que te auxilia.

No solamente Dios nos socorre, sino que también nos guarda. Así como Dios guardaba al pueblo de Israel, guarda ahora a Su pueblo, la Iglesia. Dios no se duerme (v. 3). Ni siquiera le da sueño (v. 4). El verdadero Dios existe en sí mismo y es todopoderoso. No tiene necesidad de recargar fuerzas. No tiene necesidad de que le recuerden algo.

¡Ese es el Dios que nos guarda (v. 5)! Es como una sombra que nos dice que, aunque no podamos verlo físicamente, Él está allí. Dentro de la voluntad de Dios, no hay nada que pueda dañarnos (v. 6). Y cuando Dios, en Su eterna sabiduría, decide que lo mejor para nosotros es pasar por un momento de prueba (como han pasado incontables creyentes durante la historia de la Iglesia), Él preserva lo más preciado que tenemos: nuestra alma (v. 7).

Aquella ocasión, mientras mi auto giraba sobre su eje, antes de salirse de la carretera y estrellarse contra un muro, de mi boca salió una oración continua: *¡Cuídame, Señor!* Dios tuvo a bien concederme esa petición.

Cuando las cosas se salen de tu control, confía en Aquel que puede guardar «en el hogar y en el camino, desde ahora y para siempre» (v. 8). Mi deseo para mi vida y la tuya es que cuando estemos en alguna dificultad, podamos decir igual que el salmista: «Mi ayuda proviene del Señor».

SALMO 135

«El Señor hace todo lo que quiere en los cielos y en la tierra, en los mares y en todos sus abismos»

(SAL. 135:6).

Si Dios no fuese soberano sobre todo en el universo, entonces no tendríamos razones para confiar en Él y atesorar Sus promesas. Seguro sería una deidad frustrada e infeliz. ¿Qué sentido tendría adorar a un «dios» incapaz de hacer lo que quiera? ¿Cómo seríamos felices en Él?

Pero el Dios verdadero sí es soberano. «El Señor hace todo lo que quiere en los cielos y en la tierra, en los mares y en todos sus abismos» (v. 6). La Biblia habla tanto sobre la soberanía de Dios, ¡que sería fácil pensar que este es Su atributo favorito!

La soberanía de Dios consiste en que Él tiene la autoridad y el poder para llevar a cabo todo aquello que Él quiere que ocurra. Esta soberanía significa que cuando Dios obra algo, no fue porque alguien lo obligó a eso, sino porque *Él quiso* hacerlo. Y cuando Dios permite algo (trátese de un sufrimiento presente o cualquier otra cosa) fue porque en un sentido Él quiso que eso ocurriera conforme a Sus propósitos.

En otras palabras, Dios está detrás de todo lo que pasa, ya sea obrándolo directamente para que ocurra u orquestándolo según Sus buenos designios (que no comprendemos completamente desde este lado de la eternidad). Y lo hace de forma tal que Él nunca es autor del pecado y las cosas que están mal en el mundo (Sant. 1:13-17).

De manera específica, el Salmo 135 señala que Dios gobierna sobre la naturaleza y las naciones (vv. 5-7, 10-12), y que Su soberanía está por encima de cualquier ídolo que tengamos (vv. 5, 15-18). Los ídolos en este mundo no pueden hacer nada por nosotros, pero el Dios soberano sí. Al mismo tiempo, en el corazón de este salmo vemos también que Dios es soberano en Sus hechos redentores a favor de Sus escogidos (vv. 4, 8, 12-14).

Esto debe inundarnos de esperanza cuando la duda y el temor nos golpean. Dios fue soberano a nuestro favor en la cruz, en la hora más decisiva de la historia y cuando todo parecía arruinado (Hech. 2:23; 4:27-28). Por lo tanto, aunque en nuestros momentos difíciles no tenemos todas las respuestas que quisiéramos, sí tenemos la certeza que más necesitamos: podemos confiar en que Dios gobierna todo en nuestras vidas para nuestro bien (Rom. 8:28, 32).

El gran predicador Charles Spurgeon decía que la soberanía de Dios es la almohada sobre la que el cristiano puede reposar su cabeza. ¿Estás reposando en esta verdad?

SALMO 141

«A ti clamo, SEÑOR; ven pronto a mí.
¡Atiende a mi voz cuando a ti clamo!»

(SAL. 141:1).

En las Escrituras podemos leer muchos salmos en los que el salmista suplica la protección de Dios, unas veces de los ejércitos enemigos, otras de las calamidades de la vida, de las tempestades, sequías, accidentes o engañadores. Pero este salmo expresa la necesidad de ser protegidos del principal enemigo retratado en los salmos. El enemigo más cercano, el propio pecado.

El primer enemigo es descrito (vv. 1-4) al nivel de las palabras, las obras, y el corazón. Una vez más el salmista clama en oración, y ruega en primer lugar por sus labios: «SEÑOR, ponme en la boca un centinela» (v. 3). Este es el principal temor del rey David, que sus palabras no vayan a inclinarse hacia cosas malas como evidencia sintomática de que su corazón se ha dejado seducir por el mal.

David reconoce que necesita de la intervención divina para alejarse de lo malo y sabe que Dios suele obrar mediante instrumentos humanos (vv. 5-7): «Que la justicia me golpee, que el amor me reprenda…» (v. 5). Los creyentes somos, o debiéramos ser, al fin y al cabo, meros instrumentos en las manos del Redentor para el bien de nuestros hermanos. David lo pudo comprobar en primera persona cuando el profeta Natán se acercó a él con una clara exhortación respecto a su pecado y la represión del justo fue medicina para él. La represión puede ser primero amarga, pero luego trae frutos de justicia. Quienes no tienen represión, sin embargo, siguen su camino de destrucción sin tener quién los exhorte o sin escuchar la exhortación (vv. 6-7).

La conclusión del salmista es simple, pero no simplista. «En ti, SEÑOR Soberano, tengo puestos los ojos» (v. 8). Quiera el Señor hacernos más y más conscientes de ese primer enemigo que llevamos dentro, de nuestro propio pecado, y de la batalla diaria que hemos de librar con él. Quiera el Señor darnos que nuestros ojos no miren hacia dentro, ni hacia los demás, sino hacia Él, pues de Él solamente vendrá nuestra ayuda y nuestras fuerzas para vivir la vida cristiana.

¿Cuán consciente eres de la gravedad de tu propio pecado? ¿Oras como David, pidiéndole que Dios no deje que tu corazón se incline al mal? ¿Tienes tus ojos puestos en el cielo o en el suelo? Ora al Señor rogándole que te dé las fuerzas que necesitas para combatir contra tu enemigo más íntimo. La vida del creyente supone una lucha encarnizada contra el pecado a fin de que Dios siga formando en nosotros a Su Hijo amado. «En la lucha que ustedes libran contra el pecado, todavía no han tenido que resistir hasta derramar su sangre» (Heb. 12:4). En esa lucha, tenemos una bendita esperanza y una victoria segura en Cristo Jesús. Pon sobre Él tus ojos. Confía solamente en Él. Mira al crucificado, cuya sangre te lava de tus pecados. Que hoy puedas ser, descansando en el poder de Dios, un poco más parecido a lo que serás eternamente por Su gracia.

SALMO 147

*«Excelso es nuestro Señor, y grande su
poder; su entendimiento en infinito»*

(SAL. 147:5).

Este salmo es un hermoso cántico de alabanza al Señor por Su gran poder y Su perfecta protección hacia los suyos. En esta ocasión el salmista empieza exhortando al pueblo de Israel a que alabe al Señor: «... ¡Cuán bueno es cantar salmos a nuestro Dios, cuán agradable y justo es alabarlo!» (v. 1), para luego presentar las múltiples razones por las cuales es digno de ser alabado. Alabamos al Señor por Su salvación, presente y futura. El Señor es quien edifica Jerusalén (v. 2), quien vuelve a reunir a Su pueblo (v. 2), quien sana las heridas del corazón (v. 3); el poder del Señor es tan grande que Él puede contar todas las estrellas y llamarlas a cada una por su nombre: ¿Cómo no habría de cuidar un Dios tan poderoso a cada uno de nosotros, los que formamos Su pueblo?

Tal y como adelantaba el versículo 4, el mismo Dios que cuenta las estrellas es quien cuida de Su pueblo escogido. El poder de Dios es mucho más alto de lo que podamos jamás entender. Dios extiende las nubes y prepara la lluvia (v. 8), da de comer a los animales (v. 9), y aunque la creación es obra de Sus manos y Él la sustenta perfectamente, Dios no encuentra Su máximo deleite en ella, sino en Su nueva creación: «Sino que se complace en los que le temen, en los que confían en su gran amor» (v. 11).

De ahí proviene el imperativo del salmista que podemos apropiarnos cada uno de nosotros: ¡Alaba al Señor! Dios se goza en nuestras alabanzas y en un corazón humilde y sumiso delante de Él. La salvación de Dios es muy generosa y muy grande. Él usa a toda Su creación para proteger a Su Israel ante todos sus enemigos, y delante de Su poder, «¿quién puede resistir?» (v. 17). Ahora bien, esperando llegar al clímax de su salmo, el autor se guarda para el final la más grande las bendiciones de Dios para con los suyos: «A Jacob le ha revelado su palabra; sus leyes y decretos a Israel. Esto no lo ha hecho con ninguna otra nación; jamás han conocido ellas sus decretos. ¡Aleluya! ¡Alabado sea el Señor!» (vv. 19-20). Israel se goza, ante todo, por el hecho de conocer la voluntad del Señor y ser poseedor de Su revelación. Ese es también para nosotros, Su Israel, nuestro mayor gozo, deleite, y beneficio.

Además de las muchas bendiciones materiales del Señor para contigo, ¿cuentas como tu mayor bendición el poder tener Su preciosa Palabra y el privilegio de poder meditar en ella? ¿Das gracias a Dios por haber revelado a Su Hijo en ti (Gál. 1:16)? Que en medio de las bendiciones que te rodean, o aún en los momentos de escasez y aflicción, esta sea tu más grande bendición y tu primer motivo de alabanza a Dios. Él podría habernos privado de conocerlo, pero por Su bondad infinita, Dios nos ha hablado y ha hecho de nosotros una nación santa. Nosotros lo hemos conocido y hemos sido comprados para alabarlo. ¡Aleluya!

SALMO 27

«El Señor es mi luz y mi salvación; ¿a quién temeré?...»

(SAL. 27:1).

Esperar es una virtud que muchas veces no es cultivada en el tiempo que vivimos. Vivimos en el tiempo de la comida rápida, de acceder a información en segundos, y de poder ir a otros continentes en pocas horas. En este momento que estamos enfrentado, la humanidad ha sido llamada a esperar. Providencialmente el mundo se ha detenido y todos nuestros planes, metas y sueños se han detenido instantáneamente. En estos momentos somos llamados a poner en práctica nuestras creencias, a verdaderamente tener una absoluta confianza en Dios y aprender a esperar en Él, porque sabemos que Él es bueno.

Hay diferentes opiniones de cuándo escribió este salmo David. Lo que es claro en el mismo es que David muestra la respuesta piadosa de una persona que confía en Dios en momentos de dificultad. Este salmo nos debe ayudar tanto a prepararnos para el tiempo difícil, como para sostenernos en el tiempo difícil, ya que comparte verdades sobre quién es Dios y que su cercanía es nuestro sostén en tiempos devastadores.

David comienza alabando a Dios por su obra redentora,

> El Señor es mi luz y mi salvación:
> ¿a quién temeré?
> El Señor es el baluarte de mi vida:
> ¿quién podrá amedrentarme? (v. 1).

En estos momentos es importante que recordemos que Dios nos ha salvado. Nos ha salvado del pecado, de sus consecuencias y hemos sido librados de la mayor demostración de Su ira. Básicamente sí, Dios nos ha salvado, y no tememos porque al que debemos temer está de nuestra parte. Esta verdad debe ser suficiente para nosotros, calmar nuestras almas para dar paz y traer consuelo; Aquel que debemos temer es Aquel que nos salva.

Y eso lleva al creyente a desear la cercanía de Dios. Ya no tenemos que temer al que debemos temer, pero algo más increíble es que podemos acercarnos a Él. No es que solamente me libre de Él, sino que con un corazón lleno de fe podemos pedirle Su cercanía.

> Una sola cosa le pido al Señor,
> y es lo único que persigo:
> habitar en la casa del Señor
> todos los días de mi vida,
> para contemplar la hermosura del Señor
> y recrearme en su templo.
> Porque en el día de la aflicción
> él me resguardará en su morada;
> al amparo de su tabernáculo me protegerá,
> y me pondrá en alto, sobre una roca (vv. 4-5).

El comienzo del versículo 4 siempre me sorprende, David pudo pedir muchas cosas y pidió una sola: estar en la casa del Señor. Él sabe que el lugar de protección es estando en la cercanía de Dios. En medio de este tiempo de espera, los animo a cultivar intimidad con Dios, sin olvidar que el templo del Señor se manifiesta en su máxima expresión en la tierra cuando todos juntos nos reunimos presencialmente como Iglesia.

En este tiempo de angustia clamamos y pedimos a Dios que nos permita prontamente estar como Iglesia juntos, porque donde está Su pueblo ahí Dios habita.

Al final, el salmista termina reconociendo que sin la cercanía de Dios no hubiera podido continuar:

> Pero de una cosa estoy seguro:
> he de ver la bondad del Señor
> en esta tierra de los vivientes.
> Pon tu esperanza en el Señor;
> ten valor, cobra ánimo;
> ¡pon tu esperanza en el Señor! (vv. 13-14).

Por eso esperamos, en este tiempo donde estamos aislados, donde parece que el enemigo se está adelantando, esperamos en el momento que estemos junto al pueblo de Dios con Aquel que nos salvó. Solo esperamos por medio de Jesús, porque sin Cristo en lugar de salvación y esperanza, tendríamos juicio y desánimo.

SALMO 46

«Dios es nuestro amparo y nuestra fortaleza,
nuestra ayuda segura en momentos de angustia»

(SAL. 46:1).

Hay momentos en donde regiones del mundo pueden experimentar el colapso de sus sistemas. Países en donde los sistemas de gobierno colapsan, como sucedió con el muro de Berlín y el bloque comunista en el año 1989, o cuando hay guerras civiles. También podemos ver este fenómeno como resultado de desastres naturales. Por ejemplo, el paso del huracán Katrina puso a la ciudad de Nueva Orleans de rodillas con el desplome de la gracia común en ese lugar. Yo pude ser testigo de la devastación del huracán María en Puerto Rico, en septiembre del año 2017. Cuando llegué a la isla 10 días después del paso de esta tormenta, todo era destrucción y desorden.

Pero en estos días estamos experimentado el colapso de la sociedad como la conocemos por el efecto de un organismo tan pequeño como un virus. Fronteras están siendo cerradas, la economía se está deteniendo y ciudades como Nueva York están paralizadas. La reacción natural del ser humano es temer. Temer puede darnos un sentido de seguridad al hacernos pensar que es la respuesta adecuada a la circunstancia que vivimos y porque justifica que actuemos de maneras que nos hacen sentir seguros. En Estados Unidos, algunas personas acumulan comida y papel higiénico para sentirse «seguras», pensando que con una alacena llena todo estará bien.

¿A dónde acude el creyente en estos momentos de incertidumbre y devastación? El Salmo 46 es el lugar en las Escrituras que claramente nos dice al lugar que debemos acudir. En medio de nuestro temor, en medio de los sistemas políticos colapsando, en medio de la naturaleza rugiendo, tenemos promesas de Dios que deben sostenernos.

> Dios es nuestro amparo y nuestra fortaleza,
> nuestra ayuda segura en momentos de angustia.
> Por eso, no temeremos
> aunque se desmorone la tierra
> y las montañas se hundan en el fondo del mar;
> aunque rujan y se encrespen sus aguas,
> y ante su furia retiemblen los montes (vv. 1-3).

Dios es un refugio, es un lugar donde podemos protegernos. Es un lugar, en el que cuando todo parece caer, nos sentimos seguros.

En una ocasión estaba manejando junto a mi familia cuando una tormenta comenzó a azotar el área. Los celulares anunciaban la cercanía de tornados y mi hija menor se llenó de miedo. Tan pronto llegamos a la casa se tranquilizó, se sentía segura. Dios es ese lugar seguro para los creyentes. No solo es refugio, también es nuestra fortaleza. Fortaleza se refiere a aquello que nos da fuerza. Al sentirnos protegidos nos fortalecemos. ¿Alguna vez fuiste víctima de acoso o intimidación («bullying»)? ¿Te sentías fuerte cuando tu hermano mayor iba contigo a enfrentarlo? De la misma forma nos sentimos fuertes porque ningún enemigo puede derrotarnos. Pero lo más asombroso es que Dios es una

ayuda pronta, cercana. Él no está lejos. En estos días, ningún presidente de una nación va a consolar a cada ciudadano personalmente. Ellos están en la Casa Blanca, en la Casa Rosada o en el Zócalo. Pero Dios está cercano. Él está con nosotros en nuestra dificultad.

Por eso, no tememos. El versículo 8 nos invita a mirar las obras de Dios para sentir seguridad.

En este tiempo, la mayor obra que miramos para calmar nuestras almas es el evangelio. Miramos al niño en el pesebre, Dios tomando forma de hombre para representarnos. Miramos Su vida perfecta que nos da justicia. Miramos Su sacrificio en la cruz que remueve nuestros pecados. Miramos la tumba vacía que nos da esperanza de vida eterna. Y por sus obras entonces podemos hacer lo que el versículo 10 nos demanda: «Quédense quietos, reconozcan que yo soy Dios…».

Este «quédense quietos» no es un tiempo devocional con una taza de café en donde meditamos tranquilamente. Quedarse quietos es someternos en obediencia que se refleja en confianza al Dios que hace las obras. Entonces, por medio de Su obra tenemos paz y por eso no tememos. Estad quietos es la demanda de Dios a un mundo rebelde a que confiemos en Él. Cuando todo colapsa, estamos quietos porque Jesús hizo lo que no podíamos hacer.

SALMO 13

«Pero yo confío en tu gran amor; mi corazón
se alegra en tu salvación»

(SAL. 13:5).

«*E*n verdad estoy tan triste que no puedo expresar mi gran dolor a ninguna persona, no puedo comer, ni beber, ni dormir». Esto fue lo que la esposa de Martin Lutero escribió después de que él muriera. Así es el dolor. Es mucho más que un sentimiento. El dolor se toca, se materializa. Y, de inmediato, nos hace cuestionar a Dios.

El salmista David comienza con cinco preguntas y en cuatro de ellas inicia diciendo: «¡Hasta cuándo...?» (vv. 1-2). Esto pone de manifiesto la agonía por su dolor. Grita con desesperación porque se siente abandonado por su Dios. La paciencia se ha agotado, la esperanza se ha esfumado y el dolor se ha transformado en un gigante invencible.

En los días alegres y cálidos de nuestra vida, el tiempo pasa volando con sus alas extendidas. Pero, en las jornadas del invierno del dolor, sus alas se cierran y se estaciona indefinidamente. Las horas se sienten como días y los días como meses. Así se siente el salmista. No ve el momento en que termine su dolor.

Pero es interesante que, en medio de este escenario, David pide a Dios algo que nos sorprende: «... Ilumina mis ojos. Así no caeré en el sueño de la muerte» (v. 3). No pide un cambio superficial. No pide que sus enemigos sean destruidos (aunque no pecaría si pidiese eso). Él pide que la mano providente de Dios venga y abra sus ojos de fe para que, en medio de su aflicción y oscuridad, vea la luz refulgente de Su gloria. Es como si dijera: «No permitas que la oscuridad de la maldad nuble mis ojos y me impida ver tu gloriosa santidad». Él desea ver a Dios porque, cuando ve esa bella gloria, su corazón pasa de la agonía a la alegría, del lamento al canto. En los versículos finales, podemos observar que Dios contestó su oración y el verano llegó con sus alas extendidas (vv. 5-6).

La belleza de la luz se disfruta después de un periodo de oscuridad y, para usar una frase del poeta escocés Robert Pollok, «el recuerdo de las tristezas pasadas endulza el gozo presente». La música que sale del corazón del salmista es gloriosa porque emana de un corazón cautivo por la gloria de su Dios en medio de la oscuridad.

Permíteme compartirte dos principios para cualquiera que sea tu doloroso invierno:

En el invierno del dolor, clama a Dios que alumbre tus ojos. Más que cualquier otra cosa, necesitas ver la gloria de Dios. Y recuerda que esa gloria se manifestó en Cristo (2 Cor. 4:6).

En el invierno del dolor, Dios es el Alfarero y tú eres el barro. Las manos de Dios están trabajando en ti. Quizás sientes que necesitas saber qué está haciendo. Pero Él sabe lo que hace y tú necesitas recordar que todo obra para tu bien y Su gloria. Él no se equivoca. Él nunca falla. Él termina a la perfección lo que inicia (Jer. 18).

SALMO 104:1-4

«¡Alaba, alma mía, al Señor! Señor mi Dios, tú eres grandioso; te has revestido de gloria y majestad»

(SAL. 104:1).

El salmista se siente tan asombrado frente a la grandeza de la creación de Dios que solo puede prorrumpir en un torrente de expresiones que alaban a Dios.

La alabanza al Señor es una expresión del amor que sentimos por Él y, al mismo tiempo, expresa el agradecimiento que brota de nuestra alma por las bendiciones inmerecidas recibidas de Su parte y que son una demostración del carácter de Dios. El mundo que Dios creó es el habitáculo perfecto para el ser humano, es un regalo único que se nos ha entregado para disfrutarlo y cuidarlo como mayordomos fieles. La luz, el fuego, el aire que respiramos, el agua, las montañas y los valles, las flores y las frutas, etc.; todo lo creó de forma armoniosa, perfecta y hermosa para que podamos disfrutar de Su creación. Los seres humanos, asombrados ante la grandeza de la creación, debemos exclamar con palabras de alabanza y agradecimiento para el Señor: ¡Bendice, alma mía, a Jehová!

No hay palabras humanas suficientemente dignas para alabar a Dios. No hay suficiente tiempo, en todos los años de nuestra vida, para alabar a Jehová. No hay circunstancia en la que no se pueda alabar al Señor. Dicho con toda sencillez, alaba al Señor en cada momento, en la prueba, la alegría, la tristeza, en el triunfo y en la derrota. Cada estrella que brilla en la noche, cada ave que cruza el cielo, cada gota de lluvia que cae, todo a nuestro alrededor es un gran motivo para alabar a Dios.

Vengamos en oración delante de la presencia del Señor y alabemos Su nombre.

SALMO 77

«Cuando estoy angustiado, recurro al Señor...»

(SAL. 77:2).

En muchas ocasiones me he encontrado ansioso por una avalancha de temores que llegan a mi vida. Todo inicia con un solo pensamiento que me lleva a otro y eso corre de forma vertiginosa hasta convertirse en un caos mental. Hace unas semanas enfrenté una crisis de salud y llegó a mí el temor a la muerte, a la orfandad de mis hijos y a todas las dificultades familiares que eso conllevaría. Todos estos escenarios me angustiaban profundamente.

Asaf, un hombre, nos abre las puertas de su alma en sus escritos, nos muestra cómo un creyente maduro también enfrenta temores. No importa cuántos años tengas en la vida cristiana. No importa cuánta teología conozcas. Llegará el momento de la adversidad y la angustia nacerá en tu corazón. Sin embargo, el Salmo 77 nos muestra esta gran verdad: **la angustia es una realidad a pesar de nuestra teología, pero nuestra teología nos rescata de la realidad de la angustia.**

En este salmo, vemos una progresión en la condición del salmista. Primero, nos expresa su angustia profunda (vv. 1-6). Él conoce las obras de Dios. En el pasado, ha orado, meditado y cantado la verdad de Dios, pero nada de esto quitaba su tortuosa angustia. Durante las noches, su fe era sofocada hasta sus últimos respiros. Después, llega a las preguntas que inician su despertar (vv. 7-9). Comienza a hacer preguntas sobre el carácter del Dios inmutable y esto lo lleva a una ventana donde resplandece la belleza del Creador. Las preguntas se detienen en el versículo 10, ya que si avanzan, Asaf solo caerá en un abismo de incredulidad. En la última sección del salmo, vemos cómo su teología lo rescata de la realidad de la angustia (vv. 11-20).

En los primeros 6 versículos, hay 18 referencias a Asaf («me», «mi», «yo») y solo 6 referencias a Dios. A partir del versículo 11, encontramos 21 referencias a Dios y solo 1 referencia a sí mismo. ¿Cuál fue la clave? **Asaf dejó de verse a sí mismo en su angustia y se enfocó en el carácter de Dios (su teología).** Tomó la decisión de actuar. Eligió dejar de ser víctima de sus sentimientos. La mente y la voluntad entran en escena. El corazón le entrega el control a la mente. Cuando Asaf toma esta decisión, deja de centrarse en sí mismo y en sus circunstancias para enfocarse en su Dios Todopoderoso.

Te comparto tres aplicaciones prácticas de este salmo:

En medio de tu angustia, no alimentes tu ansiedad. Detén tu mente y deja de cultivar los temores que causan tus circunstancias.

En medio de tu angustia, enfócate en Dios. No centres tus oraciones en tus peticiones, heridas, necesidades y sentimientos. Pregúntate quién es Dios y deja que tu teología te rescate de tu angustia.

En medio de tu angustia, profundiza en tu fe. Las pruebas son parte del proceso en el que Dios desarrolla tu fortaleza espiritual. La esperanza no es que tu angustia se vaya, sino que tu fe en Dios crezca.

SALMO 40

«Dichoso el que pone su confianza en el SEÑOR...»

(SAL. 40:4).

Cuando yo estaba en la universidad, mi familia vivía en la región norte del país de Chile. En unas vacaciones de verano de la universidad, tocó la casualidad de que llegué a casa de mis padres el mismo día que habían sufrido un terremoto de 8.1 grados en la escala Richter. Experimentar las réplicas que duraron por muchos días fue una de las experiencias más desconcertantes que he tenido en toda mi vida. Simplemente no hay nada como el sentir no poder pisar tierra firme. El efecto mental, espiritual y físico de no poder bajar la guardia fue tremendo. Siempre había que estar alerta por si fuera necesario salir corriendo de la casa.

Los tiempos de dificultad y angustia nos provocan muchas veces este mismo sentir. Hay un estrés sobre la mente, el corazón, y el cuerpo cuando sentimos que «la tierra» debajo de nuestros pies se mueve. Anhelamos la estabilidad que nos permite respirar profundo y descansar. Buscamos alivio de la presión constante de lo desconocido. Nos sobrecoge la impaciencia, deseando ver una solución inmediata.

El salmista vivió experiencias muy parecidas a las nuestras. Sentía que estaba en la fosa de la muerte, desesperado, atrapado en el lodo de un pantano denso. Reconocía su condición pobre y necesitada, indigno de que Dios lo tomara en cuenta. Su propio pecado lo agobiaba, junto con el pecado de otros hacia él. Para David, no parecía que hubiera tierra firme donde colocar sus pies y sentir un descanso de la presión y angustia.

No podemos negar la realidad de los males que nos rodean. De hecho, no es recomendable ni sano intentar vivir como si la inestabilidad y desesperanza no fueran reales. David nos deja un ejemplo de un hijo de Dios que acepta la verdadera condición del mundo que lo rodea y de su propia vida, pero que sabe qué hacer con su desesperación. Conoce la fuente del rescate del lodo.

«Puse en el Señor toda mi esperanza…» (Sal. 40:1).
«Pacientemente esperé a Jehová» (Sal. 40:1, RVR60).

Esperanza. ¡Qué palabra tan hermosa y complicada! Es hermosa cuando el objeto de tu esperanza es confiable, pero lleva un sentido incierto cuando no es así. La clave de la esperanza de David está en su objeto. Puso toda su esperanza en el Señor. El resultado fue que él logró la estabilidad que buscaba. «… Puso mis pies sobre una roca, y me plantó en terreno firme» (v. 2). David mismo no lo logró por sus propios esfuerzos. Dios ya había provisto todo lo que David necesitaba en medio de la incertidumbre. David tenía que apropiarse de la provisión de Dios.

En medio de tiempos inciertos, enfermedad, amenaza de necesidad económica extrema, luchas con la tentación, inestabilidad emocional y duda espiritual, hay una sola fuente de esperanza verdadera que no está sujeta a ningún elemento terrenal. Cuando ponemos nuestra esperanza en Jehová, aunque nada cambie en nuestra situación actual, todo cambia en nuestra situación espiritual. Junto con el salmista, podremos cantar un himno nuevo, proclamar las buenas nuevas, abandonar nuestros ídolos, declarar el amor del Señor en la asamblea, experimentar victoria sobre el pecado, y exclamar: «¡Cuán grande es el Señor!».

SALMO 63

«Mi alma se aferra a ti; tu mano derecha me sostiene»

(SAL. 63:8).

*D*esesperación. Ansiedad. Crisis. Soledad. Sin duda, todos hemos enfrentado estas experiencias en algún momento. Muchos las estamos enfrentando en este momento. Sin embargo, no somos los únicos. El pueblo de Dios siempre se ha enfrentado a este tipo de situaciones.

El gran rey David pasó por estas experiencias. En el Salmo 63, David siente que está en un desierto. Ahí se encuentra sediento, enfrentando un ambiente inhóspito que no le ofrece el agua y el refugio que necesita. David clama intensamente a Jehová desde su desesperado desierto (v. 1). Aunque no sabemos con exactitud qué sucede en su vida, el versículo 9 sugiere que personas buscan matarlo. En esa situación desearíamos refugio, un lugar seguro, que tenga todo lo que necesitamos. Pero David se encuentra en un ambiente opuesto: el desierto seco y árido.

La gran ansiedad de David le roba el sueño y llena su mente de pensamientos angustiosos. De madrugada David está despierto (v. 1). En el versículo 6, encontramos que toda la noche está acostado en su lecho, pero no está durmiendo en paz ni está viviendo confiado (Sal. 4:8).

Sin embargo, a pesar de esta situación extrema, en pocos versículos el salmista pasa de la sedienta desesperación a la alabanza jubilosa (vv. 3, 5, 11). Pasa de la ardiente sed a quedar satisfecho de un suculento banquete (v. 5). ¿Qué sucede? ¿Cambia su situación? ¿Sale del desierto y llega a su palacio?

No, la situación de David no cambia. Lo que cambia es su enfoque. En vez de enfocarse en sus circunstancias angustiosas, David se enfoca en su Dios. Busca a Dios con anhelo intenso (v. 1). Recuerda el glorioso poder que había contemplado en el pasado (v. 2). Recuerda el amor leal del Dios que había hecho pacto con él (v. 3). El suculento banquete satisface su corazón cuando se acuerda de Dios en su lecho y piensa en Dios toda la noche (v. 6). Sabiendo que aun en el desierto está a la sombra de las alas del Altísimo, puede cantar porque sabe que Dios es su ayuda y sostén (v. 8).

El Salmo 63 nos enseña cómo tratar con nuestra desesperación, angustia y soledad. La clave no es cambiar nuestra situación sino cambiar nuestro enfoque. Cuando el Dios de poder glorioso sea nuestro enfoque, el oasis de Su amor leal nos satisfará.

En las noches, cuando la ansiedad se apodera de nuestros corazones y nos roba el sueño, ¿cómo responderemos? ¿Dejaremos que la desesperación llene nuestras mentes y mine nuestras fuerzas? ¿Recurriremos a Netflix, anestesiando la mente para que ya no tengamos que pensar en nuestra angustiosa situación? No. Estas cosas no satisfarán nuestro corazón. Como el salmista, recordemos al Dios glorioso y poderoso que nuestros ojos han contemplado (v. 2). Recordemos Su amor leal que estableció pacto con nosotros y que nunca nos dejará (v. 3); sabemos esto porque nos dio a Su mismísimo Hijo (Rom. 8:32). Ese amor, que es mejor que la vida, moverá nuestros labios a cantar jubilosas alabanzas aun en medio del desierto.

SALMO 24:1-10

«¿Quién es este Rey de gloria? Jehová de los ejércitos, Él es el Rey de la gloria»

(SAL. 24:10).

En este Salmo, el rey David expresó su convicción de que Dios es el dueño del planeta Tierra, él está convencido de que Jehová es el dueño absoluto del universo. David contempló el mundo a su alrededor y descubrió en sí mismo la mano creadora de Dios, y esto lo hizo sentir dueño del mundo por derecho de la creación.

Junto a esta afirmación de la soberanía de Jehová, el salmista expresó su percepción de la gloria divina en todo el universo. Lo que el escritor ve es una prueba fehaciente e innegable de la gloria divina. El Dios de gloria es el Rey de gloria y su reconocimiento manifiesta el sentir del salmista. ¡La gloria de Dios es perfectamente visible en el mundo! Pero para David, el Dios creador no solo es glorioso, sino también santo y los que desean alabarlo y darle gloria deben limpiarse de pecados antes de subir a Su presencia.

El Dios santo, glorioso creador y sustentador del universo, busca el reconocimiento, la alabanza y la adoración de nuestra parte. Y así como David respondió a su propia pregunta e identificó a Dios como el Rey de gloria, nosotros también debemos darle a Él esa categoría en nuestras vidas, debemos considerarnos súbditos del mejor Rey del mundo y, como tal, debemos honrarlo con nuestra vida. Abramos las puertas de nuestro corazón y permitamos la entrada del Rey de gloria. ¡Dios es nuestro Rey de gloria! Jehová, el fuerte y valiente, es nuestro Rey de gloria.

En nuestras oraciones diarias demos gloria y honor al Rey.

SALMO 78

«Pueblo mío, atiende a mi enseñanza;
presta oído a las palabras de mi boca»

(SAL. 78:1).

*C*omo resultado de la pandemia, muchas escuelas alrededor del mundo han cerrado sus puertas. Aunque los niños disfrutan sus primeros días de vacaciones, pronto la cruda realidad de estar encerrados en la casa genera una tediosa monotonía que desespera a hijos y a padres por igual. ¿Qué hacer tantas horas con nuestros hijos? En vez de verlo como algo molesto, padres cristianos, debemos aprovechar esta maravillosa oportunidad para influir en la vida espiritual de nuestros hijos e inculcarles las verdades maravillosas de un Dios asombroso.

En el Salmo 78, el salmista Asaf siente una profunda preocupación por las generaciones venideras. Mira a su alrededor y observa que muchos hijos de Israel no adoran ni obedecen a Dios. Cuando considera el pasado, detecta que la tendencia de Israel ha sido a rebelarse contra Dios. Y no quiere que las generaciones venideras sean como sus antepasados: una generación obstinada y rebelde, fluctuantes, e infieles a Dios (v. 8) que se dieron a la fuga en el día de batalla (v. 9) e incumplieron el pacto (v. 10).

Asaf sugiere una receta para evitar que el patrón se repita. ¿Cuál es la solución? Contarles las maravillosas proezas de Dios (v. 4). Cuando un padre fascinado por la grandeza de Dios habla con sus hijos de las asombrosas obras de Dios, se contagiarán de su fascinación y esto los llevará a confiar en Dios, serle fiel y obedecer Sus mandamientos (v. 7). Los motivará a transmitir este conocimiento y corazón apasionado a sus propios hijos (v. 6).

Como Asaf, nosotros también notamos cómo no logramos transmitir nuestra fe a las siguientes generaciones. ¿Por qué sucede? Porque los padres no tenemos corazones maravillados con Dios. No hemos meditado profundamente en Sus asombrosas proezas. Asaf recuerda a Israel cómo Dios los sacó de Egipto (v. 12), partió el Mar Rojo (v. 13) y los protegió en el desierto (vv. 14-16). Nosotros también podemos recordar a nuestros hijos cómo Dios nos libró de la esclavitud del pecado por la persona de Cristo y nos trasladó a Su reino y provee todo lo que necesitamos.

Asaf destaca la paciencia y misericordia de Dios. A pesar de la rebeldía reiterada de Israel, Dios fue paciente con ellos, recordando que eran polvo y deteniendo Su ira una y otra vez (v. 38). Seguramente en estos días de estrés y monotonía, fallaremos. Pero tenemos un Dios paciente que nos perdonará cuando fallemos.

Asaf concluye el salmo destacando la solución que Dios había dado a la repetida desobediencia de Su pueblo: escogió un rey para pastorear expertamente a Su pueblo (vv. 70-72). David fue un gran rey que guio al pueblo a obedecer a Dios, pero incluso el gran David fracasó. Pecó. Y después murió. Por ello Dios envió al gran Hijo de David para que sea el Buen Pastor y transforme nuestros corazones rebeldes. En estos días, padres, hablemos mucho de las proezas que Dios hizo en Cristo. Contagiemos a nuestros hijos con Su grandeza. Entonces creerán en nuestro maravilloso Dios, lo alabarán y obedecerán.

SALMO 1

«Porque el SEÑOR cuida el camino de los justos...»

(SAL. 1:6).

«*D*ichoso el hombre que no sigue el consejo de los malvados, ni se detiene en la senda de los pecadores ni cultiva la amistad de los blasfemos, sino que en la ley del SEÑOR se deleita, y de día y noche medita en ella». No existe mejor palabra para iniciar el Libro de los Salmos y este primer capítulo que la palabra «dichoso». Extremadamente feliz y afortunado, aquel cuya confianza y deleite no estuvo en el camino de los impíos, sino que encuentra su mayor placer y confianza en la ley del Señor. Son tiempos complicados y difíciles, tiempos donde el mundo corre de un lado para otro. No han encontrado refugio en el ejército, no han encontrado esperanza en la economía y no están encontrando soluciones en la medicina. El mundo corre y grita desesperado y el miedo y el pavor se van apoderando poco a poco del corazón de muchas personas alrededor del planeta. Vídeos con soluciones infectivas, noticias que no auguran que en breve las cosas se solucionen, supermercados sin abastecimiento para suplir las necesidades de todos y los políticos y gobernadores de las naciones sin nada que decir porque no existen soluciones a la vista.

Sin embargo, en medio de todo eso, en medio de toda esa oscuridad, existe un brillo especial, un pueblo que refleja paz, un pueblo que refleja confianza, un pueblo que consigue tener un corazón gozoso y lleno de fe en un Dios soberano y todopoderoso, el pueblo del Señor, la Iglesia de Cristo.

Nuestros ojos no están en los sucesos, nuestros oídos no están en los consejos del hombre y nuestro corazón no se apoya en el camino del mundo, nuestros ojos están en la Palabra de Dios, nuestros oídos atentos a Sus promesas y nuestros corazones practicando y poniendo por obra con cánticos y oraciones todo lo que hemos aprendido de las Sagradas Escrituras.

No tenemos miedo, no estamos asustados, no corremos desesperados, sino que hemos encontrado, en la Palabra de Dios, en la cual nos deleitamos, en la cual meditamos de día de noche, una fuente de gozo y confianza, hemos obtenido una paz que sobrepasa todo entendimiento y la seguridad de que en todo Dios tiene un propósito.

«Es como el árbol plantado a la orilla de un río que, cuando llega su tiempo, da fruto y sus hojas jamás se marchitan. ¡Todo cuanto hace prospera! En cambio, los malvados son como paja arrastrada por el viento» (vv. 3-4).

Apoyados en la Palabra de Dios, poniéndola por obra, creyéndola de todo corazón, tenemos la seguridad de que el Señor conoce nuestro camino, traza la senda por la que debemos andar y va delante de nosotros.

Tenemos la seguridad de que Dios va como poderoso gigante delante de Su pueblo, que lo guarda, que lo cuida, y por ello, por esa fe, sabemos que nuestro futuro está asegurado, está garantizado, porque el Dios de la historia ya se encuentra allí, trascendiendo el tiempo y el espacio, y en eso nosotros descansamos.

Cobra ánimo, sigue poniendo tus ojos en las noticias que muestra la Escritura y no tanto en las que muestra la televisión; y recuerda, si pones tu corazón en ellas serás, aun en medio de la tormenta, una persona dichosa.

SALMO 6

«El Señor ha escuchado mis ruegos; el Señor
ha tomado en cuenta mi oración»

(SAL. 6:9).

Cuando ponemos nuestros ojos sobre el Salmo 6 nos encontramos las palabras de alguien en una condición de aflicción extrema.

Nos encontramos al salmista expresando la necesidad de la misericordia de Dios sobre su vida, admitiendo que su alma se encuentra muy turbada, y preguntando al Señor: «¿Hasta cuándo?».

Esa expresión nos da a entender que no llevaba tan solo un día afligido y que posiblemente no tenía la seguridad de que fuera a terminar en breve su lucha. Así se encuentran muchos en nuestros días, ante todo lo que enfrentamos, preguntando al Señor: «¿Hasta cuándo?». Observan que los problemas y las dificultades no terminan, que la epidemia no remite, que el dolor y la aflicción siguen un día más y encuentran su alma turbada. Y como veremos ahora no era una tristeza ligera.

«Cansado estoy de sollozar; toda la noche inundo de lágrimas mi cama, ¡mi lecho empapo con mi llanto!» (v. 6).

Esta no era una tristeza ligera, sino un dolor intenso en el corazón.

Nada en esta vida nos garantiza que el sufrimiento no vaya a llamar a nuestras puertas. Ni siquiera el Señor, pues el propio Cristo nos prometió que en este mundo tendríamos aflicción.

Enfermedades, la pérdida de un ser querido, momentos duros y llenos de dificultades, entre otras cosas, son consecuencia de un mundo caído, y algo que no solo afecta a los incrédulos, sino que también alcanza muchas veces al pueblo de Dios.

Sin embargo, cuando esas cosas llegan, mientras el incrédulo crece en su rebeldía y furia, o mientras incluso se llena de ira y desespero, la seguridad del creyente es otra totalmente distinta.

«El SEÑOR ha escuchado mis ruegos; el SEÑOR ha tomado en cuenta mi oración» (v. 9).

En medio de todas las cosas que podamos enfrentar, nosotros, el pueblo de Dios, sabemos algo, y es que el Señor escucha nuestro clamor.

Hermano, hermana, no sé cuánto durará, pero sé que el Señor está viendo tu aflicción y escuchando tus oraciones.

No sé cuándo terminará, pero sé que el Señor atiende tu clamor y está cuidando de ti.

Aun en medio de todo debemos tener siempre una garantía y una seguridad, que a pesar del dolor, hay una voz que nos susurra cálidamente al oído: *Sigo contigo, te veo y te escucho en medio de todo.*

El Señor está con Su pueblo y en eso está nuestra confianza y seguridad.

El todopoderoso y soberano Dios está cuidando de nosotros.

SALMO 4

*«En paz me acuesto y me duermo, porque
solo tú, SEÑOR, me haces vivir confiado»*

(SAL. 4:8).

Recuerdo que cuando era niño mi papá repetía conmigo el último versículo del Salmo 4 después de orar y antes de dormir.

En paz me acuesto y me duermo,
porque solo tú, SEÑOR, me haces vivir confiado (v. 8).

Pero la pregunta es: ¿qué es lo que Dios hace en nuestra vida que nos hace vivir confiados y que nos deja dormir tranquilos cada noche?

Todos hemos experimentado cosas que nos estresan. Cosas en las que estamos pensando todo el día y que luego nos quitan el sueño.

Para David, en este salmo, la preocupación principal era la difamación y hostilidad de sus enemigos (v. 2).

¿Cuál es la solución a las preocupaciones diarias de la vida? Este salmo nos muestra cinco cosas.

Busca al Dios justo

«Respóndeme cuando clamo, oh Dios de mi justicia...» (v. 1a, RVR1960).

David sabe que Dios es la única fuente para obtener justicia en su vida. Finalmente, en Jesús, David recibió la justicia de Dios (Rom. 3:25-26).

Recuerda el pasado

«Cuando estaba en angustia, tú me hiciste ensanchar...» (v. 1b, RVR1960).

David había experimentado ya la gracia de Dios y Su protección. Parte de su paz venía simplemente de recordar la fidelidad de Dios en el pasado. Dios nos invita a recordar Su fidelidad en la historia, especialmente en la encarnación, muerte y resurrección de Su Hijo.

Reconoce tu necesidad

«... apiádate de mí y escucha mi oración» (v. 1c).

David necesitaba misericordia también, tanto como sus enemigos. Él reconocía que él también era pecador.

Ama a tus enemigos

«Si se enojan, no pequen...» (v. 4a).

No sé si David tuvo oportunidad de expresarles personalmente a sus enemigos su deseo para con ellos, pero por lo menos aquí lo expresa. Él quiere que se arrepientan,

y que su arrepentimiento los lleve a obras que glorifiquen a Dios. *Mediten en sus corazones sobre la santidad de Dios, arrepiéntanse, y vivan para él.* No sabemos si ellos se arrepintieron, pero sí sabemos que amar a sus enemigos tuvo un efecto santificador en la vida de David. A veces nuestros problemas con otros no están diseñados por Dios para cambiarlos a ellos, sino a nosotros, Sus hijos.

Encuentra un mayor gozo

«Tú has hecho que mi corazón rebose de alegría…» (v. 7a).

¿Qué importa lo que otros piensen de mí? Lo único que importa realmente es lo que Dios piensa de mí. David sabe que él es el ungido de Dios, y su gozo proviene de la realidad de ser aceptado por Él. Como descendiente de David, Jesús es el verdadero ungido de Dios, y en Él encontramos la confianza absoluta de que «… el Señor me escucha cuando lo llamo» (v. 3b).

Las posesiones y el reconocimiento de este mundo no son nuestra esperanza. Nuestro gozo no depende de lo temporal, sino de lo eterno. Aunque muchos cuestionen la bondad de Dios por las tribulaciones presentes, David sabe que la bendición final de la gloria de Dios es suya (v. 6).

Es por eso que podemos dormir en paz hoy, aun cuando sea nuestra última noche de vida. En Jesús, podemos vivir confiados cada día.

SALMO 145

«Te exaltaré, mi Dios y Rey;
por siempre bendeciré tu nombre»

(SAL. 145:1).

Hay momentos en la vida donde no tenemos palabras para expresar nuestras emociones, momentos cuando tenemos sentimientos en lo más profundo de nuestro corazón que perdemos la habilidad de comunicar cómo nos sentimos. Sean alegrías o tristezas, nuestros corazones buscan y necesitan ayuda para expresarse. Donde las palabras faltan, la música nos ayuda. Víctor Hugo lo explicó de esta manera: «La música expresa aquello difícil de explicar y sobre lo que es imposible guardar silencio». La fe cristiana siempre ha tenido afinidad con la música. Jonathan Edwards explicaba que «la mejor, más hermosa y perfecta forma que tenemos para expresar nuestra relación con Dios es a través de la música». El Salmo 145, obra de arte como tal, fue compuesto y diseñado para auxiliar nuestra memoria y nuestros corazones en dichos momentos.

Este salmo ha sido descrito como una joya que se destaca sobre los demás tesoros en los Salmos, ya que sirve como punto de referencia: de ahora en adelante nuestros cánticos serán aleluyas y más aleluyas. David hace hincapié en la grandeza de Dios y en la gracia que Él nos muestra al extender su mano para cuidar de nosotros y de Su creación. Hablando por experiencia, el autor nos dice que a diferencia de Dios, quien puede examinar nuestros corazones y pensamientos, Su grandeza es inescrutable. Pero, no sea que busquemos excusa para abstenernos del conocimiento de Dios, David afirma que sus obras pueden ser contadas y sus hechos recordados. Spurgeon nos ayuda: «¡Qué Dios tan glorioso tenemos! ¡Cuán fácilmente satisface las necesidades de Su pueblo! Tan solo con abrir Su mano, y ya está. No debemos tener miedo de acudir a Él, como si nuestras necesidades fueran demasiado grandes para que Él las supla». Dios nos dice que Su gracia es suficiente. Aunque esta gracia nos proporciona el contexto para descubrir nuestras insuficiencias, las experiencias de debilidad, tristeza y confusión no nos separan del amor de Dios en Cristo. Más bien, nos recuerdan que Dios alcanzó lo más profundo de nuestros corazones y transformó tal abismo de corrupción por amor y misericordia. Por lo tanto, siempre tendremos razón y motivación en deleitarnos en Sus obras: Su fidelidad, cuidado, amor y señorío. Este salmo provee llamados a la acción:

- Exaltaremos y bendeciremos Su nombre
- Celebraremos Sus obras
- Meditaremos en Sus hechos
- Proclamaremos la memoria de Su inmensa bondad

Cuando meditamos en Su palabra, postrémonos delante de Él, y al contemplar Sus obras, especialmente la muerte de nuestro Señor Jesús, levantemos nuestras voces en Su presencia. Sean gratos los dichos de nuestras bocas y la meditación de nuestros corazones delante de Él.

SALMO 121:1-8

«Jehová te guardará de todo mal;
Él guardará tu alma»

(SAL. 121:7).

Mi hija estuvo de misionera en el Medio Oriente durante muchos años. Vivía en un país donde su vida estaba en un peligro constante.

Durante ese tiempo yo pude experimentar lo que significa tener un protector. Recuerdo que repetía este salmo tantas veces que ahora no podría decir con exactitud cuántas veces lo repetí.

Por medio de esa experiencia llegué a comprender lo que significa creer que Jehová era y es el protector de su alma, no solo de su vida física, sino de su alma. Esto significaba que ella podía perder su vida, pero que viviría con Dios para siempre. Aceptar que podía perderla fue difícil para mí, pero Dios, en Su misericordia, se encargó de mostrarme que Él amaba a mi hija más que yo y que Él era su protector.

En los momentos difíciles de tu vida, ¿cuántas veces te has preguntado de dónde vendrá tu socorro? Y tal vez hasta lo hayas buscado en muchos lugares o personas, pero al final tú y yo sabemos que ese socorro, esa protección, solo viene de Dios.

Si estás pasando por momentos difíciles, acude hoy mismo a Jehová. Jehová es tu guardador, Jehová te guardará de todo mal.

Dios siempre está a tu lado y te protege.

SALMO 19

*«Los cielos cuentan la gloria de Dios, el firmamento
proclama la obra de sus manos»*

(SAL. 19:1).

Hay momentos donde quedamos cautivados por la hermosura de las cosas. Cuando vemos una obra maestra de la arquitectura, admiramos al arquitecto. Cuando somos sorprendidos por la belleza capturada en una obra de arte, admiramos y aplaudimos al pintor. ¿Cómo reaccionamos cuando contemplamos la creación que nos rodea? O tal vez la pregunta debería ser: ¿será que nuestras distracciones y ansiedades nos quitan la oportunidad de disfrutar de la creación? Dios nos diseñó para que, al levantar nuestros rostros, nos deleitemos en Su grandeza.

Tal vez la grandeza de Dios despierta ideas de poder divino e inmensidad. Finalmente, levantas tu rostro y solo piensas en lo grande y transcendente que es el Creador de todas las cosas. En el universo existen un billón de estrellas en cada galaxia. Solo en nuestra galaxia tomaría tres mil años contarlas (claro, si pudiésemos contar una estrella cada segundo) y cada una de ellas ha sido colocada soberanamente por Dios. Pero ¿para qué?, ¿para qué tanta grandeza si nos sentimos abandonados?

El poder de Dios solo nos dice cómo Dios creó, pero no nos da el porqué. Si levantamos nuestros rostros una vez más, el Salmo 19:6 nos dice que el sol que Dios creó y colocó no solo existe, sino que da luz, calor y vida a la creación. Las nubes preparan la lluvia que hace crecer los frutos de la tierra. Así que, ¿qué exactamente proclaman los cielos? El amor y la bondad de Dios. Él está atento a Su creación. Él ha contado los cabellos de nuestras cabezas. Ni el volar de los pajarillos ocurre sin Su cuidado. Nuestro Dios cuida de todas las cosas porque Él sostiene todas las cosas en Su Hijo Jesucristo.

¿Por qué fallamos en ver la actividad de Dios en medio nuestro? Porque nuestros ojos están fijados lejos de Dios. Cuando el alma de una persona no está fijada en Dios, entonces está fijada en angustias y afanes, aun si estas cosas son de apariencia hermosa. La habilidad de poder entender lo que ocurre a nuestro alrededor, especialmente en medio de las dificultades, solo es posible si estamos cerca de Dios a través de Su Palabra. Es en Su Palabra donde nos revela cuál es el deber y cuáles son los mandatos para el hombre. He aquí uno de los grandes tesoros de la vida cristiana: las Escrituras son puras y rectas, y obedecerlas trae florecimiento y deleite. Si al despertar estamos cargados por el peso y demanda que ellas tienen sobre nuestra vida, no hemos entendido lo que Dios nos ha dicho. La palabra de Dios nos hace sabios, Sus mandamientos son justos, alumbran los ojos y alegran el corazón. David ha encontrado gran deleite en ella, mucho más que en el oro y la miel.

Levanta tu rostro otra vez, mira el sol, la luna y las estrellas, y recuerda que ellas están ahí porque Dios ama y porque Su amor ha sido extendido para que lo disfrutemos. En esta gloria vemos grandeza y amor, deleites para los hijos de Dios.

SALMO 121

*«Mi ayuda proviene del Señor,
creador del cielo y de la tierra»*

(SAL. 121:2).

*D*e niña no sabía por qué este era mi salmo preferido. Cada vez que lo leíamos en la iglesia empezaba a llorar; era como si este salmo describiera lo que sentía y pensaba de Dios que no podría poner en palabras. Una seguridad inundaba mi corazón. Nada pudo haberme advertido que, al guardar las palabras de este salmo en mi memoria, me encontraría recordándolas con lágrimas en medio de los tiempos que vendrían de soledad, dificultad, confusión, incertidumbre y tristeza. Estas palabras evocaban una declaración de lo que ya creía, pero que aún necesitaba creer más. Me hacía sentir, y aún lo hace como aquel hombre honesto que respondió a Jesús «Sí creo… ¡ayúdame en mi poca fe!» (Mar. 9:24). Este es también uno de los dos salmos que, junto a mi abuela, aun en la distancia, separadas por océanos y países, recitamos y que a pesar de la demencia senil que afecta su mente y su memoria, todavía puede proclamar con su mente y corazón.

Este es un salmo de ascensión de las personas que recorrían el empinado camino a Jerusalén, que estaba ubicado en la altura y lo recitaban como una oración y un recordatorio a sus propias almas. En la Biblia, Dios da consistentemente la orden de recordar y no olvidar a Su pueblo. No debían olvidar quién es Él y lo que Él había hecho. Cuando lidiamos con tiempos de ansiedad e incertidumbre, un salmo como este aterriza nuestros corazones en la tierra firme de la Palabra. Al fin y al cabo, somos extranjeros y advenedizos en la tierra. Sin embargo, más alto que la ciudad de Jerusalén que estaba por delante, a los viajeros se les recordaba que sus muchos viajes no tendrán comparación con los viajes de la vida.

Haber memorizado las palabras de este salmo ha sido un depósito imprescindible en tiempos de angustia. En medio de la amenaza que el coronavirus ha causado, el mundo ha cambiado su ritmo (oremos para que cambien muchas cosas más profundas y valiosas). Mi boda debía ocurrir esta semana y ha quedado pospuesta indefinidamente. Después de esperar más de cuatro décadas para conocer y unirme a la persona por quien he orado, y de que mis planes sean interrumpidos, Dios no se inmuta, no cambia, no se mueve. Tampoco nadie que ponga sus pies sobre el camino eterno será removido. Nuestros planes pueden cambiar, pero el camino permanece seguro. Esta es una esperanza para viajeros por esta tierra cuyo destino eterno es cada vez más atractivo.

Ahora sé por qué amaba tanto este salmo. Explica perfectamente el sentimiento de un viajero inseguro y la declaración de confianza en el Dios seguro. Un viajero vulnerable a los imprevistos del camino, que puede refugiarse en el Dios invulnerable quién no se moverá. Un viajero quien en la incertidumbre puede confiar en un Dios certero, que sabe no solo el rumbo, sino que diseña cada parte del camino a transitar. Un Dios que no se cansa, que no duerme ni se distrae mientras los viajeros pueden disfrutar el viaje porque Dios es quien construye el camino y conduce a los viajeros de esta tierra hacia el descanso eterno que nos da paradas de descanso de este lado de la eternidad. Esta noche, a pesar del coronavirus, de la economía mundial, del cansancio emocional, tú puedes dormir porque Dios no duerme. Puedes dormir en el tren o el avión del camino porque Dios pilotea a salvo.

SALMO 130

«Escucha, Señor, mi voz. Estén atentos
tus oídos a mi voz suplicante»

(SAL. 130:2).

*E*l Salmo 130 es uno de los siete salmos penitenciales o de confesión que encontramos en la Biblia. En el salmo, el corazón del salmista sufre por causa de su pecado. Y, aunque son unos pocos versículos, tenemos mucho que aprender de la conciencia del pecado y de la seguridad del perdón.

En medio de nuestro pecado podemos tener la tendencia de escondernos de Dios. Nos sentimos avergonzados y sufrimos las consecuencias, sin acudir a Él por temor a que voltee Su rostro por causa de nuestra maldad. Pero esto no es lo que vemos aquí.

Quien escribió estos versículos sabía que, aun en lo profundo de su dolor, podía clamar a Dios y Él lo iba a escuchar (vv. 1-2). Porque hay un solo lugar en el que nuestros corazones pueden ser sanados. Hay un solo lugar en el que podemos encontrar perdón para nuestras transgresiones. Y es en la presencia de nuestro Padre celestial. Aun habiendo cometido los pecados más horrendos, podemos correr a Sus brazos en busca de socorro.

Pero el salmista tenía algo muy claro: «Si tú, Señor, tomaras en cuenta los pecados, ¿quién, Señor, sería declarado inocente?» (v. 3). Ciertamente nadie podría estar de pie delante del Señor, nadie podría ser declarado inocente frente a Él por su pecado, a menos que la cruz fuera una realidad: «Pero en ti se halla perdón, y por eso debes ser temido» (v. 4).

Por la obra de nuestro Señor Jesucristo nosotros podemos permanecer de pie delante de Dios. ¡Por Su obra tú y yo podemos ser declarados perdonados porque Él pagó nuestra deuda! (2 Cor. 5:21). Cada pecado fue clavado en la cruz del Calvario y por eso podemos ser perdonados y restaurados.

Por la gloriosa cruz, luego de habernos arrepentido y confesado nuestro pecado delante de Dios, podemos responder como el salmista: «Espero al Señor, lo espero con toda el alma; en su palabra he puesto mi esperanza» (v. 5). Esperamos en Él mientras nos sumergimos en la Palabra, y lo conocemos más a Él y sus caminos. Es ahí, por el poder de Su Espíritu y a través de Su Palabra, que nuestros corazones son sanados, restaurados y transformados.

Al pecar, recuerda que puedes correr en arrepentimiento a los brazos de tu Padre y esperar en Él, porque Jesús compró tu perdón y libertad.

SALMO 42

«¿Por qué voy a inquietarme?
¿Por qué me voy a angustiar?»

(SAL. 42:5).

l Salmo 42 es un salmo de un hombre piadoso que está atravesando pantanos y oscuridad. Y, aunque no encontramos la palabra *depresión* en la Escritura, podemos deducir fácilmente que el salmista estaba atravesando por ella.

Tal vez tú te identificas con este salmo. Crees en el Señor, sabes que Él es suficiente para tu salvación, pero has pasado o estás pasando por un momento oscuro en tu vida. Tal vez sea por inseguridad del futuro o tal vez sea por una crisis financiera. Una de las razones por las cuales este salmo es tan conocido, es porque el salmista es muy honesto en cuanto a su vulnerabilidad. Si le preguntas al salmista qué le sucede, él te lo dirá en este salmo. ¿Cuáles son los síntomas del salmista? Sequía (vv. 1-2), falta de apetito (v. 3), confusión (vv. 5, 6, 11), nostalgia (v. 4), abandono (vv. 3, 9, 10) y opresión (vv. 3, 9-10).

Al analizar lo que le sucede al salmista, es seguro deducir que lo que está experimentando es una fuerte y dura depresión espiritual; no come, está confundido, se siente abandonado, oprimido, nostálgico. En palabras propias del salmista, se siente como un ciervo que brama por agua en la sequía (v. 1).

Aquí vemos a un hombre piadoso cuyo estado de ánimo es depresivo, pero no lo vemos derrotado, sino luchando consigo mismo para poder apreciar la mano de Dios en su vida y para poder ver esperanza en medio de sus circunstancias. Si tú te encuentras en esta mañana en una etapa oscura de la vida, estás en buena compañía, y el hecho de que estás leyendo este devocional me indica que estás luchando por ver esperanza en medio de tu oscuridad.

El Dr. Martyn Lloyd-Jones solía decir que la mayoría de nuestras depresiones son causadas debido a que pasamos mucho tiempo escuchándonos a nosotros mismos, en vez de hablarnos a nosotros mismos. ¿Te habías puesto a pensar en eso? Escucharse a uno mismo es dejar pasivamente que nuestra mente vaya a la deriva y comience a caer cada vez más profundo en el hoyo. Hablarse a uno mismo requiere diligencia activa; requiere hablarle a nuestra alma con las verdades que sabemos sobre Dios. En otras palabras, requiere predicarse a uno mismo. Eso es precisamente lo que el salmista hace en los versículos 5 y 11: «¿Por qué voy a inquietarme? ¿Por qué me voy a angustiar?». Él se habla a sí mismo, se confronta y cuestiona. «¿Por qué me voy a angustiar?». ¡Conoces a Dios! ¡Espera en Él! ¡Él es tu roca, Él es tu salvación! ¿Por qué te angustias?

Así que, este salmo está en la Biblia porque Dios lo diseñó así, y si escuchamos con cuidado y vemos cómo lucha este salmista, y si meditamos en esta instrucción día y noche, si meditamos en nuestras emociones por un lado y en lo que sabemos del otro, nuestro carácter será más piadoso, y seremos como un árbol que da fruto y su hoja no cae cuando es abofeteado por los vientos del desánimo y la opresión.

SALMO 116:1-14

«Pues tú has librado mi alma de la muerte,
mis ojos de lágrimas, y mis pies de resbalar»

(SAL. 116:8).

*¿A*lguna vez te han dicho algo así: «no hay esperanza, pronto morirás»? ¿Qué podemos hacer en momentos como esos?

Recuerdo que mi hija estuvo al borde de la muerte cuando fue a tener su primer bebé. El médico dijo: «no sé si vivirá». Lo único que vino a mi mente y a mi corazón fue recurrir al dueño de la vida, a Dios.

Yo sabía que Dios podía hacer un milagro, mi esperanza estaba en Él. Acudí a Dios con humildad y le dije que en mi corazón estaba el deseo de que mi hija viviera, pero que aceptaba Su voluntad. La espera fue difícil, pero había paz. En mi caso, Dios obró un milagro en mi hija y ella vivió. Ahora puedo decirles que solo Dios puede dar paz en medio de la tormenta.

Cuando Dios nos libra de la muerte, solo nos queda un corazón agradecido y el deseo de obedecer a nuestro libertador. Pero si Él decide lo contrario, también debemos tener un corazón agradecido porque solo Él sabrá de qué nos ha librado. Todo obra para el bien de los hijos de Dios.

Gracias, Señor, porque podemos confiar en ti.

SALMO 45

«Tu trono, oh Dios, permanece para siempre;
el cetro de tu reino es un cetro de justicia»

(SAL. 45:6).

*R*einos van y reinos vienen. Es probable que sepamos de algunos reinos humanos que aún están vigentes, monarquías que quizás tienen siglos de existir, pero ninguno de ellos es perfecto y ninguno de ellos es eterno.

Este salmo, con un sentir de gozo y celebración, revela la eternidad del trono de Dios, un reino eterno y perfecto. Revela a Cristo como el Rey porque Dios lo ha coronado y bendecido para siempre. También revela algunos aspectos de Su carácter, como Su veracidad y humildad, pero Su símbolo de autoridad es la justicia: «Tu trono, oh Dios, permanece para siempre; el cetro de tu reino es un cetro de justicia» (v. 6).

Nuestro Dios es un Dios justo, que ama la justicia y aborrece la maldad. Su reino se caracteriza por ello. Los versículos 6 y 7 revelan a este Mesías como el Rey eterno y el ungido de Dios.

Cristo está presente en cada página de la Biblia. Desde la eternidad hasta la eternidad, Su reino es inmutable y eterno. Y ¡qué maravilloso recordatorio de que en ese reino eterno estaremos nosotras al lado suyo! Somos parte de Su Iglesia, de Su novia, por quien Él espera, por quien dio Su vida y por quien volverá.

«La princesa es todo esplendor, luciendo en su alcoba brocados de oro. Vestida de finos bordados es conducida ante el rey, seguida por sus damas de compañía. Con alegría y regocijo son conducidas al interior del palacio real» (vv. 13-15).

Ya que Cristo nos limpió, nos rescató y nos vistió con vestiduras blancas y espera por nosotros para la boda real, las bodas del cordero, los que somos Su iglesia, Su novia, estamos siendo conducidas para ser parte de Su reinado. Este mundo es temporal, pero Su reino es eterno.

Y mientras estamos en esta tierra, a la espera de la gloriosa venida de nuestro Señor Jesucristo, anunciemos Su reino, Su mensaje, de generación en generación.

Su nombre es perpetuo y digno de exaltación por los siglos de los siglos. Tengamos esto en nuestra mente y corazón: Su reino es eterno y algún día moraremos con Él, a Su lado por siempre.

SALMO 34

«Bendeciré al SEÑOR en todo tiempo;
mis labios siempre lo alabarán»

(SAL. 34:1).

*D*avid escribió este salmo en los días cuando fingió demencia ante Abimelec, estaba huyendo de Saúl y se refugiaba con otro montón de hombres desdichados en una cueva. Solo digamos que la mayoría de nosotros no preferiríamos recurrir a la adoración en días así, sin embargo, David seguía cantando, practicando lo que aprendió a hacer desde que era un simple pastorcito. Él comienza este salmo con las siguientes palabras: «Bendeciré al SEÑOR en todo tiempo; mis labios siempre lo alabarán» (Sal. 34:1). Esa línea de apertura, aparentemente simple, delata una visión clara: David está en la posición correcta como criatura y siervo. Dios, por Su lado, es su Señor y Dueño, digno de ser adorado por quién es: la Roca eterna e inconmovible. En el solo acto de reconocer nuestra situación delante de Dios hay una ganancia tremenda porque significa que, en medio de circunstancias tan complicadas e indeseables, podemos descansar en la integridad y perfección de nuestro Padre.

David continúa declarando que su alma se gloría o jacta en Dios y, por lo mismo, puede admitir sus temores, que seguramente son muchos en ese momento. David, en esta situación, me recuerda a otro gran hombre de Dios: Pablo, quien escribió en la carta a los Gálatas: «En cuanto a mí, jamás se me ocurra jactarme de otra cosa sino de la cruz de nuestro Señor Jesucristo» (Gál. 6:14). Si nos detenemos a examinar a las personas más fructíferas en el Reino, este es un común denominador: reconocer su debilidad y percibir la fuerza de Dios. Nosotros podremos sentirnos como sea y estar rodeados de lo que sea, pero siempre podremos gloriarnos en quién es Dios y quizás esta sea la manera más poderosa de abrir paso para testificar al mundo que nos ve. La manera completamente sincera en que David se acerca al trono del Dios vivo frente a ese montón de hombres conflictuados, es lo que le permite en seguida invitarlos a que «prueben y vean que Dios es bueno» y decirles que refugiarse en Él es una dicha. Solemos pensar que los afligidos que nos acompañan en nuestra propia cueva necesitan nuestra habilidad, fuerza y un buen humor que ignore las circunstancias, para poder infundirles ánimo y confianza, pero en la Escritura no se nos prohíbe sentir lo que tengamos que sentir, sino más bien, se nos invita a procesarlo delante del Señor y los salmos son prueba de esto. Vemos a David, un hombre que en este punto ya tenía un liderazgo impresionante, que nunca perdía la sensibilidad de venir transparentemente para «afinar» su corazón ante Dios y en ese mismo ejercicio, incluir una invitación para los que están viendo su aflicción y la confianza en su Dios. Quizás nuestro mayor aporte en días de oscuridad sea nuestro clamor sincero y nuestra vulnerabilidad confesada mientras adoramos al Poderoso de Israel. Si el Señor está cerca de los quebrantados de corazón, de los que ya no quieren cantar, mostrarles nuestro quebranto no es mala idea; si salva a los de espíritu abatido, confesarlo es un buen paso.

SALMO 136

*«Den gracias al SEÑOR, porque él es bueno;
su gran amor perdura para siempre»*

(SAL. 136:1).

Son pocos los seres humanos que no sienten un apretón de emoción en su corazón al escuchar una historia de lealtad y amor que salta barreras e ignora faltas para salvar o proteger al objeto de su amor. A la mayoría nos conmueve escuchar de una madre que, a pesar de las palabras y acciones hirientes de su hijo, siempre busca ayudarlo y proveer para él. Una joven anhela que un hombre la ame y atesore a pesar de sus defectos físicos. Todos valoramos la lealtad y amor fiel de un amigo que sacrifica lo suyo para apoyarnos en un momento de necesidad y vulnerabilidad. Fuimos creados para anhelar ser amados, y con la capacidad de amar.

Si le preguntamos a 100 personas que dicen creer en Dios cuál es el atributo más conocido de Dios, la gran mayoría contestaría, «amor». Dios es amor.

El problema es que cuando las cosas se empiezan a poner feas en la vida, no me siento amada. Cuando las estructuras alrededor mío que siempre han provisto de estabilidad relativa se empiezan a derrumbar, no me siento protegida. Cuando personas que siempre han sido proveedores y protectores no son leales, o simplemente ya no están ahí, mis sentimientos y sentidos me dicen que ya no soy objeto de amor.

Y escucho las mentiras de Satanás porque no he entendido el verdadero carácter del amor de Dios.

En el Salmo 136, tenemos una de las frases más hermosas y llenas de significado para el creyente en toda la Biblia. Una y otra vez se repite la misma frase, como un refrán que hace eco en los hemisferios del cerebro y con cada repetición penetra un poco más profundo. Mientras el salmista relata la hermosa historia de la salvación de Israel, esta frase grita repetidamente la explicación, la causa, la fuente de esa salvación. «Su gran amor perdura para siempre» (Sal. 136:1-26).

Todo lo que Dios ha hecho por Su pueblo se basa en Su carácter, en esta cualidad que es única de Él. El significado es tan profundo que aparentemente es difícil de capturar en la traducción al español. Dejemos que el trabajo de traductores a lo largo de la historia amplíe nuestro entendimiento de esta pequeña frase. «Porque para siempre es su misericordia» (RVR1960). «Porque su amor es eterno» (DHH). «Su fiel amor perdura para siempre» (NTV). «Su misericordia permanece para siempre» (RVC).

El Dios creador del universo y de cada ser humano tiene un carácter tal, que Él no puede dejar de ser leal y fiel a Sus promesas. El amor que Él tiene hacia Sus hijos es 100 % confiable y no tiene límite. Es un amor de pacto, un pacto que no puede romperse. Podemos repasar la historia de nuestras vidas y ver esa lealtad y amor infalible, y podemos confiar que es imposible que ese amor y misericordia fallen. El carácter inmutable de nuestro Dios de pacto es el fundamento sobre el cual incontables creyentes han podido perseverar con esperanza en medio de incertidumbre, peligro y angustia. Tú y yo no somos la excepción. Deja que esta pequeña y enorme frase retumbe en tu mente en medio de cualquier dificultad: «Su fiel amor perdura para siempre».

SALMO 2

«¿Por qué se amotinan las gentes,
y los pueblos piensan cosas vanas?»

(SAL. 2:1, RVR1960).

*N*o exageramos en nuestro sumario de este sublime salmo si lo llamamos el «Salmo del Mesías Príncipe», porque presenta, como en una visión maravillosa, el tumulto o motín de los pueblos que se levantan contra el Señor ungido, el propósito decidido de Dios de exaltar a Su propio Hijo, y el reinado final de este Hijo sobre todos Sus enemigos. Leámoslo con los ojos de la fe, contemplando, como en un espejo, el triunfo final de nuestro Señor Jesucristo sobre todos Sus enemigos.

Tenemos en los tres primeros versículos una descripción del odio de la naturaleza humana en contra del Cristo de Dios. No se puede hacer mejor comentario sobre ello que el cántico apostólico de Hechos 4:27-28: «En efecto, en esta ciudad se reunieron Herodes y Poncio Pilato, con los gentiles y con el pueblo de Israel, contra tu santo siervo Jesús, a quien ungiste para hacer lo que de antemano tu poder y tu voluntad habían determinado que sucediera».

El salmo empieza abruptamente con una interrogación airada; y con razón: no es para menos que asombrarse a la vista de las criaturas en actitud hostil en contra de su Dios, y esto es lo que deja atónito al salmista.

Cosas vanas. En España hay dos columnas monumentales que fueron erigidas en el pasado, en las cuales se halla escrito:

I. «A Diocleciano Joviano Maximiano Hercúleo César Augusto, por haber extendido el Imperio Romano en el este y en el oeste, y por haber extinguido el nombre de los cristianos, que trajo la ruina a la República».

II. «A Diocleciano Joviano Maximiano Hercúleo César Augusto, por haber adoptado a Galerio en el este, por haber abolido por todas partes la superstición de Cristo, por haber extendido el culto a los dioses».

«Tenemos aquí un monumento erigido por el paganismo sobre la tumba de su enemigo vencido, pero en esto "el pueblo se imaginaba cosas vanas". Ni en España ni en parte alguna puede señalarse la tumba del cristianismo; "no existe, porque los vivos no tienen tumbas"».

SALMO 16

«Cuídame, oh Dios, porque en ti busco refugio»

(SAL. 16:1).

Este salmo es referenciado más de 20 veces en el Nuevo Testamento (Hech. 2:27-31; 13:35; Apoc. 1:18) y al observar estas referencias directas cumplidas en la vida y obra de Cristo, estamos sin duda alguna ante un salmo mesiánico. Sin embargo, podríamos preguntarnos: «¿Cómo puedo comparar la vida y el sufrimiento de Cristo al mío?». Algunos pensamos que es algo pretencioso hacer esto. Otros, sin darnos cuenta podríamos minimizarlo ante el peso de Su divinidad. Al presentarse ante Dios, el salmista recurre a una razón y con una actitud irrechazable: la razón es que en Dios busca su refugio, impulsado por una actitud de humildad. El salmista no recurre a sus propios méritos o fidelidad. Muchos estamos acostumbrados a decir las cosas correctas y confiamos en esto al acercarnos a Dios. El problema es que el Mesías, en Su vida y obra sería caracterizado por Su descanso y confianza en Dios mismo y el hacer Su voluntad. Por otro lado, nosotros no podemos hacer esto.

Nuestra suerte, futuro, destino y cada paso entre los hitos perdurables y significativos están formados por «mosaicos»: días, horas, eventos, acciones que pueden parecer insignificantes. Aun así, cada uno de ellos están en el designio y bajo el control soberano y diseño de Dios (ver 2 Cor. 1:3-7).

En este salmo, David reconoce a Dios y Sus atributos perfectamente reflejados en Cristo encarnado: Dios protector (v. 1), Señor sobre todo, soberano (v. 2), fuente de toda riqueza y bien (v. 2), Dios de justicia y venganza (v. 4), Dios mismo como herencia y recompensa de los que le aman (v. 5), Dios sustentador (v. 5), Dios que aconseja (v. 7), Dios que guía, va delante (v. 8), fuente de seguridad (v. 9), Dios que destruye y vence la muerte (v. 10), Dios de resurrección (v. 10), Dios de vida (v. 11), Dios de gozo (v. 11), Dios eterno (v. 11).

Aquellos que hemos conocido a Cristo y lo reconocemos como Señor sobre nuestras vidas, tenemos la esperanza de que, en la unión con él, no solo Su sufrimiento es el nuestro, sino que todas las riquezas en gloria y esperanza las tenemos en Él. Él vino para dar vida en abundancia y esa vida no inicia de aquel lado de la eternidad cuando la muerte cambia nuestro estatus de residencia. Esa vida en Cristo, que recibimos no solo por Su muerte, sino por Su resurrección, la recibimos al momento de nuestra conversión. Somos beneficiarios de una esperanza que no se ve amenazada por ningún enemigo, circunstancia y no es dejada al azar. Es una esperanza que descansa y está garantizada por el amor del nombre de Dios, Su reputación, porque es parte de quién es Él y Él no compromete Su reputación ni Su fama. No es por nuestras bondades ni por nuestras debilidades, sino por amor a sí mismo y a Su gran nombre. Es la mejor garantía que podemos tener y en la cual nos deleitamos, no cuando iniciemos la eternidad en gloria, sino desde ahora. Porque sus deleites son para siempre, en Cristo.

SALMO 32:1-11

«Mi pecado te declaré, y no encubrí mi iniquidad.
Dije: Confesaré mis transgresiones a Jehová;
y tú perdonaste la maldad de mi pecado»

(SAL. 32:5).

*C*uando confesamos nuestros pecados con humildad y arrepentimiento, sin esconder nada, Dios es fiel y justo para perdonar nuestros pecados y limpiarnos de toda maldad.

Muchas veces creemos que somos tan buenos que no necesitamos confesarnos ante Dios y dejamos pasar día tras día sin humillarnos ante Él. Entonces nos vamos debilitando y el enemigo aprovecha esta debilidad para hacernos caer en pecado. Si no estamos alertas, buscando el rostro de Dios, caeremos en las artimañas del enemigo.

El mayor campo de batalla está en la mente, el juego de Satanás consiste en engañarnos y empezar a tratar de cambiar nuestros pensamientos por los de él. En la guerra contra Satanás, la meta de todo cristiano es recuperar nuestros pensamientos y llevarlos cautivos a Cristo.

Cuando estés experimentando tentación, piensa en la cruz. Piensa en Jesús muriendo por el pecado que estás contemplando en ese momento.

Dios quiere que hoy mismo te presentes ante Él y le pidas que te examine y te muestre el pecado que hay en ti. Arrepiéntete y Él te perdonará.

Dale gracias a Dios porque mediante la victoria de Jesús en la cruz, tú tienes la victoria ante el pecado.

SALMO 18

«El Señor es mi roca, mi amparo, mi libertador;
es mi Dios, el peñasco en que me refugio»

(SAL. 18:2).

«*G*racias». En muchas ocasiones se ha convertido en una expresión de protocolo. Sin embargo, en la Biblia, las gracias vienen con una expectativa. Dios tiene el derecho y la expectativa de que el humano le dé gracias. No solo por lo que ha hecho sino por lo que va a hacer. Gracias por lo que vendrá. Sea bueno o malo a la perspectiva humana, todos debemos reconocer que nada es merecido.

Vivimos probablemente en la generación con el más fuerte sentido de derecho e individualismo. Basamos nuestros deseos, reclamos y peticiones en cierto sentido de derecho y expectativa. La falta de acción de gracias es constantemente provocada por una mala memoria. Es común que evoquemos las memorias más dolorosas y empaticemos con el dolor a pesar de los años que puedan haber pasado, pero no hacemos lo mismo con los beneficios recibidos.

Diariamente necesitamos recordar que debemos dar gracias por aquellas cosas que en su momento fueron esperanzas y suspiros y que se han vuelto realidades. Y otras, que permanecen en el futuro, quedan plasmadas en la seguridad de que la voluntad de Dios será cumplida, y esta es «buena, agradable y perfecta» (Rom. 12:1-2). Pero para apreciar esa voluntad perfecta, con el mismo agradecimiento del salmista, es necesario un cambio de perspectiva.

David inicia con acción de gracias por las generalidades con una actitud intencional y humilde. Él reconoce lo inmerecido del favor y la gracia de Dios para con él.

David progresa en su declaración, a mirar hacia atrás, a recordar esos tiempos en los cuales el favor de Dios y Su misericordia lo alcanzaron. A menudo no se siente así cuando esperamos, porque la providencia de Dios se entiende con lentes retroactivos. Cuando Dios actúa y orquesta situaciones a menudo es recién cuando miramos retroactivamente que podemos ver cómo lo que se piensa para mal, Dios es capaz de orquestarlo para bien (Gén. 50:20; Rom. 8:28-38). Lamentablemente cuando nos ponemos en el centro de la situación y estamos atravesando el sufrimiento, solo podemos ver nuestro dolor y no el propósito de Dios. Y es que el sufrimiento de alguien siempre resultará en beneficio para otros en las manos del Dios grande, poderoso y de misericordia. No fue justo que Cristo pagara por nuestros pecados, pero Su sufrimiento fue el medio de nuestra salvación y la salvación de muchos.

Aun en medio de estas declaraciones ante la acción de gracias universal, representada por «todos los reyes de la tierra», el salmista sabe que Dios salva a muchos, pero también es personal, reconociendo Su trascendencia e inmanencia. Dios grande e inigualable, y a la vez Dios cercano.

Ni el sufrimiento de David ni el nuestro caen en la categoría donde Dios tiene que priorizar, como si no pudiera atender a cada ser humano. Él es Dios. Es omnisciente, omnipresente, omnipotente. Conociendo Sus atributos y capacidades, el salmista puede dar gracias por el favor y la esperanza futura. Tus sufrimientos y los

míos pueden ser atendidos sin discriminación, ni necesidad de priorización por las manos todopoderosas y sabias que saben exactamente qué hacer y tienen recursos infinitos para hacerlo. Ni la pandemia, o un enemigo microscópico, ni el cáncer, ni el luto, ni la incertidumbre, ni los riesgos, ni la economía, ni las limitaciones, ni el cansancio que podamos experimentar evitarán que Dios cumpla Su propósito en nosotros, porque Dios no ha abandonado ni nunca abandonará la obra de Sus manos. En esto podemos estar tranquilos y tener esperanza.

SALMO 78:1-8

«Para que lo sepa la generación venidera, y los hijos que nacerán; y los que se levantarán lo cuenten a sus hijos»

(SAL. 78:6).

*H*ace muchos años alguien me preguntó si sabía por qué se habían muerto los dinosaurios. Inocentemente le contesté que no, y para mi sorpresa, me dijo que se habían muerto porque no hicieron caso a sus padres. Fuera de ser una broma, la verdad es que esto encierra una gran enseñanza.

La Palabra del Señor asigna a los padres la responsabilidad de enseñar a los hijos el amor, el cuidado, la protección y enseñanza de la ley y exhortación de Dios. Sobre todo, los hechos indubitables de Su perenne favor para Su pueblo. Los padres deben enseñar a sus hijos, con palabras y hechos, todo lo referente al cuidado e infinito amor de Dios para los suyos. La responsabilidad es de la familia, no de la Iglesia (que hace su parte), ni de la escuela bíblica (tan debilitada hoy en día), ni de las escuelas o instituciones de origen o carácter cristiano. Hay que enseñar a los hijos la Palabra y exhortación de Dios, y esto no es una opción, sino una obligación moral y espiritual.

En Deuteronomio 6:6-7 leemos: «Y estas palabras que yo te mando hoy, estarán sobre tu corazón; y las repetirás a tus hijos, y hablarás de ellas estando en tu casa, y andando por el camino, y al acostarte, y cuando te levantes». Proverbios 22:6 señala: «Instruye al niño en su camino y aun cuando fuere viejo no se apartará de él».

La Biblia exhorta aquí a los hijos a que no sean como sus padres, generación contumaz y rebelde. Las almas de nuestros hijos Dios las demandará de nuestras manos. El respeto y gratitud que debemos a nuestros padres nos obliga a ser atentos y estar dispuestos a seguirlos y obedecerlos en todo lo referente a la fe, la iglesia, y la vida cristiana perdurable.

Señor, enséñanos tus caminos.

SALMO 89:2

«Declararé que tu amor permanece firme para siempre,
Que has afirmado en el cielo tu fidelidad»

(SAL. 89:2).

Los seres humanos somos pendulares, sumamente cambiantes en nuestras emociones y hasta nuestras convicciones. Basta que algo no salga como queremos o planeamos para que pasemos del celeste cielo soleado, al gris temporal destructivo.

El Salmo de nuestra reflexión muestra esa variabilidad intrínseca y humana. El salmista empieza lleno de gozo, producto del amor y fidelidad de Dios, pero en el camino muestra dudas sobre si Dios realmente lo ama y se mantiene a su favor. Sabemos que esa misma lucha la tenemos también nosotros. Sin embargo, más allá de nuestra inestabilidad evidente, el salmista, conocido solo como Etán, el ezraíta, busca transparentar nuestra debilidad general, pero no duda en poder enfocarse en la grandeza del amor de Dios y Su fidelidad inalterable. Él se esfuerza en repetir siete veces las palabras «amor» y «fidelidad» refiriéndose a Dios en todo este canto.

Etán reafirma estas dos características porque son manifestaciones del carácter del Señor que hacen que permanezca inalterable en medio de nuestros innumerables vaivenes. Nuestro buen Dios no permanece contigo y conmigo por nuestra estabilidad, merecimientos, dádivas o religiosidad. La base de Su disposición soberana para relacionarse con nosotros radica en Su amor, «... tan grande que rebasa los cielos» (Sal. 108:4a). Pero no se trata simplemente de un mero sentimiento divino de predilección por nosotros. El amor de Dios no es superficial. Por eso es que Su amor siempre va acompañado de Su inmensa fidelidad.

Esta unidad amor-fidelidad aparece muchas veces en las Escrituras. David lo canta así, «Porque el Señor es bueno, y su gran amor es eterno; su fidelidad permanece para siempre» (Sal. 100:5). Hay un pequeño salmo que solo busca alabar a Dios por estos dos aspectos: «¡Grande es su amor por nosotros! ¡La fidelidad del Señor es eterna!» (Sal. 117:2).

El amor y la fidelidad de Dios son como las dos caras de una misma moneda. Se trata, por un lado, de ese amor firme y paciente que se expresa con ternura y consideración al vernos con favor y compadecerse de nuestras debilidades. Ese amor nos da esperanza porque a pesar de nuestra condición, el Señor se ha propuesto tratarnos con compasión.

Ese amor no es simple sentimentalismo, sino una manifestación de Su carácter justo. Por eso Su amor va de la mano de Su fidelidad, entendida como la seguridad de que Dios siempre nos dirá la verdad, siempre actuará con justicia. El Señor se acercará a nosotros porque nos ama, pero debido a Su fidelidad, nunca podrá dejarnos como estamos o pasar por alto nuestra condición. La demostración más palpable de esta relación poderosa de amor-fidelidad divina está en la obra de la salvación. El Señor nos amó, pero en Su fidelidad no podía dejarnos caídos. En Su amor envió a Su Hijo, quien, a través de Su fidelidad dio Su vida por nosotros.

¡Cantemos de Su amor y proclamemos Su fidelidad!

SALMO 89:3-4

«Dijiste: "He hecho un pacto con mi escogido; le he jurado a David mi siervo: 'Estableceré tu dinastía para siempre, y afirmaré tu trono por todas las generaciones'"»

(SAL. 89:3-4).

Todos somos frágiles. Físicamente, una bacteria o un virus puede matarnos. El miedo nos paraliza y la tragedia podría llevarnos incluso a dudar de Dios. Por el contrario, muchas veces parece ser que la carne, el mundo y Satanás no lo son; más cuando su implacable maldad se enfoca en querer destruir nuestra esperanza en Dios.

Sin embargo, aunque los cristianos somos débiles en la carne, nuestro espíritu es fuerte; porque a pesar de ser frágiles y efímeros, nuestro Redentor, Señor y Rey Jesucristo no lo es. Él es Dios eterno, inmutable, Sus promesas no cambian, no mutan, no dejan de ser. Es por la inmutable fidelidad de Dios a Su pacto que podemos confiar en Él hoy y mantener nuestra esperanza para el mañana. Esa fue la confianza del autor del Salmo 89.

Las palabras del salmista nos revelan lo que trae consuelo y esperanza al corazón de un hijo de Dios en tiempos de sufrimiento: recordar que Dios va a cumplir Sus promesas, por Su inmutable amor y fidelidad. El Salmo 89 fue escrito en tiempos de sufrimiento y desesperanza: el pueblo de Israel había perdido por completo la monarquía, mientras que sus enemigos se burlaban de ellos y de su Dios. Muchos hebreos pensaron que Dios había anulado Su pacto y que se había olvidado de ellos; sin embargo, en Su misericordia, a través de este salmo, Dios les recuerda Su pacto con David, a quien juró que le daría un hijo, cuyo trono sería eterno; por lo tanto, su fe no debía desfallecer, pues Él cumpliría Su promesa. Dios les recuerda que nunca se había olvidado de ellos, porque es fiel e inmutable.

En el cumplimiento de los tiempos, Dios cumplió Su promesa. El primer versículo de todo el Nuevo Testamento declara que este hijo de David, hijo de Abraham, Rey y Redentor eterno es Jesucristo (comp. Mat.1:1). A diferencia de los seres humanos que mentimos, prometemos y no cumplimos, Dios no es así. Él no cambia, ni Su naturaleza, ni Sus promesas, ni Su pacto, ni Su voluntad.

Aunque el mundo se tambaleara a tu alrededor y todos te mintieran a la vez, ten por seguro que el fiel amor de Dios por ti jamás cambiará; ni tampoco lo hará el pacto de paz que hoy gozas en Cristo; porque Jesús no cambia. Dios es fiel, porque es inmutable. Porque Dios no cambia, Su amor, compasión, gracia, bondad y consuelo por ti, nunca lo harán. Lo que Dios ha dicho, eso hará. Nunca se olvidará de ti.

Este día, te invito a que, así como el salmista oró confiando en la fidelidad y el amor de Dios al pedirle que viniera el reino prometido a David; ahora, en Cristo, puedas orar con confianza como Él nos ha enseñado: «Padre [...] venga tu reino, hágase tu voluntad» en mi vida.

SALMO 128:1-6

*«Bienaventurado todo aquel que teme
a Jehová, que anda en sus caminos»*

(SAL. 128:1).

*M*atthew Henry titula este salmo como «la dicha del que teme a Dios». Dicho en otros términos: los que temen a Dios serán bendecidos. Se cree que este salmo era cantado en las bodas israelitas. Enseña que el gozo y la prosperidad de la familia dependen de la bendición divina.

Temer a Dios es tener cierto «miedo» reverencial, es decir, respeto a un Dios santo y poderoso que puede crear, pero también destruir. En el Antiguo Testamento, temer a Dios era honrarlo, obedecerlo y someterse a Él. En el Nuevo Testamento era respetarlo y reverenciarlo. Todo esto está íntimamente relacionado con la adoración a Dios. Estamos convidados a adorarlo y temerle. Este es el principio de la sabiduría. El que teme a Jehová Dios, es sabio.

Este salmo nos presenta en forma evidente las bendiciones del temor al Señor en el presente y en el futuro. Todos debemos temer al Señor. El temor a Dios trae consigo cuatro ricas y preciosas bendiciones: el temor a Jehová trasciende a nuestra descendencia. A los hijos de tus hijos, dice la Palabra, en bien y en prosperidad. ¿Quién no ha de temer ante el poder, la santidad y la gloria de Dios? Al Señor no solo hay que amarlo, sino también respetarlo por Su grandeza y Su gran poder.

Si realmente tememos a Dios, debemos observar una vida santa y digna del Señor. El Señor ha prometido recompensar a los que le temen.

Las consecuencias del temor a Dios trascienden a toda la familia y a la sociedad.

¡Mi alma te alaba, Señor!

SALMO 119:1

*«Dichosos los que van por caminos perfectos,
los que andan conforme a la ley del SEÑOR»*

(SAL. 119:1).

E l Salmo 119 es particularmente conocido por su longitud: 176 versículos de un acróstico que recorre el alfabeto hebreo. Algunos creen que fue escrito por David para enseñar a Salomón el abecedario, pero no solo el alfabeto para escribir, sino el alfabeto de la vida espiritual, mostrándole la belleza de la ley de Dios y de andar en ella.

Dichosos, bienaventurados, felices… son palabras que nuestra cultura no necesariamente asocia con la santidad y el guardar la ley, pero para aquellos que han experimentado la seguridad, la instrucción, el consuelo y la esperanza que encontramos en vivir en la Palabra de Dios, son palabras que describen perfectamente su experiencia. Vivir en santidad es algo bueno, algo a lo que debemos aspirar y, sobre todo, algo en lo que podemos gozarnos.

Otra cosa contracultural que vemos en este salmo es que la felicidad y bendición se encuentran, no en seguir nuestro propio camino, sino en someternos a uno superior al nuestro: la ley de Dios. Vivimos en un tiempo donde se nos motiva a buscar lo que nos hace felices, a encontrar nuestro propio camino y decidir lo que es correcto para nosotros, sin embargo, cuando dejamos que sea la Palabra de Dios la que moldea nuestro camino, descubriremos que, lejos de sentirnos esclavizados, encontraremos la verdadera libertad.

A diferencia de muchos otros salmos, el autor comienza a hablar de lo que él observa en otros, no necesariamente en su propia experiencia. No es sino hasta el versículo 5 que lo vemos exclamar algo de manera personal, y lo que expresa es su deseo por poder guardar la ley de Dios y aun su frustración de no poder hacerlo en sus propias fuerzas «¡Ojalá fuesen ordenados mis caminos para guardar tus estatutos!» (Sal. 119:5, RVR1960). Los perfectos de camino… por supuesto que el autor iba a hablar de otros. Cuando vemos nuestra propia vida, nuestros problemas, las situaciones por las que atravesamos, nuestras luchas, nuestras faltas y nuestros pecados, ninguno diría «bienaventurados los que somos perfectos de camino». Somos muy conscientes de que nuestro caminar no es perfecto. Ninguno de nosotros es ese «perfecto». Todos nos hemos desviado del camino. Ninguno ha llegado a la meta.

Debemos saber que, aparte del evangelio, esto no solo es imposible, sino es algo que nos condena, pero, en Cristo, podemos ver nuestro camino limpio y nuestra senda enderezada. Limpiado por el perdón de pecados ofrecido por la sangre derramada de Jesús. Enderezado por la misma gracia recibida. La gracia que nos limpia es la misma gracia que nos sostiene, nos motiva a esforzarnos a no ensuciar nuestro camino y a no alejarnos de esa bienaventuranza que apenas estamos comenzando a experimentar y nos va a levantar cuando nos desviamos del camino.

El camino puede ser difícil y la disciplina dura, pero miles de bienaventuranzas son encontradas en la vida piadosa de aquellos que andan en la ley de Dios.

SALMO 68:3-8

«Dios hace habitar en familia a los desamparados;
saca a los cautivos a prosperidad;
mas los rebeldes habitan en tierra seca»

(SAL. 68:6).

Este salmo es muy hermoso y exuberante. Nos habla del poder de Dios y Sus victorias en beneficio de Su pueblo. Cuando tú, amado lector, te encuentres triste, solo, abandonado y preocupado, acude a este salmo y recupera fuerzas y esperanzas. Este salmo nos habla de la permanente protección, cuidado y apoyo de Dios para con Su pueblo. Así ha sido antes y ahora, Él siempre ha estado allí para ayudarnos y bendecirnos.

Cabe destacar aquí el especial cuidado de Dios, especialmente para con los desamparados, abandonados, tristes, angustiados, rechazados o encarcelados, y muy en particular para con los solitarios, que no tienen a nadie en este mundo. La Palabra de Dios nos dice que Él es padre de huérfanos y defensor de viudas, y que los hace habitar en familia. ¡Bendito sea el Señor!

Hace muchos años, estando en mi iglesia, en un servicio de oración, una joven señorita se apareció llevando una pequeña maleta. El servicio se interrumpió y la joven con voz serena nos dijo que sus padres la habían corrido de su casa por haberse convertido a Cristo y haberse unido a nuestra iglesia mediante el bautismo. No había terminado de hablar cuando cada uno de los presentes se ofrecieron a llevarla a vivir con ellos. La joven aceptó irse a vivir con una familia muy consagrada. Ahora ella no tenía solo una casa, sino casi sesenta casas y familias para vivir como hermanos en la fe de Cristo.

A nosotros, hijos del Señor, Él nos ha prometido no dejarnos nunca. Cuando tú te sientas en el peor desamparo y rechazo, aún de tu propia familia, no te olvides que el Señor no te dejará ni te desamparará jamás.

Los hijos de Dios nunca estamos solos, ni desamparados. Amado lector, créele al Señor y confía en Sus fieles promesas. Él ha dicho: «yo estoy con vosotros todos los días, hasta el fin del mundo. Amén». (Mat. 28:20).

Gracias, Señor, porque tú nunca nos desamparas.

SALMO 139:1

«SEÑOR, tú me examinas, tú me conoces»

(SAL. 139:1).

En este salmo el rey David expresa su maravilla ante la grandeza de Dios. Está perplejo ante Su poder y Su majestad, y el primer atributo que destaca es Su conocimiento pleno. Dios lo sabe todo. En un sentido completo y profundo, tú y yo aprendemos cada día, pero Dios nunca aprende porque ya lo sabe todo. Tanta grandeza debe producir en nosotros un espíritu de humildad, reconociendo nuestra ignorancia ante un Dios tan sabio. «El hombre prudente no muestra lo que sabe, pero el corazón de los necios proclama su necedad» (Prov. 12:23). Pobre de ti si crees que sabes mucho, porque en realidad ignoras lo mucho que ignoras.

Dios lo conoce todo, pero no solo con un conocimiento intelectual. El conocimiento de Dios supera nuestro entendimiento y nos lleva a maravillarnos de Su grandeza. El rey David escribió: «sabes cuándo me siento y cuándo me levanto» (Sal. 139:2) y «mis trajines y descansos los conoces» (v. 3). ¿Te maravilla el conocimiento de Dios? ¿Te das cuenta de que nadie te conoce como Él? Dios conoce cada una de tus acciones, tus gestos, tus decisiones, tus pensamientos, tus intenciones. Te conoce mejor que tú mismo. «No me llega aún la palabra a la lengua cuando tú, SEÑOR, ya la sabes toda» (v. 4). Ante el saber de Dios, el salmista exclama: «Conocimiento tan maravilloso rebasa mi comprensión; tan sublime es que no puedo entenderlo» (v. 6).

Qué maravilloso antídoto contra el orgullo humano. Al orgulloso le encanta compararse con los que saben menos que él para poder vanagloriarse a sus anchas. Pero el secreto de la humildad reside en compararse con Dios. Ante Su conocimiento tan solo podemos sentirnos muy pequeños. En medio de su dolor, Job quiere conocer el porqué de sus vicisitudes y Dios le responde preguntándole: «¿Dónde estabas cuando puse las bases de la tierra? ¡Dímelo, si de veras sabes tanto! ¡Seguramente sabes quién estableció sus dimensiones y quién tendió sobre ella la cinta de medir! ¿Sobre qué están puestos sus cimientos, o quién puso su piedra angular?» (Job 38:4-6). Cuando Dios nos pregunta, tan solo podemos hacer como hizo Job, poniendo nuestra mano sobre nuestra boca para callar maravillados.

Para el incrédulo la sabiduría de Dios es incómoda. El pecador quiere esconderse ante la mirada de un Dios omnisciente. Pero nosotros somos Sus hijos, y el conocimiento de Dios para el creyente resulta ser un bálsamo que refresca nuestra alma. No es algo aterrador, sino maravilloso. Dios lo sabe todo, y en Su sabiduría encontramos gran consuelo. Con la confianza de un niño que se acerca a su padre nos acercamos a nuestro Dios convencidos de que Él nos entiende perfectamente, nos comprende perfectamente, nos escucha perfectamente. Acudimos a Su Palabra porque deseamos conocerlo más a Él, y porque al fin y al cabo escuchar Su voz es la única forma verdadera de conocernos a nosotros mismos. Acércate a Dios sabiendo que Él te ha examinado y conocido. Que puedas maravillarte y decir con el salmista: «Conocimiento tan maravilloso rebasa mi comprensión; tan sublime es que no puedo entenderlo».

SALMO 119:2

«Felices son los que obedecen sus leyes
y lo buscan con todo el corazón»

(SAL. 119:2, NTV).

*D*esde mediados de marzo del 2020, 33 millones de estadounidenses han presentado solicitudes de desempleo, ya que Estados Unidos eliminó 20,5 millones de empleos. Y la tasa de desempleo se disparó a 14.7% en abril, que es el nivel más alto desde la Gran Depresión.

El hijo de una querida ancianita de nuestra congregación formó parte de las estadísticas. Su hijo murió en el mes de abril por complicaciones de Covid-19, su hijo fue uno de los más de 90 000 muertos en Estados Unidos.

En tiempos difíciles, en tiempos de dolor, en tiempos de caos, y en tiempos donde abunda la muerte; ¿a dónde acudimos por consuelo?, ¿a dónde acudimos por esperanza?

El día de hoy millones de personas están buscando consuelo y esperanza en las cosas materiales. Su esperanza la han puesto en el gobierno, que ha declarado la Palabra de Dios no esencial para la vida del ser humano. También han puesto su esperanza en el presidente, en antivirales, terapias con plasma y la vacuna contra el Covid-19.

Estas personas siguen viviendo vacías, siguen viviendo en temor, siguen viviendo sin paz.

El Salmo 119 nos muestra que la Palabra de Dios sí es esencial para la vida del ser humano. En el verso 2 vemos la correlación que existe entre la felicidad y la obediencia a la Palabra de Dios.

El salmista nos enseña el resultado de seguir las enseñanzas de Dios y obedecerlas (v. 1), el resultado es la felicidad. Cuando obedecemos cuidadosamente la Palabra de Dios y la buscamos como un tesoro con todo nuestro corazón, Dios promete darnos Su lluvia temprana y tardía para estar verdaderamente saciados en Él (Deut. 11:14-15).

Cuando amamos la Palabra de Dios más que al oro y la plata, cuando inclinamos nuestro corazón a la Palabra, y no a la avaricia, veremos sus maravillas, tendremos mucha paz, seremos sostenidos, seremos vivificados, seremos felices porque estamos conectados con Él.

Me encanta cómo el profeta Isaías nos resume estas verdades: «Tú guardarás en completa paz a aquel cuyo pensamiento en ti persevera; porque en ti ha confiado. Confiad en Jehová perpetuamente, porque en Jehová el Señor está la fortaleza de los siglos» (Isa. 26:3-4).

En tiempos difíciles, ¡cuán felices son los que buscan y obedecen la ley de Dios! Es en esa búsqueda que nos topamos con la vida eterna y conocemos íntimamente a Jesús. «Y esta es la vida eterna: que te conozcan a ti, el único Dios verdadero, y a Jesucristo, a quien has enviado» (Juan 17:3).

Recuerda que la vida a veces es difícil, pero Dios siempre es bueno. Felices son los que lo buscan con todo el corazón. El caminar cristiano no es una vida sin problemas, sino la presencia de Jesús en medio de ellos.

SALMO 10:1

«¿Por qué, Señor, te mantienes distante?
¿Por qué te escondes en momentos de angustia?»

(SAL. 10:1).

*N*o hay, a juicio mío, un solo salmo que describa la mente, las costumbres, las obras, las palabras, los sentimientos y el destino del impío con tanta propiedad, plenitud y luz como este salmo. Así que, si en algún aspecto no se ha dicho bastante todavía del impío, o si falta todavía algo en los salmos que siguen, podemos hallar aquí una imagen y representación perfecta de la iniquidad. Este salmo, pues, es un tipo, forma y descripción de este hombre, el cual, aunque él mismo se vea, y aun los otros lo vean, como el más excelente de los hombres, más que Pedro, es detestable a los ojos de Dios; y esto es lo que impulsó a Agustín y a los que siguieron a entender este salmo con referencia al Anticristo.

¿Por qué, Señor, te mantienes distante? La presencia de Dios es el gozo de Su pueblo, pero la sospecha de Su ausencia es desazonante sin medida. Por tanto, recordemos que el Señor está cerca de nosotros. El orífice no está nunca lejos de la boca del horno cuando tiene el oro en el fuego, y el Hijo de Dios siempre está andando en medio de las llamas cuando Sus santos hijos son echados en ellas.

¿Por qué te escondes en momentos de angustia? No es la tribulación, sino el que nuestro Padre esconda Su faz, lo que nos hiere en lo vivo. Si necesitamos respuesta a la pregunta «¿Por qué te escondes?» la hallaremos en el hecho de que hay una necesidad no solo para la prueba, sino para la pesadez del corazón bajo la prueba (1 Ped. 1:6); pero ¿cómo puede ser así si el Señor debería brillar sobre nosotros cuando nos está afligiendo? Si el padre consuela a su hijo cuando lo está corrigiendo, ¿de qué serviría la disciplina? Un rostro sonriente y la vara no son compañeros apropiados. Dios desnuda la espalda para que el golpe se sienta más; porque es solo la aflicción sentida la que pasa a ser aflicción bendita. Si fuéramos llevados en brazos por Dios al pasar cada corriente, ¿dónde estaría la prueba, dónde la experiencia que la tribulación tiene por objeto enseñarnos?

Si el Señor no se escondiera, no sería tiempo de tribulación en absoluto. Lo mismo podrías inquirir por qué el sol no brilla de noche, cuando es seguro que no habría noche si lo hiciera.

[Los «momentos de angustia»] deberían ser momentos de confianza; el tener fijo el corazón en Dios, debería prevenir los temores del corazón. «Confiando en el Señor, su corazón es establecido; no temerá». De otra manera, sin ello, seríamos como la llama de una vela, como una veleta; movidos por cada ráfaga de malas noticias, nuestras esperanzas se hundirían o flotarían según las noticias que oyéramos. La falta de fe solo impide a Dios que nos muestre Su poder al tomar nuestra parte.

SALMO 127:1-5

*«Como saetas en manos del valiente,
así son los hijos tenidos en la juventud»*

(SAL. 127:4).

Una de las grandes aventuras, quizás la más grande, es la edificación de la familia. Nuestra familia es el tesoro terrenal más grande que podemos tener, y al mismo tiempo es el aporte más importante que podemos hacer a la sociedad en la que vivimos. La Biblia resalta la importancia de la edificación del hogar y enseña claramente que el principal «edificador» es el Señor. La familia, o la casa como la llama la Biblia, bien edificada, cuyo fundamento es el Señor, no caerá aunque sea azotada por tempestades espirituales.

Los creyentes en Cristo sabemos que la única persona en la que podemos depositar nuestra confianza absoluta es el Señor Jesucristo y, por lo tanto, debemos enseñar así a nuestros hijos que deben poner a Jesús en todos sus actos. Sin duda atravesaremos por momentos difíciles, por penurias indescriptibles, por crisis de diferente naturaleza, pero si confiamos en Cristo saldremos victoriosos de cada situación que se presente. La clave está en recordar lo que Pablo dijo a los cristianos romanos que nada nos separará del amor de Cristo, ni tribulación, ni angustia, ni persecución, ni hambre, desnudez, peligro o espada, sino que en todas estas circunstancias resultaremos más que vencedores: «Por lo cual estoy seguro de que ni la muerte ni la vida, ni ángeles ni principados ni potestades, ni lo presente ni lo por venir, ni lo alto ni lo profundo, ni ninguna otra cosa creada nos podrá separar del amor de Dios, que es en Cristo Jesús, Señor nuestro» (Rom. 8:38-39).

Si nuestra casa o familia es edificada en los principios de la Palabra, entonces será como un castillo fuerte donde podremos combatir el pecado y vivir espiritualmente bien.

Pongamos a Jesús como el miembro más destacado de la familia para vivir de forma agradable al Señor.

SALMO 89:9

«Tú gobiernas sobre el mar embravecido;
tú apaciguas sus encrespadas olas»

(SAL. 89:9).

En nuestro mundo existen pocas cosas tan temibles como el mar. Es un lugar caótico, con grandes monstruos marítimos aún desconocidos. Ante el embravecido mar, aun los enormes portaviones parecen juguetes, arrastrados de un lado a otro por el poder devastador de las anárquicas olas. El «Salmo del marinero» (Sal. 107) describe cómo la pericia de los expertos marineros no es suficiente para enfrentarse al encrespado mar. Si hay algo que es humanamente imposible de controlar, es el mar.

En la Biblia, las tormentas a menudo representan las aflicciones de la vida. El Salmo 42:7 lamenta que «… todas tus ondas y tus olas se han precipitado sobre mí». Así parece nuestra vida con frecuencia: un embravecido mar cuyas destructivas olas rompen sobre nuestras vidas, arrastrándonos de lado a lado sin propósito ni esquema que los dirija.

Sin embargo, el salmista Etán nos recuerda que, sobre este incontrolable, caótico y destructivo mar, el Señor gobierna. Ni una ola es aleatoria porque Dios las dirige. Ninguna tormenta sale de Su control porque Él es soberano. En cualquier momento, si Él lo desea, apacigua las aguas en un instante. ¡Así de poderoso es nuestro Dios! En medio de la tormenta, podemos descansar en Su soberanía.

Aunque son gloriosas verdades de por sí, este pasaje nos recuerda varias escenas de la vida de Jesús. En Marcos 4, una tempestad alcanzó la barca en la que iban los discípulos con Jesús durmiendo. A pesar de ser expertos pescadores, su pericia era inútil ante el enfurecido mar. Cuando clamaron a Jesús, reprendió el viento y «todo quedó completamente tranquilo» (Mar. 4:39). En Mateo 14, el embravecido Mar de Galilea zarandeaba la barca de los discípulos. En medio del incontrolable caos, Jesús vino caminando majestuosamente sobre las aguas. Al subirse a la barca, detuvo el viento y se hizo la paz.

El Salmo 89 nos sugiere ciertas conclusiones, pues aclara quién es el que apacigua el mar embravecido: es el Señor, el Dios Todopoderoso (v. 8; ver también vv. 1, 5-6). Que Jesús pudiera apaciguar los vientos revela Su identidad: Jesús es el Señor, uno en esencia con el Padre, segunda persona de la Trinidad. Esta es la conclusión a la que llegaron los discípulos. ¿Recuerdas sus reacciones? En Marcos 4:41 se preguntaron: «… ¿Quién es éste, que hasta el viento y el mar le obedecen?». En Mateo 14:33, los discípulos lo adoraron y dijeron: «… Verdaderamente tú eres el Hijo de Dios». Este salmo nos recuerda que la anhelada restauración de la dinastía davídica (v. 49) se realizaría cuando el Hijo de Dios se encarnara como el Hijo de David.

Después de apaciguar las tormentas, Jesús pregunta a los discípulos por su fe. Es la misma pregunta para nosotros. Cuando nuestra vida se asemeja a un tormentoso mar cuyas olas amenazan con anegarnos, ¿dónde está nuestra fe? Recordemos, el Señor no solo gobierna sobre el mar embravecido, sino que se encarnó como el Hijo de David, viniendo para caminar entre las olas con nosotros y apaciguar el mar embravecido. ¡Gracias, Cristo!

SALMO 89:10

«Tú aplastaste a Rahab como a uno herido de muerte; esparciste a tus enemigos con tu brazo poderoso»

(SAL. 89:10, LBLA).

*C*uando los israelitas atravesaban dificultades, como guerras contra imponentes ejércitos, ellos clamaban al Señor y traían a la memoria un episodio especial de su historia: la salida de Egipto, el éxodo era el evento cumbre de su pasado que alumbraba su presente y llenaba de esperanza su futuro.

«Rahab» es una forma de referirse a Egipto, también relacionado con un monstruo mítico que gobernaba los mares, infundiendo temor a los navegantes. Rahab, poéticamente, les recuerda que ellos eran esclavos en Egipto, un imperio atemorizante que parecía invencible; pero que fue «herido de muerte» por el brazo poderoso del Señor (algo que se celebra en el cántico de Moisés en Éxodo 15).

Ellos fueron salvados por el Señor fuerte y misericordioso en el pasado; y ahora hacen memoria de ello, sabiendo que como fue en el pasado, puede ser en su situación presente. Aunque ahora sean llevados cautivos a Babilonia y el río sea el Éufrates, el Señor Dios poderoso y misericordioso es el mismo y puede salvarlos. Aunque ellos están siendo castigados justamente por su pecado y su abandono del pacto de Dios; han de volverse a Él en arrepentimiento, pues Él es amplio en perdonar.

El poema, no solo nos lleva a hacer memoria, sino que además expresa una carga emocional intensa. Algo que solo el que fue salvado lleva impreso profundamente en su alma. Así, el salmo, une pensamiento y sentimiento en esta frase y nos invita a recrear un momento histórico.

Hacer memoria es un ejercicio espiritual que se hace en el presente, sobre un hecho del pasado. Mi invitación hoy es a que hagas memoria de la obra de Cristo en la cruz, llevando nuestros pecados sobre el madero y resucitando al tercer día para nuestra salvación.

Llegado el cumplimiento del tiempo, nuestro Señor Jesucristo, derrotó de una vez y para siempre a «Rahab». Él nos ha traído una salvación tan grande, este es un hecho histórico donde se fundamenta nuestra fe y debemos recordarlo constantemente con aprecio y admiración por nuestro poderoso y misericordioso Salvador.

Puede ser que, al momento, nuestras circunstancias parezcan sombrías, temibles y desesperanzadoras; incluso pudiéramos llegar a pensar que Dios nos ha abandonado; y es entonces que hemos de recordar: «Tú aplastaste a Rahab como a uno herido de muerte» o en palabras del apóstol Pablo: «… Cristo Jesús es el que murió, e incluso resucitó, y está a la derecha de Dios e intercede por nosotros» (Rom. 8:34).

Y al hacer memoria, fortalece tu fe en el Señor, permite que tu corazón se llene de esperanza para lo que haya que enfrentar en el futuro, aunque parezca algo invencible, descansando en nuestro poderoso y misericordioso Jesús. Y si has pecado, vuelve a Él en arrepentimiento sabiendo que Él es amplio en perdonar.

SALMO 119:9

«¿Con qué limpiará el joven su camino?
Con guardar tu palabra»

(SAL. 119:9, RVR1960).

*E*l Salmo 119:9, que comienza una nueva sección en este amplio capítulo, nos da la pregunta y la respuesta de un asunto de gran importancia tanto para los jóvenes como para los padres. Para mí que, aunque crecí en la iglesia, tuve un encuentro real con Dios hasta los 15 años, una pregunta que estaba en mi mente como joven era: ¿cómo voy ahora a vivir una vida agradable a Dios? Hoy día que mi hijo mayor tiene 15 años, también me pregunto como padre: ¿cómo mi hijo podrá mantener una vida pura en medio de este mundo con tanta perversión?

Este texto nos da dos realidades, la primera se encuentra en la pregunta «¿Con qué limpiará el joven su camino?» (RVR1960) o «¿Cómo puede el joven guardar puro su camino?» (LBLA). Implícitamente se establece el estado natural del joven: pecado e impureza. Solo el conocimiento de la gracia de Dios por medio de Cristo, y el verdadero arrepentimiento pueden llevar a un joven a tener una genuina conversión, limpiar sus malos caminos y comenzar a vivir una comunión cercana a Dios. La pureza del joven o del creyente va a ser proporcional al temor e intimidad con Dios.

La segunda realidad que nos muestra el texto es la respuesta a la pregunta establecida: «Con guardar tu palabra». Es necesario que vivamos una vida atentos a conocer y guardar la Palabra de Dios cada día como lo indica el Libro de los Salmos: «Sino que en la ley del Señor se deleita, y día y noche medita en ella» (Sal. 1:2). Si el joven basa su vida espiritual en experiencias pasadas o en un día de la semana, nos percataremos de que las actitudes y decisiones no estarán a la par del carácter de Dios: «... Sean santos, porque yo soy santo» (1 Ped. 1:16). La limitada información que nos presentan los Evangelios sobre la juventud de Jesús nos da al menos un modelo a seguir tanto para jóvenes como para los padres: «Jesús siguió creciendo en sabiduría y estatura, y cada vez más gozaba del favor de Dios y de toda la gente» (Luc. 2:52). Como padres, debemos levantarnos cada día con la meta de ayudar a nuestros hijos menores a crecer en el conocimiento de la Palabra y aplicación de esta, lo cual les ayudará a desarrollar un deleite en Dios y Su Palabra y en el servicio hacia los demás. Por otro lado, el joven, quien de acuerdo con la cultura hebrea es responsable de sus acciones desde los 13 años, debe perseguir intencionalmente las cosas del reino de Dios y rechazar las que le presenta el mundo, la carne y el enemigo.

Una manera práctica que hemos tratado de implementar en nuestro hogar, aun en estos tiempos de pandemia, es poner la prioridad de que antes de hacer cualquier actividad individual o familiar, cada quien necesita tener un tiempo íntimo con Dios orando y estudiando la Palabra de Dios. Este acto nos permite tener conversaciones durante el día con nuestros hijos adolescentes dirigidas a lo que Dios les está enseñando personalmente y aprovechamos para instruirlos en cualquier aspecto que entendamos sea necesario enfatizar o reforzar.

SALMO 119:10

*«Yo te busco con todo el corazón; no dejes
que me desvíe de tus mandamientos»*

(SAL. 119:10).

Los salmos con frecuencia nos impulsan a la búsqueda del Señor. Hay por lo menos una decena de versículos que hablan de la necesidad, la bondad y el fruto de ir tras el Señor. El Salmo 119 particularmente está construido alrededor de la ley, por lo que la búsqueda de Dios en este verso está orientada hacia la búsqueda de Su Palabra. El escritor afirma que, si queremos buscar y hallar a Dios, la Escritura es vital. Lo que en el versículo 10 es una búsqueda, en el versículo 11 es el encuentro de un tesoro: «En mi corazón atesoro tus dichos...».

En momentos de aflicción y sequedad, podemos ser tentados a dejar de buscar, a entregarnos a la autoconmiseración, a bajar los brazos y creer que todo ha terminado. Si nos sentimos en un desierto, buscar puede ser visto como una pérdida de tiempo y energía, ya que allí no hay nada que encontrar. Por otro lado, podemos ser tentados a cavar cisternas rotas (Jer. 2:13), buscar agua y satisfacción en lugares equivocados y, al encontrarlos, creer que eso es todo, conformándonos así con tan poco.

El salmista ora en primera persona: «yo te busco». Él busca con intensidad los mandamientos de Dios, porque estos lo conducen a quien con tanta devoción e intensidad busca. No hay nada mejor para nuestros momentos de oscuridad que una lámpara que alumbre nuestro camino. Nada mejor para nuestra confusión interior, que todo el consejo de Dios. Nada mejor para nuestra agonía, que la vida que nos da (Heb. 4:12). No acudimos a ella porque son palabras positivas; vamos a la Palabra porque es vida, porque actúa en nuestro interior, nos cambia y, literalmente, nos sostiene (Mat. 4:4).

El segundo hemistiquio nos dice: «... no dejes que me desvíe de tus mandamientos». La buena intención de un hombre que busca a Dios no es suficiente. Nuestro corazón es tan engañoso que podemos, en nuestra búsqueda sincera, desviarnos de Sus mandatos. En Latinoamérica, aunque muchos hombres bien intencionados buscan al Señor, lamentablemente muchos se desvían de Su Palabra. No basta con buscar, necesitamos la intervención de Dios para que demos en el blanco, para permanecer en el camino. «No dejes que me desvíe» es la oración de un corazón sincero y humilde que reconoce que Dios es el único que puede conducirlo a Su verdad. Y esa es la gloria del evangelio: que Dios vino a buscarnos y ponernos en el camino.

Hoy es un buen día para buscar a Dios con todo el corazón, para venir a Su Palabra y hallar lo que nuestra alma necesita. Mientras vas tras Él y atesoras Su Palabra, mantente humilde con esta petición: «No dejes que me desvíe de tus mandamientos». Hoy es un buen día para recordar esta promesa que Dios hace a un pueblo exiliado, a un pueblo sufriente: «Me buscarán y me encontrarán, cuando me busquen de todo corazón» (Jer. 29:13).

SALMO 124:7

«*Como las aves, hemos escapado de la trampa del cazador; ¡la trampa se rompió, y nosotros escapamos!*»

(SAL. 124:7).

En este hermoso salmo el rey David presenta una preciosa alabanza al Señor por Su perfecta protección y liberación de mano de sus enemigos. David luchó con todos los adversarios de Israel, incluso en una época de su vida estuvo exiliado huyendo de la mano de Saúl. Como rey y soldado, David podría alardear de sus conocimientos militares, de su intuición para el combate y, sin embargo, en este salmo repite una y otra vez que es Jehová quien lo ha liberado.

David desea que el pueblo de Dios reconozca esta verdad y que alabe al Dios todopoderoso, sabiendo que sus enemigos los hubieran arrollado como un torrente «si el SEÑOR no hubiera estado de nuestra parte» (v. 1). Como consecuencia de haber meditado en el poder protector del Señor, nuestro corazón se llena de gozo y bendición. Él es grande, poderoso, y solo Él merece toda nuestra devoción.

El pueblo de Israel vio de forma práctica la protección del Señor al ser librado milagrosamente de mano de sus enemigos y nosotros, Su Iglesia, como Israel de Dios que somos, vemos Su perfecta protección también cada día de nuestras vidas y lo alabamos por Su bondad. El último verso de este salmo sirve a modo de conclusión para este hermoso cántico. Nuestro socorro está en el nombre de Jehová que hizo el cielo y la tierra.

Pregúntate en esta misma hora si Dios es en verdad tu socorro también. Tan solo tu Creador puede salvarte de todos tus enemigos. De todos ellos, siendo sin duda los más grandes la muerte y el pecado que te acechan continuamente. Sin Cristo estás aún a merced de Satán y atado a todas tus miserias, pero con Cristo podrás exclamar junto al rey David: «Como las aves, hemos escapado de la trampa del cazador; ¡la trampa se rompió, y nosotros escapamos!» (v. 7).

Reflexiona por un momento. ¿Reconoces la mano del Señor en todos tus logros? Cuando en tu vida saboreas momentos de victoria y plenitud, cuando escapas de un peligro o llega a ti alguna bendición, ¿le das todo el mérito al Señor, o prefieres vanagloriarte en tus triunfos? Cuando no le das al Señor la gloria que solamente a Él le pertenece le estás robando lo que por derecho propio es suyo. No seas un «ladrón de gloria». Reconoce que es Dios quien te sustenta. Es Dios quien te cuida. Es Dios quien te protege y te guarda de todo mal, y tus labios debieran estar alabando Su precioso nombre continuamente porque el Señor es tu socorro, tu ayuda y tu sostén. Que sea esta tu oración impulsada por las hermosas palabras de este salmo: *Gracias Señor, por librarme de las ataduras del pecado y dame hoy un corazón que quiera alabarte más y vivir una vida más santa y agradecida delante de ti. Gracias Señor, porque libras del mal cada día mi alma y haces que vuele como un ave que escapó del lazo que la apresaba.*

SALMO 89:12

«Por ti fueron creados el norte y el sur; el Tabor
y el Hermón cantan alegres a tu nombre»

(SAL. 89:12).

*H*ubo un tiempo en la historia israelita, en que los montes «cantaban» alegres al Señor. El Hermón era un monte en la frontera norte, que marcaba un límite natural de la tierra prometida, y desde donde, paradójicamente, ahora llegaría el enemigo con su imponente ejército y se los llevaría cautivos.

El Tabor fue escenario de grandes victorias, como la celebrada en el cántico de Débora en el Libro de Jueces, donde después de una gran victoria y liberación del Señor, se cantaba a Su glorioso nombre y se le agradecía por haber infundido valentía al corazón de sus guerreros; quienes superados en número y sin carros; vencieron al poderosísimo Sísara. El Señor los salvaba con imponentes rayos y lluvia desde los cielos.

Pero ahora, que son llevados cautivos; ellos saben que no es porque el Señor todopoderoso haya sido vencido; sino que es por sus muchos pecados con que quebrantaron Su pacto. Ahora, los montes quedarían como testigos mudos de la bondad y la severidad de Dios.

Aun así, los profetas anunciaban un tiempo en que el Señor les daría un corazón nuevo, pondría Su Espíritu Santo en ellos, perdonaría sus pecados por pura gracia y los redimidos de Jehová volverían a Sion cantando, y los montes y los árboles del campo aplaudirían al Señor.

Ese tiempo anunciado, ha llegado con Jesucristo, Él es nuestro amado Salvador. Y aunque hay batallas gloriosas que recordar en el Tabor y el Hermón; nosotros recordamos y cantamos las glorias del evangelio en el Calvario.

Aunque parezca contradictorio, que el monte «de la calavera» cante; nosotros sabemos que es allí donde Dios Padre mostró en Su esplendor la gloria de Su gracia, perdonando nuestros pecados por Jesucristo. Desde la perspectiva humana pareciera una derrota, sin embargo nosotros celebramos una gran victoria, donde el Señor transformó todo para salvación y bendición que ha llegado hasta nosotros, perdonando nuestros pecados, dándonos un corazón nuevo y Su Santo Espíritu. Ahora, podemos decir: «El Calvario cantará con gozo a Su glorioso nombre».

De manera similar, existen ocasiones en nuestras vidas que pudieran parecer, desde la perspectiva humana, «un calvario» (guardando toda proporción), pero es desde allí que hemos de cantar al Señor sabiendo que Él usa esos momentos para alabanza de la gloria de Su gracia; como concluyera el apóstol Pablo: «… Por lo tanto, gustosamente haré más bien alarde de mis debilidades, para que permanezca sobre mí el poder de Cristo» (2 Cor. 12:9).

Celebremos la obra de Cristo, cantemos lo que ha acontecido en el Calvario. Tomemos nuestra cruz y sigámoslo con determinación. Renovemos nuestra consagración al Señor y deleitémonos en vivir para Su gloria. Que podamos ser como esos montes, testigos que cantan de la salvación del Señor.

SALMO 119:11

«En mi corazón atesoro tus dichos para no pecar contra ti»

(SAL. 119:11).

«Ciertamente no morirás», dijo la serpiente. Y con esas palabras, la mentira perforó la confianza de nuestros primeros padres en Dios. La Palabra de Dios fue despojada del trono de sus corazones y ellos arrojados a la muerte. Y nosotros también.

Nada ha cambiado desde ese día en cuanto al obrar del pecado. Siempre buscará susurrarnos al oído que en realidad las cosas no son exactamente como Dios las dijo. «No seamos tan serios —nos dirá— no creo que Dios haya querido expresar eso, ¿cómo Él les haría una cosa así? Tranquilos, sin duda no morirán». ¡Prestemos atención!, si las palabras que nos dicen están bañadas de miel, pero son contrarias a lo que Dios dice, ¡no las escuches! Porque están llenas de veneno mortal.

Estos ataques llegan para socavar nuestra confianza en Dios, sobre todo en tiempos de incertidumbre. ¿Has sido invadido por la duda últimamente? Quizás también la acompañen los temores, la ansiedad y el desánimo. Son muchas las mentiras que llegarán a tu puerta. ¿Cómo podemos estar preparados para combatirlas y hacerlas huir? Nuestro texto nos instruye: «En mi corazón atesoro tus dichos para no pecar contra ti» (Sal. 119:11).

¿Qué hay en tu corazón cuando la mentira golpea la puerta? ¡Es a la Palabra de Dios que debemos atender! Ten confianza en ella y atesórala en tu corazón como el bien más preciado. Aunque la mentira insista a la puerta de nuestra alma para engañarnos, podemos mantenernos lejos de ella aferrándonos a la verdad. ¡Compra la verdad y no la vendas! Hazla tu mejor amiga, aférrate a ella como al tronco que se mantiene a flote en un río turbulento. Así como Ulises se ató al mástil para no seguir el canto de las sirenas, podemos aferrarnos a la verdad de Dios para hacer oídos sordos a las mentiras astutas del pecado.

Hoy y siempre puedes confiar en la poderosa Palabra de Dios. Recuerda lo que Dios le dijo al profeta: «¿No es acaso mi palabra como fuego, y como martillo que pulveriza la roca?» (Jer. 23:29). El apóstol Pablo dijo de ella que es «la espada del Espíritu» (Ef. 6:17) y que, junto con el «escudo de la fe», nos ayuda a resistir en el día malo. Una espada «más cortante que toda espada de dos filos [...] y juzga los pensamientos y las intenciones del corazón» (Heb. 4:12). ¿Qué más necesitas para resistir? ¿Tienes a la mano la verdad de Dios? Guárdala en tu corazón, aliméntate de ella, nutre tu fe de sus promesas y resiste firme. No habrá asedio suficientemente fuerte y largo que pueda destruir al corazón que atesora la verdad de Dios.

Adán y Eva fallaron en atesorar la Palabra de Dios en sus corazones para resistir el pecado, y nosotros sufrimos las consecuencias. Pero Jesús no falló, y es por Su vida victoriosa que fuimos salvos de aquella muerte eterna heredada. ¡Hoy podemos ver la Escritura como un especial tesoro! Hoy podemos llenar nuestros corazones de ella para no pecar contra nuestro Dios. Aun en momentos de gran tribulación podemos tener ese consuelo y esa confianza. Cada vez que llegue la tentación a tu vida, envía a la Palabra de Dios a atender la puerta.

SALMO 103:1-13

«Él es quien perdona todas tus iniquidades,
el que sana todas tus dolencias»

(SAL. 103:3).

Un muchachito aprovechó sus vacaciones para ir a visitar a su abuela que vivía en el campo. Recibió de regalo una honda y, para probar su eficacia apuntó a uno de los patos de su abuela. En el acto, el pato cayó muerto. Se asustó tanto que lo tomó y lo escondió entre unas maderas, pero al darse vuelta encontró que su hermana estaba detrás de él y lo había visto todo. Ella comenzó a sacar provecho de la situación, consiguiendo que el muchacho hiciera cada una de las tareas que le asignaban a ella a costa de su silencio, lo cual se repitió durante un par de semanas. Un día el muchacho ya no soportó más y llorando le confesó a su abuela lo que había hecho, manifestándole su gran arrepentimiento. Fue grande su sorpresa cuando la abuela le dijo que ya lo sabía y que lo había perdonado, ella lo había visto desde la ventana de su cocina y solo estaba esperando que él se lo confesara.

Podemos imaginar el alivio que sintió el muchacho gracias al perdón de su querida abuela y al poder liberarse de la carga que lo esclavizaba para que su hermana guardara silencio. Así debemos sentirnos ante el perdón de Dios, que no se limita a algún tipo de pecado sino a todos los que nos provocan grandes dolencias, no necesariamente físicas, sino del alma, que son las más graves. Dios solo espera que las confesemos y nos arrepintamos.

Señor, gracias por perdonar todos nuestros pecados; enséñanos a confesarlos ¡Amén!

SALMO 3:1-2

«¡Oh Jehová, cuánto se han multiplicado mis adversarios!
Muchos son los que se levantan contra mí. Muchos son
los que dicen de mí: No hay para él salvación en Dios»

(SAL. 3:1-2, RVR1960).

Un salmo de David cuando huía de delante de Absalón su hijo. Podemos recordar la triste historia de la huida de David de su propio palacio, cuando en plena noche cruzó el vado del Cedrón y se escapó con unos pocos fieles servidores, para esconderse durante un tiempo de la furia de su hijo rebelde. Recordemos que David en esto era un tipo del Señor Jesucristo. Él también huyó; Él también pasó el vado del Cedrón cuando Su propio pueblo se rebeló contra Él, y con un grupito de seguidores se dirigió al jardín de Getsemaní. Él también bebió las aguas del arroyo en Su camino, y por tanto levantó Su cabeza. Muchos estudiosos titulan este salmo «el Himno matutino». ¡Ojalá nos despertemos siempre con la santa confianza en nuestros corazones y un cántico en nuestros labios!

Este salmo puede ser dividido en cuatro partes de dos versículos cada una. En los primeros dos versículos tenemos a David presentando una queja a Dios contra sus enemigos; luego, declara su confianza en el Señor (3, 4), canta su seguridad en el sueño (5, 6) y se siente corroborado para el conflicto futuro (7, 8).

Los adversarios vienen en grupo. La aflicción tiene una familia numerosa. Muchos son los que se levantan contra mí. Las legiones de nuestros pecados, los ejércitos de enemigos, la muchedumbre de dolores corporales, la hueste de aflicciones espirituales, y todos los aliados de la muerte y el infierno, se han dispuesto en batalla contra el Hijo del hombre.

¡Qué engañosos y peligrosos son todos ellos! ¡Y qué poca fidelidad y constancia se halla entre los hombres! David tenía el afecto de sus súbditos tanto como puede haberlo tenido cualquier otro rey, y, con todo, de repente, ¡los perdió todos!

David se queja delante de su Dios amante de la peor arma de sus enemigos en sus ataques, y la gota más amarga de sus penas. Este era el comentario más hiriente de todos, pues declaraban que no había salvación para él en Dios. Con todo, David sabía en su propia conciencia que había dado base hasta cierto punto para esta exclamación, porque había cometido pecado contra Dios a la misma luz del día.

Si todas las pruebas que nos vienen del cielo, todas las tentaciones que ascienden del infierno, y todas las cruces que se levantan de la tierra pudieran mezclarse y oprimirnos, no podrían hacer una prueba tan terrible como la que está contenida en este versículo. Es la más amarga de todas las aflicciones: temer que no haya ayuda ni salvación para nosotros en Dios. No obstante, recordemos que nuestro bendito Salvador tuvo que sufrir esto el grado sumo cuando exclamó: «¡Dios mío, Dios mío!, ¿por qué me has desamparado?».

Un hijo de Dios se sobresalta ante el mismo pensamiento de desesperar por la ayuda de Dios; no puedes afligirlo con algo peor que el intentar persuadirlo de que «no hay salvación para él en Dios».

SALMO 3:8

«La salvación es de Jehová; sobre tu pueblo sea tu bendición»

(SAL. 3:8, RVR1960).

*E*ste versículo contiene la suma y sustancia de la doctrina calvinista. Escudriña las Escrituras, y si las lees con la mente abierta y sincera, te persuadirás de que la doctrina de la salvación, por la gracia solamente, es la gran doctrina de la Palabra de Dios. Este es un punto con respecto al cual estamos en pugna constante. Nuestros oponentes dicen: «La salvación pertenece a la voluntad libre del hombre; sino al mérito del hombre, por lo menos a la voluntad del hombre»; pero nosotros sostenemos y enseñamos que la salvación desde el principio al fin, en cada punto y detalle de la misma, pertenece al Dios Altísimo. Es Dios el que escoge a Su pueblo. Él los llama por Su gracia; Él los aviva por medio de Su Espíritu, y los guarda con Su poder. No es del hombre ni por el hombre; «no es del que quiere, ni del que corre, sino de Dios que muestra misericordia». Todos hemos de aprender esta verdad experimentalmente, porque nuestra carne y sangre orgullosas nunca nos permitirán aprenderla de otra manera.

Sobre tu pueblo sea tu bendición. Aquellos cristianos de primera magnitud, de los cuales el mundo no era digno, «experimentaron vituperios y azotes, y a más de esto prisiones y cárceles. Fueron apedreados, aserrados, puestos a prueba, muertos a filo de espada» (Heb. 11:36-37, RVR1960). ¡Cómo! ¿Y durante todo este tiempo de sufrimiento eran bienaventurados? Un hombre carnal podría pensar que si esto es bendición, que Dios lo libre de ella.

Pero, sea cual sea la opinión que tengamos del hecho, nuestro Cristo Salvador, dijo que el hombre piadoso es bienaventurado; aunque lleve luto, aunque sea un mártir, es bienaventurado. Job, sentado en las cenizas de la basura, era bienaventurado. Los santos son bienaventurados cuando son maldecidos. Los santos, aunque sean magullados y heridos, son bienaventurados.

SALMO 4:1-2

«Respóndeme cuando clamo, oh Dios de mi justicia.
Cuando estaba en angustia, tú me hiciste ensanchar;
ten misericordia de mí, y oye mi oración. Hijos de los
hombres, ¿hasta cuándo volveréis mi honra en infamia,
amaréis la vanidad, y buscaréis la mentira?»

(SAL. 4:1-2, RVR1960).

*S*i el tercer salmo puede ser titulado el salmo matutino, éste, por su contenido, merece a su vez el título de «Himno vespertino».

En el primer versículo David pide ayuda a Dios. En el segundo increpa a sus enemigos, y sigue dirigiéndose a ellos hasta el fin del versículo 5. Luego, desde el versículo 6 en adelante, se deleita contrastando su propia satisfacción y seguridad con la inquietud de los impíos aun en el mejor de los estados en que puedan hallarse.

Respóndeme cuando clamo. No hemos de imaginarnos que el que nos ha ayudado en seis tribulaciones va a abandonarnos en la séptima. Dios no hace nada a medias, y Él nunca deja de ayudarnos hasta que cesa la necesidad. El maná caerá cada mañana hasta que crucemos el Jordán.

¿Hasta cuándo? Ahora les pregunta hasta cuándo intentan ellos hacer burla de su honor y mofa de su reputación. Un poco de regocijo de este tipo ya es excesivo; ¿por qué han de continuar en su diversión?

Hijos de los hombres, ¿hasta cuándo volveréis mi honra en infamia? Podríamos imaginarnos cada sílaba de este precioso salmo usado por nuestro Señor alguna tarde, cuando está a punto de salir del templo aquel día para retirarse a su acostumbrado reposo en Betania (v. 8), después de sus inútiles llamamientos a los hombres de Israel.

¿Hasta cuándo amaréis la vanidad, y buscaréis la mentira? Crisóstomo dijo una vez que «si él fuera el hombre más apto del mundo para predicar un sermón a todo el mundo, congregado a su alrededor para escucharlo, y tuviera alguna alta montaña como púlpito desde la cual pudiera tener todo el mundo ante su vista, y estuviera provisto de una voz de bronce, una voz que resonará como las trompetas del arcángel, de modo que todo el mundo pudiera escucharlo, escogería como texto de su sermón este salmo: «Oh mortales, ¿hasta cuándo amaréis la vanidad, y buscaréis la mentira?».

SALMO 119:14

*«Me regocijo en el camino de tus estatutos
más que en todas las riquezas»*

(SAL. 119:14).

Al pensar en el gozo, una imagen inunda mi mente: mi familia en camino al aeropuerto después de disfrutar nuestra primera Navidad con los abuelos, los tíos y los primos. La música sonando con nitidez desde los parlantes del flamante auto rentado. Disfrutar de un auto de mejor categoría que solo puedo conducir porque me lo asignaron sin costo adicional. A un lado, el océano pintado por un precioso atardecer, al otro, mi preciosa esposa sosteniendo mi mano. En el retrovisor, el dulce semblante de mis hijos pacíficamente dormidos sosteniendo los juguetes que sus abuelos les obsequiaron.

El gozo puede ser el resultado de riquezas materiales o riquezas de sentimientos y experiencias. Son esos momentos que nuestro corazón atesora, y alrededor de los cuales la humanidad busca construir sus vidas. El mensaje es sutil, pero se engancha a nuestro corazón: «Si tan solo tuvieras…».

Con este trasfondo, un hombre que no era extraño a las riquezas y sus gozos nos da su consejo inspirado y autoritario, ya que es Palabra de Dios.

El mundo dice que hay varias circunstancias que te traerán gozo, por ejemplo:

- La victoria: David experimentó el gozo al derrotar a Goliat (1 Sam. 17).

- El poder: David salió triunfante en batallas épicas.

- La sensualidad y compañía: David tuvo concubinas y esposas (2 Sam. 20:3).

- Hijos exitosos: su hijo fue el gran rey Salomón.

- Y muchos más…

Pero el imponente rey David, quien experimentó gozos y riquezas que no podemos imaginarnos, nos muestra en los versículos 14, 72, 127 y otros, que todos estos deleites no se pueden comparar con el deleite de caminar en los testimonios de Dios.

De manera similar, en el Salmo 4:7, David compara todas las cosas que deberían traernos felicidad, alegría y gozo, y dice que no se comparan con el vivir con Dios. Y vale la pena notar que David no dice que su gozo está en los testimonios de Dios, sino «en el camino de [sus] estatutos». Esto no es una idea o una intención, es una realidad que David experimentó y ahora nos exhorta a entender. El crecer en santidad, en conocimiento y en intimidad con Dios, trae más gozo que cualquier sustituto que el mundo ofrece.

Como lo dijo Calvino: «Tal como la riqueza atrae a sí misma los corazones de la humanidad, así me he deleitado de manera exquisita más en el progreso que hago en la doctrina de la piedad, que si abundase en todo tipo de riquezas».

Hay muchas cosas que buscan enmarcar el gozo en nuestras vidas. Estas incluyen desde cocinar, comer, comprar, quedar campeón, hasta conocer o ser conocido por alguien especial, casarse, cumplir sueños, caminar el escenario para recibir un diploma, etc. Sin embargo, el texto nos dice que el gozo real viene solamente del caminar, crecer y conocer a Cristo.

SALMO 89:19-20

«Una vez hablaste en una visión, y le dijiste a tu pueblo fiel: "Le he brindado mi ayuda a un valiente; al mejor hombre del pueblo lo he exaltado. He encontrado a David, mi siervo, y lo he ungido con mi aceite santo"»

(SAL. 89:19-20).

Sabemos que la revelación de nuestro Dios a través de las visiones se ha manifestado por medio de los profetas, de sueños, de señales, a través del Espíritu Santo, por medio de Su Palabra, y a través de Su revelación más completa.

El Salmo 89 es un salmo mesiánico; el último de la sección III, que habla de la promesa y la fidelidad de Dios. Remarca la «relación íntima entre el destino de la nación y el propósito divino con respecto a ella» (Comentario Bíblico Beacon, Tomo 3), y el destino de nuestra vida ahora como pueblo suyo. «Dios ordenó la monarquía para Su pueblo como un medio para promover su bienestar social, eligiendo la línea davídica» conforme al misterio de Su perfecta voluntad.

El pacto de Dios con Su pueblo elegido mencionado en este salmo fue una revelación y un llamado contundente a la salvación que, por medio del «nuevo pacto» y a través de Su Iglesia, alcanza a todos los hombres de todos los tiempos, en todo lugar, tanto a judíos como a gentiles. «Él nos hizo conocer el misterio de su voluntad conforme al buen propósito que de antemano estableció en Cristo, para llevarlo a cabo cuando se cumpliera el tiempo, esto es, reunir en él todas las cosas, tanto las del cielo como las de la tierra» (Ef. 1:9-10).

David, con un carácter polifacético, fue pastor de ovejas, atleta, músico, poeta, general del ejército y rey. Este valiente guerrero, el mejor de todos los jóvenes, llamado hombre del pueblo, de la gente común y siervo, fue un varón conforme al corazón de Dios (1 Sam. 13:14) y fue ungido por Samuel (1 Sam. 16:12-13).

Fue encontrado, seleccionado, escogido, levantado y exaltado, a quien se le dio el más alto honor. Atributos y características que nos llevan a describir a ese hombre que completó toda la obra y revelación de Su Padre.

¡Jesús es llamado hijo de David! Y del mismo modo que el apóstol Pedro ubicó todo en un contexto mesiánico, así también el apóstol Pablo hace referencia a Cristo.

«Tras destituir a Saúl, les puso por rey a David, de quien dio este testimonio: "He encontrado en David, hijo de Isaí, un hombre conforme a mi corazón; él realizará todo lo que yo quiero". De los descendientes de este, conforme a la promesa, Dios ha provisto a Israel un Salvador, que es Jesús» (Hech. 13:22-23).

Hemos sido encontrados, enseñados, y ungidos con el aceite sagrado y de la santa unción, que es el Espíritu Santo. La vida del siervo de Dios se manifiesta ahora en nuestra vida, y hasta que Cristo sea formado en nosotros (Gál. 4:19b). Es una promesa, es una bendición y el acto más glorioso que hemos alcanzado al ser llamados ¡hijos de Dios!

SALMO 119:105-117

«Susténtame conforme a tu palabra, y viviré;
y no quede yo avergonzado de mi esperanza».

(SAL. 119:116).

Llegó el temido huracán a mi isla. El testimonio de los que lo vivieron lo describe como un viento monstruoso e implacable, que arrasaba con todo elemento que encontraba a su paso. Al día siguiente, cuando los residentes de la isla pudieron salir, todos daban fe de la devastación que había causado este fenómeno. Muchos perdieron la esperanza, su camino se tornó oscuro al verse sin albergue, sin comunicación.

Me he detenido a reflexionar y a buscar las palabras adecuadas para cuando pueda comunicarme con mis amados, ya que las preguntas del momento son: ¿Adónde vamos a ir?, ¿Qué vamos a hacer ahora?, ¿A quién voy a llamar?, ¿De quién voy a depender? La respuesta es que en momentos como este, nuestra paz y fortaleza no pueden depender de lo incierto, aunque sea difícil creerlo. La Palabra de Dios llega a nuestra vida confirmando que, aunque perdamos los bienes materiales, nos queda Su mensaje, Él sigue siendo nuestro guía, sin importar las circunstancias en las que nos encontremos.

Los que hemos conocido a Jesús como Salvador tenemos un guía infalible. Queda de nuestra parte declarar sin lugar a duda, que no hay otro escondedero y que Su Palabra nos da guía y seguridad en todo tiempo. Él es nuestro sistema de navegación por excelencia. Él es nuestra lámpara, nuestra lumbrera (Sal. 119:105).

Señor, gracias por la fortaleza y seguridad que encuentro en ti.

SALMO 56:3-13

«Sobre mí, oh Dios, están tus votos; te tributaré alabanzas».

(SAL. 56:12).

Al tomar nuestras decisiones diarias, ¿cómo sabemos en quién podemos confiar? Muchas personas solo buscan la ayuda de Dios cuando tienen dificultades graves; entonces le prometen muchas cosas, pero luego, se olvidan de esas promesas.

Un matrimonio de Dios involucra a un hombre y a una mujer intercambiando sus votos de fe, confianza y unidad para crecer en amor, satisfacción y misión de Dios. Con gran regocijo doy gracias a mi Dios diariamente por encomendarme a mi preciosa esposa durante estos 37 años de vida matrimonial en que hemos vivido unidos bajo esos votos que Dios nos da en Su Palabra. Confiamos en que nuestros mejores años matrimoniales estén en el futuro, hasta que la muerte nos separe. Así que, en misión con Él, disfrutaremos y viviremos cada día en el amor de Dios.

En las elecciones políticas expresamos confianza al depositar nuestro voto en la persona en quien mejor confiamos para la labor correspondiente. En el tiempo venidero podremos definir, según su compromiso y efectividad al realizar lo prometido, si valió la pena o no el haber depositado nuestro voto en esa persona.

Dios eligió a David para llevar a cabo su misión en el reino en tiempos de dificultades. En este pasaje el rey David había sido capturado y oró al Señor, poniendo su plena confianza en Él y cumpliendo su compromiso.

Gracias Dios, por la vida que me das, ayúdame a serte fiel en tiempos de pruebas y tentaciones.

SALMO 89:26

«Él me dirá: "Tú eres mi Padre, mi Dios, la roca de mi salvación"»

(SAL. 89:26).

Vivimos en un tiempo en el que a pocos les da temor decir lo que piensan de sus gobernantes. Las redes sociales están llenas de burlas, quejas y críticas referentes a presidentes y gobernadores. ¿Qué clase de gobernante quisiéramos tener? ¿Qué tipo de gobernante generaría nuestra admiración y confianza? El Salmo 89 muestra cómo todo el orgullo de la nación de Dios estaba en su rey, «el Santo de Israel» (v. 18), el rey designado por Dios mismo.

¿Qué caracterizaba a ese rey? ¿Qué lo hacía admirable y digno de confianza? El versículo 26 presenta tres características por las cuales el rey establecido por Dios daba confianza al pueblo de Dios: 1) su relación con Dios 2) su integridad 3) su dependencia.

El versículo dice que el rey clamará a Dios llamándolo Padre. Eso es una referencia a 2 Samuel 7, en donde Dios le prometió a David que su descendencia sería la descendencia real. Es decir, todos los reyes legítimos de Israel vendrían de la descendencia de David. Y la forma de asegurarlo era que la relación de Dios con el rey sería como la relación de un padre con su hijo. Eso hacía admirable y digno de confianza al rey. Era el hijo de Dios, Dios no lo iba a despreciar o traicionar porque era como Su hijo. De manera que la confianza en el rey se basaba en su relación con Dios.

Luego estaba su integridad. El versículo dice que él clamaría al Señor como su Padre, pero además como su Dios. En otras palabras, el Dios verdadero sería su Dios, no otro. No seguiría a dioses falsos y paganos, sino que el Señor sería su Dios. Lo que hacía admirable y confiable al rey, era su integridad al adorar y ser fiel solamente al Dios verdadero.

Finalmente, dice el versículo que el rey clamaría a Dios como la roca de su salvación. Eso sería una demostración de dependencia, de reconocimiento de debilidad y de fe solamente en el Señor. El rey era confiable y digno de toda admiración porque reconocía su humanidad y su necesidad de Dios.

Cuán grande fue entonces la tristeza y la decepción al ver tantos reyes en Israel despreciando la Palabra de Dios, adorando dioses paganos y buscando ayuda en otras naciones en vez de buscar al Dios vivo y verdadero. Pero los profetas daban una esperanza al pueblo de Dios, la esperanza de que vendría uno, el Rey supremo de la descendencia de David (Isa. 11:1-9) que sería llamado el verdadero Hijo de Dios (Mat. 14:23), que no doblaría sus rodillas ante Satanás ni por todos los reinos de la tierra (Mat. 4:1-11) y que sería débil para poder morir por los pecados de Su pueblo (Heb. 5:7-9), para luego resucitar en poder y sentarse a la diestra de Dios. Ese Rey sería el más digno de confianza, admiración y adoración.

Puede que nuestros gobernantes no tengan nuestra admiración y confianza, pero nuestra esperanza no está en los líderes de este mundo. En vez de simplemente quejarnos y criticar, confiemos en el Rey que vendrá un día a gobernar perfectamente sobre esta tierra, nuestro Señor Jesucristo.

SALMO 119:16

«En tus decretos hallo mi deleite, y jamás olvidaré tu palabra»

(SAL. 119:16).

¿Te has dado cuenta lo fácil que olvidamos personas, nombres, fechas importantes, números telefónicos, llaves, citas, promesas? La Real Academia Española define «olvidar» como el «dejar de retener en la mente algo o a alguien», «dejar de tener en cuenta algo», «dejar de hacer algo por descuido» o «dejar de tener afecto o estima por alguien o algo». En Internet podemos encontrar mucha información sobre cómo ejercitar nuestra mente y cómo evitar olvidar cosas importantes, pero en esta era tecnológica en que vivimos, donde parece que dependemos para todo de nuestros teléfonos «inteligentes», nos resulta muy difícil ejercitar la mente. ¡Es tan grave que a veces muchos de nosotros olvidamos hasta nuestro propio número de teléfono!

Olvidar un cumpleaños o una cita médica o el nombre de una persona puede ponernos en situaciones vergonzosas, pero olvidar las promesas de Dios nos puede costar la vida. ¡Y qué olvidadizos somos! No importa lo mucho que Dios haya hecho por nosotros; no importa cuánto hayamos experimentado el favor y la gracia inmerecida de Dios, de una forma u otra, parece que en medio de las tormentas de la vida terminamos dudando; nuestra fe flaquea y languidece. De ahí que David le dice a su alma en el Salmo 103: «no olvides ninguno de sus beneficios» (v. 2b).

En el Salmo 119, el salmista hace énfasis en la Palabra de Dios, en sus preceptos, en sus estatutos. Él reconoce que deleitarse en la Palabra de Dios es vital, no solamente para vivir una vida santa y agradable delante de Dios (v. 9), sino también para sobrevivir las tempestades, las tristezas y los oprobios de la vida. «De angustia se me derrite el alma: susténtame conforme a tu Palabra» (v. 28).

Cuando meditamos en la Palabra, cuando la estudiamos, cuando nos deleitamos en ella, cuando le pedimos a Dios que nos guíe conforme a sus estatutos, todo cambia. Somos «transformados mediante la renovación de [nuestra] mente» para así poder «comprobar cuál es la voluntad de Dios, buena, agradable y perfecta» (Rom. 12:2). Comenzamos a pensar en «todo lo verdadero, todo lo respetable, todo lo justo, todo lo puro, todo lo amable, todo lo digno de admiración, en fin, todo lo que sea excelente o merezca elogio» (Fil. 4:8). Entonces, vemos la vida de una manera distinta. Nos auto predicamos el evangelio a cada momento. Nuestra vida espiritual florece. Nuestra vida de oración se fortalece. Nuestra fe en Dios y en Sus promesas aumenta. Nuestros temores se desvanecen. Y es que el mismo Espíritu Santo que inspiró la Escritura, obra a través de la Escritura en aquellos que se deleitan en ella.

Algo más sucede cuando aprendemos a deleitarnos en la Palabra de Dios: no nos olvidamos de ella. Por esto el salmista dice: «En tus decretos hallo mi deleite, y jamás olvidaré tu palabra» (v. 16). Es imposible olvidar algo que tienes presente a cada momento, algo que te apasiona, algo que le da sentido y dirección a tu vida.

Cuando esos momentos de ansiedad, indecisión, dolor, escasez y enfermedad llegan a tu vida, la Palabra de Dios que inunda tu mente comienza a consolar tu corazón, a darte fuerzas, a infundirte esperanza y a darte de esa «paz de Dios, que sobrepasa todo entendimiento» (Fil. 4:7).

SALMO 24:1-10

*«De Jehová es la tierra y su plenitud;
el mundo, y los que en él habitan».*

(SAL. 24:1).

*D*urante los primeros catorce años de mi vida, viví tan cerca del mar que podía verlo desde mi casa. Íbamos cada semana a la playa a bañarnos, jugar fútbol y comprar pescado cuando los pescadores regresaban de su pesca. A veces el agua estaba tan clara, limpia y tranquila que parecía un espejo, hasta podíamos ver bien los peces que nadaban en la profundidad del mar. La belleza y variedad de lo que vemos y apreciamos en el mar es maravillosa cuando reconocemos que todo fue creado con el propósito de Dios.

El mar ha sido un lugar de recuerdos agradables. Desde que recibí al Señor como mi Salvador eterno se ha convertido en uno de mis lugares favoritos para meditar y recordar las maravillas de nuestro Creador. Es admirable ver cómo esa plenitud de mar se mantiene dentro de sus límites.

¿Cuándo fue la última vez que llevaste a tu familia a disfrutar una montaña, lago, desierto, río, o mar? Cada uno de estos lugares muestra la maravillosa creación de Dios y refleja Su gloria. La Palabra de Dios declara en Colosenses 1:16: «Porque en Él fueron creadas todas las cosas».

En el pasaje del Salmo 24 vemos cómo el Señor lo ha creado todo con propósito y se lo reconoce como el Rey de gloria, identificándose también como el fuerte y valiente, el poderoso en batalla.

Gracias Señor, por darnos la vida, guíanos a ser el reflejo fiel de tu gloria y de tu reino eterno.

SALMO 89:27

*«Yo le daré los derechos de primogenitura,
la primacía sobre los reyes de la tierra»*

(SAL. 89:27).

Seguridad. ¿Quién no quiere tener seguridad? En este salmo hemos visto que el pueblo de Dios debería estar confiado y lleno de gozo. Pero ¿cuál es el fundamento de su seguridad? La seguridad del pueblo de Dios se fundamenta en ser gobernados por el rey que Dios eligió (v. 18). Ese rey no es un rey más en la tierra. Es el rey que representa el gobierno de Dios, es el rey completamente respaldado por el Señor, es, de hecho, de acuerdo con los versículos 26-27, llamado «Hijo de Dios».

En 2 Samuel 7, el rey David tuvo una idea: construirle una casa a Dios. A Dios le complació la intención de David, pero Dios no vive en casa hecha por manos humanas. Dios no depende del hombre para tener una casa. Así que, antes de que David construyera el templo, símbolo de la presencia de Dios en Su pueblo, Dios le construiría una casa a David, una dinastía duradera (2 Sam. 7:8-17). Esa promesa implicaba que los descendientes de David serían los legítimos herederos al trono de Israel, que el hijo de David que tomaría su lugar como rey, sería respaldado y guiado tal como Dios guio y respaldó a David. Pero esa relación entre Dios y el rey descendiente de David, sería una relación única, una relación íntima y profunda, tanto, que la manera en la que Dios decidió describirla fue como la relación entre padre e hijo. De manera que el rey del linaje de David sería conocido como hijo de Dios (2 Sam. 7:14).

Ese era el fundamento de la seguridad del pueblo de Dios: el rey que los gobernaba era el hijo de Dios, «el primogénito de Dios, el más excelso de los reyes de la tierra». ¡Qué gran seguridad podría gozar una nación cuyo rey es completamente respaldado por el Señor! Lamentablemente, tan grande como la seguridad fue la desesperanza cuando el trono de David fue destituido por Babilonia. Jerusalén, la ciudad de David fue destruida, y el templo reducido a escombros. ¿Dónde estaría ahora la seguridad del pueblo de Dios? Aun cuando volvieron a la tierra prometida, el trono de David había desaparecido. ¿Cómo podrían cantar de gozo y seguridad si no tenían al rey de Dios gobernándolos?

Sin embargo, la luz de la esperanza resplandeció con todo poder cuando apareció un hombre cumpliendo todas las profecías que demostraban que Él era el Hijo de Dios. Sus milagros, sus obras poderosas, incluso Su muerte fueron evidencia de que Él era el Rey. Pero fue Su resurrección la evidencia de Su coronación para ascender al trono a la diestra del Padre. Ese día, Jesús de Nazaret fue «declarado Hijo de Dios con poder...» (Rom. 1:4; 1 Cor. 15:20-28). «El más excelso de los reyes de la tierra».

Hoy podemos cantar con seguridad porque nuestro Rey, Jesucristo, el Hijo de Dios, está reinando, y regresará para establecer Su reino en esta tierra eternamente, un reino de completa paz y seguridad.

SALMO 5:3

«Oh Jehová, de mañana oirás mi voz; de mañana
me presentaré delante de ti, y esperaré»

(SAL. 5:3, RVR1960).

*O*irás mi voz. Observa, esto no es tanto una oración como una resolución. Sin oración no valdría la pena vivir.

De mañana. Una hora en la mañana vale dos por la noche. En tanto que el rocío está sobre la hierba, que la gracia descienda sobre el alma. Demos a Dios las mañanas de nuestros días y la mañana de nuestras vidas. La oración ha de ser la clave del día y el cerrojo de la noche.

«En los días de nuestros padres —dice el obispo Burnet—, cuando una persona llegaba temprano por la mañana a la puerta de su vecino y deseaba hablar con el dueño de la casa, era costumbre que los siervos le dijeran con franqueza: "Mi amo está orando", del mismo modo que ahora dicen: "Mi amo está en la cama"».

Me presentaré delante de ti, y esperaré. Colocaré mi oración en el arco y lo dirigiré hacia el cielo, y luego, cuando dispare la flecha, miraré para ver a dónde ha ido a parar. Pero el hebreo tiene todavía un significado más pleno que esto: «Dirigiré mi oración». Es la palabra que es usada para poner en orden la leña y los trozos de la víctima sobre el altar, y que se usa también para poner el pan de la proposición sobre la mesa. Significa precisamente esto: «Ordenaré mi oración delante de ti»; la pondré sobre el altar por la mañana, tal como el sacerdote dispone el sacrificio matutino. Ordenaré mi oración, o como Master Trapp dice: «Pondré en orden de batalla mis oraciones», las pondré en orden, y las colocaré en sus lugares apropiados, para que pueda orar con toda mi fuerza, y orar de modo aceptable.

Esperaré, o como podría traducirse mejor el hebreo: «voy a observar la respuesta. Después de haber orado, esperaré que venga la bendición». Es la palabra que se usa en otro lugar donde leemos de los que velan esperando la mañana. De este modo velaré observando tu respuesta, ¡oh Señor! Voy a disponer mi oración como la víctima sobre el altar, y miraré y esperaré recibir la respuesta por el fuego del cielo al consumir los sacrificios. ¿No nos perdemos mucho de la dulzura y eficacia de la oración por falta de una meditación cuidadosa antes de ella y de una expectativa anhelante después? La oración sin fervor es como cazar con un perro muerto, y la oración sin preparación es ir a la caza con un halcón ciego. Dios hizo al hombre, pero Él usó el polvo de la tierra como material; el Espíritu Santo es el autor de la oración, pero Él emplea los pensamientos de un alma fervorosa como si fuera oro con que formar un vaso. ¡Que nuestras oraciones y alabanzas no sean como los destellos de un cerebro llameante y apresurado, sino como el ardor constante y seguro de un fuego bien encendido!

Somos como el avestruz, que pone sus huevos y no se preocupa de sus pequeños. Sembramos la simiente, pero somos demasiado indolentes para recoger la cosecha. Que la preparación santa se una a la expectativa paciente, y tendremos respuestas mucho más abundantes a nuestras oraciones.

SALMO 23

*«Ciertamente el bien y la misericordia me seguirán
todos los días de mi vida, y en la casa
de Jehová moraré por largos días»*

(SAL. 23:6, RVR1960).

Es interesante ver cómo la mayoría de las personas hacen planes y preparativos para su futuro, pero pocas lo hacen para el final de sus días en este mundo. Dedicamos muchos esfuerzos y recursos para encontrar significado y satisfacción en esta vida, pero al final todo lo material de este mundo se quedará aquí. Hemos conocido personas que para lograr sus deseos desempeñan dos o tres trabajos a los que dedican muchas horas, tantas que no les queda tiempo para su familia ni para estar en la presencia del Señor.

Todos soñamos con vivir en una casa hermosa con pastos verdes, árboles frondosos, vista al mar, a la montaña o a un río. Pero por más preciosa que sea nuestra casa no se compara con la morada eterna que nuestro Señor nos está preparando.

Si uno está en la presencia de Dios, allí también estarán las bendiciones y el poder de nuestro Creador eterno. El Salmo 23 es uno de los más conocidos y memorizados por las promesas de protección y fortaleza que dan descanso a nuestra vida. Nuestra nietecita de tres años está empezando a memorizarlo.

Gracias Padre celestial, por invitarnos a la salvación eterna y a morar en tu presencia eterna.

SALMO 89:33-34

«Mas no quitaré de él mi misericordia,
Ni falsearé mi verdad. No olvidaré mi pacto,
Ni mudaré lo que ha salido de mis labios»

(SAL. 89:33-34, RVR1960).

En una tarde de verano, mi familia y yo fuimos atrapados por una tormenta eléctrica. Recuerdo con claridad la sensación de impotencia, fragilidad y pequeñez que tuvimos esa noche. Era impresionante escuchar el estruendo de los relámpagos que estremecían las ventanas. La luz refulgente de los rayos atrapaba nuestras miradas.

El salmista nos ha mostrado lo impresionado que se encuentra al ver la grandeza de la fidelidad de Dios. Él ha descrito a lo largo de los primeros versículos que Dios es inmensamente grande porque Él es fiel eternamente, es el Dios de pactos y juramentos.

Por lo menos en diez ocasiones hace referencia a la fidelidad de Dios y encontramos ocho menciones más al pacto y juramento eterno de Dios. Pero también el salmista nos deja ver que Dios castigará la infidelidad de David y en el versículo 32 dice: «con vara castigaré sus transgresiones...» y ante esta afirmación, seguramente el salmista sintió la fragilidad de Su fidelidad y vio la pequeñez de su esfuerzo por permanecer firme.

Los versículos 33 y 34 irrumpen en ese sentir de fragilidad y energizan el corazón del salmista al expresar que la misericordia de Dios no está condicionada a su desempeño sino al carácter de Dios.

En estos versos podemos aprender que, debido a que Él es fiel, tú puedes ser fiel. Tu fidelidad no descansa en la capacidad de ser fiel, sino en el carácter fiel de tu Señor.

Déjame recordarte tres verdades que obtenemos de estos dos versos:

1. Él es fiel porque nunca miente. («... ni falsearé mi verdad» Sal. 89:33b, RVR1960).

   El castigo por el pecado de David nunca puso en riesgo la promesa a David porque lo que Él ha prometido, lo cumplirá. Eso nos permite ver que la inmutabilidad de las palabras de Dios y los juramentos nos libera de los grilletes del temor, angustias y culpa. Saber que tenemos un Dios que jamás miente consuela nuestra tristeza, nos alienta y estimula a mantener nuestra fe.

2. Él es fiel porque no depende de tu fidelidad (Sal. 89:34b «... Ni mudaré lo que ha salido de mis labios»).

   El salmista debería recordar que la fidelidad de Dios no es retributiva y tú debes recordarlo también. El evangelio verdadero no es un evangelio de retribución sino de fidelidad unilateral. El evangelio de nuestro Dios no descansa en mi fidelidad porque no la tengo ni descansa en mi buen desempeño porque saldría condenado, descansa únicamente en Su carácter inmutable porque es allí donde tengo arraigada mi esperanza y es donde está

mi seguridad. San Agustín dijo: «Nos has hecho para ti y nuestro corazón está inquieto hasta que descanse en ti».

3. Porque Él es fiel, tú puedes ser fiel aferrándote en quién eternamente es fiel (Heb. 6:18).

Seguramente tendrás momentos de debilidad y oscuridad, en los que la fidelidad de Dios no parece tan clara. No intentes entender la razón de las aflicciones, no dejes que la culpa pecaminosa te asalte llevándote a momentos de desesperanza. Aférrate a la verdad de que Él es fiel.

Aferrarte a Él es creer que Él sabe lo que está haciendo aun cuando nos asalta el dolor, es creer que Él tiene el control y tener calma cuando las pruebas desgarran el alma. Confía en la fidelidad de tu Dios, siéntete seguro y satisfecho con ella. Deséala como se anhela la llegada del amanecer después de una larga, oscura y tenebrosa noche, y recuéstate en ella, esperando el cumplimiento.

SALMO 119:18

«*Ábreme los ojos, para que contemple las maravillas de tu ley*»

(SAL. 119:18).

*U*n ciego puede escuchar cómo los rayos del sol de mediodía bañan cada rincón de la ciudad. Alguien puede intentar describir los destellos que se desprenden de las gotas de rocío bajo la luz matinal. Puede aprender sobre la explosión de colores en el cielo cuando el sol se acerca al horizonte y de las estrellas, que parecen despertar en un instante cuando la oscuridad impregna el firmamento.

Sí, un ciego puede escuchar estas maravillas e intentar imaginarlas, pero no puede experimentarlas. Para poder percibir por sí mismo el poder resplandeciente de la luz, la colorida belleza de un atardecer y la inmensidad del cielo estrellado necesita que sus ojos sean abiertos.

Nosotros también.

Tú y yo podemos escuchar sobre el poder, la belleza y la inmensidad de las palabras de Dios. Podemos leer las confesiones del salmista, quien desea obedecer (v. 5), atesora los dichos del Señor (v. 11), y se regocija en Sus caminos (v. 14). Podemos imaginar cómo luce vivir de esta manera. Pero será imposible experimentarlo hasta que nuestros ojos sean abiertos a la verdad.

Un ciego no puede ver la luz, por más que resplandezca. Un ciego espiritual no puede ver las maravillas de la ley de Dios, por más sublimes que estas sean.

Nuestro primer instinto podría ser desalentarnos. Escuchar el deleite del salmista en la Escritura y lamentarnos porque nosotros jamás podremos disfrutar de ese gozo. Resulta más fácil fingir que lo compartimos. Sabemos cuáles son las expresiones correctas sobre Dios y Su Palabra, así que solo las repetimos. Nos olvidamos de que podemos experimentarlas en realidad.

¿Despertamos cada mañana buscando al Señor de todo corazón? (v. 10) ¿Anhelando aprender los mandamientos de Dios? (v. 12) ¿Nos alegramos de tener la Palabra del Señor más que de tener abundancia económica y material? (v. 14).

A Dios no le impresiona que sepamos cuál es la «respuesta correcta» a estas preguntas. Él ve lo profundo de nuestros corazones. Sabe cuáles son nuestros más íntimos deseos, aun mejor que nosotros mismos. Dios mira cuando somos maravillados por las cosas efímeras de este mundo... por el dinero, el reconocimiento, o el placer. Pretender no sirve de nada. Necesitamos clamar.

Si no percibes la gloria de la revelación del Señor, si no te deleitas genuinamente en ella, pide que tus ojos sean abiertos. Dios escucha y Dios responde. Él se deleita en revelarse a Sus hijos.

«¡Ábreme los ojos, para que contemple las maravillas de tu ley!». Que este sea el clamor de nuestro corazón hasta que lleguemos a la gloria, donde ya no veremos de manera indirecta y velada, sino cara a cara (1 Cor. 13:12). Nuestros ojos serán abiertos completamente y viviremos maravillados por la eternidad.

SALMO 116:1-19

«Te ofreceré sacrificio de alabanza,
e invocaré el nombre de Jehová»

(SAL. 116:17).

*N*ací con una enfermedad del corazón que amenazaba mi vida. Mi familia hizo todo lo posible para librarme de la enfermedad, de la cual se conocía poco en aquellos tiempos. Se conocía como «el mal azul» porque las uñas y la piel adquirían un color azulado por deficiencia de oxígeno. Recuerdo que hicieron una promesa, una especie de trato, con un santo, que esperaban que me sanara por medio de un milagro, si el resto de mi vida vestía de una tela llamada «guinga», de color amarillo. Dormía, me levantaba y pasaba el día vestido de aquella tela. Por supuesto, el milagro nunca ocurrió. Años después me sometieron a tres diferentes operaciones quirúrgicas que corrigieron los defectos de mi sistema cardiovascular.

El sacrificio físico no fue, y nunca será, la respuesta para acercarnos a Dios. El Señor busca adoradores que le adoren en espíritu y en verdad. La Palabra de Dios nos insta a presentar nuestros cuerpos como un sacrificio vivo que es la clase de sacrificio que agrada a Dios. No se trata de auto castigos o de sufrimientos físicos; se trata de abandonar los hábitos o vicios que nos atan, las pasiones carnales, los pensamientos indecorosos y las prácticas inmorales, la adoración de imágenes y el culto a dioses paganos, se trata de sacrificar los apetitos carnales para agradar a Jesús, el único Dios verdadero. Adorar a Dios en espíritu, sacrificando las tendencias malignas que batallan contra nuestra consagración, es la mejor alabanza que podamos ofrecerle al Padre celestial.

Abandonemos todo lo que nos aleja del Señor y vivamos una vida sana, que es la mejor alabanza para el Señor.

SALMO 6

«Jehová, no me reprendas en tu enojo, ni me castigues con tu ira. Ten misericordia de mí, oh Jehová, porque estoy enfermo; sáname, oh Jehová, porque mis huesos se estremecen»

(SAL. 6:1-2).

Este salmo es llamado comúnmente el primero de los «salmos penitenciales», y ciertamente su lenguaje corresponde a los labios de un penitente, porque expresa a la vez la pena (vv. 3, 6, 7), la humillación (vv. 2, 4) y el aborrecimiento del pecado (v. 8), que son las marcas infalibles del espíritu contrito que se vuelve a Dios.

Jehová, no me reprendas en tu enojo. El salmista se da cuenta de que merece ser reprendido, y no pide que la represión sea suprimida totalmente, porque podría perder una bendición escondida, sino: «Señor, no me reprendas en tu enojo.» Si Tú me recuerdas mi pecado, está bien; ¡pero oh!, no me lo recuerdes cuando estés enojado contra mí, para que el corazón de tu siervo no desmaye. Así dice Jeremías: «Oh Señor, corrígeme, pero con moderación; no en tu ira, para que no me destruyas».

Ten misericordia de mí, oh Jehová. Para huir y escapar de la ira de Dios, David no ve ningún medio en el cielo ni en la tierra, y por tanto se acerca a Dios, aunque le haya herido, para que pueda sanarlo. Huye, no como Adán a la espesura, ni como Saúl a la hechicera, ni como Jonás a Tarsis; sino que apela a un Dios misericordioso en defensa de uno enojado y justo, o sea que va de él a él mismo, la mujer que fue condenada por el rey Felipe va «del Felipe borracho al Felipe sobrio». Pero David va de una característica, la justicia, a otra, la misericordia.

Porque estoy enfermo. No arguyas tu bondad o tu grandeza, sino que has de apelar a tu pecado y tu pequeñez. Un sentido de pecado había abatido el orgullo del salmista, había eliminado su jactanciosa fuerza, de modo que se hallaba débil incluso para obedecer la ley, débil a causa de la aflicción que sentía, demasiado débil, quizá, para echar mano de la promesa. «Desfallezco». El original puede traducirse como: «caigo sin fuerzas», como se marchita una planta con tizoncillo.

Al presentarte delante de Dios, el argumento más poderoso que puedes usar es tu necesidad, tu pobreza, lágrimas, miseria, impotencia y confesarlas delante de Él, lo cual te abrirá la puerta y te proveerá de todas las cosas que Él tiene. El mendigo echado muestra sus llagas a la vista del mundo para moverles a, compasión. Así deploremos nuestras desgracias ante Dios, para que Él, como el compasivo samaritano, a la vista de nuestras heridas, pueda ayudarnos a su tiempo debido.

Sáname, oh Jehová, porque mis huesos se estremecen. Su terror había aumentado tanto que sus mismos huesos se estremecían; no solo sentía estremecimientos en la carne, sino en los huesos; las columnas del edificio humano estaban temblando. ¡Ah!, cuando el alma tiene el sentimiento de pecado, basta con él para que los huesos se estremezcan; basta para que se ericen los cabellos de su cabeza, y pueda ver las llamas del infierno debajo, un Dios enojado arriba y el peligro y la duda que le rodean.

SALMO 8:1-9

*«¡Oh Jehová, Señor nuestro, cuán glorioso es tu nombre
en toda la tierra! Has puesto tu gloria sobre los cielos»*

(SAL. 8:1).

E l salmista reconoce la gloria del nombre del Señor. El Dios al cual adoramos es creador, sustentador, redentor, salvador y Señor de este mundo. ¡Jehová es un Dios único! Pero lo más impresionante de nuestro Dios es que está junto a nosotros, siempre está cercano y nos ama con amor eterno. En la angustia o en la hora de la prueba está a nuestro lado y nos consuela con Su poder y amor. En la alegría nos permite disfrutar de un gozo que solo Él puede darnos.

Cuando atravesamos la prueba, la enfermedad y el sufrimiento, Él está junto a nosotros, nos sostiene con el poder de Su diestra y nos permite escuchar Su voz de Padre amoroso. Hemos sentido Su presencia como una realidad en nuestras vidas y Su consuelo nos ha levantado. Nuestro Señor acompaña a Sus hijos en el tiempo de la prueba, en medio de la duda los llena de confianza y seguridad y en los tiempos de alegría se goza con ellos.

Él convierte el llanto en alegría y la derrota en victoria. Miremos al cielo para ver Su gloria, poder y cuidado del ser humano y reconozcamos Su grandeza, Su poder y Su amor. Ese Dios poderoso, creador del cielo y de la tierra, es nuestro amante Padre celestial a quien debemos alabar y adorar en cada momento de nuestra vida. Contemplemos el firmamento para comprender la pequeñez humana ante la grandeza del Señor y exclamemos con el salmista: «Cuán glorioso es tu nombre en toda la tierra».

Proclamemos el glorioso nombre del Señor y alabemos Su persona.

SALMO 119:24

«Tus estatutos son mi deleite;
son también mis consejeros»

(SAL. 119:24).

*D*esde el versículo 71, el salmo nos muestra que parte del propósito de todo lo que Dios envía a nuestra vida y expone nuestra debilidad e incapacidad (es decir, nos humilla), es un regalo de gracia que nos enseña a poner atención a Su Palabra.

Personalmente soy testigo de esto. No creo que alguien pueda verdaderamente saborear la delicia eterna y fresca de la Palabra si no ha sido humillado, y por ende, reconoce que Dios es el Señor y nosotros dependientes, necesitados y amados por Él.

¡Eso cambia todo! Parte de esa obra nueva que Dios hace es que nos permite contemplar Su Palabra por lo que en realidad es: un deleite.

Personalmente, y quizás como tú, amo la buena comida. Creo que es uno de los regalos más hermosos de Dios y una clara evidencia de Su amor por nosotros.

Él pudo habernos creado sin papilas gustativas, de modo que todo nos supiera igual, y no hubiera deleite al comer.

«Deleite» en los salmos tiene esta connotación de algo exquisito, que causa placer, algo delicioso.

Ahora, la diferencia entre la delicia de la comida, y la de la Palabra, es que la de la comida, siendo honesto, después de mucho comer, uno termina cansado de comer el mismo platillo por varios días. Pero la Palabra es una delicia que se va antojando más, y entre más consumes, más deseas, más grande se hace el Dios que ahí se nos presenta, y más nos estimula a seguir «comiendo». Considera que, desde Deuteronomio, Dios nos recuerda que «... no solo de pan vive el hombre, sino de todo lo que sale de la boca del Señor» (Deut. 8:3).

¿Sabes cuándo es más valorado un platillo delicioso?, cuando estamos hambrientos. Por esta razón, en medio de las aflicciones, la Palabra se disfruta más. Y cuando tienes una relación con Jesús y vienen momentos complicados, y ante la posibilidad de ir a otros lados o fuentes, podemos decir como Pedro: «... ¿A quién iremos? Tú tienes palabras de vida eterna» (Juan 6:68).

De modo que la Palabra es para el alma, lo que el agua fresca es para el atleta en medio de la carrera: una necesaria delicia deseada.

Pero el segundo atributo de este salmo es clave y totalmente vinculado con el primero (deleite): consejeros.

Paul Tripp dice que nadie pasa más tiempo hablando contigo, que tú. Por lo que es importante que lo que te digas, esté en sintonía con el evangelio, de otro modo, será miserable y vergonzoso darle la razón al Salmo 1 y no experimentar la dicha que promete: «Dichoso el hombre que no sigue el consejo de los malvados...» (v. 1).

Una persona toma en promedio 35 000 decisiones al día, 99% de ellas las toma nuestra mente de modo, digamos, automático; por ello es esencial desarrollar, estimular y perseverar en la lectura, meditación y memorización de la Palabra... más,

sabiendo que es en las tormentas cuando se verá lo que hayamos construido con Dios durante la calma (Luc. 6:46-49).

Ahora, si lees esto, y la tormenta ya llegó para exponer que no has construido bien, pero aún tienes pulso, Dios te está invitando a una deliciosa relación que te aconsejará para Su gloria y tu bienestar de ahora en adelante.

SALMO 6:3

«Mi alma también está muy turbada;
y tú, Jehová, ¿hasta cuándo?»

(SAL. 6:3, RVR1960).

El alma está turbada; es el mismo centro de la turbación. Los compañeros de yugo en el pecado son los compañeros de yugo en el dolor; el alma es castigada por dar los informes; el cuerpo, por la ejecución; tal como el que informa y el que ejecuta, la causa y el instrumento, el que azuza al pecado y el ejecutor del mismo son castigados.

Y tú, Jehová, ¿hasta cuándo? Esta sentencia termina abruptamente, porque las palabras fallan y la pena ahoga el poco consuelo que había asomado.

La exclamación favorita de Calvino era *«Domine usuequo»*: ¡Señor, hasta cuándo?» Y éste debería ser el clamor de los santos que esperan la gloria milenial. ¿Por qué los carros del Señor tardan tanto en venir?; Señor, ¿hasta cuándo?

En esto hay tres cosas que hemos de observar; primero, que hay un tiempo designado que Dios ha medido para las cruces de todos Sus hijos, antes de cuyo tiempo no serán librados, y que deben esperar con paciencia, no pensando en prescribir a Dios el tiempo para su liberación o limitar al Santo de Israel. Los israelitas permanecieron en Egipto hasta que completaron el número de cuatrocientos treinta años. José estuvo tres años y algo más en la cárcel, hasta que llegó el tiempo designado para su liberación. Los judíos permanecieron setenta años en Babilonia. Dios conoce el tiempo conveniente para nuestra humillación y nuestra exaltación.

Luego, vemos la impaciencia de nuestra naturaleza en nuestras desgracias; nuestra carne todavía se rebela contra el Espíritu, que con frecuencia se olvida de sí misma hasta el punto de entrar en argumentaciones y altercados con Él, como leemos de Job, Jonás, etc., y aquí también de David.

En tercer lugar, aunque el Señor demora su venida para aliviar a Sus santos, con todo, tiene Su causa si queremos considerarla; porque cuando estábamos en el calor de nuestros pecados, muchas veces Él clamaba por la boca de Sus profetas y siervos: «Oh insensatos, ¡hasta cuándo seguiréis en vuestra locura?». Y nosotros no queríamos escuchar; y, por tanto, cuando estamos en el calor de nuestros dolores, pensando que cada día es un año hasta que somos librados, no es de extrañar si Dios no nos escucha; consideremos la forma justa en que Dios nos trata; que cuando Él nos llamaba, nosotros no queríamos escuchar, y ahora nosotros clamamos y Él no nos escucha.

SALMO 7

«Jehová Dios mío, en ti he confiado; sálvame de todos los
que me persiguen, y líbrame, no sea que desgarren mi alma
cual león, y me destrocen sin que haya quien me libre»

(SAL. 7:1-2, RVR1960).

El título es «Shigaion de David». Por lo que podemos deducir de las observaciones de los entendidos y de una comparación de este salmo con el otro único Shigaion de la Palabra de Dios (Habacuc 3), este título parece indicar «Cánticos variables», con los que se asocia la idea de solaz y de placer.

Parece probable que Cus el benjaminita había acusado a David ante Saúl de una conspiración traicionera contra la autoridad real.

Esto puede entenderse como el «Cántico del santo calumniado». Aun esta penosa aflicción es ocasión para un salmo.

Jehová, Dios mío, en ti he confiado. El caso se inicia aquí con una confesión de confianza en Dios. Sea cual sea la premura de nuestra condición, nunca debemos olvidar el retener nuestra confianza en Dios. «Oh Señor. Dios mío» —mío por un pacto especial, sellado por la sangre de Jesús, y ratificado en mi propia alma por un sentimiento de unión a ti— en ti, y en ti solamente, he puesto mi confianza ahora en mi penosa aflicción. Yo tiemblo, pero la roca no se mueve. Nunca está bien desconfiar de Dios, y nunca es en vano el confiar en Él.

No sea que desgarren mi alma cual león. Había un enemigo de David que era más poderoso que los demás. Es de este enemigo que con urgencia busca liberación. Quizás se trataba de Saúl su enemigo real; pero en nuestro caso hay uno que va dando vueltas alrededor como un león, que intenta devorarnos, con respecto al cual hemos de clamar: «líbranos del maligno».

Y me destrocen sin que haya quien me libre. Este es un retrato conmovedor de un santo entregado a la voluntad de Satanás. Esto hará conmover las entrañas de Jehová. Un padre no puede permanecer en silencio cuando su hijo está en un peligro semejante.

Haremos bien aquí en recordar que esta es una descripción del peligro al cual se ve expuesto el salmista por lenguas calumniadoras. La calumnia deja su baba, por más que pueda desmentirse. Si Dios fue calumniado en el Edén, nosotros no sufriremos menos en esta tierra de pecadores. Si queremos vivir sin ser calumniados, hemos de esperar hasta llegar al cielo.

SALMO 16:1-11

«Me mostrarás la senda de la vida; en tu presencia hay plenitud de gozo; delicias a tu diestra para siempre»

(SAL. 16:11).

Recuerdo que durante el funeral de un amado diácono de la iglesia su esposa e hijos cantaban himnos y daban gracias a Dios por su vida. Se notaba un ambiente de alegría, una persona se acercó a otra y le comentó: «No comprendo por qué cantan y dicen sentir gozo cuando están delante del cuerpo de su padre». Esta persona no entendía ese gozo. En realidad, ellos estaban celebrando la vida de un hombre santo que vivió para servir a Dios y su muerte significaba el triunfo, él había llegado a su casa celestial.

Como creyentes en Cristo conocemos el camino por el cual debemos andar. Es un camino de fidelidad al Señor, de santidad para alabar a Dios con nuestra vida diaria y servir al prójimo con verdadero gozo. La vida nos enfrenta a múltiples opciones y cada día tenemos que tomar múltiples decisiones. Muchas veces no es fácil elegir, pero no olvidemos que nuestra elección debe estar en conformidad con los principios del Señor. De la elección que hagamos depende nuestra felicidad y nuestra fidelidad a Jesucristo. Si elegimos correctamente podremos celebrar la victoria final, pero si no tomamos la decisión correcta, el final no será siempre feliz.

La habilidad para elegir bien depende de la comunión que tengamos con el Señor. Si vivimos consagrados a Dios, la elección será buena y el final será feliz.

Busquemos en el Señor la sabiduría para vivir en pleno gozo y alcanzar un final feliz.

SALMO 89:38-41

«*Pero tú has desechado, has rechazado a tu ungido; te has enfurecido contra él en gran manera. Has revocado el pacto con tu siervo; has arrastrado por los suelos su corona. Has derribado todas sus murallas y dejado en ruinas sus fortalezas. Todos los que pasan lo saquean; ¡es motivo de burla para sus vecinos!*»

(SAL. 89:38-41).

¿Quién ha entendido la mente de Dios? ¿Quién puede entender Sus caminos? Estas son preguntas que por siglos los seguidores de Dios se han hecho. Y nos las hemos hecho porque en ocasiones las circunstancias que nos rodean parecen estar en completo desconcierto con lo que Dios ha declarado en Su Palabra. Él obra en maneras en que nosotros no podemos entender. A veces parece que Su pueblo está siendo derrotado y que a Dios no le interesa. Pareciera que Dios y Su pueblo están siendo derrotados y conquistados. Esta es la sensación que esta estrofa del Salmo 89 nos deja.

El salmista, comienza de alguna manera reprochando a Dios, «Pero tú...», y comienza a describir todo lo que está ocurriendo, un revés de todo lo que el salmo declara anteriormente. Ahora, el reino eterno prometido a David y sus descendientes en 2 Samuel 7:4-17 está completamente destruido. Dios es acusado aquí de desechar a Su ungido (v. 38); de despreciar el pacto con su siervo (v. 39); de derribar las fortalezas (v. 40), encargadas de proteger la ciudad; y, por lo tanto, Su pueblo, se ha convertido en una afrenta para sus vecinos (v. 41). Esta primera parte de la estrofa pone a Dios como el responsable de todo lo que está pasando. No estamos seguros del momento histórico en el cual este salmo fue escrito ni de las circunstancias específicas en las cuales se escribió, pero sin lugar a dudas el reino de David estaba destruido, ellos estaban sufriendo un revés importante en su relación con Dios. Lo más probable es que ellos estuvieran enfrentando el juicio de Dios por haberse apartado de Él, como el mismo salmo lo expresa en los versículos 30-32. Ellos estaban sufriendo por su pecado.

Hay momentos en nuestra vida que nosotros a título personal, o corporativo como iglesia, experimentamos este revés también. A fin de cuentas, el mismo Cristo, en quien este reino prometido de Dios se cumple y se hace eterno, tuvo que ir a una cruz a morir por nosotros, al morir parecía que todo se había acabado, que la promesa de Dios de mandar al Mesías a liberar a Su pueblo había fallado, pero al tercer día se levantó de los muertos y nos trajo salvación y esperanza. De la misma manera, pasará con nosotros, los descendientes de Cristo, somos Su pueblo, unidos a Él por un pacto inquebrantable, donde nada nos puede separar del amor de que Dios que es en Cristo Jesús (Rom. 8:31-39). A pesar de la disciplina que Dios ejerce sobre todos Sus hijos (Heb. 12:1-12), la disciplina de Dios es una de las evidencias de que nos ha adoptado como Sus hijos, de que es para nuestro bien, para nuestra corrección. En Sus manos estamos seguros, aunque no entendamos lo que Dios esté haciendo, aunque parezca que todo se desvanece delante de nosotros. Su pacto es eterno, Su Palabra imperecedera y Su voluntad, buena, agradable y perfecta (Rom. 12:2). ¡Pasemos por los tiempos difíciles aferrados a Sus promesas eternas!

SALMO 119:25

«Abatida hasta el polvo está mi alma;
vivifícame según tu palabra»

(SAL. 119:25, RVR1960).

lgunos más, algunos menos, pero todos pasaremos por momentos de mucha tristeza en la vida. Por alguna pérdida o problema, quizás sentirás como si tu alma estuviera por los suelos, totalmente derrotada. Así se sentía David cuando escribió: «Abatida hasta el polvo está mi alma». Al decir «abatida hasta el polvo», presenta una descripción gráfica del alma como aferrada al polvo, es decir, tan debilitada que no puede levantarse por sí misma; como si su ser estuviera adherido con pegamento al suelo y la tierra lo estuviera sujetando firmemente. Esta misma frase se utiliza en el Salmo 44:25 para describir una persona hundida en una tristeza devastadora de la cual no encuentra salida por sí mismo: «Estamos abatidos hasta el polvo; nuestro cuerpo se arrastra por el suelo».

Como David, algunos pasaremos por tristezas tan profundas que nos sentiremos pegados al suelo, sin fuerza alguna para ponernos de pie. Sentiremos como si el suelo estuviera impregnado a nuestras mejillas y que, por más que intentemos, no hay en nosotros la fuerza necesaria para salir adelante. Sentiremos que nuestra alma está quebrantada y llora de tristeza (Sal. 119:20), a tal grado que parece que nos derretimos de pesares y preocupaciones por dentro (Sal. 119:28).

En esos momentos, ¿qué podemos hacer para salir adelante y levantarnos del suelo? Acudir a la Palabra de Dios. Habiendo declarado su condición de aflicción, David voltea a Dios y le dirige una petición: «Vivifícame según tu palabra». Él sabía que lo único que le podía dar ánimo y fortaleza para ponerse de pie era la Biblia, pues es miel que alegra el corazón decaído (Sal. 19:8) y bálsamo que restaura al afligido (Sal. 119:40). Conforme uno lee y piensa en la Palabra, encontrará en ella sustento y ánimo, como el agua da vida a un árbol sediento (Sal. 1:2-3). La Biblia puede vivificar, reanimar y confortar al alma decaída por afanes y angustias.

Pero más allá de solamente leerla, al decir «según tu palabra», David tiene en mente la promesa de Dios que vivificaría a aquellos que guardan y obedecen la Palabra (Lev. 18:5). Él está buscando auxilio del Señor, y sabe que conforme su corazón sea expuesto a la Biblia, dedique su mente a entenderla y su voluntad y cuerpo a obedecerla, será reavivado. El Salmo 119 utiliza la palabra «vivificar» en numerosas ocasiones, para enseñar que el ánimo que la Biblia produce en la vida de los cristianos entra en efecto conforme uno estudia y medita su mensaje, y a su vez, en obediencia a Dios, continuamente pone en práctica lo que aprende de ella (Sal. 119:37, 40, 88, 93, 107, 149, 154, 156, 159).

El Salmo 119:25 nos enseña que la única manera en la que podremos enfrentar con gozo y paz la tristeza y situaciones difíciles en la vida es por medio de conocer y obedecer la Palabra de Dios.

SALMO 8:1

*«¡Oh Jehová, Señor nuestro, cuán glorioso es tu nombre
en toda la tierra! Has puesto tu gloria sobre los cielos»*

(SAL. 8:1, RVR1960).

Podemos titular este salmo el salmo del astrónomo.

Incapaz de expresar la gloria de Dios, el salmista profiere una exclamación: «¡Oh Jehová, Señor nuestro!». La estructura sólida del universo se apoya sobre Su brazo eterno. Él está presente universalmente, y por todas partes Su nombre es excelente.

Desciende, si quieres, a las mayores profundidades del océano, donde duerme el agua imperturbable, y la misma arena, inmóvil en quietud perenne, proclama que el Señor está allí, revelando Su excelencia en el palacio silencioso del mar. Pide prestadas las alas de la mañana y recorre los confines más distantes del mar, y Dios está allí. Sube a los más altos cielos, o lánzate al infierno más profundo, y Dios es en uno y otro, cantado en un cántico eterno o justificado en una venganza terrible. Por todas partes y en todo lugar, Dios reside y es manifestado en Su obra.

Apenas podemos hallar palabras más apropiadas que las de Nehemías: «Tú solo eres Jehová; tú hiciste los cielos, y los cielos de los cielos, con todo su ejército, la tierra y todo lo que está en ella, los mares y todo lo que hay en ellos; y tú vivificas todas estas cosas, y los ejércitos de los cielos te adoran» (Neh. 9:6, RVR1960). Volviendo al texto, nos lleva a observar que este salmo es dirigido a Dios, porque nadie sino el Señor mismo puede plenamente conocer Su propia gloria.

SALMO 8:2

«De la boca de los niños y de los que maman,
fundaste la fortaleza, a causa de tus enemigos,
para hacer callar al enemigo y al vengativo»

(SAL. 8:2, RVR1960).

¡Con qué frecuencia los niños nos hablan de un Dios al cual nosotros hemos olvidado! ¿No proclamaron su «¡Hosanna!» los niños en el templo, cuando los fariseos, orgullosos, guardaban silencio y mostraban desprecio? ¿Y no cita el Salvador estas mismas palabras como justificación de sus gritos infantiles?

Fox nos dice en su *Libro de los mártires* que cuando el Sr. Lawrence fue quemado en Colchester, después de llevarlo a la hoguera en una silla porque a causa de la crueldad de los papistas no podía sostenerse en pie, varios niños acudieron cerca de la hoguera y gritaron, diciendo según ellos pidieron: «Señor, fortalece a tu siervo y guarda su promesa». Dios contestó su oración, porque el Sr. Lawrence murió con una calma y una firmeza que cualquiera podría desear para sí en sus últimos momentos.

Cuando uno de los capellanes papistas le dijo al Sr. Wishart, el gran mártir escocés, que tenía dentro de sí un diablo, un niño que estaba cerca exclamó: «Un diablo no puede decir palabras como las que dice este hombre». Un ejemplo más lo tenemos en un período más cercano a nuestros tiempos. En una posdata a una de sus cartas, en la cual detalla su persecución cuando empezó a predicar en Moorfields, Whitefield dice: «No puedo por menos que añadir que varios niños y niñas que acostumbraban sentarse alrededor de mí en el púlpito mientras predicaba, y me entregaban las notas que les daba la gente por más que con frecuencia les arrojaban huevos podridos, fruta, fango, etc., que iban dirigidos a mí, nunca cedieron y dejaron de hacerlo; al contrario, cada vez que me tocaban con algo, me miraban con sus ojuelos llenos de lágrimas, y parecía que deseaban recibir los impactos dirigidos a mí. Dios hizo de ellos, en sus años de crecimiento, mártires grandes y vivos para Él, que «¡de la boca de los niños y de los que maman perfecciona la alabanza!».

¿Quiénes son estos niños y niñas que maman? El hombre en general, que viene de un comienzo tan débil y pobre como son los niños y los que maman, con todo, acaba teniendo tal poder que puede enfrentarse y vencer al enemigo y al rebelde. Los apóstoles, cuya apariencia externa era deplorable, en cierto sentido comparable a los niños y a los que maman si los cotejamos con los grandes del mundo, aunque criaturas pobres y despreciadas, eran, con todo, instrumentos principales al servicio y gloria de Dios. Por tanto, es notable que cuando Cristo glorificó a su Padre por la dispensación sabia y gratuita de su gracia salvadora (Mateo 11:25), dijera: «Te doy gracias, oh Padre, Señor del cielo y de la tierra, porque has escondido estas cosas de los sabios y los prudentes, y las has revelado a los niños».

Se nos dice (Mateo 18:3): «A menos que os convirtáis y os volváis como niños...», como si hubiera dicho: «ustedes se esfuerzan por lugares preeminentes y por la grandeza mundana en mi reino; yo les digo que mi reino es un reino de niños, y en él no hay sino los que son humildes y los que se ven poca cosa a sus propios ojos, y están contentos con ser pequeños y despreciados a los ojos de los demás, y no buscan los grandes lugares y cosas del mundo».

SALMO 18:1-9

«El Señor es mi roca, mi amparo, mi libertador; es mi Dios, el peñasco en que me refugio. Es mi escudo, el poder que me salva, ¡mi más alto escondite!»

(SAL. 18:2).

Cuando sufrimos tormentas y desastres naturales de grandes magnitudes, necesitamos encontrar un refugio capaz de resistir los embates de la tormenta y preservarnos la vida. Pero en ocasiones nos azotan tormentas que no son de orden natural, sino espirituales, anímicas y personales. Ese tipo de tormenta a veces causa más daño que la física porque daña nuestro espíritu, afecta nuestra moral y nos deprime, nos desorienta y nos deja en un estado moral y espiritual que nos hace perder la perspectiva de nuestra existencia.

Al igual que necesitamos un refugio seguro donde pasar las tormentas físicas, también necesitamos un refugio donde guarecernos de las tormentas espirituales. Dios es el único refugio para las tormentas personales. El salmista así lo reconoce y le aplica una serie de nombres que muestran lo que Dios significa para él: roca, castillo, libertador, fortaleza, escudo y fuerza de su salvación. ¡Qué hermoso! En estas palabras David expone lo que significa Jehová para él.

Cada creyente debe apoderarse de esos conceptos para aplicarlos a las experiencias de su vida diaria y cada vez que el dolor nos golpee, la tormenta nos sacuda y nos veamos angustiados, podamos encontrar la paz y el sosiego en los brazos seguros del mejor refugio. La verdadera paz, la que proviene de la seguridad del poder de quien nos guarda, solo se percibe cuando el Señor es nuestro refugio. Si nos refugiamos en Jesucristo, podremos estar seguros de estar rodeados de las poderosas manos de Dios.

Busquemos el rostro de Dios, pongamos nuestra vida en Sus manos y permitamos que Su paz inunde nuestra vida.

SALMO 9:1

*«Te alabaré, oh Jehová, con todo mi corazón;
Contaré todas tus maravillas»*

(SAL. 9:1, RVR1960).

*A*veces es necesaria toda nuestra decisión para hacer frente a los dientes de sus enemigos, afirmando que, por más que los demás callen, nosotros bendeciremos Su nombre; aquí, sin embargo, el derrumbamiento del enemigo se ve como total y el cántico fluye con la sagrada plenitud del deleite. Nuestro deber es alabar al Señor; ejerzamos este privilegio.

Con todo mi corazón. La mitad del corazón no es el corazón.

Contaré todas tus maravillas. La gratitud por un acto de misericordia refresca la memoria de millares de ellos. Un eslabón de plata en la cadena arrastra una larga serie de recuerdos tiernos. Aquí hay una obra eterna para nosotros, porque no puede haber fin a la manifestación de todos Sus actos de amor.

Cuando hemos recibido algún bien especial del Señor, es bueno que, según la oportunidad que tengamos, lo contemos a otros. Cuando la mujer que había perdido una de sus diez monedas de plata la halló, reunió a sus vecinas y amigas y les dijo: «Regocijaos conmigo, porque he hallado la moneda que había perdido».

¿Quién conoce tantas de las obras maravillosas de Dios como Su propio pueblo? Si ellos callan, ¿cómo podemos esperar que el mundo vea lo que Él ha hecho? No nos avergoncemos de glorificar a Dios contando lo que conocemos y sabemos que Él ha hecho; busquemos la oportunidad de poner claramente estos hechos en evidencia; deleitémonos en hallar la oportunidad de contar, de nuestra propia experiencia, lo que ha de redundar en su alabanza; y a los que honran a Dios, Dios, a su vez, los honrará; si estamos dispuestos a contar Sus hechos, Él nos dará en abundancia de qué hablar.

SALMO 11:1-3

«En Jehová he confiado; ¿cómo decís a mi alma, que escape al monte cual ave? Porque he aquí, los malos tienden el arco, disponen sus saetas sobre la cuerda, para asaetear en oculto a los rectos de corazón. Si fueren destruidos los fundamentos, ¿qué ha de hacer el justo?»

(SAL 11:1-3, RVR1960).

*D*avid, en los diferentes períodos de su vida, estuvo colocado en casi todas las situaciones en que un creyente, sea rico o pobre, puede ser colocado; en estas composiciones escritas celestiales delinean todas las actividades de su corazón.

Para ayudarnos a recordar este salmo tan breve, pero tan dulce, le daremos el nombre de «Cántico del amigo firme y fiel».

Notemos de qué modo tan notable este salmo se corresponde con la liberación de Lot cuando se hallaba en Sodoma. Este versículo, con la exhortación del ángel: «Escapa a las montañas, para que no seas consumido», y la respuesta de Lot: «No puedo escapar a las montañas, no sea que me alcance el mal, y muera» (Gén. 19:17-19). Y también: «Jehová tiene en el cielo su trono, y sobre los malos hará llover calamidades; fuego, azufre y viento abrasador será la porción del cáliz de ellos»; con: «Entonces el Señor hizo llover sobre Sodoma y Gomorra azufre y fuego del cielo»; y también: «Los rectos contemplarán su rostro», con: «libró al justo Lot... porque este justo, que residía entre ellos, afligía cada día su alma justa, viendo y oyendo los hechos inicuos de ellos» (2 Ped. 2:7-8). (Casiodoro en el *Comentario sobre los Salmos de John M. Neale*, de escritores primitivos y medievales).

Los primeros tres versículos contienen un relato de una tentación a desconfiar de Dios, la cual había causado gran desasosiego en David en una ocasión que no se menciona. Es posible que en los días en que se hallaba en la corte de Saúl le aconsejaran que escapara en unos momentos en que su huida podía ser achacada a un incumplimiento de su deber respecto al rey o a una prueba de cobardía personal. Su caso era como el de Nehemías, cuando sus enemigos, bajo el pretexto de la amistad, esperaban entramparle en vez de que huyera para salvar su vida, mediante los consejos que le daban.

SALMO 32:1-11

«Bienaventurado el hombre a quien Jehová no culpa de iniquidad, y en cuyo espíritu no hay engaño»

(SAL. 32:2).

*H*ay escuelas que utilizan colores para identificar el comportamiento del niño. Por ejemplo, si el niño se portó bien ese día, le asignan el color verde. Si falló en algo, pero el fallo no es severo, le asignan el color amarillo. Y si se portó mal, recibe el color rojo. El objetivo de usar este sistema es motivar en el niño el deseo de obtener el color verde todos los días. Sin embargo, sabemos que los niños, al igual que los adultos, tienen días buenos y días malos. Por lo tanto, no siempre obtendrán el color verde.

Lo importante de este sistema es ayudar al niño a decirle a sus padres el color que obtuvo por su comportamiento, y ayudarlo a ser consciente de la razón por la que obtuvo ese color, especialmente si debido a su comportamiento obtuvo el color amarillo o rojo. Cuando el niño les cuenta a sus padres el resultado de su comportamiento, muestra la seguridad que existe en la relación con ellos. El niño está seguro de que sus padres lo aman, aunque lo regañen y reafirmen las consecuencias de su comportamiento en la escuela o en la casa.

Dios perdona nuestros pecados cuando los confesamos ante Su presencia, libremente y arrepentidos. Nunca debemos temer el traer al Padre nuestros pecados, aunque tengamos que aceptar las consecuencias de ellos.

Padre, gracias por el perdón por medio de tu Hijo Cristo cuando venimos a ti arrepentidos.

SALMO 89:42-45

«Has exaltado el poder de sus adversarios y llenado de gozo a sus enemigos. Le has quitado el filo a su espada, y no lo has apoyado en la batalla. Has puesto fin a su esplendor al derribar por tierra su trono. Has acortado los días de su juventud; lo has cubierto con un manto de vergüenza»

(SAL. 89:42-45).

La persecución de los cristianos ha estado presente en todas las etapas de la historia de la Iglesia. El mismo Cristo fue perseguido y colgado en una cruz. Los enemigos del pueblo de Dios han buscado siempre cualquier oportunidad para perseguir dramáticamente a la Iglesia. El martirio de los cristianos ha estado presente desde el comienzo, y hoy, más de 2000 años después, la historia no ha cambiado mucho. Miles de cristianos en el mundo son perseguidos y asesinados, iglesias son derrumbadas y quemadas, muchos viven bajo severas limitaciones que hace difícil ejecutar el ministerio del evangelio o simplemente vivir como un cristiano.

Esto es precisamente lo que esta segunda parte de la estrofa del Salmo 89 está narrando. Pero el salmista reconoce, primeramente, que los enemigos que se han levantado contra Su pueblo y prevalecido, lo han hecho debido a que Dios los ha fortalecido (v. 42). No solo esto, sino que Dios ha reducido las fuerzas de Su pueblo para que este no pueda pelear y prevalecer contra sus enemigos (v. 43). La imagen es como si Dios hubiera atado sus manos para que el enemigo venciera. El resultado es que el trono está echado por tierra (v. 44) y Su pueblo está cubierto de ignominia (v. 45). Dios es el que ha hecho todo esto. Hay una historia en la Biblia, la historia de Job, que nos muestra de una forma muy vívida como todo esto funciona. Es Dios el que tiene control sobre nuestros enemigos, ellos no pueden hacer nada sin Su consentimiento y expreso permiso. Pues nosotros somos posesión suya, y Él usa hasta a sus enemigos para cumplir Su propósito en nosotros. Lo ha hecho a través de la historia, cuando mandó a los asirios a conquistar el reino del norte por su pecado, lo hizo cuando mandó a los babilonios a conquistar el reino de Judá, Nabucodonosor era simplemente un siervo de Dios (Jer. 25:9). Al igual que lo fueron los judíos que colgaron a Cristo en una cruz, y, a través de ese acto, Dios de una vez y para siempre, derrotó a todos Sus enemigos, incluyendo el pecado y la muerte.

Por eso, nosotros los cristianos, siempre debemos ser conscientes de que Dios tiene control absoluto sobre nuestros enemigos. Él los usa, para lograr Sus propósitos en Su pueblo. Cuando nuestros enemigos prevalezcan sobre nosotros, debemos seguir confiando y esperando en Dios, eso es precisamente lo que hace el salmista en la siguiente estrofa, clamar a Dios por salvación, por misericordia, clamar a Dios que es fiel en todo momento, aun cuando nuestros enemigos prevalecen sobre nosotros. Podemos seguir confiando porque sabemos que su victoria es temporal, porque realmente ya todos ellos fueron vencidos por Cristo en la cruz del Calvario (Col. 2:15). Y un día Cristo regresará y consumará completamente el plan de Dios, y nosotros no tendremos que sufrir nunca más la presencia de nuestros enemigos, pues ellos serán expulsados eternamente de la presencia de Dios y de Su pueblo.

SALMO 12

«Salva, oh Jehová, porque se acabaron los piadosos;
porque han desaparecido los fieles de
entre los hijos de los hombres»

(SAL. 12:1, RVR1960).

E ste salmo está encabezado con el título «Al músico principal; sobre Seminit. Salmo de David», título que es idéntico al del Salmo 6, excepto que aquí se omite «Neginot». El tema será más gráfico si lo llamamos «Buenos pensamientos en tiempos malos». Se supone que fue escrito cuando Saúl perseguía a David y a los que favorecían su causa.

El salmista ve el peligro extremo de su posición, porque para un hombre es mejor estar entre leones que entre mentirosos; siente su propia incapacidad para tratar con estos hijos de Belial, porque «el que los toque debe estar rodeado de hierro». Por tanto, se vuelve a su Ayudador del todo suficiente: el Señor. Su ayuda nunca es negada a Sus siervos, y Su ayuda es bastante para todas las necesidades.

Así como los navíos pequeños pueden navegar en puertos en que otros mayores, por calar más profundo, no pueden entrar, así también nuestras breves exclamaciones y cortas peticiones pueden navegar al cielo cuando nuestra alma es privada por el viento, o por los asuntos, de ejercicios de devoción más prolongados, y cuando la corriente de la gracia parece demasiado baja para que flote en ella una súplica más elaborada.

Porque han desaparecido los fieles de entre los hijos de los hombres. Cuando se ve la piedad, inevitablemente le sigue la lealtad; sin el temor de Dios los hombres no aman la verdad. David, en medio del desorden general, no se armó complots y sediciones, sino que presentó peticiones solemnes; ni se juntó con la multitud para obrar mal, sino que echó mano de las armas de la oración para resistir los ataques de ellos contra la virtud.

SALMO 119:35

*«Hazme andar por la senda de tus mandamientos,
porque en ella me deleito»*

(SAL. 119:35, LBLA).

Este versículo inicia con la expresión «hazme andar», lo cual me hace pensar en el proceso que atraviesan los niños al aprender a caminar. Ellos no se despertaron un día, se pusieron en pie e iniciaron un viaje de la cuna a la sala; ellos necesitaron la ayuda de sus padres para poder hacerlo. Asimismo, en este camino, no soy yo el que toma la iniciativa de andar, ya que por mí mismo no sería posible. Hay alguien que hace que esto ocurra. Es esto a lo que se refiere el salmista cuando pide que Dios lo haga andar, que lo guíe, que lo haga marchar hacia algo. Por supuesto, esto nos hace totalmente dependientes de ese alguien, y sin Él no sería posible andar.

El versículo 33 nos muestra a quién va dirigida esta humilde oración: «Enséñame, Señor...». Al saber a quién se dirige el salmo, podemos reconocer, en primera instancia, que necesitamos imprescindiblemente de ese alguien, Dios, para poder caminar. En segunda instancia, los mandatos del Señor se convierten en el sendero, es como si cada una de Sus instrucciones se convirtieran en las piedras y el cemento que construyen el camino por el que transita aquel que goza de una relación con Dios. El énfasis del salmista está en que los mandatos del Señor le permiten al creyente andar por el camino que Dios quiere que él transite.

Al final del versículo se indica por qué el salmista hace esta petición: «Porque en ella me deleito». El salmista está satisfecho, feliz; para él es placentero andar en la senda. ¿Cómo puede ser un deleite caminar en los preceptos de Dios? Es posible cuando en medio de la angustia dejamos actuar a Dios en nuestra vida, dependiendo de Él para hacer lo que solo Dios puede hacer y guiarnos a donde solo Él nos puede guiar.

Una vez que aprenden a caminar, los niños siguen su camino sin la ayuda de sus padres. Nosotros, sin embargo, necesitamos diariamente que Dios nos enseñe a andar en el camino. En Filipenses 2:13, Pablo expresa que «Dios es quien produce en [nosotros] tanto el querer como el hacer», por lo tanto, dependemos totalmente de Su obra en nosotros. Por otra parte, Dios nos ha presentado un camino más excelente: la Palabra escrita nos conduce a la Palabra encarnada, Cristo mismo. Jesús es «el camino, la verdad y la vida», y es en Él en donde encontramos nuestro deleite. Necesitamos estar complacidos en quién es Él y en Su grandeza. Necesitamos depender de la ayuda del Espíritu Santo que nos introduce, nos guía y mantiene en el camino.

Al final del día no se trata de lo que yo pueda hacer, sino de lo que Él hizo, hace y puede hacer.

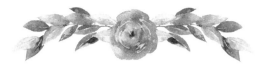

SALMO 57:1-11

«Porque grande es hasta los cielos tu miseriordia, y hasta las nubes tu verdad»

(SAL. 57:10).

Las palabras en los versículos cinco y once de este salmo son idénticas, pero se expresan en diferentes contextos. ¿Puedes discernir el contexto de las palabras en el versículo cinco? ¿Qué hay del versículo once? En el versículo cinco vemos a David atormentado, perseguido y al parecer en una situación sin salida. Sin embargo, respira desde lo más profundo de su alma, y con ese respiro de desesperación, exalta a Dios. No importa qué tan desesperados estemos, o que pensemos que no hay salida del túnel obscuro, recordemos que en nosotros vive el Espíritu de Dios, quien es sobre todo y todos.

El versículo once nos presenta a un David diferente. Aunque las palabras son iguales, vemos la confianza que David tiene en que se cumplirá la voluntad de Dios en su vida. Él reconoce que a pesar de todo lo que le acosa, Dios es superior. David alaba a Dios por lo que ya hizo. De lo más profundo de su corazón expresa su confianza en Dios. Como David, recordemos que la misericordia y el poder de Dios para cumplir Su propósito en nosotros no depende de las circunstancias, depende de Su señorío sobre todo lo que existe. ¿A qué promesas de Dios te aferras tú en los tiempos difíciles? ¿Cuál es el propósito de Dios para tu vida? Exalta a Dios, a pesar de lo que te rodee. ¡Dios es victorioso y tú también lo serás!

Señor, hoy escojo exaltarte por tu amor y fidelidad hacia mí. ¡Bendito sea tu nombre!

SALMO 89:47-48

«¡Recuerda cuán efímera es mi vida! Al fin y al cabo, ¿para qué creaste a los mortales? ¿Quién hay que viva y no muera jamás, o que pueda escapar del poder del sepulcro?»

(SAL. 89:47-48).

Leer los Salmos es viajar por el espectro completo de las emociones humanas, y saber que Dios no solo tiene la capacidad de escucharnos expresarlas, sino la paciencia de, al menos por un momento, no darnos el consuelo de ver el panorama completo.

En este salmo, Etán, el autor, viaja de la alabanza profunda al Dios de Israel, quien es Creador, Dueño y Defensor de Su pueblo, al desconcierto de las promesas aparentemente no cumplidas que Él mismo hizo. ¡A menudo pienso en quienes Dios llamó mientras se desarrollaban los hechos escritos en nuestra Biblia! Pienso en cómo ciertamente solo el Señor puede otorgar el regalo de la fe y sostenerla, porque para santos, como este autor, no existía un Nuevo Testamento con el cual contestar sus lamentos y preguntas, y por esto, también podemos estar agradecidos, porque nos deja evidencia en la Escritura, de que hacernos preguntas difíciles y hacérselas a Dios, son parte del fiel caminar con Él.

Etán recuerda la inevitable realidad: la vida es muy corta comparada con la eternidad. «Efímera» la llama. Y sigue con la pregunta: «¿para qué creaste a los mortales?» con un tono de reclamo muy sincero que puede parecernos familiar. Si bien, es cierto que la mayoría de nosotros jamás se atrevería a decir esto públicamente en canción u oración, aquí, en el gran Libro de Dios, quedó escrito porque Dios sabe cuántas veces lo hemos pensado. El hombre atraviesa pequeños desiertos, aun en medio de momentos de asombro ante quién es Dios. Es un alivio saber que Él conoce nuestra mente y nos da lenguaje para expresarlo.

Inmediatamente el salmista hace otra fuerte pregunta: «¿Quién hay que viva y no muera jamás, o que pueda escapar del poder del sepulcro?». Hasta ese momento de la historia de la humanidad, no había existido un solo hombre que pudiera escapar de la muerte. Ninguno. Él está declarando lo que le parece obvio. Hoy, para ti y para mí, hay un panorama muchísimo más completo y completamente esperanzador, aun si no tenemos todas las respuestas: Jesús es el Hijo de Dios, en carne y hueso, quien vivió en absoluta pureza y perfección para darse en pago por nuestra deuda con Su Padre, y quien, al ascenderlo de la tumba declaró que el pago había sido aceptado, y que todo el que crea ¡será contado como justo! Ciertamente ni Dios hecho hombre esquivó el horror de una muerte cruel, pero sabemos que gloriosamente nuestro Señor utilizó lo que el hombre más teme, la muerte, para traer lo que más anhela, vida en abundancia.

En Jesús se cumplen todas las promesas hechas a David, aun si este salmista, en su pequeña ventana de tiempo no podía verlo. El Padre está velando cuidadosamente por el cumplimiento del plan de redención que puso en marcha antes del Jardín de Edén, aun si no comprendes cómo encaja esto que estás viviendo.

¿Quién puede escapar del sepulcro? Jesús pudo, y nosotros, en Él ¡también! ¡Gloria sea a Su nombre!

SALMO 119:37

*«Aparta mi vista de cosas vanas,
dame vida conforme a tu palabra»*

(SAL. 119:37).

*C*omo parte de nuestra naturaleza pecaminosa, todos buscamos una salida para escapar de nuestra realidad presente, y por inercia buscamos refugiarnos en lo que nos es conocido y así confortar nuestro corazón en los altos y bajos de la vida. A veces conscientemente corremos a nuestros «escondites» y en ocasiones nos encontramos en el lugar más conocido de nuestro ser para poder evadir lo que no queremos enfrentar en el momento.

El día a día parece un hoyo sin fondo de trabajo, tareas, planificaciones, viajes, etc. que nos consume, y muchas veces hace que nos olvidemos de lo más importante, lo esencial, Dios mismo. Es fácil ser consumido por todo y al final quedarnos con nada más que un vacío que duele y, al nuevamente ver Su gracia, reconocer que todo lo que necesito se encuentra solamente en Él.

El rey David siendo llamado por Dios, pasa por tiempos de angustia y agonía después de ver cuán lejos estaban sus ojos de quien debería cautivar su mirada. Al reconocer que está delante del Dios omnisciente, levanta esta exclamación en el Salmo 119:37 «Aparta mi vista de cosas vanas, dame vida conforme a tu palabra».

Conscientes o no, con frecuencia corremos de estar en la lupa de Dios por miedo de lo que pueda encontrar. Nos hacemos expertos en vivir preocupados u ocupados en una serie de actividades que no son «malas», pero al poner nuestras cabezas en la almohada al finalizar nuestro día, nos pesa la culpabilidad, la vergüenza, la realidad; nuestros ojos estuvieron cautivados por todo o todos menos por Él. Corren las lágrimas, se detiene por un instante la respiración, el corazón duele al reconocer la gravedad de la condición presente. Cuando David clama a Dios «aparta mi vista» él sabe que no hay manera que pueda sostener su mirada sin la ayuda del Dios que conoce su corazón.

En el Salmo 139:23-24: «Examíname, oh Dios, y sondea mi corazón; ponme a prueba y sondea mis pensamientos. Fíjate si voy por mal camino, y guíame por el camino eterno», David le pide a Dios que lo examine, lo conozca, lo pruebe, lo vea y que lo guíe; reconoce que únicamente Dios mismo puede salvarlo de su propia humanidad. Qué difícil es hacer tal oración porque sabemos que la respuesta quizás traerá consigo una realidad no aceptable. Pero veamos la gracia de Dios, que hace que aun sabiendo cuán pecaminosos son nuestros corazones, si nos arrepentimos, Él no nos deja en el camino de la perdición. «… Dame vida conforme a tu palabra».

En estos tiempos con tantos avances y tantas distracciones que pelean por nuestra atención, debemos salir de esos escondites de comodidad o refugios de escape, clamar a Dios que aparte nuestros ojos de las cosas vanas del mundo y nos rescate de la facilidad con la que nuestro corazón es satisfecho con las cosas vanas con las que nuestros ojos son atraídos. No hay nadie que lo pueda hacer más que aquel que nos conoce mejor que nosotros mismos.

SALMO 63:1-10

«Dios, Dios mío eres tú; de madrugada te buscaré;
mi alma tiene sed de ti, mi carne te anhela,
en tierra seca y árida donde no hay aguas»

(SAL. 63:1).

Viajaba por una carretera del estado de la Florida al estado de Nuevo México en los Estados Unidos y pude apreciar, de cerca, los cambios del clima y de la vegetación. La humedad, la lluvia y el verdor de los estados costeros se transformaron en el calor, la sequía y las piedras del oeste. Recuerdo que sentí sed al pasar por las zonas áridas del viaje. Mi boca y mi piel se sentían resecas y anhelaban agua. ¡Y eso que iba viajando en un auto con aire acondicionado!

Cuando David estuvo en el desierto, no solo experimentó la resequedad y el calor físico, sino que también su ser tenía sed de consuelo. Sentía que su cuerpo y su alma ardían. David sintió sed física, pero incluso más, sintió sed de Dios. Dios es el manantial de agua fresca para todos los que tienen sed de Su amor, misericordia y perdón. El no leer Su Palabra y la poca comunicación con Dios por medio de la oración causan que pasemos por etapas áridas en nuestra vida. David reconoce su debilidad y su necesidad. En respuesta, acude a Dios convencido de que Dios no cambia. Dios lo amaba y tenía un propósito para su vida. Nosotros también necesitamos recordar que cuando vamos a Dios arrepentidos de nuestros pecados, tenemos libre acceso a Su manantial de agua pura y fresca.

Padre, perdona mis pecados contra ti. Siempre deseo estar cerca de ti para descansar a tus pies y tomar agua fresca y pura.

SALMO 119:49

*«Acuérdate de la palabra dada a tu siervo,
en la cual me has hecho esperar»*

(SAL. 119:49, RVR1960).

*D*ios se acuerda de mí.

¡Qué difícil resulta a veces acordarse de algo! Tendemos a olvidar, sobre todo las cosas que hemos prometido. La palabra «acuérdate» se menciona 16 veces en el Libro de los Salmos. Acuérdate de tus piedades, de tus misericordias, de tu congregación, acuérdate de mí. Pero en esta ocasión el salmista clama diciendo: «Acuérdate de la palabra dada a tu siervo». Solamente en este capítulo «la Palabra» se repite 24 veces, y se refiere a la Palabra dicha, la voluntad expresa de Dios para el hombre.

Cuando las cosas no marchan bien, tendemos a olvidar aquello que nos daba confianza y nos sostenía. El salmista pide que esas promesas de paz, de compañía, de fortaleza, estén presentes en el recuerdo de su Señor.

¿Y para quién es dada esta Palabra? Para «tu siervo». El siervo espera en la Palabra de su Señor. Esta le da certeza y confianza en cuanto a lo que debe hacer y cómo actuar. El siervo rinde sus capacidades personales delante de Él, reconociendo Su gracia, misericordia y provisión. Quien no se identifica como siervo, no puede esperar algo de parte de Dios, porque realmente no se sujeta a Su Palabra, sino que supone erróneamente que Dios cumplirá sus deseos personales (Sant. 1:7-8).

Enseguida, el salmista agrega una frase más: «En la cual me has hecho esperar». Así que la palabra recibida de parte de Dios desarrolla la capacidad de esperar. También denota que ha ocurrido un proceso de enseñanza, una práctica en la espera, algo que debemos tomar en cuenta.

Su significado tiene tres características: ser paciente, tener esperanza y experimentar dolor. ¿Sorprendido? En nuestra mente esperar es una cosa, pero es muy distinto a ser paciente. Esperamos, pero queremos respuestas prontas. Y así no funciona con Dios. Su Palabra está llena de ejemplos que lo confirman. Su Palabra descubre nuestros sentimientos reales, motivaciones, y también pecados. Allí es donde actúa Su Espíritu revelando nuestras intenciones y enseñándonos en medio del dolor lo que es correcto y lo que estamos haciendo mal. También significa tener esperanza, como el labrador, que siembra la semilla y espera a que brote una planta, lo cual no depende de él, sino solo de tener la esperanza que así sucederá. Y también incluye el dolor, porque en la espera se sacudirán áreas de nuestra vida que deben cambiar, y esto duele. Así que, esperar, en la Palabra de Dios dada a sus siervos, se convierte en una poderosa experiencia de crecimiento personal.

Así que, en medio de la prueba puedes estar seguro de que lo que Dios ha escrito para tu enseñanza y bienestar no se ha olvidado. En medio de un proceso de enseñanza, esperanza y aun de dolor, llegarán los mejores resultados conforme a la voluntad divina; y con la misma certeza que Su Palabra se cumple, ten la certeza que Dios está cuidando de ti.

SALMO 89:49

*«¿Dónde está, Señor, tu amor de antaño,
que en tu fidelidad juraste a David?»*

(SAL. 89:49).

*C*uando Dios exaltó a David dándole un pacto eterno (vv. 3-4), todo pintaba hermoso para Israel (vv. 22-23); pero la experiencia de Israel no cuadraba con esas gloriosas promesas. La familia que Dios había prometido nunca abandonar (vv. 33, 36-37) parecía haber sido abandonada, el pacto revocado y la corona por los suelos (vv. 38-39). El salmista se pregunta: «¿Dónde está, Señor, tu amor de antaño, que en tu fidelidad juraste a David?» (v. 49).

Este salmo es el último del tercer libro de los cinco libros del salterio. Aunque pudiéramos pensar que no existe secuencia, la organización de estos libros muestran una estructura. Aunque cada libro contiene diferentes tipos de salmos, su flujo global apunta a Cristo, el gran Hijo de David.

El primer libro de los Salmos (caps. 1-41) traza la ascensión de David, de humilde al rey escogido por Dios. Describe momentos de dificultad, termina con un salmo que narra la paciencia de David (Sal. 40:1) esperando que Dios lo exaltara. Lo describe como un rey que hace la voluntad de Dios, tipificando al Cristo venidero (vv. 6-8; Heb. 10:5-9).

El segundo libro (caps. 42 al 71) traza el reinado de David, con sus pecados (cap. 51) y traiciones (cap. 55), derrotas (cap. 60) y confianza (cap. 61). Culmina con un salmo de Salomón describiendo al rey ideal (cap. 71). Tristemente Salomón no fue ese rey ideal.

El tercer libro (caps. 72-89), lleno de salmos de Asaf, pide que Dios restaure a Israel juzgando a sus enemigos (caps. 80, 83, 86). Porque en la infidelidad de los hijos de David, no se preservó la gloria de Israel. El libro termina con nuestro Salmo 89, celebrando que Dios escogiera a David, pero lamentando que su corona esté por los suelos. Anhelando el cumplimiento de las promesas dadas a David, el salmista clama a Dios: «¿Por qué no has sido fiel a lo que juraste a David?».

El libro cuatro (caps. 90-106) expresa confianza en el reinado de Dios (caps. 93, 95, 97, 99), a pesar del fracaso de la dinastía davídica. El libro termina con una confesión de los pecados de la nación, rogando que Dios reúna a la nación de entre las naciones (Sal. 106:47).

El quinto libro (caps. 107-150) celebra que Dios sí perdona los pecados (cap. 107) y afirma la restauración de la dinastía davídica (caps. 132; 144). Incluye el salmo más citado por el Nuevo Testamento (cap. 110) que anuncia un inusual rey-sacerdote (Sal. 110:1, 4) que reinaría eternamente (Sal. 145:13) y sobre todas las naciones (Sal. 148:11). El último versículo del salterio anuncia que todo lo que respira alabará a Dios (Sal. 150:6).

La estructura misma del salterio traza la historia de Israel, la elección de Dios de la casa de David, y su aparente fracaso, pero termina apuntando a la restauración. ¡El fin de la historia está escrito y es glorioso!

Cuando tus circunstancias te hagan preguntar «¿Dónde está tu amor de antaño y las promesas que juraste?», recuerda que el Mesías prometido vino y todavía vendrá para cumplir todas sus promesas. Mientras esperas, «¡Que todo lo que respira alabe al Señor! ¡Aleluya! ¡Alabado sea el Señor!» (Sal. 150:6).

SALMO 91:1-10

«No temerás el terror nocturno,
ni saeta que vuele de día»

(SAL. 91:5).

*E*n la calle donde vivo había un árbol formidable. Sus ramas eran altas y abarcaban un área enorme, dando sombra a la casa donde estaba y a la acera por donde camino con mi perrito. Me gustaba pararme bajo el árbol, no solo por la sombra que daba y la frescura que se sentía, sino por el sonido que hacían los pájaros que vivían allí.

Pero el huracán Irma arrasó con casi todo el árbol. Ya no da tanta sombra porque solo tiene pocas ramas, tampoco se escucha el sonido de los pajaritos cantando. Cuando vi lo que le había pasado al árbol, sentí mucha tristeza. Parada debajo del árbol todo desfigurado y roto vino a mi mente un himno antiguo, que es uno de mis favoritos. El himno se titula: *¿Cómo podré estar triste?* ¿Lo conoces? La primera estrofa dice: «¿Cómo podré estar triste? ¿Cómo entre sombras ir? ¿Cómo sentirme solo y en el dolor vivir? Si Cristo es mi consuelo, mi amigo siempre fiel, si aún las aves tienen seguro asilo en Él, si aún las aves tienen seguro asilo en Él».

David experimentó en sangre propia la devastación que el pecado y los enemigos traen al alma. Sin embargo, estaba convencido del amor y la protección que en el pasado su Dios había tenido con él y que volvería a experimentar. ¿Cuál es tu refugio? ¿Dónde te sientes seguro?

Padre, gracias porque sé que en todo tiempo tengo un seguro y fuerte refugio en ti.

SALMO 13

«¿Hasta cuándo, Jehová? ¿Me olvidarás para siempre?
¿Hasta cuándo esconderás tu rostro de mí?»

(SAL. 13:1, RVR1960).

E s costumbre llamar a este salmo: «¿Hasta cuándo?». Casi diríamos que es el salmo del gemido, por la incesante repetición del grito: «¿Hasta cuándo?».

Esta pregunta se repite no menos de cuatro veces. Corresponde al intenso deseo de liberación y a la gran angustia del corazón. Y no tiene por qué no haber algo de impaciencia mezclada con ello; ¿no es éste el retrato más fiel de nuestra propia experiencia? No es fácil prevenir y evitar que los deseos degeneren en impaciencia. La aflicción prolongada parece representar abundante corrupción; pues el oro que tiene que permanecer mucho en el fuego, es que contiene mucha escoria que ha de ser consumida; de ahí que la pregunta «¿hasta cuándo?» pueda sugerir una búsqueda profunda del corazón.

¿Hasta cuándo, Jehová? ¿Me olvidarás para siempre? ¡Ah, David!, ¡qué necias son estas palabras! ¿Puede Dios olvidar? ¿Puede el Omnisciente fallar en el recuerdo? Por encima de todo, ¿puede el corazón de Jehová olvidar a su hijo amado? ¡Ah, hermanos, echemos lejos de nosotros la idea, y escuchemos la voz de nuestro Dios del pacto, por boca del profeta: «He aquí te tengo grabado en las palmas de mis manos; tus muros están continuamente delante de mí»!

Para siempre. ¡Qué pensamiento tan tenebroso! Sin duda era bastante sospechar un olvido temporal, pero ¿haremos una pregunta ingrata y nos imaginaremos que el Señor va a abandonar para siempre a Su pueblo? No, Su ira puede durar una noche, pero Su amor permanece eternamente.

SALMO 19

«Los cielos cuentan la gloria de Dios, y el firmamento anuncia la obra de sus manos»

(SAL. 19:1, RVR1960).

El hombre sabio lee el libro del mundo y el libro de la Palabra como dos volúmenes de la misma obra y piensa respecto a ellos: «Mi Padre escribió los dos».

Este salmo forma un contraste perfecto con el Salmo 8, evidentemente compuesto por la noche, y debería leerse en relación con él, ya que es probable que fuera escrito aproximadamente al mismo tiempo, y los dos son cánticos de alabanza derivados de los fenómenos naturales, y por tanto apropiados de modo peculiar a la vida rural o pastoral.

Los cielos cuentan la gloria de Dios. El libro de la naturaleza tiene tres hojas: el cielo, la tierra y el mar, de los cuales el cielo es el primero y el más glorioso, y con su ayuda podemos ver las bellezas de los otros dos. El que empieza a leer la creación estudiando las estrellas empieza el libro en el lugar debido.

Los cielos son plural por su variedad, ya que comprenden los cielos acuíferos, con sus nubes en formas incontables; los cielos aéreos, con sus calmas y tempestades; los cielos solares, con todas las glorias del día, y los cielos estrellados, con todas las maravillas de la noche; lo que el cielo de los cielos debe ser no ha entrado en el corazón del hombre, pero allí todas las cosas cuentan la gloria de Dios de modo principal. No es meramente gloria lo que declaran los cielos, sino la gloria de Dios.

El firmamento anuncia la obra de sus manos. La expansión está llena de obras que muestran la habilidad suprema de las manos creadoras del Señor. En la expansión encima de nosotros Dios hace volar, por así decirlo, Su bandera estrellada, para mostrar que el rey está en casa, y cuelga Su escudo para que los ateos vean cómo Él desprecia sus increpaciones. El que mira el firmamento y luego se hace llamar ateo, se muestra como un necio o un mentiroso.

SALMO 20

*«Jehová te oiga en el día de conflicto;
el nombre del Dios de Jacob te defienda»*

(SAL. 20:1, RVR1960).

Tenemos delante un himno nacional apropiado para ser cantado al comienzo de una guerra, cuando el monarca está ciñéndose la espada para el combate. Si David no hubiera sido afligido con guerras, no habríamos sido favorecidos jamás con un salmo así. Hay necesidad de que el santo sea atribulado, para que pueda dar consolación a los demás.

Jehová te oiga en el día de conflicto. ¡Qué misericordia que podamos orar en el día de la tribulación, y qué privilegio bendito que ninguna tribulación pueda impedir que el Señor nos escuche! Las tribulaciones rugen como el trueno, pero la voz del creyente puede ser oída por encima de la tempestad.

¿Y quién hay de los hijos de los hombres para quien no llega un día de tribulación, cuyo camino no sea oscuro a veces, o que vea el sol, sin nubes, desde la cuna a la tumba? «Hay pocas plantas —dice el viejo Jacom— que tengan sol por la mañana y por la tarde»; y uno mucho más antiguo ha dicho: «El hombre ha nacido para la tribulación».

El nombre del Dios de Jacob te defienda. Cuanto más conocemos Su nombre, esto es, Su bondad, misericordia, verdad, poder, sabiduría, justicia, etc., más osadamente pedimos a Él, no dudando que Él va a contestarnos... Porque aquellos que tienen más renombre por su amor a la libertad y la compasión son los que primero acudirán para ayudar a los necesitados, y los pobres dirán: «Voy a ir a esta casa, porque tiene buena fama».

SALMO 119:50

«Este es mi consuelo en medio del dolor:
que tu promesa me da vida»

(SAL. 119:50).

*A*los 16 años perdí a mi hermano mayor en un trágico accidente automovilístico, una experiencia devastadora que difícilmente puedo explicar con palabras. Recuerdo que me encontraba sumergida en dolor profundo, llena de resentimiento, confundida con mil preguntas, pero fue en ese estado de mi alma donde Dios me salvó y pude experimentar por primera vez Su consuelo. Tener a Dios conmigo en esa dura etapa me ayudó a sufrir la pérdida de mi hermano aferrada a Sus promesas. Dios me consoló, y espero que hoy el poder de Su Palabra te consuele a ti.

En este salmo podemos ver que se considera que el dolor es parte de la vida, eso no lo podemos cambiar, pero si podemos vivir diferente ese dolor. El consuelo del salmista es la Palabra, un banco lleno de sus promesas. En el Salmo 119 leemos que para él la palabra es más preciada que el oro y más rica que la miel, y que desea día y noche estar meditando en ella.

Ante la realidad del dolor, nuestro consuelo no lo encontraremos en fuentes terrenales, sino en el soberano Dios que permite y planea que experimentemos esos momentos difíciles que tienen el propósito de hacernos voltear a Él y a Sus promesas. Es ahí, en el dolor, donde nuestro Padre trabaja en nuestro corazón y nos hace ver Su glorioso poder al experimentar paz que sobrepasa todo entendimiento. Es ahí donde podemos disfrutar de Su presencia, presencia donde hay plenitud de gozo y delicias a Su diestra (Sal. 16:11). Él nos da Sus promesas para infundirnos vida y aliento en el valle de sombra de muerte (Sal. 23). Ese dolor es bueno para nuestras almas (Sal. 119:71) y no sale de las manos de nuestro Rey; Job lo entendía cuando dijo: «Porque él hiere, pero venda la herida; golpea, pero trae alivio» (Job 5:18).

Nuestro Dios es un Dios consolador, Él nos ha dado Su Espíritu Santo para los días más oscuros. Así que, si estás pasando por dolor, recuerda que el Padre lo está permitiendo y usando para poder experimentar Su consuelo. Esa herida solo puede ser sanada y aliviada por Él. ¿Cómo podríamos disfrutar Sus promesas sin situaciones donde estas sean nuestro único consuelo? Promesas de provisión para los que experimentan escasez, promesas de aliento para quienes desfallecen, promesas de victoria para los inseguros, promesas de vida para quienes respiran la muerte de cerca. Muchas promesas más que están disponibles para ti.

Así que me uno a Pablo y declaro hoy: «Alabado sea el Dios y Padre de nuestro Señor Jesucristo, Padre misericordioso y Dios de toda consolación, quien nos consuela en todas nuestras tribulaciones para que, con el mismo consuelo que de Dios hemos recibido, también nosotros podamos consolar a todos los que sufren» (2 Cor. 1:3-4).

SALMO 20:7

«Estos confían en carros, y aquéllos en caballos;
mas nosotros del nombre de Jehová
nuestro Dios tendremos memoria»

(SAL. 20:7, RVR1960).

Los carros y los caballos son imponentes ante los ojos, y con sus arreos y sus adornos tienen un aspecto que entusiasma a los hombres; pero el ojo discerniente de la fe ve más en el Dios invisible que en ellos. La máquina de guerra más temida en los tiempos de David era el carro de guerra, armado con guadañas, que segaba a los hombres como si fueran hierba; esto era el orgullo y gloria de las naciones vecinas, pero los santos consideraban el nombre de Jehová como una mejor defensa.

El nombre de nuestro Dios es Jehová, y esto no debe ser olvidado nunca; este YO SOY existente por sí mismo, independiente, inmutable, siempre presente e infinito. Adoremos este Nombre incomparable y nunca lo deshonremos al desconfiar de Él o poniendo nuestra confianza en la criatura.

Sería para el tiempo de san Miguel, a finales de septiembre, cuando, hallándome en un apuro de dinero extremo, salí al campo, en un tiempo espléndido, y contemplé el cielo azul, y mi corazón fue fortalecido en su fe (algo que yo no adscribo a mis propios poderes, sino solamente a la gracia de Dios), de modo que pensé dentro de mí: «¡Qué cosa tan excelente es el que no tengamos nada, y no podamos confiar en nada, excepto en el Dios vivo, que hizo los cielos y la tierra, y nuestra única confianza es Él, y que esto nos permita estar tranquilos en el mismo corazón de la necesidad!».

Aunque me daba cuenta de que necesitaba dinero aquel mismo día, con todo, mi corazón se sentía fortalecido en la fe y mi ánimo era elevado. Al llegar a casa me esperaba el capataz de los obreros y albañiles, el cual, como era sábado, esperaba recibir dinero con qué pagarles la soldada. El hombre confiaba en que el dinero estaría preparado para poder pagarles al punto, pero al preguntarme si tenía qué darle, y si había recibido algo, yo le contesté: «No, pero tengo fe en Dios».

Apenas había pronunciado estas palabras, cuando vino un estudiante para anunciarme que traía treinta dólares que alguien le había dado, cuyo nombre no podía decirme. A continuación, fui al capataz, que esperaba en la otra habitación, y le pregunté cuánto necesitaba para pagar a los obreros; me contestó: «Treinta dólares». «Aquí están», le dije, y le pregunté al mismo tiempo si necesitaba algo más. Él me contestó que no, lo cual fortaleció mucho la fe de los dos, puesto que se había hecho evidente la milagrosa mano de Dios que había resuelto la dificultad enviando el dinero en el mismo momento que lo necesitaba.

SALMO 103:14-18

«Pero el amor del SEÑOR es eterno y siempre está con los que le temen; su justicia está con los hijos de sus hijos»

(SAL. 103:17).

Recuerdo la primera vez que vi el mar, era solo un niño, y me pareció tan grande y sin límites. En el atardecer, el sol parecía hundirse dentro del mar. Todo aquello me resultaba sorprendente e inmenso, y me sentía muy pequeño en medio de mis pensamientos.

Hoy abordaremos dos temas, el primero es la misericordia de Dios, que es desde la eternidad y hasta la eternidad. Seguramente más grande que lo que mi mente imaginaba la extensión del mar. Esta conclusión viene luego de ver cuán limitados y finitos somos como humanos (vv. 14-16), recordando que nuestras vidas son polvo, o como una flor que se marchita. Por esta razón, no hay forma de comparar nuestra pequeñez con la magnífica misericordia eterna de Dios. Esa benignidad, piedad y voluntad expresa para procurar nuestro bien no tiene límites, y se ha hecho patente desde antes de la fundación del mundo. Y ¿quiénes pueden experimentar esa misericordia? Los que le temen; los que reconocen en el Señor una autoridad mayor y guardan el respeto y aprecio reverente a Su nombre. Porque no sería honesto, ni lógico, pensar que una vida lejana y ajena a Él pueda experimentar la diaria presencia amorosa de Dios. Ciertamente Su misericordia ya se ha hecho patente por medio del sacrificio de Su Hijo Jesucristo por nosotros, pero no es perceptible, ni se puede disfrutar en quienes no tienen temor de Él. Solo es posible por medio de una transformación total del corazón, y esa obra solo la puede realizar el Señor Jesucristo.

La lectura nos lleva ahora al segundo tema: la justicia de Dios, que se extiende sobre las generaciones de quienes guardan Su pacto; y añade que Su justicia (salvación) se extiende aun hasta sus nietos. Así pues, el temor de Dios se hace evidente al guardar una relación continua con quien tomó la iniciativa de alcanzarnos por medio de Jesús como nuestro Salvador. Guardar el pacto es responder a quien ya pagó por mis pecados con una vida agradecida y de servicio. ¿Y quienes son estos que guardan Su pacto? Los que se acuerdan de Sus mandamientos para ponerlos por obra.

¿Lo has hecho ya? ¿Participas de la misericordia de Dios en tu vida? ¿Puedes experimentar cuán grande es? Si no puedes hacerlo, seguramente será tiempo de revisar si llevas una vida de temor a Dios, si guardas Su pacto, y si recuerdas Sus mandamientos para ponerlos por obra. Gozar de la misericordia y justicia de Dios es posible, pero está en función de una vida que le teme reverentemente, y que está dispuesta a obedecer lo que Su Palabra le instruye. ¿Estarás dispuesto a probarlo?

«Pero, cuando se manifestaron la bondad y el amor de Dios nuestro Salvador, él nos salvó, no por nuestras propias obras de justicia, sino por su misericordia. Nos salvó mediante el lavamiento de la regeneración y de la renovación por el Espíritu Santo» (Tito 3:4-5).

SALMO 71:14-24

*«Asimismo yo te alabaré con instrumento de salterio,
oh Dios mío; tu verdad cantaré a ti en
el arpa, oh Santo de Israel»*

(SAL. 71:22).

En la televisión aparece el anuncio de una compañía de seguros que, para captar el interés de las personas, antes que cambien a otro canal, comienza citando una causa que celebrar ese día. Por ejemplo, el día del café, el día del uso de tarjetas de crédito, el día de comer chocolates, etc. El formato del anuncio me parece una forma novedosa de captar la atención del público, ya que todos los días citan una causa diferente para celebrar.

El escritor del salmo también cita sucesos por los cuales alabar y celebrar a Dios. Al leer el texto nos damos cuenta de que el escritor es un hombre mayor, cuyo interés es decir cómo Dios ha estado presente en su vida. No solo relata las cosas buenas que ha pasado y cómo ha visto la mano de Dios en su vida, sino que también agrega las «angustias y los males» que ha sufrido. Sin embargo, aún durante esas experiencias ha sentido cómo Dios lo ha guiado y protegido.

Es bueno celebrar fechas especiales, pero aún mejor es celebrar cada día a Dios por la protección, el cuidado y el amor que nos muestra, no solo en días especiales, sino cada día. ¿Qué experiencias pasadas junto a Dios te han dado la seguridad de que Él también te acompañará en el futuro?

Padre amado, bendigo tu nombre y celebro tu persona. Quiero alabarte cada día a través de mis acciones y pensamientos.

SALMO 89:52

«¡Bendito sea el Señor por siempre! Amén y amén»

(SAL. 89:52).

*D*ios quiere que seas feliz porque Él lo es. La felicidad es más que una brisa fresca que hoy disfrutamos y mañana ya no. Es una promesa y realidad eterna en Dios. Dios es feliz, y porque lo es, nosotros también podemos serlo en Él. Esta es una verdad central que debemos recordar para ofrecerle a Jesús una sincera y correcta adoración.

Este hermoso salmo resalta la fidelidad, el amor y la soberanía de Dios en el cumplimiento de Sus promesas en medio de tiempos oscuros, por eso no es de extrañar que el salmista termine el salmo alabando a Dios llamándole «Bendito»; porque la beatitud de Dios se refiere a la felicidad ilimitada que Él posee.

Dios es feliz, no solo porque se deleita en sí mismo como el mayor bien que existe, sino porque tiene todo lo necesario para lograr lo que eternamente desea. Es por esto que el salmista lo alaba, porque sabe que Dios obrará fiel a Su pacto, no solo porque Su fidelidad es inmutable, sino porque todo lo que Dios hace, le causa gozo, placer y felicidad, eternamente.

Esta verdad debería constreñir nuestro corazón. Dios está afirmando que por cuanto Él es feliz consigo mismo y Sus obras, es feliz aplicando los tesoros de la salvación en Cristo sobre nosotros, cada día. A algunos creyentes les resulta difícil considerar que Dios es feliz haciéndonos felices a nosotros. Por experiencias pasadas, conciben en su carne a un Dios serio, exigente, difícil de complacer; pero lo que nos afirma este versículo es que Dios se goza en amar, proveer, cuidar, consolar y fortalecer a Sus hijos cada día. Él es feliz perdonando nuestros pecados, cuando en arrepentimiento se los confesamos. Esto es hermoso en verdad, porque el Dios de justicia, Juez, Legislador y Rey, es también Dios feliz, que encuentra placer en desbordar toda Su bondad en ti y en mí, a través de Sus obras de gracia en nuestras vidas, por medio de Cristo Jesús.

Pero esta verdad, cual veta de oro, nos da un tesoro más: buscar ser felices no es pecado, pero buscarlo fuera de Dios siempre lo será. Si Dios es Su misma fuente de felicidad, por cuanto no hay mayor bien que Él mismo; no podemos suponer fallidamente que nosotros podemos ser felices fuera de Él. Tu y yo fuimos creados para ser felices en Dios, para glorificarlo y gozarnos en Él. Esta es una verdad que cada día debemos dejar brillar en nuestros corazones, de tal manera que cada oscuro escondite de nuestro cuerpo de pecado sea iluminado por ella, para que nos veamos impulsados a obrar felizmente para Dios.

Es mi deseo que este privilegio que el Dios feliz te ha otorgado por gracia sea el motivo para que hoy, por su amor fiel por ti, puedas expresar desde tu corazón: «Bendito sea el Señor por siempre! Amén y amén».

SALMO 73:20-28

*«Mi carne y mi corazón desfallecen; mas la roca de
mi corazón y mi porción es Dios para siempre»*

(SAL. 73:26).

*E*n el jardín frente a la casa tengo un árbol pequeño y al anticipar la fuerza del huracán Irma, usé unas sogas elásticas para atarlo a la cerca. Regresé a casa después del paso del huracán, y vi que, aunque el viento y la lluvia abatieron el árbol, no se había derrumbado del todo porque las sogas lo sujetaron y las raíces permanecieron en la tierra. Cuando vino el jardinero a enderezarlo, le quitó las sogas elásticas y lo afianzó con estacas de madera, me dijo que las estacas lo mantendrían seguro durante mucho tiempo.

Sin embargo, días después vino un fuerte viento y las estacas no lo soportaron. Antes de que cayera por completo lo volví a amarrar a la cerca con las sogas elásticas y de nuevo quedó en pie.

Hoy, mientras escribo esta meditación, está pasando una tormenta por mi casa. Una vez más mi pobre árbol está casi tocando el piso, pero las raíces siguen en tierra. ¡Las sogas elásticas que le volví a poner lo están sosteniendo!

El mundo estará en nuestra contra y los vientos nos moverán de un lado a otro. La lluvia nos golpeará, pero como dijo el escritor del salmo, nos mantendremos firmes porque nuestra roca es Dios. Esa roca nos mantiene seguros y por mucho que la vida nos sacuda, Dios nos mantendrá a Su lado y nos resguardará de las tormentas que vengan a nuestra vida.

Padre, ayúdame a decir a otros el amor y la fortaleza que existen en ti.

SALMO 23

«Jehová es mi pastor; nada me faltará»

(SAL. 23:1).

No hay título inspirado para este salmo, y no se necesita ninguno, porque no registra ningún suceso especial, y no necesita otra clave que la que todo cristiano puede hallar en su propio pecho. Es la «Pastoral celestial» de David; una oda magnífica, que ninguna de las hermanas de la música puede superar. El clarín de guerra aquí cede a la flauta de la paz, y el que ha estado gimiendo últimamente los males del Pastor, de modo afinado practica y canta los goces del rebaño.

Esta es la perla de los Salmos, cuyo fulgor puro y suave deleita los ojos; una perla de la que el Helicón no tiene de qué avergonzarse, aunque el Jordán la reclama. Se puede afirmar de este canto deleitoso que, si su piedad y su poesía son iguales, su dulzor y su espiritualidad son insuperables.

La posición de este salmo es digna de que se note. Sigue al 22, que es de modo peculiar el salmo de la cruz. No hay verdes prados ni aguas tranquilas antes del Salmo 22. Es solo después de que hemos leído «Dios mío, Dios mío, ¿por qué me has desamparado?» que llegamos a «El Señor es mi pastor». Hemos de conocer por experiencia el valor de la sangre derramada, y ver la espada desenvainada contra el Pastor, antes de que podamos conocer verdaderamente la dulzura de los cuidados del Pastor.

Se ha dicho que lo que es el ruiseñor entre los pájaros lo es esta oda entre los Salmos, porque ha sonado dulcemente en el oído de muchos afligidos en la noche de su llanto y les ha traído esperanza de una mañana de gozo. Me atreveré a compararlo también a una alondra, que canta al remontarse, y se remonta cantando, hasta que se pierde de vista, y aun entonces oímos sus gorjeos.

SALMO 119:57

«El SEÑOR es mi porción; he prometido guardar tus palabras»

(SAL. 119:57, LBLA).

Los levitas no tuvieron heredad porque el Señor mismo era su porción y su heredad (Núm. 18:20; Deut. 18:2). Eso tenía que bastar. Era suficiente. Mateo habló de dos hombres que vendieron todo lo que tienen para comprar un campo con un tesoro y una perla preciosa (Mat. 13:44-46). ¡Sabían lo valioso que tenían frente a ellos y no desaprovecharon la oportunidad! Pablo también consideraba al Señor como su más valiosa «posesión». Por eso podía afirmar con valentía que estimaba todo «como basura a fin de ganar a Cristo» (Fil. 3:8, LBLA). Si somos del Señor y Él es nuestro, Él es nuestra porción, nuestra heredad, nuestro todo. No necesitamos nada más.

El salmista afirma categóricamente que el Señor también es su porción. Nada ni nadie puede satisfacer su alma, solo el Señor. Este reconocimiento es común en los salmos (Sal. 16:5; 73:26).

Cuán importante es tener la perspectiva correcta siempre, especialmente en los momentos difíciles. Cuando la prueba acecha, cuando las tribulaciones afligen, cuando la tormenta arremete, ¡cuánta firmeza nos brinda la verdad de la Palabra de Dios! Es solo a través de Su Palabra que tenemos la certeza de que en Él estamos completos (Ef. 1:3), que en Él tenemos todo (Hech. 17:28) y que separados de Él no podemos hacer nada (Juan 15:15).

Debido a que el salmista reconoce que el Señor es su porción y que en Él tiene todo lo que necesita, él se compromete a guardar los mandamientos del Señor. No es una promesa vacía. Es una promesa que se basa en la verdad de que el Señor es su todo. Si el Señor es su porción, entonces hace sentido que también atesore Su Palabra.

Como creyentes, debemos anhelar cada vez más la Palabra de Dios. Su palabra es verdad y en ella tenemos consuelo y esperanza. Es Su Palabra la que nos sostiene en las pruebas y dificultades, la que ilumina nuestro camino y la que nos santifica cada día a imagen de Aquel que es nuestra porción.

En el mundo tendremos aflicción sin lugar a duda (Juan 16:33). El Señor nunca prometió librarnos de la aflicción, pero sí prometió estar a nuestro lado (Mat. 28:20). La verdad de Su Palabra en nuestros corazones nos sostendrá fieles en el momento de la adversidad. Cuando las fuerzas faltan, es Su Palabra la que nos alienta. Es Su Palabra la que anima a nuestra alma a adorar a nuestro amado Señor.

Si el Señor es nuestra porción, debemos tener un compromiso por leer, meditar y estudiar la Palabra de Dios. Solo podremos crecer, madurar y sostenernos firmes aferrándonos a Su Palabra. No hay atajos. Es como debemos responder ante la verdad que el Señor es nuestro Señor y nuestro todo. Busquemos alimentarnos a diario con la verdad de Su Palabra para guardar nuestros pensamientos firmes en Su verdad y no en las circunstancias.

SALMO 90:10-17

«Sea la luz de Jehová nuestro Dios sobre nosotros,
y la obra de nuestras manos confirma sobre nosotros;
sí, la obra de nuestras manos confirma»

(SAL. 90:17).

Mucho de lo que tenemos en esta vida es un regalo que recibimos de Dios por gracia, sin merecerlo. Vivir bajo la gracia de Dios es reconocer que somos pecadores y que, aunque deberíamos estar separados de Él por nuestra rebelión, Cristo compró nuestra entrada al cielo, dándonos vida eterna, luego de morir crucificado por amor a nosotros. Es estar justificado por fe ante el autor y consumador de nuestra vida. Es tener paz con Dios y estar firmes en Su misericordia.

Su gracia nos motiva a ser agradecidos, a llevar vidas obedientes a Su Palabra. Es sentirse libre del castigo del pecado y su esclavitud. Es descubrir las profundidades de Su amor, renunciar a la impiedad y a los deseos mundanos de este siglo. Es decidir intencionalmente vivir sobria, justa y piadosamente. Es aguardar la esperanza bienaventurada de Su pronta venida. Vivir con la gracia de Dios sobre nosotros es rendirnos a Sus pies al contemplar Su majestad y omnipotencia.

Amado, abre hoy tu corazón y dale cabida a esta gracia incomparable. Ensancha tu capacidad espiritual y abraza el crecimiento que quiere darte. Déjala fluir en tu mente para que renueve tu ser y llévasela a otro que la esté necesitando.

Gracias Señor, por tu infinita gracia. Guíame hoy por tus sendas y tus caminos.

SALMO 24:1

«De Jehová es la tierra y su plenitud;
el mundo, y los que en él habitan»

(SAL. 24:1, RVR1960).

« $\mathcal{S}$ almo de David». Por el título solo conocemos quién fue el autor, pero esto, en sí, ya es interesante y nos lleva a observar las maravillosas operaciones del Espíritu sobre la mente del dulce cantor de Israel, capacitándole para tocar la cuerda dolorida del Salmo 22, derramar las notas suaves de paz del Salmo 23 y, aquí, emitir acordes majestuosos y triunfantes. Podemos cantar y hacer todas las cosas cuando el Señor nos fortalece.

Este himno sagrado fue probablemente escrito para ser cantado cuando el arca del pacto fue trasladada desde la casa de Obed-edom para permanecer tras las cortinas del monte de Sión. Lo llamaremos «El Canto del Ascenso». Este salmo va emparejado con el Salmo 50.

De Jehová es la tierra y su plenitud; el mundo, y los que en él habitan. ¡Qué diferente es esto de las burdas nociones que tenían de Dios los judíos en los tiempos de nuestro Salvador! Los judíos decían: «La tierra santa es de Dios, y la simiente de Abraham es Su único pueblo»; pero su gran Monarca hacía mucho tiempo que les había enseñado: «De Jehová es la tierra y su plenitud». Todo el ancho mundo es reclamado por Jehová, «y los que en él habitan» son declarados sus súbditos.

Cuando consideramos el fanatismo del pueblo judío al tiempo de Cristo y su indignación contra nuestro Señor porque dijo que había muchas viudas en Israel, pero a ninguna de ellas fue enviado el profeta excepto a la viuda de Sarepta, y que había muchos leprosos en Israel, pero ninguno de ellos fue curado excepto Naamán el sirio...

Cuando recordamos también que se airaron al mencionar Pablo que había sido enviado a los gentiles, nos asombramos de que hubieran permanecido en esta ceguera y, con todo, cantaran este salmo, que muestra claramente que Dios no es el Dios de los judíos solamente, sino también el de los gentiles.

¡Qué reprensión es también para los que hablan de los negros y otras razas como si fueran inferiores y el Dios del cielo no se preocupa de ellas! Si un hombre es un hombre, el Señor lo reclama, y el que se atreva a considerarlo como una mercancía, ¡ay de él! El más humilde de los hombres es un habitante del mundo, y por tanto pertenece a Jehová. Jesucristo ha puesto fin al exclusivismo nacionalista. Ya no hay bárbaros, escitas, siervos ni libres, sino que todos somos uno en Cristo Jesús.

SALMO 119:71

«Me hizo bien haber sido afligido,
porque así llegué a conocer tus decretos»

(SAL. 119:71).

«Mamá, te agradezco que me hayas regañado». Estas son las palabras nunca pronunciadas por un niño en disciplina. Y mucho menos diría: «Realmente tu amonestación era necesaria para mi aprendizaje».

El salmista, en el versículo 71, está respondiendo a la disciplina recibida como lo hizo nuestro niño imaginario.

En la primera parte del versículo, el salmista reconoce que fue bueno (hermoso, positivo) haber sido afligido (humillado, oprimido, atormentado).

En la segunda parte del versículo, él identifica el motivo por el cual esta humillación es positiva. La palabra «porque» en el original, es «propósito». Por lo que el autor expresa que el propósito fue «conocer» (aprender, adiestrarse, apto para la guerra, domado) sus estatutos.

Cuando estudiamos estas palabras, inspiradas por Dios, puede que sintamos cierta resistencia. Y es que la disciplina y la respuesta del autor a ella es contracultura.

El tiempo de disciplina puede ser como atravesar un desierto que, negativo para muchos, toca las fibras de nuestros corazones. Nos humilla y nos muestra lo idólatras, efímeros, vulnerables e incapaces que somos. Sin embargo, es una excelente herramienta para nuestra alma. Lo mejor de todo es que nuestro «disciplinador» tiene un propósito en todo, sobre todo, con los que conforme a Su propósito son llamados (Rom. 8:28). Él anhela adiestrarnos en Su Palabra.

Aquí hay algunas de las incontables enseñanzas en las que nuestro buen Padre desea que seamos adiestrados:

- Su Palabra nos enseña que la situación por la que atravesamos es una muestra más de Su amor y Su misericordia, como nuestro buen Padre. «En efecto, nuestros padres nos disciplinaban por un breve tiempo, como mejor les parecía; pero Dios lo hace para nuestro bien, a fin de que participemos de su santidad» (Heb.12:10).

- Su Palabra nos recuerda que el sufrimiento y la humillación son el camino hacia Él. «Al corazón contrito y humillado no despreciarás tú, oh Dios» (Sal. 51:17).

- Su Palabra nos anima a acercarnos a Él cuando necesitemos ayuda. «Acerquémonos, pues, confiadamente al trono de la gracia, para alcanzar misericordia y hallar gracia para el oportuno socorro» (Heb. 4:16).

- Su Palabra nos muestra Su soberanía y control. «Todo lo que Jehová quiere, lo hace, en los cielos y en la tierra, en los mares y en todos los abismos» (Sal. 135:6).

- Su Palabra nos recuerda que nuestra mayor tribulación es el pecado y que Cristo la venció en la cruz para nuestra salvación. «Pero Dios, que es rico

en misericordia, por su gran amor por nosotros, nos dio vida con Cristo, aun cuando estábamos muertos en pecados. ¡Por gracia ustedes han sido salvados!» (Ef. 2:4-5).

En días muy difíciles, nunca antes vividos, Su Palabra nos recuerda Su carácter y Sus promesas. Aceptemos ser adiestrados en Su verdad. Tal vez cuando todo termine, en este lado de la eternidad o cuando lleguemos allá, podremos proclamar como el salmista: «Me hizo bien haber sido afligido, porque así llegué a conocer tus decretos».

SALMO 103:1-12

«Misericordioso y clemente es Jehová;
lento para la ira, y grande en misericordia»

(SAL. 103:8).

*E*se es tu Dios! La clemencia de Dios es el acto del Soberano de apiadarse y compadecerse de nosotros, es la gracia que nos concede como un regalo especial, aunque estemos muertos en nuestros delitos y rebeliones. Él es lento para la ira y grande en misericordia, no nos trata como merecemos ni guarda su enojo hacia nosotros. Este Dios clemente hace mucho por y con nosotros. Una y otra vez ha mostrado Su justicia en los quehaceres nuestros y a través de Sus hijos ha hecho resplandecer Su luz en la oscuridad de este mundo. Dios te escucha, te guarda en el peligro y te protege de los malos. Él nunca te olvida y te acompaña a donde quiera que vas.

Tu Dios es misericordioso. Te ama, y quiere lo mejor para ti. No te destruirá porque tiene planes buenos para ti y los tuyos, te perdona cuando vienes a Él. Contiene Su ira y no despierta todo su furor contra nosotros. Está lleno de piedad. Es un Dios estable y confiable. Su Palabra es firme y segura. ¡Feliz el hombre que recibe Su compasión!

Dios compasivo y clemente, llena mi vida hoy. Ayúdame a mostrar compasión y misericordia a los que me rodean.

SALMO 25

«A ti, oh Jehová, levantaré mi alma»

(SAL. 25:1, RVR1960).

«*S*almo de David». David es retratado en este salmo como en una miniatura fiel. Su confianza santa, sus muchos conflictos, su gran trasgresión, su amargo arrepentimiento, su profunda aflicción están aquí; de modo que podemos ver el mismo corazón del «hombre según el propio corazón de Dios». Es, evidentemente, una composición de los últimos días de David, por la mención a los pecados de su juventud, y por las penosas referencias a la astucia y crueldad de sus muchos enemigos, no sería una teoría especulativa el referirse al período en que Absalón capitaneó una gran rebelión contra él. Este ha sido llamado el segundo de los siete Salmos Penitenciales. La marca del verdadero santo es que sus aflicciones le recuerdan sus propios pecados, y su pena por el pecado le lleva a su Dios.

A ti, oh Jehová, levantaré mi alma. Veamos cómo el alma santa vuela a su Dios como una paloma a su cobijo. Cuando los vientos de la tempestad están desatados, los navíos del Señor amainan las velas y se dirigen al bien recordado puerto de refugio. ¡Qué misericordia la del Señor al condescender a escuchar nuestro clamor en tiempo de tribulación, aunque nosotros podamos habernos casi olvidado de Él en nuestras horas de supuesta prosperidad! Muchas veces el alma no puede levantarse; ha perdido sus alas, y se siente pesada, pegada a la tierra; más semejante a un topo que hurga que a un águila que se remonta. En estas temporadas nubladas no hemos de renunciar a la oración, sino que, con la ayuda de Dios, hemos de ejercer todas nuestras potencias para levantar nuestros corazones. Que la fe sea la palanca, y la gracia el brazo, y la masa muerta se moverá.

Pero ¡qué alivio sentimos a veces! A pesar de este tirar y este esfuerzo, hemos sido totalmente derrotados, hasta que la piedra imanada celestial del amor de nuestro Salvador ha desplegado sus atracciones omnipotentes, y entonces nuestros corazones han subido a nuestro amado como en llamas de fuego.

SALMO 119:77

*«Vengan a mí tus misericordias, para que
viva, porque tu ley es mi delicia»*

(SAL. 119:77, RVR1960).

*A*lo largo de nuestra vida aprendemos que hay tiempos en que todo marcha bien, luego por alguna razón, nos vemos inmersos en períodos de prueba, que se vuelven prolongados, pesados, insoportables. Podríamos ver esto como una catástrofe sin salida, o bien como parte de un proceso divino para nuestra enseñanza.

El salmista muestra que Dios permite situaciones que pueden resultar difíciles de sobrellevar, pero estas forman parte de un plan eterno, útil para que Sus hijos sean enteramente capaces y preparados para toda buena obra. El salmista lo comprende, y entonces dice al Señor: «Vengan a mí tus misericordias», entendiendo que también son parte de la provisión de Dios para nosotros. Así es. Si bien es cierto que los juicios de Dios son una actividad de formación que Él así ha determinado, también Sus misericordias son un recurso para consolarnos en medio de la prueba.

«Vengan a mí» es un llamado a esta provisión para el ser humano. Otra versión dice «rodéame» (NTV); esto es precisamente lo que hace Dios con nosotros. Así como Él permite la prueba o el trato para nuestra vida, también Él nos rodea con Su misericordia. Esta palabra significa compasión, como quien acaricia a un pequeño bebé. Así cuida Dios de nosotros. Entonces la misericordia viene a ser un abrazo cercano de un Dios amoroso que nos cuida de manera tierna en medio de las circunstancias adversas, aun cuando estas han sido permitidas por Su soberanía, en afán de corregir nuestros pasos y llevarnos a una vida más completa y cercana a Él.

¿Y por qué el llamado a Sus misericordias? El salmista lo expresa así: «Para que viva». Esta palabra quiere decir revivir, resucitar. Efectivamente, las misericordias de Dios levantan el corazón caído aún del más profundo desánimo y tristeza. Su misericordia revive nuestra vida para poder continuar.

¿Y cuál es el motor que da vida a estas convicciones? La ley de Dios, que aquí significa enseñar o gobernar. Su ley es Su Palabra confiable que nos da dirección, nos gobierna. No nos es ajena u oculta. De hecho, Su revelación es lo que nos permite tener la certeza de Su provisión de misericordia en medio de las pruebas. Así, la función de la ley es enseñarnos que podemos confiar en lo que Dios ha dicho para nuestro bien, y Su misericordia nos acompañará toda nuestra jornada para revivirnos, para levantarnos cuando estemos decaídos o completamente postrados.

El salmista culmina este sentir hacia la ley de Dios y declara: «Es mi delicia». Significa que Su ley es algo delicioso, codiciable, estimado. Entonces, esperar en las misericordias de Dios, descansando en lo que Él nos enseña y nos revela por Su palabra, finalmente causará en nosotros un gozo y un deleite inexplicables.

Así que, piensa, durante la prueba, que las misericordias de Dios abrazan tu vida y te reaniman, mientras puedes deleitarte en Su Palabra que te enseñará que finalmente, y en medio de cualquier circunstancia, Dios está cuidando de ti.

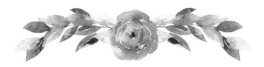

SALMO 92

*«Bueno es alabarte, oh Jehová,
y cantar salmos a tu nombre, oh Altísimo»*

(SAL. 92:1, RVR1960).

La gratitud es una disciplina espiritual mediante la cual reconocemos la gracia de Dios en nuestras vidas. Somos bendecidos cuando agradecemos a Dios lo mucho que nos ha dado. Esto eleva nuestro espíritu al Altísimo y nos fortalece.

En momentos de dolor agradecemos que Dios lo controle todo y experimentamos la gratitud de Su inquebrantable presencia. El apóstol Pablo dijo: «Dad gracias a Dios en todo» (1 Tes. 5:18).

Matthew Henry, un reconocido comentarista de la Biblia, era un hombre agradecido. Hace más de 250 años escribió estas palabras después que le robaron el dinero que tenía: «Quiero ser agradecido porque, primero, nunca antes me habían robado, segundo, se llevaron mi cartera, pero no se llevaron mi vida, tercero, se apropiaron de todo lo que tenía, pero no era mucho, y cuarto, fui yo el robado y no el que robó». Esto es ser agradecido.

El salmista sabía que una parte esencial de nuestra devoción es recordar y testificar de Sus bondades. Él lo experimentó y esto le trajo paz, calma y alegría a su corazón.

Hoy, recuerda cómo te ha guardado a ti y a los tuyos. El autor de tu salvación te está esperando, considera Su provisión, protección y ayuda y entonces eleva tu gratitud al que está en los cielos, cantándole tu propia canción. No tengas pena, una canción de agradecimiento te hará bien. Vivir agradecido es un estilo de vida.

Gracias Señor, por tus bondades. Hoy elevo mi canción a ti porque no hay otro nombre más digno que el tuyo.

SALMO 25:5

*«Encamíname en tu verdad, y enséñame, porque tú eres
el Dios de mi salvación; en ti he esperado todo el día»*

(SAL. 25:5).

*D*avid sabía mucho, pero se daba cuenta de su ignorancia y deseaba seguir en la escuela del Señor; cuatro veces en estos dos versículos solicita ser admitido a la escuela de la gracia. Sería bueno que muchos que enseñan a otros, en vez de seguir sus propios métodos y trazar nuevos caminos de pensamiento para sí mismos, inquirieran sobre los antiguos y buenos caminos de la propia verdad de Dios, y solicitaran al Espíritu Santo que les diera entendimientos santificados y deseosos de aprender.

Aquel cuya alma es insaciable en la oración, avanza, se acerca a Dios, gana algo y termina con su corazón más elevado. Así como un niño que ve a su madre con una manzana en la mano y le gustaría poseerla va a su madre y se la pide con disimulo: ahora le agarra un dedo, luego se lo deja; otra vez tira del dedo, y lo tiene apretado, y así sigue tirando y llorando hasta que consigue lo que desea.

Así el hijo de Dios, viendo todas las gracias que hay en Él, se acerca al trono de la gracia pidiéndolas, y con sus oraciones sinceras y fieles abre las manos de Dios hacia él; Dios trata a Sus hijos como hacen los padres, y retiene lo deseado un tanto; no porque no esté dispuesto a darlo, sino para hacer más vivo el anhelo; para acercar al que desea a Él.

Porque tú eres el Dios de mi salvación. Jehová trino es el autor y perfeccionador de la salvación de Su pueblo. Lector, ¿es Él el Dios de tu salvación? ¿Hallas en la elección del Padre, en la expiación del Hijo y en el avivamiento del Espíritu la base de tus esperanzas eternas? Si es así, puedes usar esto como argumento para obtener nuevas bendiciones; si el Señor ha ordenado que seas salvo, sin duda no va a rehusarte instrucción en Sus caminos. Es dichoso que podamos dirigirnos al Señor con la confianza que David manifiesta aquí; nos da gran poder en la oración y consuelo en la prueba.

SALMO 119:91

«Todo subsiste hoy, conforme a tus decretos,
porque todo está a tu servicio»

(SAL. 119:91).

¿Por qué me pasa esto? Es una de las preguntas más comunes para quienes pasamos por temporadas difíciles.

Eventualmente caemos en la condenación por un evento o pecado pasado, que asociamos con el dolor que sufrimos en el presente, o con la incertidumbre de no entender la causa y no ver propósito de virtud en lo que estamos padeciendo.

Estamos muy confundidos al creer que un mundo sin problemas y sufrimientos existe de este lado del sol.

No solo el Antiguo Testamento es un fiel anuncio de que Dios usa todo acorde con Su plan y para Su gloria, sino que en ese «todo» incluye momentos que seguramente la persona que los sufrió, no solo no los tenía planeados; supongo que muchos se hicieron la misma pregunta, por ejemplo:

— José al ser vendido por sus hermanos.

— Hambruna global en tiempos de José en Egipto.

— David al ser perseguido por Saúl.

— Daniel al ser acusado ante el rey por orar a Dios.

— Los hebreos al sufrir el complot de Amán en tiempos de Ester.

Pero el más claro retrato de cómo Dios se especializa en no desaprovechar nada, incluyendo los sufrimientos es:

— La traición de un amigo.

— La negación tres veces de otro amigo.

— Acusaciones injustas.

— Tortura.

— Una cruz.

Y desde esa cruz se escucha: «Consumado es», y la historia no volvió a ser la misma.

El salmo de hoy nos comunica la certeza de que todo lo que sucede, pasa porque así Dios lo presupuestó, sobre todo hay que destacar, que todo lo que Dios planea, le es útil.

Y si creemos que Romanos 8:28-29 es verdad, entendemos que el plan de Dios es hacernos a la imagen de Jesús, para Su gloria y nuestro mayor bien; y todo lo que pasa sirve a esa agenda para los que amamos a Dios.

Esta semana tuve una charla con una amiga de la familia; el año pasado sufrió algo que, en mi opinión, es de las cosas más dolorosas que alguien puede sufrir, y hoy me confesó: «Me siento en la prensa (siendo prensada)».

Al terminar la charla, y después de compartirle algunas cosas que mi alma necesitaba también recordar, empecé a buscar el concepto de prensar y ensamblé lo siguiente:

— Las uvas eran PISADAS para hacer vino.

— Los olivos son APLASTADOS/PRENSADOS para hacer aceite.

— Los diamantes se forman BAJO PRESIÓN.

— Y dicen que las semillas y los niños crecen durante la OSCURA noche.

Por lo que, si percibes que estás siendo PISADO, APLASTADO, estás bajo PRESIÓN y en tiempos OSCUROS, quizás Dios esté en el proceso de hacer una obra especial y hacerte CRECER en la fe y en Él.

Estamos pasando en casa por una temporada complicada, no planeada, ni deseada, pero mi mujer y yo, al saber y creer lo que he relatado aquí, tenemos este lema: «Dios está haciendo algo bueno». Quizás no lo entienda, no me guste o prefiera que no me estuviera pasando, pero sé que Dios tiene un plan y esto que pasa le sirve, y, por ende, me sirve a mí, de un modo que algún día veré. Finalmente, mi llamado es a vivir por fe en lo eterno, no en la certeza de lo temporal.

SALMO 26:1

«Júzgame, oh Jehová, porque yo en mi integridad he andado; he confiado asimismo en Jehová sin titubear»

(SAL. 26:1).

«Salmo de David». El dulce cantor de Israel está delante de nosotros en este salmo como alguien que sufre reproche; en esto era el tipo del gran Hijo de David, y un ejemplo alentador para que llevemos la carga de la calumnia al trono de la gracia. Es una suposición ingeniosa la de que esta apelación al cielo fue escrita por David en el tiempo del asesinato de Isboset por Baaná y Recab, para protestar su inocencia de toda participación en aquel asesinato a traición. El tenor del salmo ciertamente está de acuerdo con la supuesta ocasión, pero no es posible ir más allá de la conjetura con datos tan endebles.

Júzgame, oh Jehová. Una apelación así no debe hacerse de modo precipitado en ninguna ocasión; y en toda nuestra vida no debería hacerse en modo alguno, a menos que estemos justificados en Cristo Jesús; una oración mucho más apropiada para un mortal pecador es la súplica: «No entres en juicio con tu siervo».

Porque yo en mi integridad he andado. David tenía la integridad como principio, y andaba en ella como práctica. No había usado medios solapados o torcidos para ganar la corona y conservarla; sabía perfectamente que era guiado por los principios más nobles del honor en todas sus acciones referentes a Saúl y su familia.

¡Qué consuelo es tener la aprobación de la conciencia propia! Si hay paz dentro del alma, las borrascas de la calumnia que tanto aúllan alrededor de nosotros no tienen mucha importancia. Cuando el pajarillo en mi seno canta una canción alegre, no me importa si ululan alrededor de mí cien lechuzas.

He confiado asimismo en Jehová sin titubear. ¿Por qué debo robar, cuando Dios ha prometido suplir mi necesidad? ¿Por qué debo vengarme, cuando sé que el Señor ha adoptado mi causa? La confianza en Dios es la seguridad más efectiva contra el pecado.

SALMO 113:1-9

*«Sea el nombre de Jehová bendito
desde ahora y para siempre»*

(SAL. 113:2, RVR1960).

*E*l nombre de Jesús es bendito para siempre. «Por lo cual Dios también le exaltó hasta lo sumo, y le dio un nombre que es sobre todo nombre, para que en el nombre de Jesús se doble toda rodilla de los que están en los cielos, y en la tierra, y debajo de la tierra» (Fil. 2:9-10).

Este es el nombre del que reina con todo poder. La naturaleza declara la obra de Sus manos y Su fama es eterna. No hay nadie como Él. El viento, el sol y la lluvia obedecen Su voz. El mar y las montañas despliegan Su poder. Este es el nombre que trae gracia a nuestras vidas y nos da sanidad. Su dulce nombre destella claridad en medio de nuestra oscuridad. Este nombre declara esperanza y perdón a todo aquel que confía en Él. «Y en ningún otro hay salvación; porque no hay otro nombre bajo el cielo, dado a los hombres, en que podamos ser salvos» (Hech. 4:12).

Ven y adora a Jesús, quien resucitó y está sentado a la diestra del Padre intercediendo por ti. Búscalo hoy en todos tus caminos y ese nombre te guiará por sendas de rectitud. Inclina tu oído y reverencia Su nombre. Nunca lo pronuncies en vano. Ese nombre es santo y sin igual. Deja que las naciones lo escuchen y encuentren salvación en Él. Decláralo a los débiles y encontrarán fortaleza. Dilo a los enfermos y encontrarán sanidad. ¡Qué gran poder tiene Su nombre!

¡Alma mía, bendice el nombre de Jesús hoy y por la eternidad! A Su nombre clamo y Él me responde.

SALMO 119:92

«Si tu ley no fuera mi regocijo, la aflicción
habría acabado conmigo»

(SAL. 119:92).

¿Has sufrido aflicciones en tu vida? El rey David también. Aunque en este texto no establece la procedencia, sabemos que David fue afligido por el mal comportamiento de sus hijos, por su propio pecado y por la maldad de las personas que lo rodeaban.

En el versículo que nos ocupa, es probable que David tenga en mente cuando Saúl injustificadamente lo buscaba para matarlo. Para nosotros, hoy en día, es importante comprender que si David, siendo una de las personas más cercanas y bendecidas por Dios, experimentó dolor, tú y yo, tarde o temprano, también enfrentaremos temporadas de tristeza.

La aflicción de David fue tal, que lo hizo entender una verdad que personas de todas las edades, culturas, grados de educación y niveles económicos han aprendido: que las aflicciones tienen poder para destruir cuando no las enfrentamos correctamente. La palabra hebrea traducida como «acabado» tiene las acepciones de desesperación, desfallecimiento, sentirse perdido y fenecer. Así se siente cuando se está afligido.

Hoy en día, millones, o quizá billones de personas experimentan estos mismos sentimientos. La Organización Mundial de la Salud (OMS) informó en septiembre de 2019 que una persona se suicida cada 40 segundos, alrededor de 800 000 personas por año. El rey David entendía por lo que atraviesan estos hombres y mujeres. Quizás a eso se refiere cuando habla de la posibilidad de haber perecido de tristeza, pero por el favor de Dios, David pudo superar la crisis.

David explica que la única razón por la cual continúa vivo, fuerte y sin desmayar es porque su deleite es la ley de Dios. Dicha razón parecerá simplista para algunas personas. Otros podrán tildarla de sobre espiritual. No faltarán quienes se burlen. Pero lo cierto es que David, millones de creyentes en la historia de la humanidad, tú y yo, podemos atestiguar que quienes se deleitan en la ley de Dios pueden superar las aflicciones.

En esta oración, David establece con toda certeza que el placer o deleite de su vida surge de un estilo de vida dedicado a conocer, meditar, estudiar y practicar la ley de Dios. Al decir «tu ley», David está hablando de la Palabra de Dios que él tenía a su disposición. Para nosotros hoy, «tu ley» incluye los 66 libros inspirados de la Biblia.

Pero ¿por qué le producía deleite la ley de Dios a David? Porque provenía del Dios de Israel a quien David conocía personalmente. David había visto a Jehová actuar con justicia, poder, sabiduría, equidad, fidelidad, misericordia y amor en favor de Sus escogidos. David sabía que en la ley de Dios hay dirección, fortaleza, esperanza, consuelo y promesas seguras para vivir en medio de cualquier aflicción.

Tú también puedes encontrar en la Palabra de Dios todo lo necesario para que las aflicciones no te destruyan. Te invito a hacer de las Sagradas Escrituras tu diario deleite.

SALMO 39

*«Yo dije: Atenderé a mis caminos, para no pecar
con mi lengua; guardaré mi boca con freno,
en tanto que el impío esté delante de mí»*

(SAL. 39:1).

*E*l salmista, abatido por la enfermedad y la pena, se ve agobiado por pensamientos de incredulidad que decide ahogar para que no le venga ningún mal por expresarlos (vv. 1-2). Pero el silencio crea una pena insoportable, que por fin exige ser expresada, y lo consigue en la oración de los versículos 3-6, que es casi una queja y un suspiro por la muerte, o por lo menos un cuadro sin esperanza de la vida humana. En los versículos 7-17 el tono es de mayor sumisión y se hace más claro el reconocimiento de la mano divina; la nube evidentemente ha pasado y el corazón dolorido es aliviado.

Dije. He resuelto, me he decidido. En su gran perplejidad, su mayor temor era que podría pecar; y, por ello, busca el método que más le garantice evitarlo, y está decidido a callar. Es excelente que un hombre se confirme en un buen curso o trayectoria, por el recordatorio de una resolución bien hecha y buena.

Para no pecar con mi lengua. Los pecados de la lengua son muy graves; como las chispas del fuego, las palabras necias o vanas esparcidas pueden causar gran daño. Si los creyentes pronuncian palabras duras contra Dios en tiempos de depresión, el maligno y los impíos van a aprovecharlo y usarlas como justificación para sus vidas pecaminosas. Si los propios hijos de un hombre murmuran o le faltan al respeto, no es de extrañar que la boca de los enemigos se halle llena de insultos.

Guardaré mi boca con freno, o más exactamente, un bozal o mordaza. El bozal — según el original— es más efectivo que una brida o un freno, pues impide hablar del todo. David habría hecho bien resolviendo ser muy precavido en sus palabras, pero cuando tomó la decisión de guardar silencio total, incluso para el bien, es que tenía evidentemente amargura en su alma. El evitar una falta no nos debe llevar a otra. El usar la lengua contra Dios es un pecado de comisión, pero el no usarla a su favor es un pecado de omisión. Las virtudes elogiosas deben ser seguidas tanto como los vicios han de ser evitados; pero para librarnos de Escila no hemos de caer en Caribdis.

En tanto que el impío esté delante de mí. Esto modifica el carácter de su silencio y atenúa la crítica, porque el mal hombre va a usar mal incluso nuestras palabras más santas, y no es bueno que echemos nuestras perlas delante de los puercos. Los creyentes más firmes son probados por la incredulidad, y el diablo conseguiría una gran victoria si publicaran sus dudas y vacilaciones. Si yo tengo fiebre, no hay razón para que procure contagiar al vecino. Si hay alguien a bordo enfermo, hay que poner el corazón en cuarentena y no permitir que nadie desembarque en el bote del habla hasta que tenga un certificado de salubridad.

SALMO 119:93

*«Jamás me olvidaré de tus preceptos,
pues con ellos me has dado vida»*

(SAL. 119:93).

*S*iempre he pensado que soy una persona que no tiene buena memoria. Me olvido o no recuerdo las cosas con facilidad. Por esta razón, cuando tuve la oportunidad, sabía exactamente qué pregunta hacer. Este pastor es un gran predicador, pero lo que más me impresionaba en su vida era su facilidad de proveer un texto de referencia bíblica de manera orgánica y natural, cuando ministraba de manera formal o informal.

«Eric, ¿qué haces para poder recordar tan fácilmente los versículos bíblicos?», le pregunté. Yo esperaba que su respuesta incluyera la recomendación de algún libro con estrategias para memorizar la Biblia, quizás mencionar algún recurso poco conocido de un puritano o reformador con una lista de versículos claves en el ministerio. Sin embargo, su respuesta fue mucho más simple, pero profundamente refrescante: «Juan, no hay una estrategia. Yo personalmente necesito estos versículos. Yo, como terrible pecador, necesito correr y lanzarme diariamente a mi Biblia y atesorarla para mi propia vida y supervivencia. Poseo un corazón malvado que necesita la Palabra».

Sus palabras quedaron marcadas en mi mente. El problema no es que tengamos mala memoria, sino que no nos damos cuenta de la absoluta y crucial necesidad que tenemos de que la Palabra de Dios habite ricamente en nuestros corazones diariamente. El secreto es no ver los preceptos de Dios como medicina para mejorar nuestra salud espiritual o la de otros, sino como el respirador que sostiene nuestra vida mientras estamos en cuidados intensivos.

El salmista tiene claro que es la Palabra la que lo ha vivificado. Es la Palabra, la que da vida y anima al creyente. Fue mediante la Palabra de Dios que las cosas llegaron a existir. La Palabra es la que nos hace libres; la Palabra es la que nos santifica; la Palabra es la que debe ser predicada para la salvación del pecador. Es Su Palabra la que siempre cumple el propósito de Dios. Y es esa Palabra la que nos muestra a nuestro Salvador.

Es en esta Palabra que debemos meditar diariamente. Cuando un precepto entra en nuestro corazón y nos vivifica, se convierte en una herramienta y arma mientras vivimos en este lado de la muerte. Es algo que no olvidaremos cada mañana, pues esa Palabra es lo único que tenemos que ofrecer en un mundo caído. Vendrá a nuestra mente en la noche más oscura del alma, pues solo ella puede dar el consuelo y alivio que nuestra alma busca.

En este día, mientras lees este devocional, oro para que sea un instrumento para que anheles buscar los preceptos de Dios con todo tu ser y lo hagas con pasión y urgencia. Memoricemos Su Palabra, ya que ella nos ha dado vida y nos reanima.

SALMO 46

*«Estad quietos, y conoced que yo soy Dios; seré exaltado
entre las naciones; enaltecido seré en la tierra»*

(SAL. 46:10).

Este salmo suena como un himno de la Iglesia en tiempos de grandes convulsiones y desolaciones en el mundo. Es por eso que la iglesia se gloría en Dios como su amparo, su fortaleza y su pronto auxilio, aun en tiempos de las mayores tribulaciones y dificultades. «Dios es nuestro amparo y fortaleza, nuestro pronto auxilio en las tribulaciones. Por tanto, no temeremos, aunque la tierra sea removida, y se traspasen los montes al corazón del mar; aunque bramen y se turben sus aguas, y tiemblen los montes a causa de su braveza» (vv. 1-3).

La Iglesia se enorgullece en Dios, no solo por ser Él su ayudador, que la defiende cuando el resto del mundo se ve envuelto en desgracias y catástrofes, sino porque, como río refrescante, le da aliento y gozo, aun en medio de la calamidad pública. «Del río sus corrientes alegran la ciudad de Dios, el santuario de las moradas del Altísimo. Dios está en medio de ella; no será conmovida. Dios la ayudará al clarear la mañana» (vv. 4-5). En los versículos 6 y 8 se declaran los cambios profundos y las calamidades que agitaban al mundo: «Bramaron las naciones, titubearon los reinos; dio él su voz, se derritió la tierra [...]. Venid, ved las obras de Jehová, que ha puesto asolamientos en la tierra». En el texto que sigue se expresa de manera admirable la manera en que Dios libra a la Iglesia de estas desgracias, especialmente de los desastres de la guerra y la furia de sus enemigos: «Que hace cesar las guerras hasta los fines de la tierra. Que quiebra el arco, corta la lanza, y quema los carros en el fuego». Es decir, Él hace que cesen las guerras cuando son contra Su pueblo; Él quiebra el arco cuando se dobla contra Sus santos.

Siguen entonces estas palabras: «Estad quietos, y conoced que yo soy Dios». La soberanía de Dios se manifiesta en Sus grandes obras, las cuales aparecen descritas en los versículos anteriores. Esas mismas terribles desolaciones que Él desató en Su designio de librar a Su pueblo utilizando medios terribles muestran también Su grandeza y Su señorío. A través de todo eso demuestra Su poder y soberanía, y así ordena a todos estar quietos, y conocer que Él es Dios. Porque, dice: «Seré exaltado entre las naciones; enaltecido seré en la tierra».

SALMO 90:11

*«¿Quién conoce el poder de tu ira,
y tu indignación según que debes ser temido?»*

(SAL. 90:11, RVR1960).

Somos capaces de temer a la ira de los hombres más de lo que deberíamos; pero ningún hombre puede comprender que la ira de Dios sea más intimidante de lo que real realmente es: el poder de ella no puede ser conocido completamente porque es infinita, y apropiadamente hablando, no tiene límite. Sin importar cuán feroz sea, en la tierra o en el infierno, Dios puede soportarla más. Cada cosa en Dios es la más perfecta en su tipo; por lo mismo ninguna ira es tan feroz como la suya. ¡Oh, pecador! ¿Cómo concibes que podrás soportar esa ira que te despedazará (Sal. 50:22), y te triturará hasta hacerte polvo? (Luc. 20:18). La historia de las dos osas que despedazaron a los jovencitos de Betel es horrible (2 Rey. 2:23-24), pero la fuerza conjunta de la rabia de los leones, leopardos y osas por sus cachorros no es suficiente para darnos ni una débil muestra de la ira de Dios: «Por tanto, yo seré para ellos como león; como un leopardo en el camino los acecharé. Como osa que ha perdido los hijos los encontraré, y desgarraré las fibras de su corazón, y allí los devoraré como león; fiera del campo los despedazará» (Os. 13:7-8).

La Escritura enseña que la ira de Dios sobre los hombres malvados es espantosa más allá de todo lo que podemos concebir. Así como es poco lo que conocemos de Dios, y así como es poco lo que conocemos y podemos concebir de Su poder y Su grandeza, así también es poco lo que podemos saber y concebir de lo espantoso de Su ira; y por lo tanto no hay razón para suponer que la definimos más allá de lo que es. Por el contrario, tenemos razón para suponer que habiendo dicho nuestra máxima expresión y pensado nuestra máxima idea, todo lo que hemos dicho y pensado es solo una tenue sombra de la realidad. Se nos ha enseñado que la recompensa de los santos va más allá de lo que podemos describir y concebir: «Y a Aquel que es poderoso para hacer todas las cosas mucho más abundantemente de lo que pedimos o entendemos» (Ef. 3:20). «Cosas que ojo no vio, ni oído oyó, ni han subido en corazón de hombre, son las que Dios ha preparado para los que le aman» (1 Cor. 2:9). Entonces podemos suponer racionalmente que el castigo de los malvados será, inimaginablemente aterrador.

SALMO 41

*«Bienaventurado el que piensa en el pobre;
en el día malo lo librará Jehová»*

(SAL. 41:1).

Los que reciben oprobio como recompensa de su bondad hacia los demás pueden leer este salmo con mucho consuelo, porque verán que, por desgracia, es común para el mejor de los hombres el ser recompensado con crueldad y desprecio por su caridad; y cuando han sido humillados por haber caído en el pecado, se ha sacado partido de su condición abatida, se han olvidado sus buenos hechos y se les ha mostrado el vilipendio más ruin.

Todos aquellos que han sido participantes de la gracia divina reciben una naturaleza más tierna y no se endurecen contra los de su propia sangre y carne; adoptan la causa de los humildes y dirigen su mente con tesón al fomento de su bienestar. No les echan una moneda al pasar, sino que inquieren en sus aflicciones, disciernen sus causas, estudian los mejores métodos de aliviarlos y prácticamente acuden a rescatarlos.

En el día malo lo librará Jehová. La promesa no es que el santo generoso no tendrá tribulaciones, sino que será preservado en ellas y a su debido tiempo se le librará. ¡Qué verdadero fue esto en el caso de nuestro Señor! Nunca hubo aflicción más profunda ni triunfo más brillante que el suyo, y, gloria sea a Su nombre. Él garantiza la victoria final a todos aquellos a quienes ha comprado con Su sangre.

El egoísmo lleva consigo una maldición; es un cáncer en el corazón, en tanto que la generosidad es felicidad y forma tuétano en los huesos. En los días oscuros no podemos reposar en el supuesto mérito de la limosna, pero, con todo, la música de la memoria trae consigo no poco solaz cuando cuenta de viudas y huérfanos a quienes hemos socorrido y presos y enfermos a quienes hemos ministrado.

SALMO 119:97

«¡Cuánto amo yo tu ley! Todo el día medito en ella»

(SAL. 119:97).

Vivimos días peligrosos. Son días difíciles con mucha información disponible. Esto no necesariamente es bueno. Constantemente estamos siendo expuestos a imágenes, videos, marcas, artículos, conceptos, ideas, filosofías y más. Fácilmente podemos caer en la trampa y ocupar nuestro tiempo meditando en cosas que no convienen.

A pesar de que hoy tenemos más información y más tecnología, más medicinas y más educación, el ser humano vive ansioso, cansado y angustiado. Sin embargo, el creyente no se basa en la tecnología, en los desarrollos médicos o en lo que dicta la ciencia. El creyente depende del Señor y confía en Él. De hecho, cuando Pablo dijo a los filipenses que se regocijaran, no era algo que tenían que hacer a ciegas. Pablo manda a que se regocijen en el Señor (Fil. 4:4). Además, pidió a los filipenses que ocuparan su mente en cosas que aprovechan (Fil. 4:8). Solo así se entiende que, en medio de la prueba y la dificultad, un cristiano pueda tener gozo y paz (Fil. 4:9).

En el Salmo 119:97, el salmista afirma amar la ley del Señor. La frase con la que inicia es una exclamación que indica no solo que ama la Palabra de Dios sino lo mucho que la ama. Cuando uno ama a alguien, esa persona ocupa los pensamientos constantemente. Por eso, la expresión del salmista no es dicha a la ligera. No puede fingirse. Brota de un corazón que bebe continuamente del pozo inextinguible de la Palabra de Dios. Más adelante, el salmista afirma que Su Palabra es como miel (v. 103). Es evidente que una conclusión así solo puede afirmarse cuando se ha experimentado de verdad las bondades de la Palabra de nuestro Dios. ¡La Palabra de Dios no tiene comparación!

Debido a que el salmista ama la ley de Dios, medita a diario en ella. Es un círculo virtuoso. Porque ama la Palabra de Dios, medita todo el día en ella y, porque medita todo el día en ella, ama la Palabra de Dios. Esta meditación constante es fundamental para el creyente. Dios quiere que amemos Su Palabra de esta manera para que podamos meditar en ella cada día, todo el día. Esto nos guardará de los pensamientos nocivos y engañosos que constantemente nos acechan.

Además, meditar en la Palabra de Dios es un seguro de vida en el momento de la prueba. Su Palabra trae consuelo y dirección cuando estamos afligidos y angustiados. Solo Su Palabra nos dará perspectiva y hablará verdad a nuestro corazón en un mundo lleno de ambigüedad y confusión. En el momento de la prueba, nuestras mentes se aturden y no pensamos con claridad. Por eso es valioso llenar nuestra mente de Su Palabra para estar preparados. Que Su Palabra siga santificándonos y llevándonos cada vez a imagen de Aquel que nos amó y nos salvó para Su gloria y nuestro bien.

SALMO 95:1

*«Venid, aclamemos alegremente a Jehová;
cantemos con júbilo a la roca de nuestra salvación»*

(SAL. 95:1, RVR1960).

La confianza es representada abundantemente como una cosa principal en el particular respeto que es debido solo a Dios. Sin embargo, ¿cómo es Cristo representado como el particular objeto de la fe y confianza de todo el pueblo de Dios, de todas las naciones, teniendo toda suficiencia para ellos? La confianza en algún otro es grandemente condenada; es presentada como muy peligrosa, que provoca a Dios y trae Su maldición sobre el hombre.

Se habla de la salvación como que es de Dios, en oposición al hombre, y a toda la ayuda de las criaturas, «Ciertamente vanidad son los collados, y el bullicio sobre los montes; ciertamente en Jehová nuestro Dios está la salvación de Israel» (Jer. 3:23). «Danos socorro contra el enemigo, porque vana es la ayuda [salvación en hebreo] de los hombres» (Sal. 60:11). La salvación en o por otra persona es negada, «Y vio que no había hombre, y se maravilló que no hubiera quien se interpusiese; y lo salvó su brazo, y le afirmó su misma justicia» (Isaías 59:16). Se nos enseña que Su prerrogativa es ser la roca de salvación, que ha de ser confiada por los hombres «Venid, aclamemos alegremente a Jehová; cantemos con júbilo a la roca de nuestra salvación» (Sal. 95:1). «Alma mía, en Dios solamente reposa, porque de él es mi esperanza. Él solamente es mi roca y mi salvación. Es mi refugio, no resbalaré. En Dios está mi salvación y mi gloria; en Dios está mi roca fuerte, y mi refugio. Esperad en él en todo tiempo, oh pueblos; derramad delante de él vuestro corazón; Dios es nuestro refugio. Por cierto, vanidad son los hijos de los hombres, mentira los hijos de varón; pesándolos a todos igualmente en la balanza, serán menos que nada» (Sal. 62:5-9) [Ver también Deut. 23:4; 2 Sam. 22:1-2, 31-32, 23:3; Sal. 18:2; 30-31, 46; Isa. 26:4; Heb. 1:12].

SALMO 42

*«Como el ciervo brama por las corrientes de las aguas,
así clama por ti, oh Dios, el alma mía. Mi alma
tiene sed de Dios, del Dios vivo; ¿cuándo vendré,
y me presentaré delante de Dios?»*

(SAL. 42:1-2).

Excluido del culto público, David sentía su corazón enfermo. No buscaba comodidades; no suspiraba por honores; pero el disfrute de la comunión con Dios era una necesidad vital para su alma. La consideraba no meramente como el más dulce de todos los privilegios, sino como una necesidad absoluta, como el agua para el ciervo.

Denle su Dios, y está contento, como el ciervo que al fin apaga su sed y está perfectamente satisfecho; pero niéguenle su Señor, y su corazón jadea, su pecho palpita, todo él se estremece como uno a quien le falta el aire después de una carrera.

Querido lector, ¿sabes tú lo que es esto por haberlo sentido personalmente? Es una dulce amargura. Después de haber vivido a la luz del amor del Señor, lo mejor es ser desgraciado hasta que lo poseemos, y jadear en su busca. La sed es una necesidad perpetua y no hay que olvidarla, y lo mismo es continuo el anhelo del corazón hacia Dios.

Cuando es tan natural para nosotros anhelar a Dios como para un animal estar sediento, las cosas van bien en nuestra alma, por penosos que sean nuestros sentimientos. Aprendemos en este versículo que la intensidad de nuestro deseo puede hacerse valer ante Dios, y más aún porque hay promesas especiales para el que es importuno y ferviente.

Del Dios vivo. Un Dios muerto es una farsa; odiamos una deidad monstruosa; pero el Dios vivo, la fuente perenne de vida y de luz y amor, es el deseo de nuestra alma.

¿Cuándo vendré, y me presentaré delante de Dios? «Ver el rostro de Dios» es una traducción más exacta del hebreo; pero las dos ideas pueden combinarse: quiere ver a su Dios y ser visto por Él; ¡esto es digno de ser buscado!

SALMO 119:103

«¡Cuán dulces son a mi paladar tus palabras!
¡Son más dulces que la miel a mi boca!»

(SAL. 119:103).

Sin poder describir el grado de dulzura que las palabras de Dios son para él, David declara «cuán dulces», con un deseo de transmitir la profundidad del deleite que le traen las palabras de Dios. Él no solamente ha escuchado, leído y meditado en la Palabra, sino se ha alimentado de ella, disfrutando su lectura como se puede disfrutar de un delicioso bocado dulce, que en este caso es comparado con la dulzura de la miel. Las palabras que Dios nos deja son muchas y variadas, pero todas juntas forman y son «la Palabra de Dios», David las ama individualmente, una por una, y en su totalidad.

¿Cuán cerca estamos nosotros de poder deleitarnos en la palabra de Dios? Nuestro acercamiento debe ser íntegro, para conocimiento, para crecimiento espiritual pero también para el deleite de nuestro ser. Dios nos invita a «alimentarnos» de Su Palabra y «disfrutar» de ella más de lo que podríamos hacer con nuestro plato favorito de comida, el cual no solo nutre, sino provoca deleite. La profundidad de este pensamiento nos ayuda a tomar el tiempo necesario para poder disfrutar y digerir Su Palabra con calma, saboreando cada una de sus palabras, fragmentos y libros.

Si estas palabras le pertenecen Dios, son el fruto del deseo de un Padre que quiere darle lo mejor a Sus hijos, un Padre justo, sabio, misericordioso, bueno, entre muchas de sus cualidades, que siempre buscará lo mejor para aquellos a quien Él ha extendido misericordia. David no hace distinción alguna entre Sus promesas, preceptos, enseñanzas y advertencias, las incluye todas como una y las llama dulces sin distinción alguna. Cuando entendemos la intención de Dios en Su Palabra, nuestro corazón recibe todas y cada una de Sus palabras con un espíritu humilde y agradecido, sabiendo que el deseo de quien las pronunció es bueno y con la mejor intención para nuestras vidas.

«Cuán dulces», habla del deseo de David de querer expresar cuánta satisfacción encuentra en el descubrimiento divino de lo que Dios ha dejado en Su Palabra, cuánto deleite encuentra en el descubrimiento de Su voluntad, en descubrir la gracia impregnada en sus palabras y la misericordia mostrada en cada una de ellas.

Lo dulce de cualquier cosa temporal es nada, comparado con el deleite de encontrar a Dios mismo en Su Palabra inspirada, la miel misma, aunque es usada como un buen ejemplo, es superada por el sabor constante, duradero y presente en nosotros que puede provocar una vida dedicada a la constante lectura, meditación y estudio de la Palabra.

Que nuestras vidas sean bien aprovechadas y puedan encontrar deleite en el único lugar que satisface como ningún otro nuestra necesidad, la Palabra de Dios. Que nuestra boca esté llena de Su confesión, y nuestro paladar de Su meditación.

SALMO 40:6-7

«A ti no te complacen sacrificios ni ofrendas, pero has abierto mis oídos para oírte; tú no has pedido holocaustos ni sacrificios por el pecado. Por eso dije: "Aquí me tienes —como el libro dice de mí"»

(SAL. 40:6-7).

*C*risto aceptó el oficio de Redentor y se comprometió a hacer que Su alma fuera una ofrenda por el pecado. Él, con gozo, asumió esta obra en aquella transacción eterna que hubo entre el Padre y Él. Él estaba feliz de tomar el lugar del elegido, y someterse a los terribles golpes de la justicia vengadora. El salmista describe a Cristo como alguien que está ofrendándose a sí mismo como fianza (garantía) en lugar de los hombres: «A ti no te complacen sacrificios ni ofrendas [...]. Por eso dije: "Aquí me tienes"» (Sal. 40:6-7). Él voluntariamente aceptó todas las condiciones que eran requeridas para lograr nuestra redención. Él estaba feliz de tomar un cuerpo para de esta forma ser capaz de sufrir. La deuda no podía ser pagada, ni tampoco cumplir los artículos del pacto, si no era en la naturaleza humana. Por tanto, Él debía tener una naturaleza capaz y preparada para sufrimientos. Por esto es que se dice: «Sacrificio y ofrenda no quisiste; mas me preparaste cuerpo» (Heb. 10:5). Le correspondía a Él tener un cuerpo capaz de sufrir aquello que estaba representando estos sacrificios legales con los cuales Dios no se complacía. Entonces Él tomó este cuerpo de carne, rodeado de todas las dolencias de nuestra naturaleza caída, con la excepción solamente del pecado. Él tuvo la condescendencia de echar a un lado las túnicas de Su gloria, para convertirse en alguien sin reputación, para tomar forma de siervo, y hacerse similar a los hombres.

SALMO 119:107

*«Señor, es mucho lo que he sufrido;
dame vida conforme a tu palabra»*

(SAL. 119:107).

«Señor, necesito […]. Señor, por favor dame…». Muchas veces, así se escuchan mis oraciones cuando he sufrido. Le pido a Dios lo que yo creo que Él necesita darme para que mi queja desaparezca.

El salmista, en el versículo 107, nos da un ejemplo de cómo venir en oración al Padre y cómo pedir de acuerdo con Su designio y no con el nuestro.

«Es mucho lo que he sufrido». El autor reconoce su condición y la comunica.

Él comunicó al Señor, sin pena alguna, cómo se sentía. Así debemos venir nosotros. Él no se va a espantar, no va a huir por nuestra sinceridad. Mucho antes de que nuestra aflicción llegara, Él ya la conocía. Al venir a Él con integridad y humildad, estamos reconociendo, como el salmista, nuestra dependencia de Él. No venimos con palabras rebuscadas u oraciones de domingo. Venimos así, destruidos, como estamos.

Y así, al venir vulnerables delante de Él, pidámosle al Espíritu Santo que nos ayude a orar Su voluntad. Muchas veces no la sabemos, pero el Espíritu mismo intercede por nosotros con gemidos indecibles (Rom. 8:26). La relación y la confianza que el salmista tiene con el Señor se ve reflejada en su petición.

«Dame vida conforme a tu palabra». El autor pide bien.

El salmista no pidió salud mental o emocional, él no pidió que su angustia fuera quitada. No pidió lo que en nuestras oraciones memorizadas muchas veces pedimos. El salmista no pidió «ser feliz para siempre». Pidió vida. El autor pidió vida conforme a Su Palabra. El autor pidió a Dios mismo, Su consejo, Su guía, Su luz.

Las aflicciones de la vida son reales, la pérdida de un trabajo, de un ser querido, de la salud, la incertidumbre, la pena, la ansiedad. Todo esto puede tentarnos a hacer oraciones pidiendo para nuestra comodidad. Oraciones en las cuales exponemos una lista de deseos en lugar de mostrar nuestro herido corazón. Pidamos como el salmista, pidámoslo a Él, pidamos Su Palabra.

«… la palabra de nuestro Dios permanece para siempre» (Isa. 40:8).

«… la palabra de Dios es viva y poderosa…» (Heb. 4:12).

Podemos estar seguros de que, si venimos ante Dios tal como nos sentimos y pedimos que nos dé vida conforme a Su Palabra, Él responderá con un sí.

De hecho, esa petición ya fue contestada afirmativamente en la cruz. El Padre entregó al Verbo, a la Palabra misma para dar vida a los que estábamos muertos en nuestros delitos y pecados (Ef. 2:5). Entregó el Pan de vida para que, de una vez por todas, la mayor de nuestras aflicciones, el pecado, fuera quitado.

Confiemos en la respuesta afirmativa del Señor a ser vivificados en Su Palabra. Abre tu Biblia y vive.

SALMO 44:26

«Levántate, ven a ayudarnos, y por tu gran amor, ¡rescátanos!»

(SAL. 44:26).

No fue primera o principalmente para sí mismo que el salmista hace esta oración; fue para que el carácter de Dios sea conocido, o que pueda ser visto que Él es un ser misericordioso. La manifestación apropiada del carácter divino, mostrando lo que Dios es, es en sí mismo de mayor importancia que nuestra salvación personal, porque el bienestar del universo depende de eso; y la más alta esperanza la cual podemos tener, como pecadores, cuando venimos ante Él, es que Él se glorifica a sí mismo en Su misericordia. A eso podemos apelar, y en eso podemos confiar. Cuando eso en instado como un argumento para nuestra salvación, y cuando eso es la base de nuestra confianza, podemos estar seguros de que Él está listo para oír y salvarnos… Desde el comienzo del mundo, desde el tiempo en que el hombre apostató de Dios, a través de todas las dispensaciones, y en todas las edades y lugares la única esperanza del hombre para salvación ha sido el hecho de que Dios es un ser misericordioso; el único lugar en el que podemos apelar a Él exitosamente ha sido, es, y será, que Su propio nombre sea glorificado y honrado en la salvación de arruinados y perdidos pecadores, en la muestra de Su misericordia.

SALMO 110:1 (PRIMERA PARTE)

«Así dijo el Señor a mi Señor: "Siéntate a mi derecha hasta que ponga a tus enemigos por estrado de tus pies"»

(SAL. 110:1).

Finalmente, Él tenía la promesa de una recompensa gloriosa para serle conferida, como mérito propio de Su obra, y había un gozo puesto delante de Él por medio de la promesa y por el cual soportó la cruz despreciando toda vergüenza (Heb. 12:2). Nunca se había forjado tal obra, ni nunca se había prometido tal recompensa. Y a Él le corresponde una promesa quíntuple.

1. La promesa de un nuevo tipo de interés en Dios, como Su Dios y Padre, «Él me dirá: "Tú eres mi Padre, mi Dios, la roca de mi salvación"» (Sal. 89:26). Nuestro Señor Jesucristo tuvo a Dios como Su Padre, por derecho eterno de nacimiento, pero había una nueva relación constituida entre Dios y Cristo como segundo Adán, y cabeza del pacto, fundado sobre Su misión y el cumplimiento de la condición de dicho pacto. Por medio de Su obediencia hasta la muerte, Él compró el gozo de Dios como Dios y como Padre. No digo que Él lo comprara para sí mismo, pues Cristo el hombre no necesitaba hacerlo en virtud de la unión personal de dos naturalezas, pues ya lo tenía, sino que lo compró para los pecadores, quienes habían perdido todo interés salvífico en Dios, pero a la vez no podían ser felices sin Él.

2. La promesa de una exaltación gloriosa, siendo el siervo de honor del Padre, primer ministro del cielo y gran administrador del pacto: «Miren, mi siervo triunfará; será exaltado, levantado y muy enaltecido» (Isa. 52:13). «Y haré de ti un pacto para el pueblo» (Isa. 49:8). En cumplimiento de la condición del pacto, Él tomó forma de esclavo y se humilló a sí mismo hasta la muerte y muerte de cruz, por lo cual Dios también, de acuerdo con la promesa del pacto, lo exaltó a lo más alto haciéndolo primer ministro del cielo, y le dio un nombre como gran administrador de la alianza, el cual es nombre sobre todo nombre; para que en el nombre de Jesús se doble toda rodilla (Fil. 2:7-10).

SALMO 110:1 (SEGUNDA PARTE)

«Así dijo el Señor a mi Señor: "Siéntate a mi derecha hasta que ponga a tus enemigos por estrado de tus pies"»

(SAL. 110:1).

3. La promesa de una simiente y una descendencia, tan numerosa como las estrellas del cielo: «Verá su descendencia» (Isa. 53:10). «¡Así de numerosa será tu descendencia!» (Gén. 15:5); a saber, «como las estrellas del cielo» (Heb. 11:12), incluso toda la multitud de sus elegidos, cada uno de ellos, vive por Su muerte y lleva consigo Su imagen, como un niño la de su padre. Él consintió en sufrir los dolores de la muerte, pero fueron dolores de parto con el fin de dar a luz a muchos. Él fue como el grano de trigo que cae en la tierra y muere; pero la promesa le aseguró, que, en tal condición, Su cosecha trajera mucho fruto (Juan 12:24).

4. La promesa de heredar todas las cosas, como primer heredero: «Yo le daré los derechos de primogenitura» (Sal. 89:27). Por eso el apóstol dice que Dios lo ha constituido heredero de todo (Heb. 1:2). Y Cristo mismo declara, consecuentemente, que toda posesión le es dada: «Mi Padre me ha entregado todas las cosas» (Mat. 11:27). Por lo tanto, Él tiene, por medio de la promesa, tesoros acordes para el soporte de la majestad que le ha sido conferida. Y muchos más allá de estos.

5. Finalmente, la promesa de la victoria y el dominio sobre todos sus enemigos y los enemigos de Su pueblo: «Aplastaré a quienes se le enfrenten y derribaré a quienes lo aborrezcan» (Sal. 89:23). Él fue al encuentro de Satán, del pecado y de la muerte, por la disputa de los herederos diseñados para estar en la gloria, y tan pronto tomó parte contra los primeros, el mundo cruel de los hombres comenzó a pelear contra Él también: pero Él tenía la promesa de Su Padre de obtener la victoria y el dominio sobre todos ellos, y aunque Él primero debió caer y morir en batalla, debido a esto Su muerte finalmente destruiría el dominio de Satanás, el poder del pecado y las bandas de la muerte sobre Su pueblo; de modo que quienes se debían a esa causa tambaleante cayeran también debajo de Él, como está escrito, «Así dijo el Señor a mi Señor: "Siéntate a mi derecha hasta que ponga a tus enemigos por estrado de tus pies"» (Sal. 110:1).

SALMO 119:114

«Tú eres mi escondite y mi escudo;
en tu palabra he puesto mi esperanza»

(SAL. 119:114).

Los soldados que van a la guerra en muchas ocasiones cavan trincheras para esconderse del enemigo y sentir que están protegidos de su ataque. En ellas se refugian para evitar las balas que pueden quitarles la vida en un instante.

Es obvio que el salmista conoce los embates del enemigo. Como seguramente muchos de nosotros los hemos experimentado, son como balas que se acercan para destruirnos, pero al igual que el salmista, tenemos un refugio, una trinchera lista para nuestra protección. El salmista, en su angustia, se consuela al saber quién es su escondedero, su escudo. Su esperanza no está en algo que pueda construir como los soldados, él sabe quién es su castillo fuerte en medio de sus circunstancias. ¿Lo sabemos nosotros?

A veces, cuando los pensamientos sombríos nos afligen, debemos tener nuestra esperanza cimentada en nuestro Dios y en Su Palabra, la cual siempre se presenta llena de esperanza, de ese modo, los pensamientos cansados se superan. En medio de inquietud, preocupación, angustia y sufrimiento, el salmista tiene su esperanza en la Palabra de Dios. Él conoce las promesas que en ella encontramos. Él sabe que la Palabra de Dios nos da aliento, esperanza y confianza. Él tiene su mirada puesta en el Creador y no en lo creado como fundamento de su esperanza. Después de todo, él también escribió: «Él es mi Dios amoroso, mi amparo, mi más alto escondite, mi libertador, mi escudo, en quien me refugio. Él es quien pone los pueblos a mis pies» (Salmo 144:2).

La esperanza del salmista tiene su fundamento en lo correcto, en el Dios que es su amparo, su escondite, su escudo, su refugio, quien tiene el control de todo, incluido Su pueblo.

Si hacemos una conexión con el Nuevo Testamento, podemos encontrar una gran fuente de esperanza en las palabras escritas por Juan: «Queridos hermanos, ahora somos hijos de Dios, pero todavía no se ha manifestado lo que habremos de ser. Sabemos, sin embargo, que cuando Cristo venga seremos semejantes a él, porque lo veremos tal como él es» (1 Jn. 3:2).

El salmista dijo: «en tu palabra espero», nosotros nos unimos a sus palabras y fundamentamos nuestra esperanza en la Palabra de Dios, «seremos semejantes a él, porque lo veremos tal como él es».

Refugiados en Él, y nuestra esperanza puesta en Su Palabra, que ha sido y será fiel y verdadera por toda la eternidad. Refugiados, protegidos y atendidos por Su gracia, Su poder, Su compasión, Su oportuno socorro, porque «queridos hermanos, ahora somos hijos de Dios» y Él cuida de nosotros.

SALMO 44

«Oh Dios, nuestros oídos han oído y nuestros
padres nos han contado las proezas que realizaste
en sus días, en aquellos tiempos pasados»

(SAL. 44:1).

San Ambrosio observa que en salmos anteriores hemos visto una profecía de la pasión, resurrección y ascensión de Cristo, y de la venida del Espíritu Santo, y que aquí se nos enseña que hemos de estar preparados para luchar y sufrir para que aquellas cosas nos sean provechosas. La voluntad humana debe obrar juntamente con la gracia divina.

Oh Dios, nuestros oídos han oído. El oír con los oídos nos afecta de modo más sensible que el leer con los ojos; debemos tener esto en cuenta y aprovechar toda oportunidad posible para proclamar el evangelio de nuestro Señor Jesucristo de viva voz, puesto que es el modo de comunicación más efectivo.

Nuestros padres nos han contado. Cuando los padres tienen la lengua trabada para hablar religiosamente a sus hijos, ¿es necesario extrañarnos de que los corazones de los hijos queden trabados por el pecado? La conversación religiosa no tiene por qué ser aburrida; en realidad no puede serlo, como en este caso, si trata más de hechos que de opiniones.

La obra que hiciste. ¿Por qué solo la obra en singular, cuando hay tantas, innumerables, liberaciones que han sido obradas por Él, desde el pasaje del mar Rojo a la destrucción de los 185 000 en el campo de los asirios? Porque todo esto no son más que tipos de la gran obra que procede de la mano del Señor, en que Satanás es vencido, la muerte destruida y el reino de los cielos abierto a todos los creyentes.

SALMO 2

«¡Dichosos los que en él buscan refugio!»

(SAL. 2:12).

E l Salmo 2 fue escrito por David y es un pasaje mesiánico, es decir, es un salmo sobre Jesús. De hecho, este salmo se cita varias veces en el Nuevo Testamento (Hech. 4:25-26; 13:33; Heb. 1:5; 5:5; Apoc. 2:26-27; 12:5; 19:15).

David exhorta a las naciones paganas y rebeldes a que abandonen los planes contrarios al Señor y a que se sometan a la autoridad del Rey, que es Jesús.

Los primeros versículos hablan de la rebeldía de las naciones. Al inicio aparece una pregunta retórica: ¿cómo pueden las gentes sublevarse ante Dios, si su plan está totalmente destinado al fracaso? Según ellos no podían soportar estar «encadenados», pues querían «ser libres» del gobierno del Mesías. ¿Cómo responde Dios? El Señor mora en los cielos y se sienta en Su trono. ¡Cuán necio es resistirse a Él! Nosotros debemos igualmente someternos a nuestro Dios misericordioso, quien ha dado a Su Hijo (vv. 7-8).

El versículo 10 es una amonestación de parte de David hacia los pueblos rebeldes: ¡sean prudentes y sirvan al Hijo! Aquellos que están a cargo de un pueblo, nación o gente, para ver bendición, sin duda alguna deben obedecer y tener un temor reverente. Los versículos 11 y 12 hacen claro que para servir a Dios se debe honrar a Su Hijo.

Al final hay una bendición (v. 12). Confiar o refugiarse en el Señor se repite constantemente en los salmos, y este no es la excepción. Someterse al Hijo es encontrar refugio en el ungido del Señor, y por ende en Dios mismo. En este salmo vemos la exaltación de Cristo. En la segunda venida del Señor Jesús habrá ira contra aquellos que se rebelan contra Dios, pero al mismo tiempo será un tiempo de alegría y refugio para aquellos que se someten y han puesto su fe en el Señor. Gloria a Dios por Su gracia que aun en rebeldía y en pecado, Él nos salvó y, sin merecerlo, nos dio vida eterna.

SALMO 119:125

*«Tu siervo soy: dame entendimiento y
llegaré a conocer tus estatutos»*

(SAL. 119:125).

*C*uando somos siervos del Señor debemos adorarlo con nuestra vida, muchas veces en silencio y en medio del sufrimiento, sabiendo que los propósitos de Dios se cumplen en nuestras vidas, sin importar si somos honrados o reprochados.

Como misionera, he tenido que pasar junto a mi familia sufrimientos que quizás pienses que no suceden en esta época. Pero hemos tenido que clamar al Señor por sabiduría, y por algo más llamado «discernimiento», para tener amor, perdón, instrucción y, sobre todo, la práctica de la verdad, que es Su Palabra.

Salomón, hijo de David, nos enseña una oración que me ha conmovido, y de la que he aprendido en tiempos de sufrimiento, que no cesan, pero que ha dado paz y consuelo a mi corazón; como lo dice en 1 Reyes 3:9: «Yo te ruego que le des a tu siervo discernimiento para gobernar a tu pueblo y para distinguir entre el bien y el mal...». Y vemos cómo Dios le responde en los versículos 11-12: «... Como has pedido esto, y no larga vida ni riquezas para ti, ni has pedido la muerte de tus enemigos, sino discernimiento para administrar justicia, voy a concederte lo que has pedido...».

Ahora, lo que Dios le contestó a Salomón es sorprendente, Su gracia y misericordia se dejan ver: «... Te daré un corazón sabio y prudente, como nadie antes de ti lo ha tenido ni lo tendrá después» (1 Rey. 3:12).

Y aunque el Señor no me ha llamado a liderar un pueblo, sí me ha llamado a ser esposa, madre, suegra, hija, misionera y sierva en la iglesia local. Por lo tanto, en muchas ocasiones, he clamado al Señor en mis dificultades, sufrimiento, enfermedades y llamado; pues necesitamos discernimiento para comprender la Palabra de Dios, para aplicarla a cada momento de nuestras vidas; pero en los tiempos de sufrimiento, cuando quizás pensamos que Dios está ausente, podemos comprender que Él no nos abandona y que está cada día moldeando nuestro carácter y pasándonos por fuego para perfeccionar cada área de nuestras vidas para poder reflejar Su imagen.

Cuando caminamos en la meditación de Su Palabra, la oración, el ayuno, y vivimos la vida espiritual a la que Él nos ha llamado, crecemos en entendimiento para discernir las cosas eternas enseñadas en Su Palabra. Crecemos espiritualmente y, por lo tanto, obtenemos una madurez espiritual y, cuando lleguen esos días oscuros donde no encontramos salida, Él nos dará la paz y el conocimiento para enfrentarlos glorificando Su nombre. Te recomiendo meditar y orar la Palabra en Proverbios 2:1-5.

SALMO 45

«En mi corazón se agita un bello tema mientras recito mis versos ante el rey; mi lengua es como pluma de hábil escritor. Tú eres el más apuesto de los hombres; tus labios son fuente de elocuencia, ya que Dios te ha bendecido para siempre»

(SAL. 45:1-2).

*P*ara un canto tan divino son asignados cantores especiales. El Rey Jesús merece ser alabado por los mejores coristas, no al azar o de modo descuidado, sino con la música más dulce y suave.

Algunos ven aquí a Salomón y la hija de Faraón solamente: son cortos de vista; otros ven a Salomón y a Cristo: ven doble, son bizcos; los ojos espirituales bien enfocados solo ven a Cristo, o si Salomón está presente en algún punto, ha de ser como las sombras borrosas de los que pasan por delante del objetivo de la máquina fotográfica y apenas son visibles en el paisaje fotografiado. «El Rey», Dios, cuyo trono es para siempre, no es mero mortal, y Su dominio perdurable no está limitado por el Líbano ni el río de Egipto. Esto no es un canto epitalámico de unas bodas terrenales, sino el de la esposa celestial y su esposo elegido.

En mi corazón se agita un bello tema. Es triste cuando el corazón está frío ante un buen tema, y peor cuando está ardiente ante un mal tema; pero es incomparable cuando el corazón arde y de él brota un bello canto.

Tú. Como si el Rey mismo hubiera aparecido súbitamente delante de él, el salmista, arrobado de admiración por Su persona, deja su prefacio y se dirige al Señor. Un corazón amante tiene el poder de captar su objeto. Los ojos de un corazón verdadero ven más que los ojos de la cabeza.

Además, Jesús se revela a sí mismo cuando nosotros derramamos nuestro afecto hacia Él. Este suele ser el caso cuando nosotros estamos preparados: que Cristo se nos aparece. Si nuestro corazón es ardiente, es una indicación de que el sol está brillando, y cuando disfrutamos de su calor, pronto contemplaremos su luz.

Eres el más apuesto de los hombres. En persona, pero especialmente en Su mente y carácter, el Rey de los santos es incomparable en hermosura. La palabra hebrea es doble: «hermoso, precioso eres Tú». Jesús es tan hermoso que las palabras han de doblarse, extenderse, sí, agotarse antes de poder describirlo.

SALMO 119:130

«La exposición de tus palabras nos da luz,
y da entendimiento al sencillo»

(SAL. 119:130).

*¿C*uántas veces anhelamos la exposición de las palabras de Dios? En estos tiempos donde existe una predicación liviana, la cual muchos han abrazado, podemos llegar a la conclusión de que existe también una ausencia de luz. Es la Palabra de Dios la que es capaz de iluminar los rincones más profundos de nuestras mentes y corazones para ser transformados. Desgraciadamente, los hombres buscan atajos para tener una relación con Dios, pero la Palabra debe ser expuesta correctamente para que tenga un efecto iluminador y transformador. Nos es fácil escuchar el eco de las palabras del salmista, como si estuviera diciendo: «¡Oh, que tus palabras, como los rayos del sol, entren por la ventana de mi entendimiento y disipen la oscuridad de mi mente!». Que nosotros también podamos unirnos a esas palabras y atesoremos la exposición fiel y verdadera de la Palabra, aunque sea como la espada que penetre a lo más profundo de nuestro ser para causar el efecto purificador que solamente ella puede tener.

«Da entendimiento a los sencillos». ¿Quiénes son los sencillos a quienes el salmista se refiere? Sencillamente son los verdaderos discípulos de la Palabra. A quienes no solamente da conocimiento, sino comprensión, son aquellos que el mundo considera que carecen de intelecto, los que tildan de «fanáticos». Sin embargo, son aquellos que se someten a la transformación de vida por medio de la Palabra, que produce en ellos una sabiduría que viene de lo alto, ya que el Espíritu de Dios mora en ellos.

En el Sermón del Monte, Jesús dijo: «Dichosos los pobres en espíritu, porque el reino de los cielos les pertenece […]. Dichosos los humildes, porque recibirán la tierra como herencia» (Mat. 5:3, 5). Creo que esos son los que el salmista tiene en mente, aquellos que son lo suficientemente humildes para venir rendidos ante la Palabra de Dios, para que ella tenga el efecto para el cual fue inspirada.

No podemos perder de vista que la Palabra imparte luz; esa luz que necesitamos, que nos guía porque es lámpara a nuestros pies, es la luz que se manifiesta en el logos que es Cristo, quien dijo: «Yo soy la luz del mundo». Él es la luz que vino al mundo, pero los hombres amaron más las tinieblas que la luz.

El mundo necesita arrepentirse de sus pecados para que pueda disfrutar de la luz que encontramos en Cristo y en Su Palabra; yo, como Su hijo, también necesito esa exposición fiel de la Palabra; tú, hermano o hermana, también la necesitas.

Señor, ayúdanos a entender esa realidad y vivir cada día atesorando momentos de encontrarnos contigo en tu Palabra para la transformación de nuestras vidas y la gloria de tu nombre. Tu dijiste: «Santifícalos en la verdad; tu palabra es la verdad» (Juan 17:17).

SALMO 22:1-21

*«Pero tú, Señor, no te alejes; fuerza mía,
ven pronto en mi auxilio»*

(SAL. 22:19).

*E*n este salmo vemos el clamor del que se siente desamparado. También vemos una respuesta, un reposo y una esperanza. El salmista presenta este salmo de manera profética, y Cristo mismo cita estas palabras cuando agonizaba en la cruz (Mat. 27:46). El clamor de Cristo es un grito de agonía que conlleva el sufrimiento profundo y la angustia por la ira divina que se derramaría sobre Él.

La respuesta y el reposo son dos necesidades profundas del corazón humano. Y solo pueden hallarse en un encuentro con Cristo. Cuando el salmista se pierde en sus propias emociones y palabras, vuelve a enfocarse en el carácter de Dios que había conocido en tiempos no tumultuosos.

Dios es nuestro eterno cuidador. Dios el Padre es la esperanza del que ha sido abandonado, del que ha tenido padres negligentes, del padre que se siente incapaz. Todos, antes de estar bajo el cuidado humano, hemos estado bajo el cuidado de Dios. Cristo sabía esto. Él fue desamparado en la cruz para que los que estamos en Él nunca experimentemos el desamparo de Dios. En esto podemos descansar. Él experimentó en la cruz quebranto físico y emocional, el fin de Sus fuerzas humanas. Ahora, todos los abatidos pueden tener un Sumo Sacerdote, un Varón de dolores, experimentado en quebranto. El quebrantado encuentra consuelo en las manos perforadas del Salvador. Esas manos contienen esperanza, y ellas secarán toda lágrima cuando no habrá más quebranto, ni abandono, ni dolor.

Cristo padeció el insulto de Su propio pueblo a un grado mayor que cualquier profeta, sacerdote o rey. Soportó la humillación de los que Él había creado para Su gloria, las golpizas inmisericordes de las manos que Él formó, la vergüenza de la desnudez, los insultos inmerecidos, la traición de los que le habían prometido fidelidad y de los que había llamado amigos. Pero Cristo esperó la respuesta y la vindicación en la resurrección.

Esta es nuestra esperanza en Cristo: todos los que estamos en Él resucitaremos y seremos glorificados. Tenemos la certeza de que el mismo poder que levantó a Cristo de los muertos es el que actúa en cada una de nuestras vidas para ayudarnos a serle fiel.

SALMO 46

*«Dios es nuestro amparo y nuestra fortaleza, nuestra ayuda
segura en momentos de angustia. Por eso, no temeremos...»*

(SAL. 46:1-2).

ios es nuestro amparo y fortaleza. No nuestros ejércitos o nuestras fortalezas. Israel se gloriaba en Jehová, el único Dios vivo y verdadero. Los otros se jactaban de sus castillos inexpugnables, colocados en peñascos inaccesibles y reforzados con puertas de hierro, pero Dios es un refugio mucho mejor de la tribulación que todos estos; y cuando llega el momento de llevar la guerra a los territorios enemigos, el Señor pone a Su pueblo en mejores condiciones que todo el valor de las legiones o la fuerza de los carros y los caballos.

No olvidemos el hecho de que Dios es nuestro refugio tanto ahora mismo, en este presente momento, como lo era cuando David escribió estas palabras. Dios solo es nuestro todo. Todos los demás refugios son refugios de mentiras; toda otra fuerza es debilidad, porque el poder pertenece a Dios; pero como Dios es suficiente en todo, nuestra defensa y poder están a la altura de todas las situaciones apuradas.

¡Con Dios a nuestro lado sería irracional temer! Allí donde está Él hay todo el poder y todo el amor; ¿por qué, pues, hemos de temblar?

SALMO 119:143

«Angustia y aflicción han venido sobre mí,
pero Tus mandamientos son mi deleite»

(SAL. 119:143, NBLH).

e encantan los «peros» de la Palabra de Dios. Cada uno de ellos introduce un cambio significativo que revela Su corazón en cuanto a la narrativa que se está desarrollando. Más que objeciones o excusas, los «peros» de Dios introducen una variable importante que debe ser tomada en cuenta.

David expresa una realidad que todos hemos experimentado en algún momento. Pasó por muchas aflicciones y angustias durante su vida, y en este versículo expresa su sentir en medio de ellas. Sentía que eran un gran peso sobre él; lo arropaban, lo ahogaban. ¿Te has sentido así?

La Palabra de Dios no esconde que vivimos en un mundo caído; más bien, expone esta realidad. Gemimos de angustia esperando la gloria cuando seremos librados del dolor y del sufrimiento (Rom. 8:19-23). Este sufrimiento se manifiesta de diversas formas en nuestras vidas, en menor o mayor grado: muerte de seres queridos, enfermedad, tragedias, accidentes, carencias diversas, y el dolor provocado por las elecciones de nuestro corazón pecaminoso y por el pecado de otros.

Y aunque en Su multiforme gracia Dios usa ese sufrimiento para perfeccionarnos (1 Ped. 1:6-7), estas pruebas son dolorosas para nosotros, y el enemigo las usa para hacernos dudar de la bondad de Dios y de Sus promesas. Las aflicciones nos abruman. Nos cargan. Nos desaniman. Pero…

Aunque Jesús prometió tribulación en este mundo, Él no nos dejó solos. Él nos dejó Sus promesas plasmadas en un libro maravilloso. Allí podemos obtener un atisbo de la gloria deparada para nosotros en el cielo. Él nos promete en Su Palabra que lo que ahora sufrimos no es nada comparado a la gloria que nos espera más adelante (Rom. 8:18). Además de alentarnos con esta gracia futura, Su Palabra nos recuerda que Él nos ama y que camina con nosotros.

Lamentablemente, en nuestra incredulidad, en medio de las aflicciones corremos a otras cosas para adormecer el dolor o encontrar deleite: calmantes, vacaciones, cuidado personal, entretenimiento, deportes, dinero, poder, sexo y la lista sigue. O elegimos huir de las situaciones difíciles, en lugar de encomendarnos a Dios en medio de ellas. Pero nada de esto minimiza la carga que sentimos.

Aprendamos de David. David no solo recordaba los preceptos de Dios y los guardaba como tesoros en su corazón, sino que aprendió a deleitarse en ellos. Él meditaba en sus mandamientos, enfocaba su mirada allí y encontraba sustento, consuelo, dirección, esperanza, deleite y paz inigualable en medio de situaciones difíciles.

¿Qué haces cuando las circunstancias difíciles y las presiones de la vida te angustian? ¿Cuál es tu «pero» en medio de la aflicción? ¿A dónde corres?

¿Corres de aquí para allá para intentar resolver tus problemas o calmar la ansiedad?, ¿o corres a la Palabra de Dios para encontrar esperanza y ayuda oportuna?

Permite que Su Palabra sea tu consuelo. Deléitate en Sus promesas. Permite que sean miel a tu paladar, el gozo y la fortaleza de tu alma en medio de toda aflicción.

SALMO 51

*«Ten compasión de mí, oh Dios, conforme a tu gran amor;
conforme a tu inmensa bondad, borra mis transgresiones»*

(SAL. 51:1).

«Al músico principal». Por tanto, no fue escrito para meditación privada solamente, sino para el servicio público de canto. Apropiado para la intimidad de la penitencia individual, este salmo incomparable se adapta también para una asamblea de pobres en espíritu. «Un salmo de David». Es maravilloso, pero es un hecho que hay escritores que han negado la paternidad de David para este salmo, si bien sus objeciones son frívolas; el salmo es por completo de David. Sería más fácil imitar a Milton, Shakespeare o Tennyson que a David. Su estilo es totalmente sui géneris, y es tan distinguible como el diseño de Rafael o el colorido de Rubens.

No puede excusarse el gran pecado de David, pero hay que recordar que su caso presenta una serie de coincidencias especiales. Era un hombre de pasiones fuertes, y un monarca oriental con poder despótico; ningún otro rey de su tiempo habría sentido la menor compunción por un acto así, y por ello no estaba rodeado por las restricciones de la costumbre y la asociación que, cuando son infringidas, hacen la ofensa más escandalosa.

Él nunca insinúa ninguna forma de atenuante, ni mencionamos nosotros estos hechos con miras a excusar su pecado, que era detestable en el más alto grado; sino para advertencia a los demás, y que reflexionen que la licencia que se permiten ellos mismos en estos días puede tener consecuencias y culpa más grave que en el caso del rey de Israel que cometió este yerro. Cuando recordamos su pecado, insistamos principalmente en su penitencia y en la larga serie de castigos que siguieron y que hicieron del resto de su vida una historia tan luctuosa.

SALMO 23

«El Señor es mi pastor, nada me falta»

(SAL. 23:1).

Solemos creer que somos capaces de cuidarnos a nosotros mismos. Si nosotros no lo hacemos, nadie más lo hará. Creemos que Dios existe, pero vivimos como si todo dependiera de nosotros.

El rey David, quien escribió este salmo, había sido un pastor de ovejas en su juventud. Entendía bien el cuidado y la protección que requerían las ovejas, quienes dependían totalmente del pastor. En este salmo, David reconoció a Dios como su Pastor y se refirió a Él en términos de una relación íntima y personal. Había conocido Su bondad, Su protección y Su fidelidad.

En el Salmo 22 David predijo la vida y la muerte del buen Pastor. Luego, en Juan 10:11, Jesús afirmaría: «Yo soy el buen pastor; el buen pastor su vida da por las ovejas». El buen Pastor sacrificó Su vida por nosotros, Sus ovejas. Es algo asombroso y hermoso. El buen Pastor nos amó tanto que dio Su vida para que nuestras almas fueran satisfechas en Él y para que encontráramos vida solo en Él.

El Salmo 23 es un pasaje refrescante que se escribió para aquellos que han puesto su fe en el buen Pastor. Nada nos faltará. No significa que Él nos dé todo lo que queramos, sino que el creyente encuentra todo lo que necesita en Cristo. Hay un contentamiento en saber que Dios camina con nosotros. Aun cuando andemos «en valle de sombra de muerte», Él no nos dejará. Nos guardará, nos cubrirá y nos protegerá.

David no solo se refirió a Dios como su Pastor, sino también como un anfitrión que prepara todo para agradar a Su invitado. Dios suplió cada una de sus necesidades, le trajo paz, y prometió que Su bondad y Su amor siempre lo acompañarían. Por si eso no fuera poco, gozaría de la presencia del Señor para siempre, tanto en sus días en la tierra como después.

Pensamos que todo depende de nosotros. Pensamos que el temor que nos abruma es más grande que nuestro Salvador, Jesucristo. Pero podemos confiar en que hay reposo en Él. Cristo es nuestra fuerza aun cuando nos sentimos débiles. Él usa esos momentos de incertidumbre y temor para que confiemos en el buen Pastor que dio Su vida por nosotros. En vez de enfocarnos en lo que nos rodea, enfoquémonos en el Cristo que camina con nosotros. Él dio Su vida para que disfrutáramos Su salvación, protección y provisión.

Gocémonos en Su presencia para siempre, tanto en nuestros días aquí en la tierra como después.

SALMO 59:1-3

«Líbrame de mis enemigos, oh Dios;
protégeme de los que me atacan»

(SAL. 59:1).

A quien Dios guarda, Satanás no puede destruirlo. El Señor puede incluso preservar las vidas de Sus profetas por medio de cuervos, que suelen, por su naturaleza, arrancar los ojos de otros. David siempre halló un amigo para ayudarle cuando su situación era en extremo peligrosa, y este amigo se hallaba en la misma casa de su enemigo; en este caso se trataba de Mical, la hija de Saúl, como en otras ocasiones había sido Jonatán, el hijo de Saúl. «Mictam de David». Este es el quinto de los «secretos áureos» de David. El pueblo escogido de Dios tiene muchos de ellos.

Líbrame de mis enemigos, oh Dios mío. Estaba a punto de ser capturado, vivo o muerto, sano o enfermo, y llevado a la matanza. La incredulidad habría sugerido que la oración era palabras vanas, pero no pensó así el hombre bueno, porque hace de ella su único recurso. Nótese que pone el título «Dios mío» frente a las palabras «mis enemigos». Este es el método debido de capturar y apagar los dardos ardientes del enemigo en el escudo de la fe.

Saúl tenía más motivos que David para temer, porque el arma invencible de la oración era usada contra él, y el cielo era despertado para presentarle batalla. En tanto que el enemigo está en acecho, nosotros esperamos en oración, porque Dios espera ser misericordioso con nosotros y terrible para con nuestros enemigos.

SALMO 119:148

«En toda la noche no pego los ojos,
para meditar en tu promesa»

(SAL. 119:148).

*E*ran las dos de la mañana y escuché sus gritos de dolor. Mi esposa llevaba algunas semanas con riesgo de aborto. Habíamos esperado algunos años para poder tener bebés y el pronóstico para nuestra primera hija no era alentador. Aquella madrugada se levantó con mucho dolor y lo primero que vi fue una cantidad inmensa de sangre.

Muchos de nosotros hemos tenido que pasar la noche en un hospital. Esa noche fue especialmente complicada porque había poco personal y tuvieron que responder con los pocos recursos que tenían disponibles. Habían logrado detener la hemorragia y habían estado buscando los latidos del bebé; no los encontraban. Había que esperar algunas horas para que en la mañana llegaran los médicos e hicieran los estudios correspondientes para determinar si nuestra bebé seguía ahí. Mucha sangre y sin latidos no eran una buena imagen para tener en la mente y conciliar el sueño.

Las promesas de Dios trascienden lo que podemos ver. Provienen de un lugar del universo al cual no podemos llegar caminando ni construyendo torres, así que son un recurso que tenemos a nuestra disposición que no depende de las circunstancias del presente, Sus promesas pertenecen a decretos eternos. El Salmo 119 es un excelente recordatorio del poder de la Palabra para consolarnos en medio del dolor.

Una visión romántica de la fe podría hacernos pensar que Sus promesas nos aseguran la ausencia del dolor, pero no, Sus promesas nos sostienen en el dolor, dolor que debemos ver como una dicha (Mat. 5:4). A veces ese dolor llega en la madrugada.

Llevábamos algunos minutos callados. La enfermera nos había dejado para dormir y lo último que dijo fue que «podría ser que el aparato para escuchar latidos no funcionara». Ni siquiera la tecnología estaba funcionando esa noche. No parecía que fuéramos a dormir, no pegaríamos los ojos en toda la noche. Mi esposa y yo solos. En realidad, no sabía qué decir, pero ella sí supo. Lo recuerdo perfectamente: «Vamos a orar para entregar a nuestro hijo en Sus manos y confiar en que Él hará lo mejor, entonces tendremos paz». Lo hicimos, oramos durante unos minutos y decidimos descansar en Sus promesas. ¿Cuáles promesas? De hecho, no había una promesa que nos dijera que nuestro hijo iba a estar vivo, pero sí había muchas otras que nos aseguraban que Dios estaría con nosotros fuera cual fuera el resultado final. Que no tuviéramos miedo, que confiáramos en Él, que Dios es mejor Padre que nosotros, que podíamos descansar. Así fue, dormimos.

A la mañana siguiente pudimos ver a nuestra bebé de nuevo en una pantalla, estaba viva y pataleando, algo que hoy sigue haciendo en casa. Aquella mañana me estaba enterando, de nuevo, de que sería padre; así se sintió y nunca olvidaré aquella sensación. Gracia sobre gracia.

Sus promesas están disponibles para ti a la hora que las necesites, porque Dios está siempre ahí. Nunca duerme el que te cuida (Sal. 121:3).

SALMO 61

«Oh Dios, escucha mi clamor y atiende a mi oración»

(SAL. 61:1).

Este salmo es una perla. Es corto, pero precioso. A muchos que estaban enlutados les ha proporcionado expresión cuando la mente no podía hallar palabras para hacerlo. Fue compuesto evidentemente después de que David hubo llegado al trono (v. 6). El segundo versículo nos lleva a creer que fue escrito por el salmista durante su exilio forzado del tabernáculo, que era la residencia visible de Dios; si es así, se ha sugerido que el período que corresponde a su creación es el de la rebelión de Absalón, y Delitzsch correctamente lo titula: «Oración y acción de gracias de un rey expulsado, a su regreso al trono».

Oh Dios, escucha mi clamor. Estaba en una necesidad extrema; clamaba; levantaba su voz. Los fariseos pueden reposar en sus oraciones; los verdaderos creyentes están deseosos de obtener una respuesta a las suyas; los ritualistas pueden estar satisfechos cuando han «dicho y cantado» sus letanías y colectas, pero los hijos vivos de Dios nunca van a reposar hasta que sus súplicas hayan entrado en los oídos del Señor Dios de los ejércitos.

Atiende a mi oración. Aquino decía que algunos leen estas palabras así: *Intende ad cantica mea* («atiende a mis cantos»), y así se pueden leer del hebreo *ranah*, que significa «gritar de gozo», para notar que las oraciones de los santos son como cánticos agradables y deleitosos a los oídos de Dios. No hay cántico ni música que nos agrade tanto a nosotros como son agradables a Dios las oraciones de los santos (Cant. 2:14; Sal. 141:2).

SALMO 40:6-8

«Me agrada, Dios mío, hacer tu voluntad;
tu ley la llevo dentro de mí»

(SAL. 40:8).

*N*uestra cultura enseña que, para conseguir el favor de Dios y recibir Su perdón, debemos sacrificarnos y vivir cargados de culpa. Sin embargo, Dios no espera que hagamos actos externos de sacrificio. Si nos acercamos a escucharlo y abrimos nuestro corazón a Sus palabras, podemos conocerlo y deleitarnos en vivir para Él.

Como cristianos que deseamos agradar a Dios, podemos desenfocarnos y distraernos con lo externo. Es frecuente evaluar la vida espiritual de alguien por lo que se puede ver: cómo luce o qué hace. Por ejemplo, si es una mujer esforzada, una madre sacrificada o quizás una esposa abnegada. No podemos negar que todo eso tiene valor. En el Antiguo Testamento, bajo el pacto mosaico, Dios instituyó los sacrificios y holocaustos. Pero estos debían hacerse con fe y en los términos que el Señor instruyó. Los sacrificios por obligación y sin observar lo establecido eran abominables para Dios. Pero nosotros ya no tenemos que hacer sacrificios para pagar por nuestros pecados.

Entonces, ¿qué espera Dios de nosotros? ¿Podemos vivir como nos plazca? Por supuesto que no. La vida cristiana está llena de sacrificios externos que se originan de un corazón agradecido. Nuestro deleite debería ser vivir agradando a Dios en lugar de agradarnos a nosotros mismos. Necesitamos acercarnos a Él y pedirle que abra nuestros oídos a Su voz y los cierre a otras voces. Hay mucho ruido alrededor de nosotros, incluso más dentro de nosotros. Necesitamos hacer silencio y escucharlo.

Tal vez mucho de lo que haces no viene de un corazón que se deleita en tener una relación con Dios. Es posible que Su Palabra no habite en tu corazón, aunque tu mente la conozca. Si no tienes una relación viva con Él, nunca encontrarás gozo en la vida. Por el contrario, te parecerá muy pesada y difícil. El deleite en hacer la voluntad de Dios viene de un corazón que atesora Su Palabra y lo ama con todo su ser.

He aquí el secreto: Cristo se ofrendó como sacrificio por tus pecados. Si te acercas en arrepentimiento y fe, Su Palabra será implantada en tu corazón y anhelarás, desde dentro de ti, hacer Su voluntad y vivir para Él. Su Palabra será la que guíe tus pasos al gozo de rendirte a Él y hacer Su voluntad.

SALMO 61:2

*«Desde los confines de la tierra te invoco, pues mi corazón
desfallece; llévame a una roca donde esté yo a salvo»*

(SAL. 61:2).

*D*esde los confines de la tierra te invoco. Ningún punto es demasiado árido, ninguna condición demasiado deplorable; sea el fin del mundo o el fin de la vida, la oración siempre está disponible. El orar en ciertas circunstancias requiere resolución, y el salmista lo expresa aquí: *te invoco*. Era una resolución sabia, porque si hubiera cesado de orar habría pasado a ser una víctima de la desesperación; el hombre llega a su fin cuando pone fin a sus oraciones.

Pues mi corazón desfallece. Es difícil orar cuando el mismo corazón está ahogándose; pese a todo, el hombre que tiene gracia suplica mejor en estas ocasiones. La tribulación nos acerca a Dios y acerca a Dios hacia nosotros. Los grandes triunfos de la fe son conseguidos en medio de las pruebas más difíciles. Todo se me ha caído encima, la aflicción está sobre mí; me circunda como una nube, me traga como el mar, me encierra en su espesa oscuridad; con todo, Dios está cerca, bastante cerca para oír mi voz, y yo clamaré a Él.

Llévame a una roca donde esté yo a salvo. Hay una mina de significado en esta breve oración. Nuestra experiencia nos lleva a comprender este versículo inmediatamente, porque hubo un tiempo cuando estábamos tan asombrados por causa del pecado en nuestra alma, que, aunque sabíamos que el Señor Jesús era la salvación segura de los pecadores, con todo, no podíamos acudir a Él por causa de nuestras dudas y presentimientos.

La imagen que presenta es la de uno que ha sido sorprendido por la marea, y que se apresura por llegar a un punto más alto, y, no obstante, a cada paso ve que las olas se le están acercando; oye su rugido, y la arena se hunde bajo sus pies, unos minutos más y las olas le habrán alcanzado; la desesperación se apodera de su corazón; cuando en la misma profundidad de su agonía ve una roca por encima de las olas. «¡Oh, si pudiera alcanzar esta roca estaría a salvo!». Y entonces viene el clamor, agonizante, a Aquel que puede salvarlo: *Llévame a una roca donde esté yo a salvo*. Es el clamor del pecador al Salvador del pecador.

SALMO 41

«Por mi integridad habrás de sostenerme, y en tu presencia me mantendrás para siempre»

(SAL. 41:12).

*D*esde Génesis 3, vivir en este mundo caído ha sido difícil. La tierra fue maldita y, por lo tanto, el diario vivir cuesta mucho esfuerzo. Aunque Dios está en control de todo, debido a la rebelión del hombre, Satanás es quien dirige a aquellos que viven sin Dios, quienes tienen una cosmovisión contraria a Dios y a Sus designios. Jesús mismo dijo a Sus discípulos que tendrían tribulaciones; sin embargo, no nos dejó sin esperanza, porque Él también les dijo: «confiad, yo he vencido al mundo» (Juan 16:33).

El Salmo 41 no solamente expresa lo que sentimos en medio de las tribulaciones, sino que también nos explica lo que el Varón de dolores sentía mientras caminó por esta tierra.

Según Isaías 53:3, Él fue «despreciado y desechado entre los hombres». ¿Cómo es posible que el Dios del universo, el Creador de todo (Juan 1:3), vivió y no fue reconocido, sino que fue rechazado por Sus criaturas? ¡Porque ese era el plan de Dios! En Génesis 3:15 Dios le advierte a la serpiente sobre alguien que vendría y representaría a la raza humana pecadora, y que ese descendiente de la mujer, el Mesías, heriría a la serpiente con un golpe mortal. Cuando el Mesías muere, pareciera que Satanás triunfa. Sin embargo, el sacrificio de Jesús causa la derrota del enemigo y de la muerte. Jesús vivió una vida perfecta llena de amor, pero el pueblo lo rechazó. Aún peor, los líderes, aquellos que representaban a Dios delante del pueblo, lo odiaron y tramaron Su muerte. Sin darse cuenta cumplieron la sentencia contra Satanás. A los líderes políticos no les importó Su muerte, y de Sus amigos íntimos, aquellos que caminaron con Él por tres años, uno lo negó tres veces, otro dudó de Él y el otro lo traicionó (Sal. 41:9).

Dios protegió a Jesús hasta la hora apropiada, y el Padre mismo entregó a Su Hijo para pagar el precio de Sus enemigos. Al morir, Cristo venció y rescató para sí mismo un pueblo. Desde entonces, aquellos rescatados son perseguidos por el mundo. Cristo mismo dijo que, así como el mundo lo odiaba a Él, también nos odiaría (Juan 15:19). El evangelio es el anuncio de que ya Cristo venció la guerra espiritual, pero esta no terminará hasta cuando Satanás sea arrojado al lago de fuego (Apoc. 20:10). Mientras tanto, como en cualquier guerra, hay batallas y sufrimientos (Col. 1:24). Sin embargo, el éxito está garantizado. ¡No desmayes! Dios tiene reservado un galardón para quienes se mantienen fieles en medio de la tribulación.

SALMO 63

«Dios, Dios mío eres tú; de madrugada te buscaré;
mi alma tiene sed de ti, mi carne te anhela,
en tierra seca y árida donde no hay aguas»

(SAL. 63:1, RVR1960).

«Un salmo de David, cuando estaba en el desierto de Judá». Este salmo fue escrito probablemente cuando huía de Absalón; ciertamente en el tiempo que lo escribió, era rey (v. 11) y está apurado por los que procuraban matarlo.

La palabra distintiva de este salmo es «madrugada». Cuando la cama es más blanda, nos sentimos tentados a levantarnos tarde, pero cuando no hay comodidad, y la cama es dura, si nos levantamos más temprano para buscar al Señor, tenemos mucho que agradecer a la aspereza o al desierto.

Hay salmos propios para el desierto o la soledad; y tenemos razones para agradecer a Dios que es el desierto de Judá, el lugar en que estamos, no el desierto de pecado.

Agar vio a Dios en el desierto y llamó un pozo según el nombre derivado de la visión Beer-lahai-roi (Gén. 16:13, 14). Moisés vio a Dios en el desierto (Ex. 3:1-4). Elías vio a Dios en el desierto (1 Rey. 19:4-18). David vio a Dios en el desierto. La Iglesia cristiana verá a Dios en el desierto (Apoc. 12:6-14). Toda alma devota que anhela ver a Dios en su casa tendrá el refrigerio de visiones de Dios en el desierto de la soledad, la aflicción, la enfermedad y la muerte.

De madrugada te buscaré. La posesión engendra deseo. La plena seguridad no es un obstáculo a la diligencia, sino el resorte principal de la misma. ¿Cómo puedo yo buscar el Dios de otro hombre? Pero busco con ardiente deseo a Aquel a quien sé que es mío. Observa el afán implicado en el tiempo mencionado; no va a esperar hasta el mediodía ni el fresco del atardecer, sino que se levanta al cantar el gallo, para reunirse con su Dios.

Mi alma tiene sed de ti. La sed es un anhelo insaciable hacia algo que es uno de los pilares más esenciales de la vida; no hay modo de razonar con ella, ni de olvidarla, ni de despreciarla, ni vencerla con indiferencia estoica. La sed se hace notar; todo el hombre ha de ceder a su poder; del mismo modo ocurre con el deseo divino que la gracia de Dios crea en el hombre regenerado.

SALMO 45

*«Tu trono, oh Dios, permanece para siempre;
el cetro de tu reino es un cetro de justicia»*

(SAL. 45:6).

Reinos van y reinos vienen. Es probable que conozcas de reinos humanos que siguen vigentes o monarquías que tienen siglos de existir. Pero ninguno de ellos es perfecto y ninguno de ellos es eterno.

Este salmo, con un sentir de gozo y celebración, revela la eternidad del trono de Dios, un reino eterno y perfecto. Revela a Cristo como el Rey porque Dios lo ha coronado y bendecido para siempre. También revela algunos aspectos de Su carácter, como Su veracidad y humildad. y vemos también que Su símbolo de autoridad es la justicia: «Tu trono, oh Dios, es eterno y para siempre; cetro de justicia es el cetro de tu reino» (v. 6).

Nuestro Dios es un Dios justo, que ama la justicia y aborrece la maldad. Su reino se caracteriza por ello. Los versículos 6 y 7 revelan a este Mesías como el Rey eterno y el ungido de Dios.

Cristo está presente en cada página de la Biblia. Desde la eternidad hasta la eternidad, Su reino es inmutable y eterno. Y ¡qué maravilloso es saber que en ese reino eterno estaremos al lado suyo! Somos parte de Su iglesia, de Su novia, por quien Él espera, por quien dio Su vida y por quien volverá.

«Toda gloriosa es la hija del rey en su morada; de brocado de oro es su vestido, con vestidos bordados será llevada al rey; vírgenes irán en pos de ella, compañeras suyas serán traídas a ti. Serán traídas con alegría y gozo; entrarán en el palacio del rey» (vv. 13-15).

Cristo nos limpió, nos rescató y nos vistió con vestiduras blancas. Ahora Él nos espera para la boda real, las bodas del Cordero. Los que somos Su iglesia, Su novia, somos parte de Su reinado. Este mundo es temporal, pero Su reino es eterno.

Y mientras estamos en esta tierra, a la espera de la gloriosa venida de nuestro Señor Jesucristo, anunciemos Su reino de generación en generación. Su nombre es perpetuo y digno de exaltación por los siglos de los siglos. Tengamos esto en nuestra mente y corazón: Su reino es eterno y algún día moraremos con Él, a Su lado, por siempre.

SALMO 65:2

«Porque escuchas la oración. A ti acude todo mortal»

(SAL. 65:2).

*E*scuchas la oración. Este es tu nombre, tu naturaleza, tu gloria. Dios no solo ha oído la oración, sino que ahora la está oyendo, y siempre tiene que oírla, puesto que es un ser inmutable y nunca cambia en Sus atributos. David, evidentemente, creía en un Dios personal y no adoraba una mera idea o abstracción.

A ti acude todo mortal. Acudir a Dios es la vida de la verdadera religión; acudimos llorando en la conversión, esperando en la súplica, gozándonos en la alabanza y deleitándonos en el servicio. Los dioses falsos, a su debido tiempo, pierden a sus engañados seguidores, porque cuando el hombre es iluminado no podrá seguir siendo embaucado; pero cuando uno ha probado al verdadero Dios, se siente animado por su propio éxito para persuadir a otros también, y así el reino de Dios llega al hombre, y los hombres llegan a él.

De modo tan seguro como que Dios es el Dios verdadero, así también es seguro que a ninguno de los que lo buscan con diligencia lo dejará sin una recompensa. Más bien puedes dudar de que sea Dios que dudar de que Él no va a escuchar la oración o a recompensar.

SALMO 66:18

*«Si en mi corazón hubiera yo abrigado maldad,
el Señor no me habría escuchado»*

(SAL. 66:18).

*N*o hay nada que estorbe tanto a la oración como la iniquidad alojada en el pecho; como con Caín, lo mismo con nosotros: el pecado se halla a tu puerta, barrándote el paso. Si escuchas al diablo, Dios no te escuchará. Si rehúsas escuchar los mandamientos de Dios, sin duda Él rehusará escuchar tus peticiones. Una petición a Dios imperfecta será oída por amor a Cristo, pero no una que haya sido tergiversada a propósito por la mano de un traidor. El que Dios aceptara nuestras devociones cuando nosotros estamos aun deleitándonos en el pecado, sería hacer de Él el Dios de los hipócritas, lo cual es un nombre apto para Satanás, pero no para el Dios de Israel.

Entretanto, pues, que el amor al pecado domina nuestros corazones, nuestro amor a las cosas espirituales es inactivo, torpe, y nuestras oraciones por ellas han de ser puestas en entredicho. ¡Oh, la falacia que el alma pone aquí sobre sí misma! Al mismo tiempo ama su pecado y ora contra él; al mismo tiempo que está pidiendo gracia, lo hace con el deseo de no prevalecer en ello. Así pues, en tanto que damos alas a la iniquidad, ¿cómo es posible que tengamos en cuenta las cosas espirituales, el único objeto legítimo de nuestras oraciones? Y si no las consideramos, ¿cómo podemos sentir urgencia para que Dios nos las conceda? Y allí donde no hay fervor por nuestra parte, no es de extrañar que no haya respuesta de Dios.

Están fomentando la iniquidad en el corazón los que sienten y suspiran por el deseo de pecar, por más que en el curso de la providencia es posible que se vean impedidos de cometerlo realmente. Estoy persuadido de que no son raros los casos de hombres que alimentan deseos pecaminosos, aunque por falta de oportunidad, por temor al hombre o por algún freno parcial de la conciencia no se atrevan a ponerlos en práctica.

Muchos pueden recordar sus pecados sin aflicción, y pueden hablar de ellos sin vergüenza, y algunas veces con una mezcla de jactancia y vanagloria. ¿No los has escuchado alguna vez contar sus locuras pasadas, y hacerlo con una satisfacción que parece más bien una renovación del placer que un lamentarse del pecado?

El pecado es algo abominable, tan deshonroso para Dios y tan destructivo para las almas de los hombres que ningún cristiano real puede ser testigo de este sin ser afectado.

SALMO 56

«Confío en Dios y alabo su palabra; confío en Dios y no siento miedo. ¿Qué puede hacerme un simple mortal?»

(SAL. 56:4).

E s un regalo precioso tener en nuestra Biblia salmos como el 56, un salmo de lamento. A veces creemos la mentira de que la vida cristiana es color de rosa y que solo por tener a Cristo todo va a marchar sobre ruedas. ¿Por qué digo que es una mentira? Porque de este lado de la eternidad, en un mundo caído y contaminado por el pecado, no existe tal cosa.

Así que, el dolor y el lamento son parte de nuestra existencia. Y por contradictorio que parezca, Dios usa esos momentos para conformarnos más a Su imagen y para revelarnos aspectos de Su carácter que de otra manera no conoceríamos.

David estaba viviendo un momento así cuando escribió este salmo (si vas a 1 Samuel 21 encontrarás la historia completa). Estaba sufriendo, al punto de las lágrimas, pero con la certeza de que su llanto no pasaría inadvertido para Dios (v. 8). La persecución y la maldad eran muy reales para él. Sin embargo, algo lo sostenía en medio de la dificultad. ¿Qué era? Su confianza en Dios. Vuelve a leer el salmo y observa cuántas veces David afirma que confía en Dios. David usa las palabras del salmo para recordarse a sí mismo dónde estaba su confianza, para que de esa manera el temor desapareciera (v. 4).

David confiaba en Dios y alababa Su Palabra, incluso rodeado de enemigos. Esos enemigos eran reales, de carne y hueso. Quizás tú y yo no tengamos enemigos así, pero atravesamos situaciones que pueden tener el mismo efecto sobre nosotras. ¡Recordemos la Palabra de Dios! Ahí están Sus promesas, ahí está nuestra fortaleza. Recordemos quién es Dios, el mismo que nos dice en Romanos 8 que nada nos podrá separar de Su amor «que es en Cristo Jesús Señor nuestro». ¡Nada! No hay enemigo, ni sufrimiento, ni dolor, ¡ni siquiera la muerte!

Es glorioso saber que, por la obra de Cristo, un día ya no habrá más lágrimas ni llanto. Mira lo que dice Apocalipsis 21:4: «Enjugará Dios toda lágrima de los ojos de ellos; y ya no habrá muerte, ni habrá más llanto, ni clamor, ni dolor; porque las primeras cosas pasaron». Pero entre tanto que ese día llega, entre tanto que tengamos que derramar lágrimas, lamentar pérdidas o sentir temor, podemos confiar en Dios. Podemos confiar en Su Palabra, en Su misericordia. Y, como David, podemos dar gracias porque ahora vivimos en la luz de Cristo.

SALMO 67:6

«La tierra dará entonces su fruto, y Dios,
nuestro Dios, nos bendecirá»

(SAL. 67:6).

*N*unca amamos bien a Dios hasta que sabemos que es nuestro, y cuanto más lo amamos, más anhelamos estar plenamente seguros de que es nuestro. ¡Qué nombre más querido podemos darle que el de «Dios mío»! La esposa, en los Cantares, nunca tiene palabras más dulces que «Mi amado es mío y yo soy suya».

Sean cuales sean los detalles y pasos de la obra de la redención, todos han de seguirse a su fuente original: la gracia soberana y la misericordia de nuestro Dios... La misericordia eterna, gratuita, inmutable, inagotable de nuestro Dios revelada por medio de Su querido Hijo Jesucristo; este es el manantial del bendito incremento que se predice aquí.

El orden en que es concedido este incremento puede ser considerado después. El plan divino es primero escoger a los suyos y bendecirlos y luego hacer de ellos una bendición, como vemos en Abraham, el padre de los fieles.

El mundo anhela, y aún anhelará más, un gobierno justo. El Señor ha prometido proporcionar esta necesidad natural del corazón humano, aunque Él se vengue de Sus enemigos endurecidos. Aun en la venida del Señor para juicio, la bondad va a triunfar finalmente sobre las naciones, de modo que estén alegres y canten de gozo.

Los hombres ahora viven sin Dios en el mundo, por muchas que sean las pruebas de Su sabiduría y amor... Qué cambio cuando cada círculo social será una comunidad de santos, y todos abocados a un gran propósito: la gloria divina y la bendición los unos de los otros. Sus siervos serán distinguidos por la mucha alabanza, el mucho celo, la mucha reverencia y humildad. La fe, la esperanza y el amor se hallarán en su ejercicio más pleno. Cristo será el todo en todos, y cada potencia será consagrada a Él. Este es el mejor incremento que la tierra producirá para Dios.

La perpetuidad de este incremento ha de ser añadida a esta gloria. Esto es en conformidad con la promesa hecha al Admirable, Consejero, Dios fuerte, Padre eterno y Príncipe de paz.

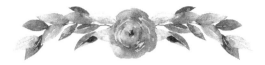

SALMO 68

*«Pero que los justos se alegren y se regocijen;
que estén felices y alegres delante de Dios»*

(SALMO 68:3)

*N*osotros, quienes hemos conocido a Dios, deberíamos ser las personas más gozosas de todo el planeta por Sus infinitas misericordias. Hemos sido perdonados de nuestras iniquidades y somos parte de Su familia. El Dios todopoderoso, Creador de los cielos y la tierra, está de nuestra parte.

Somos amados con un amor incomparable, y todo lo que tenemos viene de Su mano. Él quiere hacernos más semejantes a Él, y en medio del dolor nos acompaña y consuela. Y, como si esto fuera poco, puso en nuestros corazones al consolador, el Espíritu Santo, quien nos guía a toda verdad e intercede por nosotros con gemidos indecibles (Rom. 8:26).

Un cristiano sin gozo es una contradicción. Contamos con la esperanza viva de que nuestro amado Salvador fue a prepararnos un lugar donde ya no habrá pecado, ni dolor, ni enfermedad, ni muerte, pero sobre todo estaremos en una completa e íntima comunión con Él. El maravilloso evangelio nos da diez mil razones para vivir con gozo.

Quizás en este momento estés atravesando experiencias difíciles. Tal vez alguna enfermedad, o pérdida o dolor intenso. Quizás el futuro incierto te agobia. Dios será tu fortaleza. Él se compadece de nosotros, nos sostiene y consuela como solo Él puede hacerlo. Confía en Su cuidado. Allí, en medio del dolor, adóralo, bendícelo, no te quejes. Recuerda que todas estas pruebas un día quedarán en el olvido y se verán insignificantes y breves en comparación con la vida eterna que nos aguarda. Nuestro gozo se basa en quién es Dios, en la obra de Cristo en la cruz, y no en las circunstancias.

Celebra la tumba vacía. Cristo venció al pecado y la muerte. Su victoria es nuestra. Veamos la vida con la perspectiva de Dios, caminemos por fe y no solo por lo que vemos.

Bendito sea Dios por darnos una vida plena. Exaltemos Su fidelidad y adorémoslo en todo tiempo, lugar y circunstancia.

¡Oh, alma mía, rebosa de alegría! ¡Canta alabanzas al Señor! ¡Él es digno!

SALMO 68:18

«Cuando tú, Dios y Señor, ascendiste a las alturas, te llevaste contigo a los cautivos; tomaste tributo de los hombres, aun de los rebeldes, para establecer tu morada»

(SAL. 68:18).

La antigua profecía de David se cumple al pie del Monte de los Olivos. «Te llevaste contigo a los cautivos» significa que Cristo venció a los principados y poderes aliados, al demonio, el pecado, la muerte y el infierno; que los privó de sus instrumentos con los que esclavizaban a los hombres. No solo puso en silencio al cañón del Gibraltar espiritual, sino que tomó la peña fortificada también. No solo puso en silencio los muros almenados horribles y destructivos de los enemigos, sino que derribó sus torres, arrasó sus castillos y les arrebató las llaves de los calabozos.

Tan pronto abandonó la tumba empezó a distribuir sus dones, y lo hizo a lo largo de la ruta en su camino de vuelta a la casa de su Padre; y especialmente después de entrar en el cielo de los cielos; envió su lluvia de dones a los hombres, como un poderoso conquistador cargado de tesoros con los que enriquecer y adornar a sus seguidores y a su pueblo.

El apóstol (Ef. 4:8) no cita las palabras del salmo literalmente, sino en conformidad con el sentido. La frase «tomaste tributo de los hombres», aplicada a Cristo en Su glorificación, solo podía referirse al propósito de distribución y, por ello, el apóstol la cita en el sentido «dio dones a los hombres». Esta frase hebrea se puede traducir también: «Tú has recibido dones en la naturaleza humana», o «Tú has recibido dones por amor de los hombres» (ver Gén. 18:28; 2 Rey. 14:6). El apóstol usa las palabras en el sentido del propósito para el cual los dones fueron recibidos, y no hay contradicción entre el salmista y el apóstol.

Así las dificultades de esta cita desaparecen cuando las examinamos de cerca, y el Antiguo Testamento y el Nuevo están en completa armonía. Rosenmuller expone el Salmo 18 y no menciona nunca el nombre de Cristo; y los neologistas en general no ven a ningún Mesías en el Antiguo Testamento. Para estos, verdaderamente, si tuvieran alguna modestia, Efesios 4:8 representaría un obstáculo formidable. Pablo afirma que el salmo pertenece a Cristo, y ellos afirman que está equivocado, y que él ha trastocado (De Wette) y destruido su significado.

SALMO 70

«Apresúrate, oh Dios, a rescatarme;
¡apresúrate, Señor, a socorrerme!»

(SAL. 70:1).

uchas veces la vida en este mundo no satisface y carece de vitalidad. Seguramente has experimentado momentos de aflicción, ya sea por tu pecado o porque otros han pecado contra ti. En esas circunstancias nos sentimos abrumados y hasta desesperados. David en este salmo nos da un buen ejemplo de cómo debemos responder en medio de las pruebas.

Este salmo es idéntico al Salmo 40:13-17. Al inicio y al final, el salmista expresa su necesidad y su impotencia. Hay un fuerte sentido de urgencia en sus palabras. De hecho, la palabra «apresúrate» en hebreo es *jush*, que significa: «date prisa». Es una onomatopeya, es decir, el sonido de la palabra imita el sonido de la acción.

En los siguientes versículos, David hace una distinción entre los malvados y los que buscan a Dios. En los versículos 2 y 3 describe a los malvados como aquellos que lo persiguen para hacerle daño, así que pide justicia contra ellos. Sin embargo, él no busca vengarse de ellos personalmente, sino que acude a Dios para que intervenga.

Lo primero siempre es acudir a Dios y reconocer que la única salida está en Sus manos, no en nuestras estrategias humanas. Es como si decidiéramos ocuparnos intensamente en acercarnos a Dios, mientras esperamos que Él se encargue de los que nos hacen mal. David corre al Señor en busca de auxilio, ayuda y refugio porque sabe que solo en Él hay seguridad.

Debemos reconocer que fuera de Dios no hay esperanza. Él es quien vino a socorrernos. Nuestro pecado nos hace Sus enemigos. Sin embargo, en Su misericordia pagó la deuda que teníamos con Él. Cristo vino y la pagó, vino a socorrernos. La ira de Dios fue derramada sobre Cristo por ti y por mí.

Ahora podemos pertenecer al otro grupo de personas que David menciona en el versículo 4: «Gócense y alégrense en ti todos los que te buscan, y [...] aman tu salvación». Cuando desarrollamos una relación con el Señor recibimos Su gozo y nuestras vidas se llenan de alegría y alabanza, pues cada día aumenta nuestra satisfacción y seguridad en Él. Las pruebas llegarán, pero no estamos perdidos, sabemos a quién acudir. Entendemos lo bueno que es depender de Él y admitir que lo necesitamos cada día.

SALMO 69

«Sálvame, Dios mío, que las aguas ya me llegan al cuello»

(SAL. 69:1).

En el Salmo 41 había lirios dorados que desprendían mirra olorosa y suave, y florecían en hermosos jardines al borde de palacios de marfil; en este tenemos el lirio entre espinas, el lirio del valle hermoso, floreciendo en el Jardín de Getsemaní. Si alguno inquiere: «¿De quién dice esto el salmista? ¿De sí mismo o de otro?», contestaremos: «De sí mismo y de algún otro». Quién es este otro no tardaremos mucho en descubrirlo; solo del crucificado se puede decir: «Para calmar mi sed me dieron vinagre». Sus pisadas a lo largo de este cántico lastimero han sido indicadas por el Espíritu Santo en el Nuevo Testamento, y por tanto creemos y estamos seguros de que se trata del Hijo del Hombre aquí. Con todo, parece que la intención del Espíritu es, si bien da tipos personales y con ello muestra la semejanza al primogénito que existía en los herederos de salvación, hacer resaltar también las diferencias entre el mejor de los hijos de los hombres y el Hijo de Dios, porque hay versículos aquí que no se pueden aplicar a nuestro Señor; casi nos estremecemos cuando vemos a algunos hermanos que intentan hacerlo, como, por ejemplo, en el versículo 5.

Sálvame, Dios mío. «A otros salvó, a sí mismo no puede salvar». Con lágrimas y suplicas ofreció oraciones a Aquel que podía salvarlo de la muerte, y fue oído en lo que temía. Así oraba David, y aquí su Hijo y Señor pronunció el mismo clamor. Es notable que una escena luctuosa así sea presentada inmediatamente después del himno jubiloso de la ascensión del salmo anterior, pero esto solo nos muestra en qué forma están entretejidas las glorias y las aflicciones de nuestro siempre bendito Redentor.

Las aguas ya me llegan al cuello. La angustia corporal no es su queja principal; empieza no con la bilis que le amargaba los labios, sino con la aflicción poderosa que partía su corazón. Todo el mar que se halla fuera de un navío es menos de temer que el que se encuentra dentro. En todo esto Él simpatiza con nosotros y es capaz de socorrernos, como cuando Pedro empezó a hundirse y gritó: «¡Señor, sálvame, que perezco!».

SALMO 89

«Oh Señor, por siempre cantaré la grandeza de tu amor;
por todas las generaciones proclamará mi boca tu fidelidad»

(SAL. 89:1).

¿Quién como el único y verdadero Dios? Este salmo es una declaración de alabanza al Dios que hizo un pacto eterno con David. Por eso, el salmista exalta la misericordia y la fidelidad del Señor (vv. 1-4), Su soberanía sobre la creación (vv. 5-13), Su justicia y el privilegio que es andar en Él (vv. 14-18), y la esperanza que trae las promesas del pacto (vv. 19-37). La dinastía de David nunca acabaría, aunque Israel le fallara una y otra vez. El Dios de misericordia había planeado desde antes de la fundación del mundo que Su Hijo Jesús, el Mesías, sería del linaje de David y así aplastaría la cabeza de la serpiente (Gén. 3:15). Este salmo apunta a esa gloriosa realidad (v. 23).

Sin embargo, el salmista cambia el tono en el resto del salmo, en el que pareciera que Dios ha renunciado a Su pacto (vv. 38-52), y contrasta su crisis presente con su entendimiento de la grandeza y la fidelidad de Dios al pacto con David.

La declaración del salmista sobre el reino de David —que no tendrá fin y que su primogénito sería el más excelso de los reyes de la tierra (vv. 26-27)—, apunta a una realidad futura. Solo el Mesías cumple esta promesa del pacto con David (2 Sam. 7:16). En Colosenses 1:15, se le llama a Jesús «el primogénito de toda creación». Y en Romanos 8:29, por Jesús, «el primogénito entre muchos hermanos», hemos sido llamados a ser hechos conforme a Su imagen.

Todo es por gracia. Hebreos 1:5-6 revela que Jesús es Su primogénito, a quien Dios le da la prominencia y el favor. Él mismo es la garantía de que Su reino es para siempre, pues con Su muerte aplastó a la serpiente y con Su resurrección aseguró la victoria para Su pueblo. Por Jesús podemos andar «a la luz de [Su] rostro» (v. 15b) y gozarnos al decir: bienaventurado el pueblo que sabe aclamarte» (v. 15a).

Aun cuando vivimos circunstancias difíciles, en las que muchas veces no sabemos por qué el Señor permite sufrimientos en nuestra vida, este pasaje nos recuerda la fidelidad de Dios a Sus promesas. Esto debe llevarnos a adorar y regocijarnos en Él. Ahora vivimos como un pueblo que sabe aclamarlo, por lo que nuestra vida puede ser un cántico de alabanza. Hoy podemos proclamar: ¿quién como tú?

SALMO 1:4-5

«En cambio, los malvados son como paja arrastrada por el viento. Por eso no se sostendrán los malvados en el juicio, ni los pecadores en la asamblea de los justos»

(SAL. 1:4-5).

El salmista podría, con propiedad, haber comparado a los impíos con un árbol que se marchita rápidamente, como Jeremías los compara con el brezo que crece en el desierto, (Jer. 17:6). Pero sin considerar esta figura lo suficientemente fuerte, él los degrada al emplear a otro, que los representa de una manera aún más despreciable: y la razón es que no vigila la condición próspera de la que se jactan por un corto tiempo, pero su mente está considerando seriamente la destrucción que los espera y los alcanzará por fin. El significado, por lo tanto, es, aunque los impíos ahora viven prósperamente, poco a poco serán como paja; porque cuando el Señor los haya derribado, los conducirá de un lado a otro con la explosión de Su ira. Además, mediante esta forma de discurso, el Espíritu Santo nos enseña a contemplar con el ojo de la fe, lo que de otro modo podría parecer increíble; porque, aunque el hombre impío se eleve alto y parezca de gran ventaja, como un árbol majestuoso, podemos estar seguros de que será incluso como paja o rechazo, cada vez que Dios decida echarlo de su alto estado, con el aliento de Su boca.

En el quinto verso, el profeta enseña que una vida feliz depende de una buena conciencia, y que, por lo tanto, no es maravilloso, si los impíos caen repentinamente de la felicidad de la que se imaginan en posesión. Y hay implícito en las palabras una especie de concesión; el profeta reconoce tácitamente que los impíos se complacen y disfrutan, y triunfan durante el reinado del desorden moral en el mundo; así como los ladrones se deleitan en los bosques y las cuevas, cuando están fuera del alcance de la justicia. Pero nos asegura que las cosas no siempre permanecerán en su estado actual de confusión, y que cuando hayan sido reducidas al orden correcto, estas personas impías serán privadas por completo de sus placeres, y sentirán que se enamoraron cuando pensaban que eran felices. Ahora vemos cómo el salmista declara que los impíos son miserables, porque la felicidad es la bendición interna de una buena conciencia. Él no niega que antes de que sean llevados a juicio, todas las cosas tienen éxito con ellos; pero él niega que sean felices a menos que tengan una integridad de carácter sustancial y firme para sostenerlos: porque la verdadera integridad de los justos se manifiesta cuando llega el momento de ser juzgados. De hecho, es cierto que el Señor ejecuta diariamente el juicio, haciendo una distinción entre los justos y los malvados, pero debido a que esto se hace solo parcialmente en esta vida, debemos mirar más alto si deseamos contemplar la asamblea de los justos, de los cuales se hace mención aquí.

SALMO 68

«Que se levante Dios, que sean dispersados sus enemigos,
que huyan de su presencia los que le odian»

(SAL. 68:1).

s un cántico estimulante y enardecedor. Los primeros versículos eran con frecuencia el canto de batalla de los *covenanters* y los *ironsides*, o sea, los firmantes del pacto de reforma religiosa de Escocia y los seguidores de Cromwell; y todo el salmo presenta en cuadros aptos el camino del Señor Jesús entre Sus santos y Su ascenso a la gloria. El salmo es a la vez sumamente excelente y difícil de interpretar. Su oscuridad en algunas estrofas es del todo impenetrable. Algún crítico alemán habla de él como de un titán, muy difícil de dominar.

Que se levante Dios. El arca habría sido un pobre líder si el Señor no hubiera estado presente con el símbolo. Antes de movernos, deberíamos, siempre, desear ver al Señor dirigiendo el camino.

Que sean dispersados sus enemigos. Cuando nuestro glorioso Capitán va en vanguardia, esclarece el camino fácilmente, aunque muchos traten de obstruirlo; tan pronto como Él se levanta, estos huyen. Él ha derrotado a Sus enemigos en el pasado, y seguirá haciéndolo en las edades futuras. El pecado, la muerte y el infierno conocen el terror de Su brazo; sus filas son desbaratadas cuando Él se acerca. Nuestros enemigos son Sus enemigos, y en esto se halla nuestra confianza en la victoria.

Que huyan de su presencia los que le odian. El aborrecer al Dios infinitamente bueno es una infamia, y el peor castigo para ello no es demasiado severo. Él viene, ve, y vence. ¡Qué oración tan apropiada es esta para el comienzo de un avivamiento! Sugiere el modo verdadero de dirigir uno: el Señor dirige el camino, Su pueblo le sigue, los enemigos huyen.

SALMO 110

«Así dijo el Señor a mi Señor: "Siéntate a mi derecha hasta que ponga a tus enemigos por estrado de tus pies"»

(SAL. 110:1).

El Salmo 110, el más citado en el Nuevo Testamento, se encuentra dentro de la quinta división del salterio (Sal. 107–150), también conocida como los «salmos de consumación». David es el autor, y su autoría la confirma Jesús en Mateo 22:41-46. Este es uno de los tres salmos davídicos con que abre esta sección de la Escritura. El salmo combina de forma interesante el reinado y el sacerdocio del Señor, mientras hace la distinción entre el Dios del pacto (Jehová) y el Señor de David (Adonai), quien está sentado a la diestra de Dios, ejerciendo autoridad.

David abre el salmo con la profecía que revela al Mesías. David lo llama Señor, por cuanto es mayor que él y es igual a Jehová en Su deidad, carácter y autoridad. El Mesías está por encima de Sus enemigos, de reyes y naciones, por lo que el salmo termina con una nota de triunfo. En este singular Rey se unen de forma simultánea las funciones de rey y sacerdote según el orden de Melquisedec, sin principio ni fin de días (Gén. 14:18; Heb. 7:3). Contrario a los demás reyes, Su pueblo lo sirve de manera voluntaria y sin coerción. Sale victorioso de la escena en pos de Sus adversarios hasta ponerlos por estrado de Sus pies. Puesto que este salmo expresa la consumación del plan de Dios, está en la sección final del Libro de los Salmos.

El Rey que cita David es un descendiente suyo (2 Sam. 7:12,14,16) que es mayor que él: el Hijo de Dios. Él anticipa con gran expectativa el día en que Cristo será por siempre coronado Rey y Sacerdote de Su pueblo (Zac. 6:11-13). Este sacerdote, «habiendo efectuado la purificación de nuestros pecados por medio de sí mismo, se sentó a la diestra de la Majestad en las alturas» (Heb. 1:3). «Y habiendo sido perfeccionado, vino a ser autor de eterna salvación para todos los que le obedecen; y fue declarado por Dios sumo sacerdote según el orden de Melquisedec» (Heb. 5:9-10). Este Jesús hoy está levantando un templo santo a Dios, del cual los creyentes son piedras vivas (1 Ped. 2:5).

Jesús es nuestro amante Salvador, sumo Sacerdote y Rey, cuyo reino no tiene fin. Puesto que Su sacerdocio es imperecedero, también puede «salvar perpetuamente a los que por él se acercan a Dios, viviendo siempre para interceder por ellos» (Heb. 7:25). Acércate al trono de la gracia Dios y deposita allí tus cargas.

SALMO 71:5

«Tú, Soberano Señor, has sido mi esperanza;
en ti he confiado desde mi juventud»

(SAL. 71:5).

*C*ada anhelo de nuestro corazón, cada rayo de esperanza que brilla sobre nosotros, cada contacto que nos emociona, cada voz que susurra en la intimidad de nuestros corazones las bondades que Él tiene guardadas para nosotros si amamos a Dios, son la luz de Cristo iluminándonos, el contacto de Cristo levantándonos para una nueva vida, la voz de Cristo: «Al que a mí viene, no lo rechazo»; es «Cristo en nosotros, la esperanza de gloria», atrayéndonos a sí mismo nuestra esperanza, por medio de Su Espíritu que reside en nosotros.

Porque nuestra esperanza no es la gloria del cielo, ni gozo, paz o descanso de la labor, ni la plenitud de nuestros deseos, ni el dulce contento de toda el alma, ni la comprensión de todos los misterios y todo el conocimiento, ni un torrente de deleites; es «Cristo nuestro Dios», «la esperanza de gloria».

Nada de lo que Dios puede crear es lo que esperamos; nada de lo que Dios podría darnos aparte de sí mismo, ninguna gloria creada, ni bendición, hermosura, majestad o riquezas. Lo que esperamos es nuestro mismo Dios redentor, Su amor, Su bendición, el goce del mismo Señor, el cual nos ha amado para ser nuestro gozo y nuestra porción para siempre.

En ti he confiado desde mi juventud. Incluso el pagano Séneca pudo decir: «La juventud bien empleada es el mayor consuelo para la ancianidad». Cuando el procónsul mandó a Policarpo que negara a Cristo y jurara por el emperador, el mártir contestó: «¡He servido a Cristo estos ochenta y seis años y no tengo queja alguna contra Él, y ahora voy a negarle?».

SALMO 74:16

«Tuyo es el día, tuya también la noche;
tú estableciste la luna y el sol»

(SAL. 74:16).

La luz es la vida; el más pequeño insecto no puede vivir sin luz; incluso los ciegos reciben la seguridad de sus operaciones benignas en los miembros no relacionados directamente con la visión. La luz es orden; y su vara de mando se encarga de la separación entre la oscuridad y la claridad, cada uno según su rango.

La luz es hermosura: sea el fulgor de la luna el centelleo de las estrellas, el juego sin igual de colores en la superficie de una burbuja de jabón, juego de niños y herramienta de sabios; el rico juego de colores de la madreperla o las plumas magníficas de los pájaros.

La luz es pureza: las figuras que se hallan fuera de su rayo se vuelven deformes y pasan a ser asiento de horror y oprobio. La luz es crecimiento: donde se halla, sabemos que la naturaleza prosigue su obra para la vida y el vigor de las criaturas; la luz da vitalidad a la savia; la luz elimina obstrucciones del camino de los agentes que estimulan el crecimiento, y, por tanto, su ausencia da lugar a formas enanas, deformes, tullidas.

La vida es salud: cuando se lanzan sus puntos claros y brillantes de acá para allá, traen consigo las bendiciones de la elasticidad y la energía, que dan plenitud del ser: que es la salud perfecta de las formas en crecimiento. Hay perfecta compatibilidad cuando las Escrituras dicen que la luz contiene, como si dijéramos, las semillas de todas las cosas, y cuando se hace que el preludio de toda la creación sean estas palabras: «Dios dijo: "Sea la luz"».

SALMO 118

*«No he de morir; he de vivir para proclamar
las maravillas del Señor»*

(SAL. 118:17)

Escuché a un cantante cristiano decir: «La teología debe finalmente llevarnos a la doxología». Si la teología no te lleva a la doxología (alabanza a Dios), entonces no estás entendiendo la teología. Y esto parece cumplirse en este salmo, donde David estalla en júbilo al alabar al Señor. Él es bueno y Su misericordia perdura para siempre (v. 1). Y la reacción de David está basada en una relación continua con Dios, en una historia que le recuerda en todo momento las maravillas de Sus promesas.

Para David, tanto en júbilo como en angustia, ¡Su misericordia perdura para siempre! (v. 4). Él sabe que puede confiar en Dios para la victoria, porque conoce Su carácter. Sabe que tiene un Dios amoroso y de poder increíble. Un Dios que lo ha disciplinado con dureza (v. 18), pero que también lo ha salvado de la muerte. Por eso, para David no hay duda alguna: Dios es su canto, su fortaleza y su salvación. Y en este cántico, él exclama: «he de vivir para proclamar las maravillas del Señor» (v. 17).

Pero este salmo tiene aún más joyas escondidas. Hiladas entre sus líneas hay profecías sobre el Mesías. Por ejemplo, el verso 26 dice: «Bendito el que viene en el nombre del Señor...», y se cumpliría en la entrada triunfal de Jesús a Jerusalén. Él sería la salvación para nosotros, judíos y también gentiles. Y mientras estuvo entre nosotros proclamaría las verdades de Dios.

Por nuestro pecado, Él tomaría la dura disciplina de Dios, sería la piedra que los constructores rechazarían (v. 22), y soportaría por ello el menosprecio, el rechazo y la burla. Cristo recibió la maldición por nosotros, y de este modo fuimos rescatados (Gál. 3:13).

Él es la piedra preciosa (1 Ped. 2:7), el que inicia y perfecciona nuestra fe (Heb. 12:2) y es imposible que al conocerlo no estallemos como David en alabanza. Tomemos, entonces, la oportunidad de leer y saber más de Él a través de Su Palabra, y dejemos que esa teología nos lleve con pasión a adorarlo. Como David, proclamemos Sus maravillas y llevemos el evangelio a quienes, si no llegan a conocerlo, tropezarán (1 Ped. 2:8) y se hundirán sin esperanza.

Este salmo inicia y termina con esta declaración: «Den gracias al Señor, porque él es bueno; su gran amor perdura para siempre» (vv. 1, 29). Con corazones agradecidos, ¡alabemos jubilosos a Dios porque Sus obras son un testimonio de esta maravillosa verdad!

SALMO 3

«Muchos son, Señor, mis enemigos;
muchos son los que se me oponen»

(SAL. 3:1).

La historia sagrada enseña que David no solo fue destronado, sino abandonado por casi todos los hombres; de modo que tenía casi tantos enemigos como súbditos. Es cierto que lo acompañaron en su huida algunos amigos fieles; pero escapó a salvo, no tanto por su ayuda y protección como por los escondites del desierto. Por lo tanto, no es maravilloso, aunque estaba asustado por los grandes números que se oponían a él, ya que nada podría haber tenido lugar más inesperado, por su parte, que una rebelión tan repentina. Era una marca de fe poco común, cuando estaba herido con tanta consternación, aventurarse libremente para presentar su queja a Dios y, por así decirlo, derramar su alma en su seno. Y ciertamente el único remedio para disipar nuestros miedos es este, poner sobre Él todas las preocupaciones que nos agobian; como, por otro lado, aquellos que tienen la convicción de que no son objeto de Su consideración, deben postrarse y verse abrumados por las calamidades que les sobrevienen.

En el tercer verso, expresa de manera más clara y enfática el orgullo de sus enemigos al ridiculizarlo como náufrago y como una persona cuyas circunstancias eran una esperanza pasada. Y quiere decir que su valentía aumentó con esto, porque confiaban en que Dios lo había rechazado. Quizás, en estas palabras también, se hace referencia indirecta a su impiedad, en la medida en que no tuvieron en cuenta la ayuda de Dios para preservar al rey que Él había elegido. Y esta segunda opinión es la más probable, ya que Absalón no se halagó con la esperanza del favor de Dios, sino que, sin hacerle caso, esperaba la victoria de su propio poder. David, por lo tanto, lo presenta expresamente a él y al resto como hablando de esta manera, para demostrar que fue por un monstruoso e indignante desprecio de Dios que fueron impulsados a tal furia contra él, como si no tuvieran en cuenta el hecho de su haber sido a menudo maravillosamente liberado de los mayores peligros. Los impíos, cuando se levantan para destruirnos, no pueden irrumpir abiertamente en una presunción tan atrevida como para mantener que sea imposible para nosotros obtener alguna ventaja del favor de Dios; sin embargo, ya que atribuyen todo a la fortuna o sostienen la opinión de que el éxito de un hombre será proporcional a su fuerza y, por lo tanto, se apresuran sin miedo a ganar su objeto, por todos los medios, ya sea correcto o incorrecto, como si fueran iguales, ya sea que Dios esté enojado o sea favorable hacia ellos, es evidente que no le dan ningún valor al favor de Dios y se burlan de los fieles como si no les sirviera de nada para estar bajo el cuidado y la protección de Dios.

SALMO 75:1

*«Te damos gracias, oh Dios, te damos gracias e invocamos
tu nombre; ¡todos hablan de tus obras portentosas!»*

(SAL. 75:1).

La destrucción del ejército de Senaquerib es una ilustración notable de este canto sagrado. Un himno a Dios y un cántico para Sus santos. Feliz el pueblo que, habiendo hallado un gran poeta en David, tenía un cantor casi igual en Asaf; más feliz aún, porque estos poetas no se inspiraron en la fuente de Castalia, sino que bebieron de la «fuente de toda bendición».

Te damos gracias, oh Dios, te damos gracias. Así como las flores sonrientes reflejan agradecidas en sus hermosos colores los diversos constituyentes de los rayos solares, lo mismo la gratitud debe brotar de nuestros corazones después de las sonrisas de la providencia de Dios.

Invocamos tu nombre; ¡todos hablan de tus obras portentosas! No cantamos a un Dios escondido que duerme y deja la Iglesia a su propio curso, sino a un Dios que está siempre muy cerca en los días oscuros y es una ayuda presente en la tribulación. «Cercano es Su nombre». Baal está de viaje, pero Jehová reside en Su Iglesia. Gloria sea al Señor, cuyos hechos de gracia y majestad perpetuos son pruebas seguras de que está siempre con nosotros, hasta el fin del mundo.

Esta oda memorable puede ser cantada en tiempos de gran depresión, cuando la oración ha cumplido su misión y llevado su mensaje al propiciatorio, y cuando la fe está esperando la rápida liberación. Es un cántico para el segundo adviento: «Con referencia a la proximidad del Juez con la copa de la ira».

SALMO 130

«A ti, Señor, elevo mi clamor desde las profundidades del abismo»

(SAL. 130:1).

E l Salmo 130 es uno de los siete salmos penitenciales o de confesión que encontramos en la Biblia. En el salmo, el corazón del salmista sufre por causa de su pecado. Y, aunque son pocos versículos, tenemos mucho que aprender de la conciencia del pecado y de la seguridad del perdón.

En medio de nuestro pecado podemos tener la tendencia de escondernos de Dios. Nos sentimos avergonzadas y sufrimos las consecuencias, sin acudir a Él por temor a que voltee Su rostro por causa de nuestra maldad. Pero esto no es lo que vemos aquí.

Quien escribió estos versículos sabía que, aun en lo profundo de su dolor, podía clamar a Dios y Él lo iba a escuchar (vv. 1-2). Porque hay un solo lugar en el que nuestros corazones pueden ser sanados. Hay un solo lugar en el que podemos encontrar perdón para nuestras transgresiones. Y es en la presencia de nuestro Padre celestial. Aun habiendo cometido los pecados más horrendos, podemos correr a Sus brazos en busca de socorro.

Pero el salmista tenía algo muy claro: «JAH, si mirares a los pecados, ¿quién, oh Señor, podrá mantenerse?» (v. 3). Ciertamente nadie podría estar de pie delante del Señor, nadie podría ser declarado inocente por su pecado, a menos que la cruz fuera una realidad: «Pero en ti hay perdón, para que seas reverenciado» (v. 4).

Por la obra de nuestro Señor Jesucristo nosotros podemos permanecer de pie delante de Dios. ¡Por Su obra tú y yo podemos ser declarados perdonados porque Él pagó nuestra deuda! (2 Cor. 5:21). Cada pecado fue clavado en la cruz del calvario y por eso podemos ser perdonados y restaurados.

Por la gloriosa cruz, luego de habernos arrepentido y confesado nuestro pecado delante de Dios, podemos responder como el salmista: «Esperé yo a Jehová, esperó mi alma; en su palabra he esperado» (v. 5). Esperamos en Él mientras nos sumergimos en la Palabra, y lo conocemos más a Él y Sus caminos. Es ahí, por el poder de Su Espíritu y a través de Su Palabra, que nuestros corazones son sanados, restaurados y transformados.

Al pecar, recuerda que puedes correr en arrepentimiento a los brazos de tu Padre y esperar en Él, porque Jesús compró tu perdón y libertad.

SALMO 76:1-4

«Dios es conocido en Judá; su nombre es exaltado en Israel [...]. Estás rodeado de esplendor; eres más imponente que las montañas eternas»

(SAL. 76:1, 4).

Aquí canta la fe los triunfos conseguidos. El salmo presente es un canto de guerra jubiloso, un trofeo para el Rey de reyes, el himno de una nación teocrática a su divino Soberano. No tenemos necesidad de marcar divisiones en un cántico en que la unidad está tan bien preservada.

Dios es conocido en Judá; su nombre es exaltado en Israel. Afuera el mundo está en la oscuridad, pero dentro del círculo favorecido Dios se ha revelado y los que lo contemplan lo adoran. El mundo no lo conoce y, por tanto, blasfema de Él, pero Su Iglesia está llena de ardor al proclamar Su fama hasta los extremos de la tierra.

Estás rodeado de esplendor; eres más imponente que las montañas eternas. ¿Qué son los honores de la guerra sino jactancias de asesinatos? ¿Qué es la fama de los conquistadores sino el hedor de la matanza? Pero el Señor es glorioso en Su santidad, y Sus terribles hechos son ejecutados en justicia para la defensa de los débiles y la liberación de los esclavizados. El mero poder puede ser glorioso, pero no es excelente; cuando contemplamos los actos poderosos del Señor vemos una mezcla perfecta de las dos cualidades.

SALMO 15

«¿Quién, Señor, puede habitar en tu santuario?
¿Quién puede vivir en tu santo monte?... [quien] no
calumnia con la lengua, que no le hace mal a su
prójimo ni le acarrea desgracias a su vecino»

(SAL. 15:1,4).

avid, después de haber expuesto brevemente las virtudes con las que todos los que desean tener un lugar en la Iglesia deben ser investidos, ahora enumera ciertos vicios de los que deberían ser libres. En primer lugar, les dice que no deben ser calumniadores ni detractores; en segundo lugar, que deben abstenerse de hacer cualquier cosa perjudicial para sus vecinos; y, en tercer lugar, que no deben ayudar a dar dinero a calumnias e informes falsos. Otros vicios, de los cuales los justos son libres, nos encontraremos a medida que avancemos. David, entonces, establece la calumnia y la detracción como el primer punto de injusticia por el cual nuestros vecinos resultan heridos. Si un buen nombre es un tesoro, más valioso que todas las riquezas del mundo (Prov. 22:1), no se puede infligir mayor daño a los hombres que herir su reputación. Sin embargo, no se trata de cada palabra injuriosa que se condena aquí; pero la enfermedad y la lujuria de la detracción, que estimula a las personas maliciosas a difundir las calumnias en el extranjero. Al mismo tiempo, no se puede dudar de que el diseño del Espíritu Santo es condenar todas las acusaciones falsas y malvadas.

En la cláusula que sigue inmediatamente, la doctrina de que los hijos de Dios deberían estar muy alejados de toda injusticia, se establece de manera más general: ni hace mal a su compañero. Por las palabras compañero y vecino, el salmista se refiere no solo a aquellos con quienes disfrutamos de una relación familiar y vivimos en términos de amistad íntima, sino a todos los hombres, a quienes estamos vinculados por los lazos de la humanidad y una naturaleza común. Emplea estos términos para mostrar más claramente la odiosidad de lo que condena, y que los santos pueden tener el mayor aborrecimiento de todo trato incorrecto, ya que cada hombre que lastima a su prójimo viola la ley fundamental de la sociedad humana. Con respecto al significado de la última cláusula, los intérpretes no están de acuerdo. Algunos toman la frase, para levantar un informe calumnioso, para inventar, porque las personas maliciosas levantan calumnias de la nada; y, por lo tanto, sería una repetición de la declaración contenida en la primera cláusula del verso, a saber, que los hombres buenos no deberían permitirse caer en la detracción. Pero creo que también aquí se reprendió el vicio de la credulidad indebida, que, cuando se divulgan informes malvados contra nuestros vecinos, nos lleva a escucharlos con entusiasmo, o al menos a recibirlos sin razón suficiente; mientras que deberíamos utilizar todos los medios para suprimirlos y pisotearlos bajo los pies. Cuando cualquiera es portador de falsedades inventadas, aquellos que las rechazan las dejan caer al suelo; mientras que, por el contrario, se dice que quienes los propagan y publican de una persona a otra, por una forma expresiva de expresión, los levantan.

SALMO 142

«A ti, Señor, te pido ayuda; a ti te digo: "Tú eres mi refugio, mi porción en la tierra de los vivientes"»

(SAL. 142:5).

En este salmo nos percatamos de la angustia de David cuando enfrentó gran persecución. Sus enemigos venían por él. Aun así, también notamos cómo David, incluso cuando se sentía agobiado y derrotado, se apresuró a expresar sus penas al Señor. Los primeros cuatro versículos nos enseñan que David necesitaba ser rescatado... pero no había ser humano a quien pudiera recurrir. A su derecha, donde normalmente estaría un guardia, no había nadie. David enfrentaba la muerte y estaba completamente solo.

Cualquier persona en esta situación fácilmente podría entrar en pánico y enfocar su atención en sí misma. Al momento de la crisis, esa tiende a ser la reacción inmediata. Este pasaje puede ayudarnos a enfocar la mirada en la dirección correcta. Ahora bien, esto no significa que nos pongamos en los zapatos de David e intentemos colocarnos en una situación similar a la suya, oprimido por sus enemigos. Más bien, es una maravillosa oportunidad para que aprendamos algunas verdades sobre Dios en este momento de la vida de David: Dios era su esperanza, Dios escuchaba sus lamentos, Dios podía liberarlo y era digno de su alabanza.

Así que, aunque la mayoría de nosotros no sea perseguido por enemigos hoy, podemos sin duda enfrentar situaciones que nos hagan sentir agobiados y solos. Y, en lugar de enfocarnos en nosotros mismos, debemos enfocarnos en Dios, así como lo hizo David.

Al igual que muchos salmos, este constituye otro recordatorio. Recordar quién es Dios. Recordar lo que Él ha hecho. Recordar lo que está haciendo. Recordar Su cuidado. Recordar Su poder. Recordar... recordar... recordar. Nos apresuramos a olvidar aquellas cosas que debemos recordar, especialmente durante las épocas difíciles. Aunque el salmo empieza con un tono negativo, concluye con una nota de confianza por aquello que solo Dios puede llevar a cabo.

Aunque en nuestra carne podemos olvidar y afligirnos, al poner nuestras angustias a Sus pies, recordamos que Él es nuestro «refugio, [nuestra] porción en la tierra de los vivientes» (v. 5). Él es todo lo que tenemos. También recordamos Su bondad y lo exaltamos por eso. Durante nuestro tiempo de aflicción necesitamos recordar. Durante las pruebas necesitamos recordar que Él es nuestro refugio y escucha nuestro clamor. Por todo esto, Él es digno de nuestra alabanza.

SALMO 77

«A Dios elevo mi voz suplicante; a Dios elevo mi voz para que me escuche»

(SAL. 77:1).

saf era un músico y poeta que cantaba con frecuencia en tono menor; era reflexivo, contemplativo, creyente, pero, pese a todo, había un punto de tristeza en su persona, y esto impartía un sabor especial a sus cánticos.

Este salmo contiene muchas ideas tristes, pero podemos estar seguros de que todo termina bien, porque empieza con oración; y la oración nunca llega a un mal término. Asaf no acudía a los hombres, sino a Dios, e iba a Él, no con palabras altisonantes, estudiadas, refinadas, sino con expresiones de dolor naturales, no fingidas. Usaba su voz también, porque, aunque el pronunciar en voz alta las palabras no es necesario en la vida de oración, a veces nos vemos forzados a ello por la energía de nuestros deseos. Algunas veces el alma se siente impelida a usar la voz porque así halla una salida más libre a su agonía. Es un consuelo escuchar el timbre de alarma cuando la casa es invadida por los ladrones.

Los días de la tribulación han de ser días de oración; en los días de tribulación interna, especialmente cuando parece que Dios se ha apartado de nosotros, hemos de buscarlo hasta que lo encontremos. En el día de la tribulación no buscó las diversiones para sacudirse la tribulación de esta manera, sino que buscó a Dios, Su favor y Su gracia. Los que pasan aflicciones no deben esperar aliviarlas con la bebida ni la risa, sino con la oración.

SALMO 40:3

«Puso en mis labios un cántico nuevo, un himno de alabanza a nuestro Dios. Al ver esto, muchos tuvieron miedo y pusieron su confianza en el Señor»

(SAL. 40:3).

En la primera cláusula del verso concluye la descripción de lo que Dios había hecho por él. Al poner una nueva canción en su boca, Dios denota la consumación de su liberación. De cualquier manera, Dios se complace en socorrernos y a cambio no nos pide nada más que estar agradecidos y recordarlo. Tan a menudo, por lo tanto, como Él nos otorga beneficios, a menudo nos abre la boca para alabar Su nombre. Dado que Dios, actuando liberalmente hacia nosotros, nos anima a cantar Sus alabanzas, David, con buena razón, reconoce que, habiendo sido tan maravillosamente salvado, se le había proporcionado el tema de una nueva canción. Él usa la palabra «nuevo» en el sentido de exquisito y no ordinario, incluso cuando la forma de su liberación fue singular y digna de un recuerdo eterno. Es cierto que no hay un beneficio de Dios tan pequeño que no deba invocar nuestras más sublimes alabanzas; pero cuanto más poderosamente extiende Su mano para ayudarnos, más se nos hace despertar el fervor en este ejercicio sagrado, para que nuestras canciones puedan corresponder a la grandeza del favor que nos ha sido conferido.

Aquí, el salmista extiende aún más el fruto de la ayuda que había experimentado, diciéndonos que probará los medios de instrucción comunes a todos. Y, ciertamente, es la voluntad de Dios que los beneficios que otorga a cualquier individuo de los fieles sean pruebas de la bondad que ejerce constantemente hacia todos ellos, para que uno, instruido por el ejemplo del otro, no dude que la misma gracia se manifieste hacia sí mismo. Los términos miedo y esperanza o confianza no parecen armonizarse a primera vista; pero David no los ha unido incorrectamente; porque ningún hombre jamás tendrá la esperanza del favor de Dios, sino aquel cuya mente está primero impregnada del temor de Dios. Entiendo que el miedo en general significa el sentimiento de piedad que se produce en nosotros por el conocimiento del poder, la equidad y la misericordia de Dios. El juicio que Dios ejecutó contra los enemigos de David sirvió, es cierto, para inspirar a todos los hombres con miedo; pero, en mi opinión, David más bien quiere decir que, por la liberación que había obtenido, muchos serían inducidos a rendirse al servicio de Dios y a someterse con toda reverencia a Su autoridad, porque sabían que Él era el Juez del mundo. Ahora, quien se someta cordialmente a la voluntad de Dios necesariamente unirá la esperanza con el miedo; especialmente cuando se presenta a su punto de vista la evidencia de la gracia por la cual Dios comúnmente atrae a todos los hombres consigo mismo; porque ya he dicho que Dios se presenta a nuestro punto de vista como misericordioso y amable con los demás, para que podamos asegurarnos de que Él será el mismo con nosotros. En cuanto a la palabra «ver», de la que David hace uso, debemos entender que se refiere no solo a los ojos, sino principalmente a la percepción de la mente. Todos sin

distinción vieron lo que había sucedido, pero a muchos de ellos nunca se les ocurrió reconocer la liberación de David como la obra de Dios. Dado que muchos son ciegos con respecto a las obras de Dios, aprendamos que solo se considera que ellos ven claramente a quién se le ha dado el Espíritu de entendimiento, que no pueden ocupar sus mentes al pensar en los meros eventos que tienen lugar, pero puede discernir en ellos por fe la mano secreta de Dios.

SALMO 8

*«Oh Señor, Soberano nuestro, ¡qué imponente
es tu nombre en toda la tierra!»*

(SAL. 8:9).

*E*ste salmo es uno de contrastes. Comienza con una exclamación de alabanza y asombro por la grandeza de Dios, para después recalcar la pequeñez humana (v. 4). ¿Cómo un Dios tan glorioso puso Sus ojos sobre los humanos? *¿Qué es el hombre, para que en él pienses?*

David formula esta pregunta después de contemplar la inmensidad de la obra de Dios (los cielos, la luna y las estrellas, v. 3). Al mismo tiempo que la astronomía nos ha mostrado la grandeza de las obras de Dios, también nos ha mostrado lo insignificante que es el hombre frente a la inmensidad de Su creación. Si la Tierra es una partícula de polvo en el universo, entonces, ¿qué es el hombre? En comparación, es menor que una diminuta gota de agua en medio del océano. Además, mientras que la Tierra, el sol y las estrellas permanecen por miles de años, la vida del hombre es como la neblina de la mañana que rápido se desvanece (Sant. 4:14).

Pero David continúa con un segundo contraste. A pesar de la pequeñez humana frente a la grandeza de Dios y Su creación, el hombre ha sido revestido de una dignidad superior a la del resto de la creación (vv. 5-8).

La clave está en las palabras «lo hiciste» (v. 5). David reconoce que Dios «piensa» en nosotros no por algo que nosotros hayamos hecho o merezcamos, sino por lo que Él ha hecho. A pesar de que somos débiles, pequeños y caducos, nos creó a Su imagen. Por supuesto, hay una abismal diferencia entre los atributos divinos y las cualidades humanas, pero desde el momento en que fuimos creados, Dios nos otorgó dones especiales que no le fueron concedidos al resto de la creación. Además de nuestras capacidades intelectuales, morales y espirituales, Dios nos dio conciencia de nosotros mismos y de Su existencia, así como la capacidad de relacionarnos con Él.

Después de reflexionar en esto, David solo puede exclamar en adoración: «Oh Señor, Soberano nuestro, ¡qué imponente es tu nombre en toda la tierra!» (v. 9). ¡Asombrémonos junto con David y adoremos a Dios por lo que ha hecho por nosotros!

SALMO 120:1

«En mi angustia invoqué al Señor, y él me respondió»

(SAL. 120:1).

Recientemente mi familia pasó por una situación difícil. Mi papá estaba hospitalizado y mi mamá estaba enferma en casa. Mi hermana y yo tratamos de cuidarlos lo mejor que podíamos, pero nos sentíamos abrumadas por la incertidumbre, el miedo y la impotencia. Recuerdo particularmente un día en el que mi mamá requería atención y yo no sabía qué hacer. No encontraba la ayuda que mi mamá necesitaba y estaba desesperada. Mi hermana me vio llorando, se acercó y me preguntó: «¿Oramos?».

Había estado tan preocupada por solucionar las cosas en mis propias fuerzas, no sabía qué más hacer o a quién acudir, y olvidé que tenía disponible una comunicación directa con Dios. Aún más, olvidé que Dios escucha mis oraciones.

Dios nos ha dado un recurso único y especial, al alcance de todos los que creemos en Él; además, podemos usarlo cuantas veces sea necesario, a la hora que lo necesitemos. Dios siempre está atento a nuestras oraciones. David mismo escribió «Tarde y mañana y a mediodía oraré y clamaré». Y termina el versículo con una frase que debe darnos la paz y tranquilidad que solo Él puede dar: «Y él oirá mi voz» (Sal. 55:17).

Dios quiere que presentemos nuestras peticiones a Él en oración (Fil. 4:6), y aunque a veces no sabemos cómo hacerlo o cómo dirigirnos a Él, Su amor por nosotros es tan grande que Él sabe lo que necesitamos y lo que queremos pedirle (Sal. 139:4; Rom. 8:26-27).

Después de hacer una oración con mi hermana pidiéndole a Dios ayuda porque no sabía qué más hacer, recibí un mensaje de texto de una persona que podía ayudar a mi mamá en ese momento. Entonces recordé que Dios siempre escucha mis oraciones y me responde: «En mi angustia invoqué al Señor, y él me respondió» (Sal. 120:1).

No olvidemos ni menospreciemos este regalo que Dios nos ha dado. Antes de intentar solucionar nuestros problemas en nuestras propias fuerzas, o de acudir a alguien más en busca de ayuda, recordemos que Dios siempre está atento a nuestras oraciones y nos escucha. La oración no es el último recurso, la oración es el recurso.

SALMO 4:8

«En paz me acuesto y me duermo,
porque solo tú, SEÑOR, me haces vivir confiado»

(SAL. 4:8).

En general, ¿qué situaciones hacen que nos quedemos despiertos sin poder dormir? Podemos nombrar, entre muchas: el estrés, las preocupaciones, sentimientos de culpa, temor, dudas, etc. En pocas palabras, no tenemos tranquilidad o paz para conciliar el sueño.

Al igual que Jesús cuando durmió en la barca en medio de la tempestad (Mar. 4:35-41), un hombre llamado Pedro, pudo dormir con toda tranquilidad, sin temor alguno. Hechos 12:1-11 nos narra que Pedro durmió encadenado, entre soldados, en la cárcel. ¡Un ángel tuvo que despertarlo!

Pedro estaba presente cuando Jesús pronunció las siguientes palabras: «La paz les dejo; mi paz les doy. Yo no se la doy a ustedes como la da el mundo. No se angustien ni se acobarden [...]. Yo les he dicho estas cosas para que en mí hallen paz. En este mundo afrontarán aflicciones, pero ¡anímense! Yo he vencido al mundo» (Juan 14:27; 16:33). Observa lo que sucede cuando nos apropiamos de Su paz: no nos turbamos ni tenemos miedo.

Pedro se apropió de esa paz, confiando plenamente en las palabras de Jesús, y pudo salir victorioso de la situación en la que se encontraba. ¡Un ángel lo libró, y aún no estaba seguro si lo había visto o no! Dormir de esa forma reflejaba su confianza en las palabras del Señor.

SALMO 105:19

*«Hasta que llegó el momento de cumplir sus sueños,
el Señor puso a prueba el carácter de José»*

(SALMO 105:19, NTV).

Las fallas morales o, mejor dicho, los pecados que tienen que ver con asuntos morales, han visitado al hombre desde el principio después de la caída de Adán y Eva. En la historia más reciente vemos cómo algunos hombres considerados respetables en los círculos cristianos se han visto involucrados en escándalos morales, lo cual también sucede en los círculos políticos de la sociedad.

En la Palabra de Dios vemos que Él se preocupa por el carácter, tanto que se podría decir que la Biblia es un libro de texto sobre personajes. Está lleno de instrucciones sobre lo que significa vivir con rectitud —de una manera piadosa, sabia y justa—. La Biblia también está llena de historias de hombres y mujeres que han hecho bien las cosas y de muchos otros que no. Estas son para nuestro aprendizaje, para que podamos beneficiarnos de los ejemplos de otros.

En este versículo que nos ocupa el día de hoy podemos tener una idea clara de lo que sucedió en la vida de José. Si lo único que conociéramos sobre José fuese este versículo, bien podíamos saber mucho sobre él. Todos conocemos la historia, pues la Biblia la relata con lujo de detalles. Su historia se encuentra en Génesis (37-50). José, el más amado de los hijos de Jacob, es odiado por sus hermanos envidiosos. Enojados y celosos del regalo de Jacob a José, una resplandeciente «túnica de muchos colores», los hermanos lo agarran y lo venden a un grupo de ismaelitas, o madianitas, que lo llevan a Egipto. Su preciosa historia está llena de enseñanzas para nosotros, este es el joven que va de ser un prisionero y llega a ser un príncipe, la mano derecha del faraón.

Todo lo que sucedió en la vida de José puede parecernos producto de la casualidad, pero no podemos olvidar lo que nos recuerda el salmista, aquellos sueños que el joven había tenido de grandeza que detonaron la ira de sus hermanos hacia él, fueron porque Dios estaba poniendo a prueba el carácter de José. Y podemos decir que este joven pasó la prueba, ya que demostró con sus acciones y decisiones el carácter que Dios esperaba de él y que espera de nosotros. El carácter es importante para Dios.

Desde el primer día de fracaso moral, Dios ha estado dirigiendo al hombre a volver a la senda del terreno moral superior a través de varios medios. Los Diez Mandamientos incluyen directivas que muestran a las personas lo que deben hacer para tener un carácter piadoso. Estos incluyen: No mentirás, robarás, cometerás adulterio, codiciarás o asesinarás (Ex. 20: 7-17). Claramente, la Palabra de Dios está llena de instrucciones sobre cómo debe pensar y actuar una persona con carácter piadoso.

A la luz del versículo, observamos que Dios probó a José y nos probará a nosotros. ¿Pasaremos la prueba?

SALMO 3

«¡Levántate, Señor! ¡Ponme a salvo, Dios mío! ¡Rómpeles la
quijada a mis enemigos! ¡Rómpeles los dientes a los malvados!»

(SAL. 3:7).

Una de las imágenes más prominentes que la Biblia nos enseña sobre Dios es la de un guerrero victorioso. En palabras de Moisés: «El Señor es un guerrero; su nombre es el Señor» (Ex. 15:3) o como escribe David en el Salmo 3: «¡Levántate, Señor! ¡Ponme a salvo, Dios mío! ¡Rómpeles la quijada a mis enemigos! ¡Rómpeles los dientes a los malvados!» (v. 7). Esta imagen o metáfora en la que se compara a Dios con un hombre de batalla nos deja en claro que es el Señor el que pelea por Su pueblo, dándole una segura victoria.

En el Salmo 3, el rey David se encontraba en una situación muy complicada debido a la conspiración que había elaborado su hijo Absalón. Ante esta sublevación, David tuvo que huir de la ciudad, quedando Jerusalén al mando de su hijo Absalón (comp. 2 Sam. 15). Fue entonces que, durante este periodo de crisis personal y nacional, David elevó esta oración a Dios, que eventualmente se convirtió en una plegaria de confianza en el Señor que Israel utilizó en el contexto de sus batallas en contra de otros pueblos.

¿Qué nos enseña este salmo sobre nuestro poderoso Dios? Una de las cosas que nos muestra es que el único que puede librarnos de nuestros adversarios es el Señor. Sin importar nuestros recursos, la victoria siempre dependerá de Dios.

El rey David entendía muy bien esta verdad. De manera que, al verse rodeado de enemigos físicos que amenazaban su reino, él decide buscar la ayuda del único en quien puede realmente confiar. Sus palabras fueron estas: «Muchos son, Señor, mis enemigos; muchos son los que se me oponen, y muchos los que de mí aseguran: "Dios no lo salvará" [...]. Clamo al Señor a voz en cuello [...]. ¡Levántate, Señor! ¡Ponme a salvo, Dios mío! ¡Rómpeles la quijada a mis enemigos! ¡Rómpeles los dientes a los malvados! Tuya es, Señor, la salvación» (vv. 1-2, 4a, 7-8a).

Como podemos observar, el salmista deja en claro que solo el valiente guerrero, es decir, Aquel quien era «escudo alrededor de mí; mi gloria, y el que levanta mi cabeza» (v. 3), podía intervenir a su favor y librarlo de la circunstancia en la que se encontraba. Y efectivamente, Dios sacó a David victorioso de lo que su hijo Absalón había hecho, y pronto regresó a reinar sobre el pueblo de Israel desde Jerusalén.

Todas estas intervenciones temporales que el pueblo experimentó por parte de Dios eran recordatorios de que la liberación espiritual de la que muchos de ellos gozaban por medio de la fe, se debía únicamente al poder y gracia de Dios. También, eran sombras de la futura intervención que el Señor mismo haría, en la que descendería al mundo y derrotaría a los enemigos de Su pueblo en un madero. Como bien escribió Pablo: «Él anuló esa deuda que nos era adversa, clavándola en la cruz. Desarmó a los poderes y a las potestades, y por medio de Cristo los humilló en público al exhibirlos en su desfile triunfal» (Col. 1:14b-15).

Qué maravilloso es saber que el guerrero divino ha intervenido para librarnos de nuestros enemigos espirituales, a quienes jamás podríamos vencer por nosotros mismos. Por esta razón, gocémonos, vivamos en gratitud, confianza y sumisión a Dios por medio de Su Hijo Jesucristo.

SALMO 150:1-6

«¡Aleluya! ¡Alabado sea el Señor! Alaben a Dios en su santuario, alábenlo en su poderoso firmamento»

(SAL. 150:1).

uchos, durante los eventos del año 2020, han reconsiderado cuál es el propósito de la vida. La pandemia que ha detenido al mundo también ha detenido la búsqueda de muchos ídolos que le daban significado a la vida de muchas personas. Estar en casa con nuestra familia, disfrutar de cosas que no disfrutábamos por la búsqueda desenfrenada del éxito, dinero y reconocimiento, nos ha puesto a meditar y pensar si estamos viviendo para aquello que fuimos creados. Además, ver que la muerte está más cerca de lo que pensamos, nos empuja a considerar que vivir es algo que no debemos dar por sentado.

El último salmo nos invita a ver y considerar que fuimos creados para hacer algo: alabar a nuestro Creador. Estar vivo merece una adoración extravagante a Dios porque nos recuerda que deberíamos ser consumidos por Su ira y el evangelio nos libra de la misma. El Salmo 150 nos hace un llamado sencillo: si estás vivo, eres llamado a alabar al Señor. Es tu propósito en la vida, darle alabanza Aquel que la merece.

Quizás puedes decir: «Joselo, ¿cómo llegas a la conclusión de que lo alabamos cuando somos conscientes de que merecemos Su ira? El versículo uno nos apunta a esta realidad. Este verso nos dice que le alabemos en Su santuario. El santuario es el lugar donde Dios habita. Cualquier judío que leía este versículo era consciente de que estar en la presencia de Dios implicaba la posibilidad de ser consumidos por Su ira porque un pecador no puede estar ante la presencia de un Dios santo. Por eso era necesario que se realizaran sacrificios propiciatorios para que un sustituto recibiera la ira que el que se acerca a Dios merece.

Esto significa que no existe adoración, ni cercanía a Dios, sin que otro pague la deuda. Esto nos lleva al evangelio; el que tenía perfecta cercanía a Dios se alejó en la cruz al recibir nuestros pecados y recibir la ira que nosotros merecemos para que podamos acercarnos al santuario sin temor. Esto es motivo de adoración extravagante. Cada respiro que tomamos nos recuerda que no merecemos respirar, y saber que Dios nos libra de la ira futura nos lleva a levantar alabanzas a Dios. Cuando entendemos el evangelio, la adoración no es algo frío o monótono que hacemos como un ritual. Es la expresión natural de aquel que ha experimentado la gracia redentora de Dios. Usamos instrumentos y nuestras voces. El redimido tiene un propósito, alabar al que le permite, por Su gracia, respirar.

SALMO 27:4

«Una sola cosa le pido al Señor, y es lo único que persigo: habitar en la casa del Señor todos los días de mi vida, para contemplar la hermosura del Señor y recrearme en su templo»

(SAL. 27:4).

Quizás piensas que este salmo tiene una connotación de guerra y puedes caer en el peligro de pensar: «¡Qué gran bendición fue para David! ¡Qué grandes victorias! Pero yo no soy rey, ni tengo ejércitos que estén acampando alrededor de mí para comenzar una guerra».

Este salmo es relevante hoy, pues los creyentes en Cristo libramos una lucha espiritual todos los días. La aflicción y la tribulación son situaciones cotidianas en medio de un mundo afectado por el pecado. Todos tenemos días de aflicción, incluso temporadas de aflicción que parecen estacionarse en nuestra vida, pero no debemos olvidar que esta guerra espiritual ya tiene un vencedor. Por el sacrificio de Cristo en la cruz y Su resurrección, Él ha triunfado sobre todos nuestros enemigos y los ha exhibido públicamente.

Al parecer, David solo tuvo una resolución y, esta fue maravillosa y sobrenatural a la luz de las circunstancias negativas que estaba enfrentando en su vida. A pesar de este panorama desalentador y aterrador, el salmista deja de contemplar por un momento su circunstancia personal para enfocarse en una necesidad mayor: contemplar la hermosura de su Señor y meditar a sus pies.

¿Qué le pedirías a Dios si estuvieras sufriendo, atribulado y angustiado? ¿Pedirías que se resolviera tu situación o pedirías más de Su presencia y que Su Palabra protegiera la fe y la confianza en sus promesas?

En lugar de desilusionarnos ante las dificultades y hundirnos en la desesperanza, en lugar de rendirnos, debemos esforzarnos en la gracia que es en Cristo Jesús para ir en busca de esta resolución y poner nuestra fe y nuestra confianza solamente en el Señor.

Permite que el Espíritu Santo que ya mora en ti ponga en tu corazón esta misma resolución, que se manifieste en una búsqueda diaria e intensa por estar en la presencia de Dios. Esta es la esencia de la verdadera devoción a Dios, una consagración de todo nuestro ser que obre en una transformación, no de las circunstancias, sino de nuestro corazón por un encuentro personal con nuestro Dios.

Una sola resolución, tan grande que sea para toda la vida.

Oración

Señor, tú eres mi luz, mi salvación y mi fortaleza. El día de hoy, por encima de cualquier petición, concédeme que la resolución de David pueda ser la mía también, de manera que por tu gracia desee estar en tu presencia atesorando tu Palabra, viviendo por fe y no por vista todos los días de mi vida. Ayúdame a dejar de contemplarme a mí mismo o a las circunstancias para contemplarte únicamente a ti, sabiendo que nadie me puede arrebatar de tu mano. En el precioso nombre de Jesús mi Señor y mi Salvador, amén.

SALMO 104:29-30

«Escondes tu rostro, se turban; les quitas el aliento, expiran, y vuelven al polvo. Envías tu Espíritu, son creados, y renuevas la faz de la tierra»

(SAL. 104:29-30, LBLA).

En el Salmo 104 el salmista expresa el cuidado que Dios tiene con Su creación; es un precioso poema que nos habla de la tierra, el mar, el sol, las nubes, las plantas, los ángeles, los animales, etc. Sin embargo, en los versículos que nos ocupan, quisiera que pudiéramos relacionar todo eso a la obra creadora de vida del Espíritu, quien es Dios y parte de la Trinidad (Padre, Hijo y Espíritu Santo).

La gloriosa y maravillosa creación de Dios es tan dependiente de Dios que el salmista escribió: «Escondes tu rostro, se turban». La creación depende tanto de Dios que, si Él ocultara Su presencia o les quitara el aliento, pronto perecerían. Hay un sentido real en el que la creación responde y se entrega mucho más a Dios que la humanidad. «Envías tu Espíritu, son creados». El retiro de la presencia o el favor de Dios significa la ruina de toda la creación, pero el derramamiento de Su Espíritu significa vida y renovación.

Sin el Espíritu de Dios no hay vida; Él es el dador de vida. Un día, cuando tú y yo estábamos muertos en nuestros delitos y pecados, Dios nos dio vida y nos salvó por Su gracia por medio de la fe en Cristo exclusivamente. Es el Espíritu de Dios el que se movía sobre las aguas cuando la Trinidad unida se desplegaba en la maravillosa creación. Es el Espíritu de Dios quien llevará a cabo la continuación de la obra de proclamar el evangelio, la tarea de la Iglesia, de acuerdo con la enseñanza de Hechos 1:8: «Pero recibiréis poder cuando el Espíritu Santo venga sobre vosotros; y me seréis testigos en Jerusalén, en toda Judea y Samaria, y hasta los confines de la tierra» (LBLA).

El salmista escribe por inspiración divina: «Renuevas la faz de la tierra». No solamente la faz de la tierra, sino que un día se dignó a morar en aquellos que nos hemos arrepentido y creído en Cristo como nuestro Señor y Salvador. Se dignó a darnos el fruto del Espíritu para que podamos vivir una vida conforme a lo que Dios espera de nuestra conducta y comportamiento: «Mas el fruto del Espíritu es amor, gozo, paz, paciencia, benignidad, bondad, fidelidad, mansedumbre, dominio propio; contra tales cosas no hay ley» (Gál. 5:22-23, LBLA).

«Envías tu Espíritu», nos dice el salmista. ¡Cuán gloriosa y maravillosa expresión! Qué privilegio tan hermoso tener la confianza de que el Espíritu de Dios llegó a nuestra vida y podemos llevar a cabo esta vida cristiana por Su intervención divina.

Recordemos las palabras de Pablo: «Pero si el Espíritu de aquel que resucitó a Jesús de entre los muertos habita en vosotros, el mismo que resucitó a Cristo Jesús de entre los muertos, también dará vida a vuestros cuerpos mortales por medio de su Espíritu que habita en vosotros» (Rom. 8:11, LBLA).

SALMO 135

*«¡Aleluya! ¡Alabado sea el SEÑOR! ¡Alaben el nombre
del SEÑOR! ¡Siervos del SEÑOR, alábenlo!»*

(SAL. 135:1).

El Salmo 135 inicia y termina con notas doxológicas. Específicamente, llamando a todo el pueblo a ofrecerle genuina y exclusiva adoración al Señor. Leemos: «¡Aleluya! ¡Alabado sea el Señor! ¡Alaben el nombre del Señor! ¡Siervos del Señor, alábenlo, ustedes, que permanecen en la casa del Señor, en los atrios de la casa del Dios nuestro! [...]. Pueblo de Israel, bendice al Señor; descendientes de Aarón, bendigan al Señor; descendientes de Leví, bendigan al Señor; los que temen al Señor, bendíganlo. Desde Sión sea bendito el Señor, el que habita en Jerusalén. ¡Aleluya! ¡Alabado sea el Señor!» (vv. 1-2; 19-21).

A luz de estas palabras no cabe duda de que el objeto de nuestra adoración debe ser únicamente Dios. ¿Por qué? «Yo sé que el Señor, nuestro Soberano, es más grande que todos los dioses. [...]. Los ídolos de los paganos son de oro y plata, producto de manos humanas. Tienen boca, pero no pueden hablar; ojos, pero no pueden ver; tienen oídos, pero no pueden oír; ¡ni siquiera hay aliento en su boca! Semejantes a ellos son sus hacedores y todos los que confían en ellos» (vv. 5; 15-18).

A diferencia de lo que algunos piensan cuando leen estos versículos, en el antiguo Cercano Oriente no se creía que estas estatuas fueran dioses. La creencia en aquel entonces era que a través de cierto ritual, estas estatuas idolátricas se convertían en vehículos a través de los cuales los dioses (Baal, Moloc, Asera, entre muchos más) manifestaban su presencia a la gente. Por lo tanto, lo que el texto nos está diciendo es que las imágenes y estatuas que hacían los incrédulos eran solo representaciones visibles de sus deidades, a través de las cuales tenían acceso a sus dioses. Pero así como la estatua no tenía vida, ni podía hacer nada, también sucedía lo mismo con los dioses a los que representaban. En otras palabras, eran falsas deidades. Por esta razón, el salmista llama a las personas a confiar y adorar al verdadero y único Dios.

Hoy, las falsas deidades no se representan tanto con estatuas o imágenes como ocurría en el Antiguo Testamento. En la actualidad los dioses falsos vienen con un disfraz diferente. Por ejemplo, cuando alguien ofrece todo su amor, devoción y confianza al dinero, a la familia, al sexo, al poder, a la aceptación, al trabajo u otras cosas, está practicando la idolatría, pues está elevando esos aspectos a un estatus de dios en su vida.

Es en medio de todas estas falsas deidades y de sus huecas promesas de felicidad que como pueblo de Dios debemos marcar la diferencia. ¿Cómo? Al atender siempre a este llamado de adoración. Es decir, al vivir nuestras vidas en lealtad, confianza y servicio al único que realmente es Dios, quien por amor a nosotros se encarnó en la persona de Cristo para que pudiéramos conocerlo y adorarlo genuinamente.

Sirvamos, entonces, a nuestro bendito Señor con gozo y reverencia y digamos juntos: «¡Al que está sentado en el trono y al Cordero, sean la alabanza y la honra, la gloria y el poder, por los siglos de los siglos!» (Apoc. 5:13). Amén.

SALMO 7

«Sálvame, SEÑOR mi Dios, porque en ti busco
refugio! ¡Líbrame de todos mis perseguidores!»

(SAL. 7:1).

*N*o sabemos a qué situación particular se refiere este salmo de David, pero sí sabemos que es un salmo de lamento. David clama por salvación a su Señor y Dios en medio de las acusaciones falsas que está sufriendo.

«¡Líbrame de todos mis perseguidores! —clama David—. De lo contrario, me devorarán como leones; me despedazarán, y no habrá quien me libre» (vv. 1-2). Su oración es de confianza en lo que Dios es y su necesidad de Él. ¡El Señor es su refugio! ¡El Señor es quien lo justifica porque lo conoce!

¿Conoces la justicia del Señor? Su carácter justo moldea nuestra perspectiva de lo que realmente es justicia. Conocemos esta justicia cuando entendemos que un día éramos injustos ante Él y Cristo, el Justo, fue tomado por culpable cuando no lo era, muriendo en un madero por nosotros y salvándonos (1 Ped. 2:23). Este acto atroz fue uno de justicia ante el Dios justo. Cristo satisfizo la ira de Dios por nosotros para hacernos justos delante de Dios; ahora en arrepentimiento y fe hoy podemos llamarle Señor y Dios (vv. 1, 6).

Bendita obra por la que nos podemos acercar y orar a Él en medio de las injusticias que están presentes en nuestra vida. En general, respondemos a las injusticias con desánimo, culpamos a otros o nos enojamos. Pero ninguna de estas es verdadera protección contra un león que viene a desgarrar el alma (v. 2a) o contra un corazón que se hunde en la autoconmiseración como si no tuviera una Roca inamovible y un Dios justo quien libra su alma del acusador y del autoengaño.

Más bien, como David, traigamos nuestra vindicación delante de nuestro Señor y Dios: «Si le he hecho daño a mi amigo, si he despojado sin razón al que me oprime, entonces que mi enemigo me persiga y me alcance» (vv. 4-5). David apela a Dios, quien conoce verdaderamente su corazón y mente, no al hombre (v. 9b). El impío no puede destruirnos o alejarnos del Señor porque, aun en nuestro sufrimiento, Cristo nos ha sido dado como la esperanza de que el Señor se levantará en Su ira contra la injusticia. Su ira justa, supera nuestra ira (v. 6). Así que en medio de las injusticias nuestra alma impaciente clama a Él y espera en Su justo juicio.

«El Señor [que] juzgará a los pueblos» (v. 8a) se prepara para ser nuestro escudo y salvación. ¡Nos llama rectos de corazón a causa de Cristo que estuvo en un tribunal, no de hombres, sino del mismo Señor, quien fue juzgado injustamente por nosotros, pues Él era verdaderamente recto de corazón! (1 Ped. 2:21-23). Por eso no sufriremos el filo de Su espada e indignación (vv. 12-16).

Sea esta nuestra respuesta de alabanza: «¡Alabaré al Señor por su justicia! ¡Al nombre del Señor altísimo cantaré salmos!» (v. 17). Aunque obremos rectamente, no podemos evitar sufrir persecución o incriminación injusta, pero sí podemos estar seguros en quien hemos confiado y en quien nos ha salvado. Por fe, Él nos cambia de un justo angustiado, a un adorador del Altísimo. ¡Qué obra maravillosa!

SALMO 57:1-5

«Ten compasión de mí, oh Dios; ten compasión de mí, que en ti confío. A la sombra de tus alas me refugiaré, hasta que haya pasado el peligro»

(SAL. 57:1).

Para entender la angustia de David cuando escribió este salmo tenemos que entender el momento en el que lo escribió. Como el rey Saúl lo buscaba para quitarle la vida, David, en un momento de miedo, tomó la espada de Goliat y huyó a Gat, precisamente la ciudad donde el gigante nació. Y cuando las personas lo reconocieron, se avergonzó de sí mismo y de Dios, fingiendo estar demente ante los ojos del pueblo y actuando como loco en medio de ellos. Él salió de allí y se refugió en la cueva de Adulam, donde 400 hombres que estaban apurados, endeudados o descontentos se unieron a él y David llegó a ser su jefe.

Al leer los Salmos 52-56, el tono es más pidiendo a Dios salvarlo de sus enemigos, sin embargo, en el Salmo 57, lo vemos refugiándose en Dios. Físicamente estaba escondido en una cueva, sin embargo, él sabía que su refugio era únicamente en Dios (Sal. 91:1). Aunque la cueva era oscura por la falta del sol, realmente él reconocía que estaba amparado en la sombra de las alas del Todopoderoso y no de la cueva.

Su corazón era destrozado no solamente por la gravedad del peligro en que estaba viviendo, sino también porque deshonró a su Dios. El hombre, que en su juventud enfrentó al gigante simplemente por desafiar a Dios, ahora en Gat, dejó de enfocarse en Dios y en Su poder, y se enfocó en el problema.

El hombre conforme al corazón de Dios ahora estaba destrozado y reorientó sus ojos espirituales hacia Dios y pidió Su misericordia. Él conoce que su Dios siempre es fiel a Su pueblo y a Sus promesas y Él había prometido que sería el próximo rey (1 Sam. 16). Así que, de la misma forma en que Dios salvó al pueblo de los egipcios, David sabía que lo escondería bajo Sus alas (Deut. 32:11). ¡Su angustia realmente no era por Saúl, sino por el pecado que él cometió contra el Dios santo que amaba!

David clama al mismo Dios que entregó a los enemigos en las manos de Abram (Gén. 14:20), y aunque los enemigos que David tuvo eran feroces, él no dudaba porque, como estaba bajo las alas de Dios en la cueva, tenía la misma protección que Daniel tuvo en la fosa de los leones (Dan. 6).

Como vimos con David, nuestro problema no es la falta de fe, sino dónde ponemos nuestra fe. La fe es más que creer, es actuar sobre esta creencia. Cuando David se enfocaba en Dios, actuó como un creyente fiel porque estaba comportándose basado en lo que creía, pero cuando se desenfocó, sus acciones eran iguales a las de un incrédulo porque su fe tambaleó por no tener la certeza en lo que no se ve (Heb. 11:1).

¿Dónde está nuestro enfoque? ¿Estamos acercándonos a Dios todos los días para mantener nuestro enfoque?

SALMO 90

«Algunos llegamos hasta los setenta años, quizás alcancemos hasta los ochenta, si las fuerzas nos acompañan. Tantos años de vida, sin embargo, solo traen pesadas cargas y calamidades: pronto pasan, y con ellos pasamos nosotros»

(SAL. 90:10).

Como pastor de una iglesia local, una de mis misiones en estos tiempos es preparar a cada miembro de la congregación para el día de su muerte. En la cultura en que vivimos esto puede parecer cruel, ya que las personas desean negar la realidad de la muerte. Los funerales son llamados «celebración de la vida», e intencionalmente se ignora la realidad de que nuestro enemigo, la muerte, está cerca de todos. Por esta razón, en cada oportunidad que tengo, menciono el Salmo 90. Todos debemos ser sabios y contar nuestros días con sabiduría, ya que la mayoría de nosotros moriremos entre la edad de 70 y 80 años.

La Biblia, en 1 Timoteo 5, define la vejez de una viuda en los 60 años. Salmo 90 nos dice que la expectativa de vida debe ser entre 70 y 80 años, pero cada vez más observamos que las personas consideran que morir a esa edad es morir joven. Cuando mi papá murió en el 2019, a la edad de 75 años, muchas personas me decían: «Murió joven». Tal vez joven basado en una cultura que dice que los 60 son los nuevos 50 y los 70 los nuevo 60, pero según la Biblia, es una edad en la que tanto mi papá como nosotros deberíamos estar preparados para morir. No vivir de esta forma es no vivir con sabiduría.

Quizás puedas preguntar: «Por qué debemos ser tan negativos?». El problema es que este tipo de necedad tiene consecuencias en nuestra alma. La razón por la que Moisés, en el Salmo 90, nos escribe esto es para que seamos conscientes de la cercanía de la ira de Dios para aquellos que no están preparados para el día de su muerte. Ignoramos el versículo 11, ignoramos el poder de la ira de Dios y que los que mueren fuera de Cristo experimentarán Su ira de forma eterna.

La cultura actual ignora la muerte, no desea enfrentarla, se encierra en una pandemia por temor a morir. Pero el evangelio nos libera a ver que cada día que pasa la muerte está más cerca, pero no tememos porque Jesús venció la muerte. Eso nos da libertad para prepararnos para el día de nuestra muerte, podemos preparar un testamento sin deprimirnos, dejamos de ser tan testarudos por cosas que no son importantes; la muerte le da claridad a la vida y entendamos cuáles son las cosas de mayor importancia. Vivir con sabiduría es vivir con el evangelio en mente, esto nos libera del temor y nos permite vivir en la libertad de saber que lo peor que nos puede suceder, experimentar la ira de Dios, no es una posibilidad para nosotros, pues Cristo, en Su muerte, nos libró de ella.

SALMO 121:1-8

*«A las montañas levanto mis ojos; ¿de dónde
ha de venir mi ayuda? Mi ayuda proviene
del SEÑOR, creador del cielo y de la tierra»*

(SAL. 121:1-2).

Vivimos en un mundo caído. Esto significa, entre otras cosas, que experimentaremos situaciones de incertidumbre, confusión y peligro. ¿Qué hacer en momentos así?

En tiempos del salmista, las naciones que rodeaban a Israel tenían una respuesta para esta pregunta: acudir al dios que mejor pudiera resolver su problema. Por supuesto, todos esos dioses no eran más que creaciones de su mente entenebrecida y, por lo tanto, no recibían la ayuda que buscaban.

En la actualidad, muchos hacen algo similar. En tiempos de adversidad buscan refugio en cualquier cosa (música, dinero, drogas, alcohol, romances), menos en Aquel que es la verdadera fuente de fortaleza, seguridad y protección. Entonces, ¿de dónde vendrá mi ayuda?, el salmista nos da la respuesta correcta: «Mi ayuda proviene del SEÑOR». Pero ¿por qué de Dios y no de otras cosas o personas? La razón que el salmo nos da es doble.

1. Porque Dios es el creador de todo el universo (v. 2). A diferencia de los ídolos de los pueblos vecinos de Israel, Jehová era el verdadero Señor, que no solamente existía como el único Dios, sino que también había hecho los cielos y la tierra con el poder Su palabra. De manera que, si el Señor tiene el poder para crear todas las cosas visibles e invisibles y estar constantemente sosteniendo Su mundo en existencia, también tendrá el poder para cuidarnos, protegernos y ayudarnos en momentos de incertidumbre y peligro. En realidad, Él es único que puede ayudarnos.

2. Porque Dios mismo se presenta como el protector de Su pueblo. Los versículos 4 y 5 lo resumen de esta manera: «Jamás duerme ni se adormece el que cuida de Israel. El SEÑOR es quien te cuida, el SEÑOR es tu sombra protectora». Ahora bien, es importante entender estas palabras desde su contexto original. Cuando el salmista escribe esto tiene en mente a los peregrinos que viajaban a Jerusalén para adorar a Dios en el templo. Esto lo sabemos porque los Salmos 120 a 134 se conocen como «cánticos de ascenso gradual», debido a que se cantaban mientras los peregrinos ascendían a Jerusalén. Esto no significa que el cuidado de Dios esté limitado a cuando salimos de nuestro hogar para ir al culto dominical. Sin embargo, sí nos enseña un punto importante: estos peregrinos no estaban buscando el peligro. Por consiguiente, este salmo no es una promesa de que Dios nos cuidará si intencionadamente buscamos el peligro. Nuestra actitud no debe ser la de tentar al Señor. Por otro lado, es importante aclarar que, en ocasiones, y de acuerdo con Sus sabios y eternos propósitos, Dios permitirá que el peligro nos toque, ya sea como una medida

de disciplina paternal o como una prueba que fortalecerá nuestra fe. Pero más allá de esto, podemos estar seguros de que el Señor nos «cuidará en el hogar y en el camino, desde ahora y para siempre» (v. 8).

Confiemos entonces que Dios, el creador del universo y protector de Su pueblo, nos cuidará y ayudará en las situaciones de incertidumbre, confusión y peligro.

SALMO 94

«El SEÑOR conoce los pensamientos del hombre,
sabe que son solo un soplo»

(SAL. 94:11).

A muchas personas con las que he podido conversar les gustaría dejar un legado. Hay algo en el ser humano que le dice que es bueno ser recordado. A algunos se nos ha dado el privilegio de servir en un área de la obra del Señor donde otros pueden ver lo que hacemos, sobre todo en estos tiempos de acceso a las redes sociales donde podemos subir fotos, artículos, meditaciones, etc.

Lo anterior puede llevarnos a pensar de nosotros mismos con demasiada elevación y por ello escribo hoy, para que podamos tener los pies sobre la tierra y recordemos a aquellos que sirven al Señor día a día en el anonimato.

El apóstol Pablo, cuando le escribe a los hermanos de Roma sobre los deberes cristianos, les dice: «Porque en virtud de la gracia que me ha sido dada, digo a cada uno de vosotros que no piense más alto de sí que lo que debe pensar, sino que piense con buen juicio, según la medida de fe que Dios ha distribuido a cada uno» (Rom. 12:3, LBLA).

Creo que es un buen momento para relacionar esto con las palabras del salmista: «El SEÑOR conoce los pensamientos del hombre, sabe que son solo un soplo». En otras palabras, bájate de la nube, considera que lo más brillante y original que se te pueda ocurrir, es como un soplo, según expresa el salmista.

Me causa gracia la forma que traducen en Salmos 94:11 (Traducción en lenguaje actual): «¡Bien sabe nuestro Dios las tonterías que se nos ocurren!».

En la tierra que el Señor nos permitió servir como misioneros por diez años y medio tienen un dicho para acentuar una verdad o algo que se debe enfatizar, y me gustaría terminar con él de manera que recordemos que no somos tan importantes como pensamos. El dicho es: «AHÍ TIENEN». No lo olvides: «¡Bien sabe nuestro Dios las tonterías que se nos ocurren!».

Finalmente, te dejo con las palabras de Santiago 4:14: «Sin embargo, no sabéis cómo será vuestra vida mañana. Solo sois un vapor que aparece por un poco de tiempo y luego se desvanece» (LBLA).

No permitas que esto te desanime, al contrario, aprovecha el tiempo en el servicio al Señor dependiendo de Él.

SALMO 91:14-16

«Yo lo libraré, porque él se acoge a mí;
lo protegeré, porque reconoce mi nombre»

(SAL. 94:14).

En el Salmo 91, el salmista se refiere a sí mismo en los versículos 1 al 2, utilizando el pronombre «yo», en los versículos 3 al 13 el pronombre utilizado es «tú», con el salmista hablando al lector. Sin embargo, en los versículos 14 al 16, el pronombre vuelve a ser «yo», pero ahora es un «yo» divino. El salmista, bajo la inspiración del Espíritu Santo, nos habla de parte de Dios. En estos últimos tres versículos, Dios promete varias cosas a aquellos que confían en Él: Su protección, una respuesta a nuestras oraciones, Su presencia, el rescate y la salvación.

Como hemos visto en este salmo, Dios es nuestra única fortaleza y baluarte confiable y Él librará a quienes se aferran a Él en amor. La protección no es porque lo merecemos, sino debido a que Él es amor; por esta razón nos ordena tener gozo: «Pero que se alegren todos los que en ti buscan refugio; ¡que canten siempre jubilosos! Extiéndeles tu protección, y que en ti se regocijen todos los que aman tu nombre. Porque tú, Señor, bendices a los justos; cual escudo los rodeas con tu buena voluntad» (Sal. 5:11-12). Cuando confiamos tanto en Dios y lo buscamos, Él es fiel no solamente en protegernos, sino en contestar nuestras oraciones porque «El Señor está cerca de quienes lo invocan, de quienes lo invocan en verdad» (Sal. 145:18). En nuestra angustia Él hace que Su presencia sea conocida y nos responde para quitarnos el temor. No necesariamente nos quita del problema, sino que está con nosotros y nos ayuda a sobrellevarlo, nos ayuda a madurar a través de este, crecemos en sabiduría y nuestra relación con Él se vuelve más íntima. Romanos 5:2-4 nos enseña cómo la madurez se gana a través de las tribulaciones: «Así que nos regocijamos en la esperanza de alcanzar la gloria de Dios. Y no solo en esto, sino también en nuestros sufrimientos, porque sabemos que el sufrimiento produce perseverancia; la perseverancia, entereza de carácter; la entereza de carácter, esperanza». Mientras tengamos esperanza, tendremos fe porque «la fe es la garantía de lo que se espera» (Heb. 11:1).

Cuando tenemos la fe de invocar Su nombre en la angustia, Él nos rescata, porque mientras Él camina con nosotros, nos sostiene en el sufrimiento, dándonos el poder y la paciencia para seguir hasta que Él haya logrado Sus propósitos. Y si el problema desaparece será en Su tiempo y en Su forma y para nuestro bien. Al buscar Su propósito para obedecerlo estamos reconociendo nuestra incapacidad y nuestra dependencia en Él, humillándonos bajo Su poderosa mano para que Él nos exalte a Su debido tiempo (1 Ped. 5:6). Dios honra a aquellos que lo honran.

El versículo 16 concluye: «Lo colmaré con muchos años de vida y le haré gozar de mi salvación». Nuestra vida terrenal será completa y por la salvación tendremos una vida eterna en el cielo. Este es un salmo de confianza, lleno de alegría y bendiciones para aquellos que lo reconocen (v. 14), lo invocan (v. 15) y buscan satisfacción en Él. Esto debe traer gozo y gratitud a todos los que confían en Él.

SALMO 119

*«Para mí es más valiosa tu enseñanza que
millares de monedas de oro y plata»*

(SAL. 119:72).

¿Sabías que el Salmo 119 tiene una ordenada estructura acróstica que consiste en 22 estrofas, cada una de ellas con 8 versículos, los cuales inician con una las 22 letras del alfabeto hebreo respectivamente? ¿Sabías que cada una de esas estrofas acrósticas gira en torno al tema de la Palabra de Dios y que tienen la intención de enseñarnos la armonía, belleza y perfección de las Escrituras? Bueno, ahora ya lo sabes. Permíteme, entonces, mostrarte algo de esa grandeza.

1. La Palabra de Dios es más valiosa que cualquier otra cosa. La razón de esto es porque la fuente de estas palabras no es un simple mortal, sino Dios el Creador y Rey del universo. Los versículos 72 y 127 nos hablan un poco sobre la supremacía de las Escrituras. Dicen así: «Para mí es más valiosa tu enseñanza que millares de monedas de oro y plata […]. Sobre todas las cosas amo tus mandamientos, más que el oro, más que el oro refinado».

2. La Palabra de Dios brinda verdadero consuelo. El versículo 52 lo confirma de esta manera: «Me acuerdo, SEÑOR, de tus juicios de antaño, y encuentro consuelo en ellos». En tiempos de dificultad este beneficio de las Escrituras nos debe animar a sumergirnos en ellas confiadamente.

3. La Palabra de Dios trae genuina felicidad. Obedecer y creer lo que el Señor ha revelado en Su Palabra, no solo nos brinda consuelo, también nos bendice con un verdadero gozo. Los primeros dos versículos de este salmo lo dicen así: «Dichosos los que van por caminos perfectos, los que andan conforme a la ley del SEÑOR. Dichosos los que guardan sus estatutos y de todo corazón lo buscan».

4. La Palabra de Dios es inmutable y eterna. Esto significa que el poder transformador de la Palabra, al igual que sus promesas, no tienen fecha de vencimiento. Podemos confiar en que cada día que despertemos Su palabra seguirá viva y firme. Los versículos 89 y 152 lo confirman así: «Para siempre, oh Jehová, permanece tu palabra en los cielos […]. Desde hace mucho conozco tus estatutos, los cuales estableciste para siempre».

5. La Palabra de Dios es pura y verdadera. En un mundo lleno de mentiras e hipocresía, saber que todo que leemos en las Escrituras es inerrante, es decir, verdadero y sin errores, nos anima a confiar plenamente en ellas. Los versículos 140 y 160 nos hablan sobre esta importante cualidad: «Sumamente pura es tu palabra, y la ama tu siervo […]. La suma de tu palabra es verdad, y eterno es todo juicio de tu justicia».

6. La Palabra de Dios nos alumbra para honrar al Señor. Mediante el poder del Espíritu Santo, las Escrituras nos dan entendimiento para saber el camino que agrada a Dios y también nos capacita para vivir de acuerdo con la voluntad del Señor. Por esta razón leemos versículos como estos: «De tus preceptos adquiero entendimiento; por eso aborrezco toda senda de mentira (v. 104) y «Lámpara es a mis pies tu palabra, y lumbrera a mi camino» (v. 105).

Amemos entonces Su Palabra, deleitémonos en ella, estudiémosla regularmente y obedezcámosla todos los días en gratitud a Dios por el inmenso amor que ha derramado a nuestras vidas en Cristo Jesús.

SALMO 119:9-16

«En tus decretos hallo mi deleite, y jamás olvidaré tu palabra»

(SAL. 119:16).

Solemos olvidar muchas cosas, ¿no es cierto? Olvidamos las llaves dentro del auto, el dinero que necesitábamos llevar o aquel regalo de cumpleaños. Nuestra mente es olvidadiza cuando los muchos pensamientos la aturden.

En medio de tal confusión, no siempre corremos al Señor; quizás solo hacemos una oración pronta o contamos hasta diez, pero ese no es remedio al corazón engañoso y nuestro caminar santo. Dios ha provisto un medio para cuidar nuestro caminar y nuestra mente: guardar Su Palabra (v. 9). Debemos buscarlo a manera de prevención para no olvidar, pero también de recuperación cuando olvidamos.

La plegaria del salmista denota su amor por Dios y su necesidad: «No dejes que me desvíe de tus mandamientos, para atesorar tu Palabra y no pecar contra ti, por favor enséñame tus estatutos para gozarme en el camino de tus testimonios y considerarlos, entonces deleitarme y no olvidar tu Palabra» (paráfrasis, vv. 10-16).

¿Es esta nuestra oración? Tristemente, no siempre es mi oración. Pensar de manera continua en nosotros nos independiza de Dios. Nuestros pensamientos deambulan en aquello que es nuestro tesoro, o de lo que creemos tener control.

No nos engañemos, si la Palabra no es nuestro tesoro, no tendremos gozo verdadero.

Cuando nuestra mente se aleja del Señor, respondemos en opuesto a guardar Su Palabra, nos deleitamos en nuestras palabras y pecamos (v. 11b). Somos propensos a olvidar Su Palabra por nuestra debilidad humana y encontramos razones válidas para escoger pensar más en lo que queremos que en lo que Dios quiere. Por eso, Él usa las circunstancias difíciles para recordarnos que debemos pensar en lo que es verdadero, honesto, justo, puro, amable y digno de alabanza (Fil. 4:8).

Si perseveramos en guardar Su Palabra, nuestros afectos serán transformados. Mientras más meditamos en ella, nuestra forma de vivir es transformada. Podemos guardar Su Palabra porque Dios nos unió a Cristo. Él dijo: «¿Quién es el que me ama? El que hace suyos mis mandamientos y los obedece. Y al que me ama, mi Padre lo amará, y yo también lo amaré y me manifestaré a él» (Juan 14:21). ¡Qué maravillosa promesa!

Encontramos gozo cuando guardamos Su Palabra y eso se refleja en nuestras respuestas, acciones y decisiones para con otros. Nuestra meditación diaria será testimonio real en la cotidianidad de todo aquello que Dios pone delante de nosotros, incluso en la dificultad. Si bien es cierto que tenemos una mente olvidadiza, tenemos un gran Salvador y Señor que nos encuentra en nuestras flaquezas para traernos a Su Palabra viva.

Cada día es una oportunidad para llenarnos de Su Palabra. Cuando pequemos, hagamos lo que dice Su Palabra. Cuando pequen contra nosotros, hagamos lo que dice Su Palabra. Cuando el mundo nos muestre sus ídolos, hagamos lo que dice Su Palabra. Guardemos Su Palabra, limpiemos nuestro caminar diariamente, buscándolo de todo corazón, y esforcémonos en renovar nuestro entendimiento para responder con gozo a todo lo que Su Palabra nos llama a obedecer.

¿Es la Palabra de Dios tu mayor riqueza para no olvidarla?

SALMO 115:1, 8

«La gloria, Señor, no es para nosotros; no es para nosotros, sino para tu nombre, por causa de tu amor y tu verdad [...]. Semejantes a ellos son sus hacedores, y todos los que confían en ellos»

(SAL. 115:1, 8).

Nos convertimos en lo que adoramos. Esa es la realidad que nos presenta el Salmo 115. Y si consideramos la narrativa bíblica, la afirmación del salmista tiene pleno sentido. Fuimos creados a la imagen de Dios y, como afirmó Calvino, solo encontramos nuestra humanidad al conocer a Dios.

Existe una dinámica en la adoración que hace que tomemos la forma, nos asemejemos, a aquello que adoramos. Piensa en las personas que admiras o respetas. Muchas veces adaptamos sus comportamientos, hábitos o preferencias. Eso es solo al nivel de la admiración, imagínate al nivel de la adoración. Cuando adoramos a algo, nos convertimos en eso.

Lo triste es que cuando adoramos a ídolos muertos, eso es lo que nos sucede, morimos. La dinámica de la adoración de ídolos funciona en ambas direcciones. La realidad es que en Éxodo 32, leemos que el pueblo de Dios trató de crear a un dios a la imagen de ellos. Crearon a un dios diferente a Jehová, era un dios que no era trascendental, sino más cercano y parecidos a ellos. Adoraron a un ser creado como ellos.

Tendemos a hacer eso, tendemos a crear ídolos que tienen similitud a nosotros porque al final nuestro deseo es adorarnos a nosotros mismos.

Entonces, ¿qué tenemos que hacer para no adorar ídolos muertos y terminar como ellos? La única solución es adorar al Dios verdadero. Solo podemos hacer esto por medio del evangelio, ya que a través de él podemos ver la gloria de Cristo en Su faz (2 Cor. 4:6) y ser transformados a Su imagen de gloria en gloria (2 Cor. 3:18).

En este lado de la eternidad, ¿en dónde vemos a Jesús con más claridad? En Su obra, en el evangelio y domingo tras domingo cuando nos reunimos con los santos a escuchar el evangelio siendo proclamado. En ese momento Jesús promete estar con nosotros y cuando el evangelio es proclamado, Su gloria es revelada y somos transformados. No es en balde que los textos que rodean Éxodo 32 son textos que invitan al pueblo de Dios a observar el día de reposo. El punto es este, cuando no reposamos en Jesús, olvidamos quién nos salvó y crearemos ídolos muertos y, en consecuencia, nosotros terminaremos muertos. Necesitamos que nos recuerden el evangelio para poder adorar al verdadero Dios y tener vida y vida en abundancia.

SALMO 91:1-6

*«El que habita al abrigo del Altísimo se acoge
a la sombra del Todopoderoso»*

(SAL. 91:1).

*A*l leer este salmo es evidente que el versículo 1 revela todo su tema y el resto sirven solamente como puntos de página. Se nota que el salmista conoce a su Dios personalmente. Su relación con Dios no es una idea abstracta, sino una relación real y nos demuestra que también nosotros lo podemos conocer así. Debido a esta cercanía, inmediatamente él confiesa su propia fe y dice: «Tú eres mi refugio, mi fortaleza, el Dios en quien confío» (v. 2).

Cuando El Señor nos busca y entramos en una relación con Él tenemos la misma reacción que tuvo el apóstol Tomás: «¡Señor mío y Dios mío!» (Juan 20:28). Tomás, al igual que todos nosotros, tuvo una relación con Cristo en términos humanos, sin embargo, ahora la relación ha cambiado a una como Dios y Salvador, nuestro protector, ¡nuestro todo! En un mundo caído, el único refugio seguro es en un Dios Todopoderoso que es capaz de orquestar todo para nuestro bien (Rom. 8:28). ¿Qué cambió? «Así que de ahora en adelante no consideramos a nadie según criterios meramente humanos. Aunque antes conocimos a Cristo de esta manera, ya no lo conocemos así. Por lo tanto, si alguno está en Cristo, es una nueva creación. ¡Lo viejo ha pasado, ha llegado ya lo nuevo!» (2 Cor. 5:16-17).

Dios se convierte en nuestro abrigo y sombra (v. 1) cuando confiamos en Él; mientras sentimos el frío de la soledad, la falta de amistades porque la gente no piensa igual que nosotros o enfermedades que nos aíslan, nuestro Dios con Su amor inagotable está con nosotros y es nuestro abrigo. Cuando sentimos el calor de la enemistad, las situaciones difíciles, las enfermedades graves, Él es quien nos consuela y nos tranquiliza, trayéndonos aire fresco para manejar la situación con sabiduría.

Nuestra confianza en Dios es fundamentada en quien Él es, un Dios fiel. Reconocemos que nada se escapa de un Dios omnisciente, omnipresente y todopoderoso. Todo lo que nos ocurre es orquestado y controlado por Él y entonces Él es el único que puede ser nuestra fortaleza y refugio. ¡Confiamos en que lo que Él hizo en el pasado, lo hará hoy y hasta la eternidad!

Es importante entender que Él es nuestro Señor y nuestro Dios; cuando lo hacemos, es nuestro abrigo y sombra. Esto es para aquellos que viven con Él en una relación cercana y para aquellos que confían en Él. Esto implica que lo busquemos a través de estudiar y meditar Su Palabra, así como por medio de la oración.

Todos los creyentes buscan las misericordias de Dios, pero no todos habitan en el santísimo. Para tener esta relación se requiere acción de nuestra parte, y el salmista nos anima a buscarlo para tener la confianza de vivir y habitar en Su presencia.

«Pidan, y se les dará; busquen, y encontrarán; llamen, y se les abrirá. Porque todo el que pide, recibe; el que busca, encuentra; y al que llama, se le abre» (Mat. 7:7-8).

SALMO 51

*«Contra ti, contra ti solo he pecado, y he hecho lo
malo delante de tus ojos, de manera que eres justo
cuando hablas, y sin reproche cuando juzgas»*

(SAL. 51:4, LBLA).

En algunas ocasiones he escuchado que las personas le cambian el nombre al pecado y lo califican con un grado menor de lo que verdaderamente es, refiriéndose al pecado como *falla*. Pero nuestro pecado no es simplemente una falla, como la que puede tener nuestro televisor y puede ser reparada fácilmente por alguien. El pecado es mucho más, por lo que Dios demanda que lo confesemos y nos apartemos de él. Cuando confesamos nuestros pecados, admitimos que violamos la ley de Dios. Admitimos que elegimos hacer, decir o pensar algo opuesto a la voluntad de Dios, y que somos culpables ante Él.

La historia de David es preciosa, llena de victorias, pero también podemos ver su fracaso moral, su pecado. Es así como David se refiere a él en este versículo: «Contra ti, contra ti solo he pecado, y he hecho lo malo delante de tus ojos». Observamos el reconocimiento de su pecado, lo que también nos deja ver la humildad y dependencia de Dios que David llegó a tener. No es fácil para un rey o gobernante llegar a ese punto. No recuerdo haber escuchado de ningún gobernante reconocer su pecado y confesarlo y mucho menos relacionarlo con Dios. «He hecho lo malo delante de tus ojos»; hay una genuina confesión de parte de David. La pregunta que nos podemos hacer es la siguiente: ¿existe ese reconocimiento de nuestro pecado ante Dios y esa confesión de nuestra parte, o todavía está ausente?

Estoy seguro de que la mayoría de los que leen este escrito conocen el versículo en 1 Juan 1:9: «Si confesamos nuestros pecados, Él es fiel y justo para perdonarnos los pecados y para limpiarnos de toda maldad» (LBLA). David entendía la importancia de la confesión. La segunda parte del Salmo 51:4 nos deja ver una declaración maravillosa que va muy acorde con lo que Juan escribió: «De manera que eres justo cuando hablas, y sin reproche cuando juzgas». ¡Esta es una buena noticia! David se acuerda del Dios de amor y misericordia que tenemos, quien, aunque juzga justamente, también está ahí para perdonarnos. Como dice Juan: «Él es fiel y justo para perdonarnos los pecados y para limpiarnos de toda maldad».

¿Hay un pecado o algunos pecados que debes confesar? La buena noticia es que hay perdón para nosotros por la obra de Cristo y que ninguna condenación hay para los que están en Cristo. Sufriremos las consecuencias, pero hay perdón y esperanza por la obra redentora de Cristo.

Recordemos las palabras de Isaías 43:25: «Yo, yo soy el que borro tus transgresiones por amor a mí mismo, y no recordaré tus pecados» (LBLA).

SALMO 84:10

«Porque mejor es un día en tus atrios que mil fuera de ellos. Escogería antes estar a la puerta de la casa de mi Dios, que habitar en las moradas de maldad»

(SAL. 84:10).

Al momento de escribir este devocional, acabamos de cumplir un año desde que se cancelaron las escuelas y universidades debido a la pandemia de la COVID-19. Aparte de eso, se nos pidió resguardarnos en casa y no salir a menos que fuera necesario para no contagiarnos. Asimismo, las iglesias cerraron, pues eran puntos de riesgo para esparcir este virus.

Como resultado, el Salmo 84 adquiere un significado profundo con el que nos identificamos todos los cristianos. Léelo en familia y compartan entre ustedes lo que significa para cada uno poder estar en el templo. Medita en la importancia que tiene el estar cerca de la Iglesia.

Estar tan solo en los atrios (patio del templo) era deseable.

Asistir constantemente al templo es una característica de los cristianos felices. El gozo que trae permite que salgamos de ahí con fuerzas renovadas para enfrentar cualquier cosa. Jesús, en cada pueblo que visitaba, acudía a la sinagoga y se reunía con los creyentes. Reunirnos con otros hermanos debe también ser una costumbre para nosotros.

Si Cristo estableció la Iglesia, ¿qué tan importante será que nos reunamos? La forma de hacerlo es estar en el templo: la casa de Dios.

Jesús, estando en el templo, mostró Su celo por él; qué mejor ejemplo que el de Él dándole la importancia que merecía a la casa de Dios. «… El celo de tu casa me consume».

Te invito a mostrar este celo por las cosas de Dios.

SALMO 61

«Oh Dios, escucha mi clamor y atiende a mi oración»

(SAL. 61:1).

ste salmo es una perla. Es corto, pero precioso. A muchos que estaban enlutados les ha proporcionado expresión cuando la mente no podía hallar palabras para hacerlo. Fue compuesto evidentemente después de que David hubo llegado al trono (v. 6). El versículo 2 nos lleva a creer que fue escrito por el salmista durante su exilio forzado del tabernáculo, que era la residencia visible de Dios; si es así, se ha sugerido que el período que corresponde a su creación es el de la rebelión de Absalón, y Delitzsch correctamente lo titula «Oración y acción de gracias de un rey expulsado, a su regreso al trono».

Oh Dios, escucha mi clamor. Estaba en una necesidad extrema; clamaba; levantaba su voz. Los fariseos pueden reposar en sus oraciones; los verdaderos creyentes están deseosos de obtener una respuesta a las suyas; los ritualistas pueden estar satisfechos cuando han «dicho y cantado» sus letanías y colectas, pero los hijos vivos de Dios nunca van a reposar hasta que sus súplicas hayan entrado en los oídos del Señor Dios de *Sabaot.*

Atiende a mi oración. Aquino decía que algunos leen estas palabras así: *Intende ad cantica mea* [«Atiende a mis cantos»], y así se pueden leer del hebreo *ranah* que significa gritar de gozo, para notar que las oraciones de los santos son como cánticos agradables y deleitosos a los oídos de Dios. No hay cántico ni música que nos agrade tanto a nosotros como son agradables a Dios las oraciones de los santos (Cant. 2:14; Sal. 141:2).

SALMO 124

*«Nuestra ayuda está en el nombre del SEÑOR,
creador del cielo y de la tierra»*

(SAL. 124:8).

A veces Dios tolera que los enemigos de Su pueblo prevalezcan mucho contra ellos, para que se vea mejor Su poder en la liberación de ellos. Dichoso el pueblo cuyo Dios es Jehová, el Dios absolutamente suficiente. Además de aplicar esto a cualquier liberación en particular obrada en nuestros días y en las épocas antiguas, debemos tener en nuestro pensamiento la gran obra de redención hecha por Jesucristo, por la cual los creyentes fueron rescatados de Satanás.

Dios es el Autor de todas nuestras liberaciones, y Él debe tener la gloria. Los enemigos ponen trampas al pueblo de Dios para llevarlos al pecado y problemas y retenerlos en él. A veces parecen vencer, pero depositemos toda nuestra confianza en el Señor y no seremos confundidos. El creyente dará toda la honra de su salvación al poder, misericordia y verdad de Dios, y mirará atrás, maravillado y agradecido, por el camino a través del cual el Señor lo ha guiado. Regocijémonos de que nuestro socorro para el tiempo venidero esté en Aquel que hizo el cielo y la tierra.

SALMO 32:1-11

«Dichoso aquel a quien se le perdonan sus transgresiones, a quien se le borran sus pecados»

(SAL. 32:1).

uchos piensan que no necesitamos el perdón de Dios para ser felices en la vida. Por si fuera poco, algunos ni siquiera creen que existe el pecado y, por lo tanto, hablar del perdón de los pecados les parece totalmente irracional. Bueno, el rey David tiene algo que decir al respecto.

En el Salmo 32:1-2, David nos presenta la verdadera condición del ser humano. Él nos muestra una humanidad que transgrede, peca y actúa con iniquidad y engaño en contra de Dios. En otras palabras, nos enseña que el hombre es pecador por naturaleza y también culpable delante del Señor por su pecado, dejándolo en verdadera necesidad del perdón divino.

Pero ¿qué tan cierto es que, si alguien se arrepiente, recibirá el perdón de sus pecados? Veamos lo que el rey David tiene que decirnos al respecto: «Pero te confesé mi pecado, y no te oculté mi maldad. Me dije: "Voy a confesar mis transgresiones al Señor", y tú perdonaste mi maldad y mi pecado» (v. 5).

No cabe duda, Dios perdona al pecador arrepentido. Y lo hace no por lástima, ni tampoco porque la persona lo merezca. Más bien, lo hace por Su gracia soberana en virtud de la obra de Cristo. Por esta razón, Pablo escribe: «De hecho, no hay distinción, pues todos han pecado y están privados de la gloria de Dios, pero por su gracia son justificados gratuitamente mediante la redención que Cristo Jesús efectuó» (Rom. 3:22-24), a quien Dios, «exaltó como Príncipe y Salvador, para que diera a Israel arrepentimiento y perdón de pecados» (Hech. 5:31).

¿Cuáles son los frutos que produce el perdón divino en la vida de las personas? Una vez más, David nos ayuda respondiendo lo siguiente: «Dichoso aquel a quien se le perdonan sus transgresiones, a quien se le borran sus pecados. Dichoso aquel a quien el Señor no toma en cuenta su maldad y en cuyo espíritu no hay engaño» (vv. 1-2).

Lo primero que nos dice el rey David es que el perdón del Señor dará como fruto una genuina felicidad en Dios. Esto es evidente por el uso de la palabra «dichoso» que David usa dos veces en este pasaje y que hace referencia al gozo que disfrutan las personas que reciben el perdón del Padre.

Lo segundo que produce el perdón de Dios es una gratitud sincera que se traduce en obediencia a Dios. Los versículos 8-9 dicen así: «Yo te instruiré, yo te mostraré el camino que debes seguir; yo te daré consejos y velaré por ti. No seas como el mulo o el caballo, que no tienen discernimiento, y cuyo brío hay que domar con brida y freno, para acercarlos a ti».

Como podemos ver, el perdón divino no solo produce gozo y felicidad en las vidas de las personas, también nos impulsa a andar en los caminos de santidad y sabiduría. Por lo tanto, «¡Alégrense, ustedes los justos; regocíjense en el Señor! ¡canten todos ustedes, los rectos de corazón!» (v. 11).

SALMO 1

*«Bienaventurado el varón que no anduvo en consejo
de malos, ni estuvo en camino de pecadores,
ni en silla de escarnecedores se ha sentado»*

(SAL. 1:1, RVR1960).

«Bienaventurado el varón que no anda...». En una traducción más actual, se escribe este verbo en tiempo presente. No está hablando de un varón en particular que no conocemos, o que se haya distinguido en la historia, se refiere a nosotros.

Vemos el primer capítulo como una introducción de lo que serán los próximos 149 salmos que le siguen. Al principio nos saluda con una bienaventuranza y continuando la lectura nos percatamos de que esta llega al obedecer y temer a Dios, y por consiguiente, al despreciar lo que Él no aprueba y alejarnos sin siquiera participar.

Todo es para que seamos bienaventurados, dichosos y felices. No hay ningún otro propósito que Dios tenga oculto. Su amor nos alcanza para ser felices en Él y prosperar en Sus caminos, siendo estos los mejores a los que podemos aspirar (Rom. 8:28).

Haz que Sus caminos sean los tuyos también, serás más bienaventurado de lo que puedes imaginar.

En el versículo 3 leemos: «... Y todo lo que hace, prosperará». Esta prosperidad es la que nos sostiene en medio de la adversidad, «... como árbol [fuerte] plantado junto a corrientes de aguas...» (v. 3). Esta prosperidad es la paz que Dios nos concede confiando en Él y entregándole todo lo que somos: «Y la paz de Dios, que sobrepasa todo entendimiento, guardará vuestros corazones y vuestros pensamientos en Cristo Jesús» (Fil. 4:7).

«Solo yo sé los planes que tengo para ustedes. Son planes para su bien, y no para su mal, para que tengan un futuro lleno de esperanza» (Jer. 29:11, RVC). Yo quiero ser parte de Sus planes, ¿qué deseas tú?

SALMO 130

*«Escucha, SEÑOR, mi voz. Estén atentos
tus oídos a mi voz suplicante»*

(SAL. 130:2).

El único alivio para el alma comprometida en el pecado es apelar solo a Dios. Muchas cosas se presentan como diversiones, muchas cosas se ofrecen como remedio, pero el alma halla que solo el Señor puede sanar. Mientras los hombres no sean sensibles a la culpa del pecado y dejen todo de inmediato para acudir a Dios, es inútil que tengan esperanzas de algún alivio. El Espíritu Santo da a esas pobres almas un sentido nuevo de su profunda necesidad, para estimularlas a rogar sinceramente, por la oración de fe, clamando a Dios. Y cuando amen sus almas, cuando estén interesados por la gloria del Señor, no faltarán a su deber. ¿Por qué estas cosas son inciertas para ellos hasta ahora? ¿No es por pereza y desánimo que se contentan con oraciones comunes y rutinarias a Dios? Entonces levantémonos y pongámonos en acción; hay que hacerlo, y el resultado es seguro. Tenemos que humillarnos ante Dios, como culpables ante Sus ojos. Reconozcamos nuestra pecaminosidad; no podemos justificarnos a nosotros mismos ni confesarnos inocentes. Nuestro consuelo inexpresable es que haya perdón de parte de Él porque eso es lo que necesitamos. Jesucristo es el gran rescate; Él es siempre nuestro Abogado y, por medio de Él, esperamos obtener perdón. En ti hay perdón, no para que se abuse de ti, sino para que seas reverenciado. El temor de Dios suele ser considerado como toda la adoración de Dios. El único motivo y aliento para los pecadores es este: que hay perdón del Señor.

Es por el Señor que espera mi alma, por los dones de Su gracia, y la obra de Su poder. Debemos esperar únicamente lo que ha prometido en Su Palabra. Como los que desean ver el amanecer, deseosos que la luz venga mucho antes que el día, pero con más fervor todavía, anhela el hombre bueno las señales del favor de Dios y las visitas de Su gracia. Que todos los que se dedican al Señor, permanezcan en Él con alegría. Esta redención es de todo pecado. Jesucristo salva a Su pueblo de sus pecados y del poder condenador y dominante del pecado. Hay redención abundante; hay una plenitud del todo suficiente en el Redentor, suficiente para todos, suficiente para cada uno; por tanto, suficiente para mí, dice el creyente. La redención del pecado incluye la redención de todos los males, por tanto, es una redención abundante por medio de la sangre expiatoria de Jesús, que redime a Su pueblo de todos sus pecados. Todo el que espera en Dios por misericordia y gracia, está seguro de tener paz.

SALMO 143

«Traigo a la memoria los tiempos de antaño: medito en todas tus proezas, considero las obras de tus manos»

(SAL. 143:5).

*¿E*n qué meditas por las noches o durante el día? ¿Qué pensamientos rondan más en tu mente? Muchos de esos pensamientos hablan de quiénes somos (Prov. 23:7) y quién nos gobierna.

Este es el último salmo penitencial de David. Él está desesperado por la ayuda y guía de Dios. David pide una respuesta a Dios no justificándose en él mismo (vv.1-2), sino que expone a Dios su situación con manos extendidas en gran necesidad (vv. 3-6). Ruega por Su protección y sabiduría para poner su mente en la Palabra de Dios (vv. 7-12).

Seguramente nos hemos encontrado en la misma situación que David, desesperados por ayuda, como si estuviéramos en una cueva oscura y solitaria. Pero ¿sabes qué es lo más hermoso que David nos enseña y que es su fundamento para acercarse a Dios? Que él se sabe justificado por la obra de Dios (v. 2). Por eso no se acerca en orgullo, sino en humildad (v. 6). Una humildad que derrama ante Él con todo lo que está sucediendo en su alma, (vv. 6, 11-12).

David no niega lo que está viviendo, su desolación, su espíritu angustiado y el dolor de la persecución; más bien trae todo esto ante el Señor a través de meditar en Su Palabra y las obras que Él ha hecho (vv. 5-8).

En los momentos de angustia, las emociones pueden tornarse lupas a nuestro corazón para acercarnos a Dios, o pueden tornarse megáfonos del «yo» para alejarnos de Dios. Todo depende de dos verdades importantes para todo hijo e hija de Dios: saberse justificado por la obra de Cristo y reconocer que Su Palabra es la verdad que necesita tu alma.

No sé cuántas veces he llorado al escuchar las conversaciones de queja en mi mente para solo sentirme desecha, inútil y rechazada por Dios. Pero más rápido que tarde, Su Espíritu me llama la atención a través de hermanas, enseñanzas, o en algún momento de silencio en mis pensamientos. Entonces recuerdo la bondad de Dios al salvarme, justificarme y hacerme suya: las obras de Sus manos me apacientan, me humillan, me desarman para decir: «Hazme oír por la mañana tu misericordia, hazme saber el camino por donde andar, líbrame, enséñame a hacer tu voluntad, que tu buen espíritu me guíe a tierra de rectitud, vivifícame y saca mi alma de angustia, porque soy tu siervo» (paráfrasis, vv. 8-11).

Su Palabra es nuestro sendero donde vemos las obras de gracia que ha hecho por nosotros en Cristo. La angustia toca fuerte nuestro corazón, pero no despeguemos nuestra mirada de Sus obras de misericordia, confiemos que Él nos escucha y vivificará nuestras almas, y que antes de resolver la situación, nos provee a Él mismo.

Todos los días ora al Señor, pidiendo que Sus palabras sean tus pensamientos para que en la aflicción corras a Él y seas afirmado en Él. Somos santificados (v. 10) y justificados (v. 6) para obedecer y confiar en la obra de Cristo por nosotros. ¡Qué seguridad tenemos en Él!

SALMO 51:17

«Los sacrificios de Dios son el espíritu contrito;
al corazón contrito y humillado, oh Dios, no despreciarás»

(SAL. 51:17, LBLA).

La definición del corazón en la Biblia no se da en un solo versículo; se extiende a lo largo de muchos versículos y puede ser fácil pasarla por alto. Dado que la Biblia se refiere al corazón cientos de veces, debe ser significativo para Dios y para nosotros.

David sabe que el problema del corazón es el corazón del problema. En una iglesia donde tuve el privilegio de compartir el pastorado, queríamos instituir la cena del Señor cada semana, ya que se estaba llevando a cabo una vez al mes o con menos frecuencia. Cuando nos reunimos con los ancianos e hice la propuesta, uno de los argumentos que se expusieron en contra de la nueva práctica fue que si la celebrábamos con más frecuencia se podía tomar en vano o caer en una rutina. Sin embargo, mi argumento fue que lo mismo podría suceder si se mantenía de la misma manera. «El problema es el corazón», les dije a mis hermanos, y lo que yo proponía buscaba honrar las palabras de Cristo cada semana que nos reuníamos, ya que Él dijo: «Haced esto en memoria de mí». Además, en mi opinión, nos daba una oportunidad más para presentar el evangelio. Después de un largo debate todos estuvieron de acuerdo de llevar a cabo la cena del Señor cada semana y fue de gran bendición para la congregación. Como mencioné, el corazón del problema es el problema del corazón.

Regresando al versículo que nos ocupa, considera lo que dice David después de que confiesa su pecado en los versículos anteriores: «Los sacrificios de Dios son el espíritu contrito». El adjetivo «contrito» califica al que tiene dolor, pena y arrepentimiento por una falta cometida. David está arrepentido de su pecado y sabe que el problema está en su corazón, y el corazón debe estar contrito y humillado. Esa es la condición que debe producir el pecado en nosotros. En la Palabra hay grandes advertencias y ejemplos de parte de Dios para aquel que se enorgullece y no es capaz de venir ante Dios en arrepentimiento por su pecado.

El sacrificio que agrada a Dios nace de un espíritu y un corazón dispuesto a reconocer su maldad, confesarla y apartarse de ella. Las últimas palabras de David en este versículo nos deben traer un inmenso consuelo: «Oh Dios, no despreciarás». David se recuerda estas palabras a sí mismo y quedan plasmadas para nuestro consuelo también. A pesar de dónde estés o hasta dónde hayas caído, hay esperanza, amado hermano o hermana; humíllate ante el Señor, recuerda las palabras de 1 Pedro 5:6-7: «Humillaos, pues, bajo la poderosa mano de Dios, para que Él os exalte a su debido tiempo, echando toda vuestra ansiedad sobre Él, porque Él tiene cuidado de vosotros» (LBLA).

SALMO 62

«Solo en Dios halla descanso mi alma;
de él viene mi salvación»

(SAL. 62:1).

Esperar en Dios, y a Dios, es la posición habitual de la fe; el esperar en Él verdaderamente es sinceridad; el esperar a Él solamente es castidad espiritual. El original es: «Solo a Dios en mi alma en silencio». El proverbio dice que el hablar es plata, pero el silencio es oro, y es más que verdadero en ese caso. No hay elocuencia en el mundo que tenga ni la mitad del significado del silencio paciente del Hijo de Dios. Si el esperar en Dios es adorar, el esperar en la criatura es idolatría; si el esperar en Dios solamente es verdadera fe, el asociar el brazo de la carne con Él es una incredulidad audaz.

Hubo un tiempo en que acostumbraba maravillarme de estas palabras de Lutero:

Aguanta paciente y en silencio,
no digas a nadie tus miserias;
no cedas en la prueba ni desmayes,
que Dios te librará en cualquier momento.

Me sorprendía porque sentimos que el derramar la pena en el corazón de un amigo es muy dulce. Y, al mismo tiempo, el que habla mucho de sus tribulaciones al hombre es apto de caer en el error de hablar poco de ellas a Dios; en tanto que, por otra parte, el que ha experimentado con frecuencia el alivio bendito que fluye de la conversación silenciosa con el Eterno, pierde mucho de su deseo de la simpatía de sus prójimos. El hablar de la tribulación la dobla.

SALMO 91:3-13

*«No temerás el terror de la noche,
ni la flecha que vuela de día»*

(SAL. 91:5).

Cuando Dios es nuestro refugio y fortaleza, Él nos salva de dos peligros: la sutil trampa del enemigo y la muerte por enfermedad o pestilencia. Esto no significa que nunca moriremos, sino que Dios habitualmente nos libera hasta que orquesta el evento para llamarnos a nuestro eterno hogar.

Aunque Él es nuestro escudo y baluarte, nos cuida con ternura; Sus plumas nos cubren y nos refugiamos bajo Sus alas. Es como si Él fuera un ave materna cuidando su cría. Como baluarte, Él nos envuelve por todos lados protegiéndonos, pero no con objetos inanimados y fríos, sino con el calor del amor maternal.

Jesús demostró esto a Jerusalén, como leemos en Mateo 23:37: «¡Cuántas veces quise reunir a tus hijos, como reúne la gallina a sus pollitos debajo de sus alas, pero no quisiste!». El amor de la madre ni se compara con el amor de Dios, sin embargo, es lo más cerca que podemos conocer en los seres humanos.

Vivimos en un mundo caído lleno de pecado y violencia, algo que vemos todos los días, sin embargo, aquellos que confían en la soberanía de Dios no viven con terror cuando ven el castigo de los impíos mientras están en la tierra, nosotros confiamos porque Jesús pagó nuestra deuda y no sufriremos el juicio de Dios, aunque podemos sufrir aquí.

La violencia contra el impío es consecuencia de su pecado, mientras la violencia contra los hijos de Dios es orquestada por el mismo Dios para hacernos madurar. Y todo esto es posible porque hemos puesto al Señor como nuestro refugio, al Altísimo como nuestra habitación (v. 9). Esto no significa que acudimos a Dios solamente cuando tenemos problemas, sino que habitamos y confiamos en Él continuamente. Vivimos una vida enfocada en Él, con la meta de darle toda la gloria que Él merece.

También vemos una referencia a Jesucristo en los versículos 11-12, el único que realmente vivió la vida totalmente confiada en Dios: «Porque él ordenará que sus ángeles te cuiden en todos tus caminos. Con sus propias manos te levantarán para que no tropieces con piedra alguna». En Mateo 4 leemos sobre las 3 tentaciones de Jesús en el desierto; el diablo le tentó para llenar Su necesidad física, le ofreció lo que era ya suyo para evitar el dolor de la cruz y desviarlo de Su meta, y lo retó a tirarse del pináculo recitando este salmo, pero distorsionado. Satanás es nuestro «enemigo el diablo [y] ronda como león rugiente, buscando a quién devorar» (1 Ped. 5:8). Y al obedecer a Dios y no al diablo, Jesús pisó al león (v. 13) y eventualmente lo derrotó totalmente en la cruz (Col. 2:15).

Todos los que hemos entregado nuestras vidas a Dios, aceptando a Jesús como nuestro Señor y Salvador, somos la morada del Espíritu Santo y nos da el poder para obedecer; habitemos siempre con Él.

SALMO 149

*«Aleluya! ¡Alabado sea el Señor! Canten al Señor un
cántico nuevo, alábenlo en la comunidad de los fieles»*

(SAL. 149:1).

Las misericordias nuevas demandan nuevos cánticos de alabanza en la tierra y en el cielo. Y los hijos de Sion no solo tienen que bendecir el nombre de Dios que los hizo, sino regocijarse en Él por haberlos creado en Cristo Jesús para buenas obras, y haberlos formado santos y hombres. El Señor se complace en Su pueblo; ellos deben regocijarse en Él. Cuando hace que los pecadores sientan su necesidad e indignidad, el Señor los adorna con las gracias de Su Espíritu, y hace que lleven Su imagen y se regocijen en Su felicidad por siempre. Que los santos empleen sus horas de vigilia en sus lechos cantando alabanzas. Que se regocijen aun en el lecho de muerte, seguros de que van al reposo y la gloria eterna.

Algunos de los antiguos siervos de Dios fueron comisionados para ejecutar venganza conforme a Su palabra. No lo hicieron por venganza personal o política terrenal, sino en obediencia al mandamiento de Dios. La honra concebida para todos los santos de Dios consiste en su triunfo sobre los enemigos de la salvación. Cristo nunca concibió que Su evangelio fuera difundido a sangre y fuego, o Su justicia por la ira del hombre. Pero dejemos que las excelsas alabanzas a Dios estén en nuestra boca mientras esgrimimos la espada de la Palabra de Dios, y el escudo de la fe, en la guerra contra el mundo, la carne y el diablo. Los santos serán más que vencedores de los enemigos de sus almas por medio de la sangre del Cordero y la palabra de su testimonio. Esto se completará en el juicio del gran día. Entonces será ejecutado el juicio. He aquí a Jesús y Su iglesia del evangelio, principalmente en su estado milenial. Él y Su pueblo se regocijan uno en el otro; por sus oraciones y esfuerzos obran con Él, mientras Él va adelante en los carros de la salvación, conquistando pecadores por Su gracia o en los carros de la venganza, destruyendo a Sus enemigos.

SALMO 144

«Todo mortal es como un suspiro; sus días
son fugaces como una sombra»

(SAL. 144:4).

En su oración de ayuda y protección, David dirige su mirada a la grandeza de Dios y la pequeñez del hombre. Aun siendo un guerrero adiestrado para la batalla, sabe que le es necesario confiar en el Señor, y que Él es digno de ser alabado. ¡Somos tan pequeños frente a un Dios tan grande! ¡Somos bienaventurados porque tenemos al único Dios y Señor!

Nota como David habla de quién es Dios para él: «Bendito sea el Señor, mi Roca, que adiestra mis manos para la guerra, mis dedos para la batalla. Él es mi Dios amoroso, mi amparo, mi más alto escondite, mi libertador, mi escudo, en quien me refugio. Él es quien pone los pueblos a mis pies» (vv. 1-2). Cuando David expresa todo lo que es Dios para Él, inmediatamente admira Su gran amor para estimar al hombre, cuyos días son breves en esta tierra (vv. 3-4). David admira cómo la presencia de Dios irrumpe en un mundo caído en medio de hombres pecadores como él (vv. 5-6). Por esto pide: «Extiende tu mano desde las alturas y sálvame de las aguas tumultuosas; líbrame del poder de gente extraña» (vv. 7, 11). David sabe que, aun siendo un guerrero hábil, la batalla es del Señor.

¿Es así como ves a Dios en medio de tus circunstancias? ¿Descansas más en tus habilidades, o incluso en el hecho de ser hijo de Dios? Nada de lo que hacemos tiene un valor eterno si nos apartamos de Él. Corremos a arrepentirnos y, como David, entonamos un cántico nuevo, uno de victoria (v. 9). David sabía que Dios dará la victoria a Su siervo, (v. 10). ¿No son estas declaraciones de un mejor Rey? ¿No te trae a memoria la salvación del Rey y Siervo de Dios victorioso?

Nosotros, como David, somos pequeños ante un Dios Poderoso. Nosotros, como David, necesitamos ser redimidos, salvados y rescatados de la vanidad de los hombres y la persecución de los que rechazan al verdadero Rey: Jesucristo.

Solo por Cristo, quien se hizo semejante a nosotros tomando forma de siervo, se humilló a sí mismo haciéndose obediente hasta la muerte, y muerte de cruz (Fil. 2:7-8), es que somos redimidos. Este Rey es quien hace diestras nuestras manos en medio de las dificultades, porque apartados de Él nada somos, nada podemos hacer (Juan 15:5). Él es nuestro escudo, nuestra fortaleza, nuestro castillo, nuestra roca, nuestro libertador y nuestra misericordia porque el Siervo, Jesucristo, ha ganado nuestras batallas.

La maravillosa verdad es que confiar en quién es Dios y Su amor mostrado en redimirnos en Cristo, nos coloca en la posición correcta para recibir las bendiciones preparadas para Sus bienaventurados (vv. 12-15). Sus bendiciones no añaden tristeza, son espirituales y seguras en Cristo Jesús. Mientras transitas dificultades, no acudas a tus habilidades o te alejes de Dios en tu necedad, más bien recuerda quién es Él, quién es Su Siervo dado a ti por misericordia, y confía que eres victorioso en Él, porque Cristo ha resucitado, ha vencido y nosotros juntamente con Él.

Un día, el clamor por ayuda desaparecerá, porque Cristo descenderá y destruirá el mal, vendrá por Su pueblo para disfrutarlo eternamente. ¡Bienaventurado el pueblo cuyo Dios es el Señor!

SALMO 51:16-17

«El sacrificio que te agrada es un espíritu quebrantado; tú, oh Dios, no desprecias al corazón quebrantado y arrepentido»

(SAL. 51:17).

En esta ocasión tenemos un pasaje muy profundo, que narra el sentir del rey David. Esta expresión se da en medio de una situación vergonzosa, al haber sido descubierto su pecado. Dios le habló por medio del profeta Natán, quien le mostró, por medio de un ejemplo, la acción sin misericordia que él había cometido. Tuvo relaciones sexuales con una mujer, Betsabé, quien no era su esposa, mientras Urías, el esposo de esta, servía como su soldado en el frente de batalla. Betsabé quedó embarazada y David decidió matar a Urías, luego de intentar ocultar su responsabilidad. Al morir Urías, David tomó a Betsabé y la hizo su mujer. Parecía que todo había quedado oculto, pero no para los ojos de Dios. Con gran pena, David se humilló pidiendo perdón y misericordia, y Dios lo perdonó, pero las consecuencias por su pecado lo siguieron por el resto de sus días.

Cuando hacemos algo malo, intentamos arreglarlo con buenas acciones que, de alguna manera, contrarresten las faltas cometidas. Así no funcionan las cosas para Dios. Él no espera de nosotros algún sacrificio personal que pueda borrar nuestro pecado cometido, porque no hay nada que pueda suplir a lo que precisamente hizo Jesús en la cruz, cargando nuestros pecados. ¿Te sientes mal por eso que has hecho y que, al paso de los días, meses o años, no has podido borrar de tu mente? Es cierto, nada lo podrá borrar. Solo Cristo puede limpiar de pecado nuestra vida y darnos un corazón limpio. Lo mejor que pudo hacer David fue mostrar un espíritu quebrantado. El corazón de este hombre tuvo que comprender la gravedad de su pecado; y esto es tan importante en nuestro diario vivir, pues no podremos amar a Dios y comprender Su misericordia hacia nosotros si no alcanzamos a ver el peso de nuestra culpa y el alto precio pagado para tener una oportunidad de ser perdonados y sanados. Jesucristo tomó nuestro lugar en la cruz, llevando la paga de los pecados que a nosotros nos correspondía llevar. Así, el justo pagó por nosotros los injustos, malvados ingratos y rebeldes.

Al continuar leyendo observamos dos cosas que debemos tener: un corazón contrito, que significa: «reventado, derribado, destrozado, fracturado, roto»; y un corazón humillado, que quiere decir: «derribado, abatido, quebrantado, molido». Esta es la actitud correcta ante el peso de nuestros pecados. Para David, este dolor personal le significó ser atendido y sanado, y no despreciado por lo que cometió. Debió llevar las consecuencias de sus faltas, pero Dios creó en él un corazón limpio y lo mismo promete para todo aquel que llega en esta condición de quebranto personal clamando por ayuda y perdón. Esto es lo que producirá realmente un corazón limpio. ¡Deseas esto también para tu vida? «Si esto es así, ¡cuánto más la sangre de Cristo, quien por medio del Espíritu eterno se ofreció sin mancha a Dios, purificará nuestra conciencia de las obras que conducen a la muerte, a fin de que sirvamos al Dios viviente!» (Heb. 9:14).

SALMO 57:6-11

*«Firme está, oh Dios, mi corazón; firme está
mi corazón. Voy a cantarte salmos»*

(SAL. 57:7).

En los versículos 1-5 vemos que David está confirmando las dificultades que estaba experimentando, pero debido a que Dios era su refugio, estaba confiado en que el Dios Altísimo respondería y reprocharía a sus enemigos; entonces él exaltaría al Dios que reina sobre todo con la esperanza de que Su gloria será vista sobre toda la tierra.

En el versículo 6, David comienza a describir lo que sus enemigos están haciendo, sin embargo, cuando comienza a observar cómo Dios estaba obrando a su favor, su corazón se fortalece. Él había dicho que Dios reprocharía al que lo pisoteara, y ahora es testigo de cómo lo estaba haciendo, ya que sus enemigos cayeron en la misma fosa que habían cavado para destruir a David. La fidelidad de Dios produce firmeza y constancia en David.

Dios siempre está obrando, sin embargo, a menos que lo busquemos, no lo vemos. David sabía que Dios había perdonado su pecado y, en vez de rogar por la misericordia de Dios, comienza a cantarle alabanzas. Su corazón está firme porque ha entendido que «las misericordias del Señor jamás terminan, pues nunca fallan sus bondades; son nuevas cada mañana; ¡grande es tu fidelidad!» (Lam. 3:22-23, LBLA). No son letras que él ha oído o canciones que ha cantado, sino lo que él ha vivido. A pesar de su infidelidad, ¡Dios era fiel (2 Tim. 2:13)! Su corazón está firme porque Dios ha demostrado Su amor, bondad y gracia, por tanto, la confianza y el amor que David tiene por su Dios ha aumentado.

Aunque él no demostró la gloria de Dios a los filisteos en Gat, trayendo vergüenza a sí mismo y deshonra a su Dios, él se ha arrepentido y ahora su deseo es traerle la gloria cantando los salmos desde la mañanita hasta la noche. Él quiere despertar la aurora alabando a Dios y traer Su gloria no solamente a Gat, sino a todas las naciones. Ahora que sus pecados han sido perdonados, él quiere demostrar Su misericordia y verdad a todos. Ahora él puede cantar «Los cielos cuentan la gloria de Dios, el firmamento proclama la obra de sus manos» (Sal. 19:1).

David ha probado y ha visto que Dios es bueno y él se sentía bienaventurado porque Dios había sido su refugio (Sal. 34:8). «Dios es nuestro amparo y nuestra fortaleza, nuestra ayuda segura en momentos de angustia» (Sal. 46:1), por tanto, podemos quedarnos quietos porque Dios será exaltado sobre las naciones (Sal. 46:19). Entonces David repite de nuevo: «Exaltado seas sobre los cielos, oh, Dios; sobre toda la tierra sea tu gloria» (v. 11, LBLA).

Ser rescatado de tus enemigos es bueno, pero no se compara con la presencia del Señor en tu vida. Esta presencia es lo que movió a David a cantar y exaltar a nuestro Señor y lo mismo sucede con nosotros. Cuando hemos probado, cuando hemos saboreado Su bondad y Su misericordia, queremos exaltar Su nombre a todas las naciones y para siempre.

SALMO 147

«¡Aleluya! ¡Alabado sea el Señor! ¡Cuán bueno es cantar salmos a nuestro Dios, cuán agradable y justo es alabarlo!»

(SAL. 147:1).

Alabar a Dios es obra que tiene su paga. Es lindo; nos corresponde como criaturas racionales, mucho más como pueblo del pacto de Dios. Por Su gracia reúne a los pecadores desechados y los lleva a Su santa morada. A los que Dios sana con las consolaciones de Su Espíritu, les habla paz, les asegura que sus pecados son perdonados. Por esto, que también le alaben los demás. El conocimiento del hombre termina pronto, pero el conocimiento de Dios es de una profundidad que no puede ser sondeada. Aunque conoce el número de las estrellas, condesciende a escuchar al pecador de corazón quebrantado. Aunque alimenta a los polluelos de cuervos, no dejará menesteroso a Su pueblo que ora. Las nubes parecen pesadas y tristes, pero sin ellas no tendríamos lluvia, por tanto, tampoco frutas. Así, las aflicciones parecen negras y desagradables, pero de las nubes de aflicción vienen las lluvias que hacen que el alma dé los frutos apacibles de justicia. El salmista se deleita, no en las cosas en que confían y se glorían los pecadores; pero a sus ojos, la consideración seria y apropiada de Dios es de un muy gran precio. No tenemos que dudar entre la esperanza y el temor, sino actuar bajo la influencia llena de gracia de la esperanza y el temor unidos.

La Iglesia, como la Jerusalén de antes, edificada y preservada por la sabiduría, el poder y la bondad de Dios, es exhortada a alabarlo por todos los beneficios y las bendiciones que Él condesciende a otorgarle; y estas están representadas por sus favores en el curso de la naturaleza. La palabra que derrite puede representar al evangelio de Cristo y el viento que hace fluir las aguas, al Espíritu de Cristo, porque el Espíritu es comparado con el viento (Juan 3:8). La gracia que convierte ablanda al corazón que estaba congelado, lo derrite en lágrimas de arrepentimiento y hace que fluyan buenas reflexiones, que antes estaban congeladas y estancadas. El cambio que el derretimiento hace es muy evidente, pero nadie puede decir cómo ocurre. Tal es el cambio obrado en la conversión de un alma, cuando la palabra y el Espíritu de Dios son enviados a derretirla y a restaurarla.

SALMO 80:17

«Bríndale tu apoyo al hombre de tu diestra,
al ser humano que para ti has criado»

(SAL. 80:17).

Las naciones se levantan y caen en gran parte debido a la intervención de individuos: Napoleón es un azote para Europa, Wellington lo abate y la libra del tirano. Es por el Hombre Cristo Jesús que el Israel caído ha de levantarse, y verdaderamente por medio de Él, que se digna llamarse Hijo del Hombre, que el mundo será librado del dominio de Satanás y de la maldición del pecado. Oh, Señor, cumple tu promesa al Hombre de tu diestra, que participa en tu gloria, y dale que pueda ver el placer del Señor prosperado en su mano.

Ahora bien, como Cristo es llamado el Varón de la diestra de Dios, esto dice que es el objeto de sus atenciones escogidas. En Él se complace, y como prueba de ello le ha puesto en el lugar más honroso. Él es el Hijo del Hombre, a quien el Padre hace fuerte en sí mismo, esto es, para apoyar el honor y la dignidad del carácter divino entre una generación perversa y, corrompida; la consideración de la diestra del Padre estando sobre Él, o la satisfacción del Padre en Él como nuestra garantía, sirve para alentar y estimular nuestras peticiones a Su trono, y es el mayor aliciente para poner en práctica la resolución: «A partir de ahora, no nos apartaremos de Ti».

SALMO 90:12

*«Enséñanos a contar de tal modo nuestros días,
que traigamos al corazón sabiduría»*

(SAL. 90:12, LBLA).

Probablemente este salmo fue escrito por Moisés y su trasfondo provenga de Números 20. Moisés, Aarón y Miriam habían trabajado juntos por 40 años, y Moisés, había visto a ambos morir. Al reconocer que su muerte era inminente, esta reflexionando sobre la brevedad de la vida.

Moisés veía que la vida era incierta y sin permanencia. Debido a la relación especial que él tenía con Dios, Moisés entendía que Dios era el fundamento de todo y las personas ancladas en Él tenían seguridad eterna. Él miraba al futuro: «Porque esperaba la ciudad que tiene cimientos, cuyo arquitecto y constructor es Dios» (Heb. 11:10, LBLA) y nos enseña a «no poner nuestra vista en las cosas que se ven, sino en las que no se ven; porque las cosas que se ven son temporales, pero las que no se ven son eternas» (2 Cor. 4:18, LBLA).

Nuestro Dios es estable y eterno, mientras el hombre es débil y su vida terrenal es breve. La única forma de vivir una vida abundante y tener un impacto en el mundo es vivir todos nuestros días enfocados en Dios. Como seres humanos, cuando morimos, somos olvidados; el único que no se olvida es a Dios y Sus obras; por tanto, solamente lo que hacemos para Él permanecerá como un logro eterno.

Los que son del mundo viven para su propio reino, para su propia fama y con el afán de acumular todo lo que puedan para vivir una vida cómoda, sin embargo, toda esa comodidad se queda al morir. Por esta razón el Señor nos manda: «No os acumuléis tesoros en la tierra, donde la polilla y la herrumbre destruyen, y donde ladrones penetran y roban; sino acumulaos, tesoros en el cielo, donde ni la polilla ni la herrumbre destruyen, y donde ladrones no penetran ni roban» (Mat. 6:19-20, LBLA).

Moisés vivió ambas caras de la moneda. Primero disfrutó toda la riqueza imaginable como nieto de Faraón, y luego vivió como alguien sin ningún bien material que el mundo ofrece. Él huyó a Madián por su pecado y dejó su fama atrás. Probablemente su vida allá no fue cómoda, sino más bien tranquila. Al regresar a Egipto después de 40 años, él era un desconocido. La fama no duró lo suficiente. Por obedecer a Dios, Moisés tuvo muchas dificultades, primero con Faraón y luego al pasar tantos años en el desierto con un pueblo quejumbroso. Él no tenía dinero, bienes, reconocimiento ni comodidad, sin embargo, por generaciones, él no solamente ha sido el héroe de los judíos, sino de los cristianos también. ¡Lo que hacemos por Dios pasa la prueba de tiempo!

Entonces «despojémonos también de todo peso y del pecado que tan fácilmente nos envuelve, y corramos con paciencia la carrera que tenemos por delante, puestos los ojos en Jesús, el autor y consumador de la fe» (Heb. 12:2, LBLA).

SALMO 146

*«Dichoso aquel cuya ayuda es el Dios de Jacob,
cuya esperanza está en el SEÑOR su Dios»*

(SAL. 146:5).

*S*i nuestro deleite es alabar al Señor mientras vivimos, ciertamente le alabaremos toda la eternidad. Teniendo ante nosotros esta gloriosa perspectiva, ¡cuán bajas parecen las empresas terrenales! Hay un Hijo del hombre en quien hay ayuda, que es también el Hijo de Dios, que no les fallará a los que confían en Él. Pero todos los demás hijos de los hombres son como el hombre del cual salieron que, teniendo honra, no permaneció en ella. Dios ha dado la tierra a los hijos de los hombres, pero hay mucha inquietud al respecto. Sin embargo, después de poco de tiempo, ninguna parte de la tierra será de ellos, excepto la que contiene sus cuerpos muertos. Cuando el hombre vuelve a la tierra, en ese mismo día todos sus planes e intenciones se desvanecen y se van: entonces, ¿en qué quedan sus expectativas?

El salmista nos anima a depositar la confianza en Dios. Debemos tener esperanza en la providencia de Dios para todo lo que necesitamos respecto de esta vida, y en la gracia de Dios para la venidera. El Dios del cielo se hizo hombre para llegar a ser nuestra salvación. Aunque murió en la cruz por nuestros pecados, y fue puesto en la tumba, sus pensamientos de amor por nosotros no perecieron; se levantó de nuevo para cumplirlos. Cuando estuvo en la tierra, sus milagros fueron ejemplo de lo que Él sigue haciendo cada día. Otorga liberación a los cautivos atados en las cadenas del pecado y de Satanás. Abre los ojos del entendimiento. Da el pan de vida a los que tienen hambre de salvación; y es el Amigo constante del pobre de espíritu, el indefenso y el desposeído. Nuestro Señor Jesús vino al mundo a socorrer al indefenso: en Él encuentran misericordia los pobres pecadores, que son como huérfanos; Su reino continuará por siempre. Entonces, corran a Él los pecadores y los creyentes se regocijen en Él. Como el Señor reinará por siempre, animémonos unos a otros a alabar Su santo nombre.

SALMO 137:1-6

«¿Cómo cantar las canciones del Señor en una tierra extraña?»

(SAL. 137:4).

*P*odemos imaginar a alguien que se siente derrotado a pesar de tener la oportunidad de vivir, comer y vestirse lujosamente, de habitar en una de las ciudades más prósperas y bellas del mundo y de tener un puesto de confianza al servicio de un alto funcionario del más poderoso imperio político, económico y militar?

En medio de una cultura que valora sobre todas las cosas la realización personal basada en el consumo de bienes, servicios y experiencias, se nos hace difícil imaginar a alguien que, viviendo en condiciones de abundancia, se sienta inconsolablemente nostálgico de un pasado de casa sencilla en una tierra distante y sin lujos. Pero fue justamente esto lo que sintieron los judíos del Antiguo Testamento cuando vivieron cautivos en Babilonia. Una gran parte de ellos no fueron llevados para realizar trabajos humillantes bajo inagotables castigos corporales, sino para ser escribanos, coperos, mayordomos, músicos y sabios al servicio del rey y de la élite de babilonia.

En el Salmo 137, el corazón de estos creyentes ya había pasado por la congoja del arrepentimiento por sus abominaciones e idolatrías cometidas mientras habitaban la tierra de Judá. Ahora lo que ellos lamentan y lloran es que Jerusalén y su templo se encuentren en ruinas y vergüenza. Sus corazones han aprendido al fin a reconocer que la gloria de Dios, la revelación de Su plan redentor en la historia y la misión de Israel a todas las familias de la tierra valen más, infinitamente más, que su propia prosperidad personal.

Los autores de este salmo no fueron siquiera capaces de cantar canciones en medio de fiestas y lujos por el dolor que les causaba ver que el plan del Señor de hacer de Israel una luz a las naciones estaba interrumpido y, aparentemente, abandonado.

Nosotros sabemos cómo continuó esta historia: el fiel amor de Dios aún los sorprendería y les daría una nueva oportunidad de habitar la tierra de Judá, de reconstruir el templo, de tener a sacerdotes en su oficio, de levantar los muros de Jerusalén y de enmendar sus caminos, pero antes debían aprender a anhelar ardientemente que la gloria del Señor y la clara manifestación de Su plan redentor en la historia volviesen a brillar con toda intensidad.

¿Hemos aprendido nosotros a amar de esta manera, más que a nuestro bienestar personal y familiar, al reino de Dios y Su justicia? ¿Amamos así a la Iglesia del Señor? ¿Anhelamos nosotros, por sobre nuestra prosperidad, que el cuerpo de Cristo dé testimonio fiel a la vista de las naciones en medio de la historia? ¿Nos quita el gozo cuando nos enteramos de que una parte del pueblo del Señor sirve a ídolos en vez de mantener una fidelidad insobornable exclusiva a Jesucristo?

Aprendamos con el Salmo 137 a llorar y a clamar que el Espíritu de Dios avive el amor y la fidelidad de Su iglesia en medio de los siglos.

SALMO 139:13-16

«¡Te alabo porque soy una creación admirable!
¡Tus obras son maravillosas, y esto lo sé muy bien!»

(SAL. 139:14).

¿Cuántos de nosotros nos hemos parado frente a una obra maestra para apreciar su belleza? Ya sea un edificio impresionante, un hermoso lienzo o una hermosa escultura. Recuerdo una en especial. Una escultura en la que sobre el rostro y el cabello de la mujer posaba un velo. Este tipo de obra maestra se llama «la mujer velada» y los escultores del siglo XIX usaban esta técnica de tallado sobre el mármol para mostrar la destreza de su talento. Al observarla, se veía tan real, que por momentos pensé que ese velo era otro material que reposaba sobre el mármol, pero no, esa escultura era una sola pieza, tallada con tanta precisión y destreza que lograba esa impresión. Que ingeniosa idea, que talento del escultor, ¡que creatividad! Personalmente, no había visto nunca una escultura de semejante hermosura. Mis ojos estaban maravillados ante dicha creación.

Creo que el salmista tenía esa misma percepción que tuve yo, no al ver una escultura, sino al observar la formación de la vida en el vientre de la madre. En sus palabras lo veo reconociendo la destreza del escultor divino, al hablar de lo asombrosa y compleja de la creación de la vida. También lo veo hablar de su constante involucramiento en el moldeo de esta pieza: *tú lo formaste, tú lo hiciste, lo visualizaste, lo entretejiste*, por lo que podríamos decir que cada detalle de la pieza, funcional o no, nos guste o no, es obra del Creador. En cada momento del crecimiento de la obra, el salmista habla de la atención visual del artista divino derramada de forma constante sobre Su escultura en proceso. De principio a fin, atribuye a Dios la confección de cada fibra de su cuerpo y fue él mismo que dejó entender lo que la ciencia tiene mucho tiempo debatiendo: la vida comienza desde la concepción. Aún antes de que los equipos médicos puedan identificar la vida, Dios la identifica, ahí en lo secreto, ahí en lo oculto, Dios creando y Dios formando. Como Él es el creador y dueño, a Él le toca decidir el día en que empieza y el día en que termina. Es decisión del dueño, no de los observadores.

¿Qué tanto asombro te causa Su creación?, ¿Qué tanto la proteges? Muchas familias luchan con la decepción de no tener un hijo con un comportamiento «normal». A muchas familias Dios le ha otorgado la tarea de criar hijos autistas o hijos con incapacidades físicas. ¿Cuántos hemos podido catalogar esas criaturas de Dios como obra y bendición suya? Él las hizo así, y aún con sus problemas, cada una de esas vidas llevan impresa Su imagen. Cada una de ellas es una obra maestra del escultor de la vida. ¿Cuántos piensan que el Creador ha traído la criatura a destiempo? ¿Cuántas mujeres piensan que el Artista no quiere bendecirlas con una de sus esculturas? De principio a fin, la vida es obra suya.

SALMO 11

*«Cuando los fundamentos son destruidos,
¿qué le queda al justo?»*

(SAL. 11:3).

*P*odrías parafrasear el versículo 3 de la siguiente manera: «Cuando tu vida se esté cayendo a pedazos, ¿qué puedes hacer?».

No hay duda de que en algún momento has luchado con esta pregunta. Tanto la crisis como la calamidad son inescapables en un mundo caído (Rom. 8:20-25). Cada vida es marcada por sufrimiento y dificultad indiscriminadamente. Para ti, la adversidad puede ser física, mental, emocional o espiritual. Tal vez se trata de una enfermedad terminal, una relación quebrantada, dificultades financieras, abuso o persecución. Independientemente de cómo se manifieste la dificultad, una cosa tenemos por cierto: es inevitable.

El salmista no fue la excepción. En el Salmo 11, David está en medio de una crisis desconocida. Él encara persecución violenta. Sus consejeros sugieren que huya, pero David se rehúsa a temer (vv. 1-2). En lugar de esto, él declara que ha encontrado refugio en el Señor (v. 1a). Mientras los fundamentos de la vida se derrumbaban, él confió en Dios en vez de huir de sus circunstancias. Este es el deseo de Dios para ti también.

Primero, descansa en el reino soberano de Dios (v. 4a). Estos momentos de crisis en tu vida son recordatorios poderosos de que no estás en control. Pero no temas; Dios sí está en control. Dios no es sorprendido ni perturbado por el caos. Jesús está sentado en el trono, sosteniendo todas las cosas por el poder de Su Palabra, cumpliendo eficazmente Sus propósitos para tu vida (Heb. 1:3; Col. 1:17). Permite que la gloria de Su providencia ministre a tu cansancio.

Segundo, conoce que Dios está presente en tu sufrimiento (v. 4b). La presencia del sufrimiento en tu vida no indica la ausencia de Dios. Dios no te ha abandonado; «atentamente observa» (v. 4). Él no abandona a Sus hijos (Sal. 9:10). De hecho, está orquestando meticulosamente cada detalle y circunstancia de tu vida para Su gloria y tu gozo (Rom. 8:28). Tal vez no entiendas el propósito completo de tu aflicción, pero puedes estar confiado en que Dios está contigo (Mat. 28:20).

Tercero, confía en que hay propósito en tus pruebas (vv. 5-7). Dios ha ordenado que las pruebas sean instrumentos para determinar si responderás en fe o en temor. Las pruebas exponen el objeto de tu fe. Dios ha permitido esta aflicción con el propósito de impulsarte a buscar refugio solo en Su presencia. Considera tu dificultad como esencial para la maduración de tu fe (Sant. 1:1-2). Las pruebas aumentan tu esperanza celestial y destruyen tu confianza en las comodidades del mundo.

Finalmente, anímate, tu aflicción es temporal (v. 7c). Tu perseverancia en medio de la adversidad culmina con ver el rostro de Jesús. No desfallezcas, «pues los sufrimientos ligeros y efímeros que ahora padecemos producen una gloria eterna que vale muchísimo más que todo sufrimiento» (2 Cor. 4:17). Pon tus ojos en Jesús, quien ha derrotado al pecado y a la muerte (Rom. 6:9-11). No hay circunstancia que puedas enfrentar que pueda separarte del amor de Dios en Cristo (Rom. 8:38). Escóndete en Dios, hazlo a Él tu refugio.

SALMO 145

«Te exaltaré, mi Dios y Rey; por siempre bendeciré tu nombre»

(SAL. 145:1).

Los que abundan en oración ferviente cuando están sometidos a problemas y tentaciones, en el momento debido abundarán en alabanza de gratitud, que es el lenguaje verdadero del gozo santo. Debemos hablar especialmente de la prodigiosa obra redentora de Dios mientras declaramos Su grandeza. Porque ni la liberación de los israelitas ni el castigo de los pecadores proclaman con tanta claridad la justicia de Dios como la cruz de Cristo la exhibe a la mente iluminada. Puede decirse verdaderamente de nuestro Señor Jesucristo que Sus palabras son palabras de bondad y gracia; Sus obras son obras de bondad y gracia. Está lleno de compasión; de ahí que vino al mundo a salvar pecadores. Cuando estuvo en la tierra mostró Su compasión por los cuerpos y por las almas de los hombres, sanando el uno y haciendo sabia la otra. Tiene gran misericordia, es un Sumo Sacerdote misericordioso por cuyo medio Dios tiene misericordia de los pecadores.

Todas las obras de Dios le alaban. Él satisface el deseo de toda cosa viviente, menos de los hijos irracionales de los hombres que no se satisfacen con nada. Él hace el bien a todos los hijos de los hombres; de manera especial a Su pueblo. Muchos hijos de Dios que han estado a punto de caer en pecado, de caer en la desesperación, han saboreado Su bondad que les impidió la caída, o que los recuperó rápidamente por Su gracia y consolación. En cuanto a todos los que están cargados y trabajados por el peso del pecado, si van a Cristo por fe, los aliviará, los levantará. Está preparado para oír y contestar las oraciones de Su pueblo. Está presente en todo lugar, pero está cerca de ellos en forma especial, como no lo está de los demás. Está en sus corazones y ahí mora por fe y ellos viven en Él. Está cerca de los que le invocan, para ayudarles en tiempos de necesidad. Esta cerca de ellos para que tengan lo que piden, y hallen lo que buscan si lo invocan de verdad y con sinceridad. Habiendo enseñado a los hombres a amar Su nombre y Sus santos caminos, Él los salvará de la destrucción de los impíos. Entonces, amemos Su nombre y andemos en Sus caminos mientras deseamos que toda carne bendiga Su santo nombre por siempre jamás.

SALMO 33:20-21

«Esperamos confiados en el Señor;
él es nuestro socorro y nuestro escudo»

(SAL. 33:20).

Vivimos en un mundo hiperconectado, saturado de información. En cualquier momento del día, a una velocidad increíble, podemos saber lo que está pasando en otros países. Cuando estos avances empezaron a transformar nuestro mundo, hubo mucho optimismo sobre cómo la libre información podría mejorar nuestras vidas. Internet sería como una gran biblioteca, donde el conocimiento podría fluir libremente al alcance de todos. Pero en estos últimos años hemos comprobado que fueron evaluaciones demasiado ingenuas, pues la maldad del corazón humano no tardó en corromper las cosas. En Internet, y en los medios de comunicación en general, se pueden encontrar cosas útiles aún, pero la mayoría de las veces se trata de contenido basura, que solo sirve para agregar preocupaciones a nuestro corazón: noticias falsas, teorías de conspiración, alertas de crisis y bastantes cuotas de morbo. Toda esta sobreinformación solo ha traído pesar a nuestros corazones, nos roba el gozo, y es fácil sentirnos indefensos ante la avalancha de malas noticias.

El autor de este salmo conocía esa sensación, ya que también era consciente de los planes de otras naciones contra el pueblo de Dios (v. 10). Pero no se deja ahogar por esto, sino que pone su esperanza en Dios, creador de todo lo que existe y soberano sobre todas las naciones. Exclama con confianza: «Él es nuestro socorro y nuestro escudo». Cuando ponemos nuestra confianza en esta verdad firme, algo dentro de nosotros cambia.

Recuperamos nuestro gozo cuando recuperamos nuestra confianza. La fe actúa como un escudo ante los ataques de nuestros enemigos y mediante la fe estamos protegidos por el poder de Dios. El salmista sabía de esta conexión entre la confianza y el gozo, por eso esperaba en Dios. Nosotros con más razón, de este lado de la cruz, tenemos una esperanza firme en Cristo. La cruz nos habla del poder y el amor de Dios por nosotros y nos da razones firmes para confiar en Él. Al mirar a Jesús y Su obra a nuestro favor, podemos decir con total certeza que Dios es nuestra ayuda y nuestro escudo. Sobre esta base firme se apoya nuestro gozo diario, aunque seamos atacados por las voces de este mundo.

La tristeza acecha en los corazones que pierden su esperanza, mientras el corazón que espera en Dios recupera su alegría. En Cristo nuestro gozo es perfecto, porque en Él nuestra esperanza es segura. El gozo y la confianza van de la mano, y no dependen de que los peligros de esta vida desaparezcan o no, sino de Dios, de Su poder y Su amor. Por eso confiemos con alegría, pues Él es nuestra ayuda y nuestro escudo.

SALMO 42

*«Cual ciervo jadeante en busca del agua,
así te busca, oh Dios, todo mi ser»*

(SAL. 42:1)

*E*l Libro de los Salmos está lleno de expresiones del corazón comunes a todo ser humano. Desde el cántico de adoración lleno de júbilo hasta la canción de un corazón atribulado en busca de esperanza. Dentro de ese gran espectro, en esta última categoría encontramos el Salmo 42.

En los versos de este pasaje podemos ver un alma afligida. Un corazón que siente que ha perdido toda esperanza. Una vida que siente que Dios la ha olvidado, un alma que se encuentra en medio de una sequía espiritual.

Al igual que el salmista, tú y yo podemos encontrarnos en una situación como esta, con un corazón sediento por esperanza, sediento por la presencia de Dios en medio de las aflicciones que muchas veces nos envuelven.

En medio de esa búsqueda de saciar nuestras almas y encontrar esperanza, este salmo no solamente nos enseña la descripción de un corazón que se encuentra en esa condición, también nos muestra la respuesta que necesitamos dar en medio de la aflicción.

Necesitamos recordar Su fiel amor y control soberano. En medio de su aflicción, el salmista reconoce que el Señor no apartará Su misericordia de él ni por un solo instante (v. 8). Y cada una de sus circunstancias, que parecen desalentarlo y oprimirlo, son las olas de Dios sobre Él (v. 7). El amor soberano de Dios está sobre cada una de nuestras vidas y en medio de nuestras circunstancias difíciles Su amor fiel no se aparta de nosotros ni por un momento y su control absoluto nunca deja de ser. Él gobierna, y aún la más grande circunstancia que a nuestros ojos parezca imposible, no escapa del control ni de la autoridad de un Dios cuyas obras están siempre llenas de compasión (Sal. 145:9). Ese Dios que obró en Cristo a nuestro favor con tal inmensa bondad lo sigue haciendo hoy en tu más grande aflicción.

Necesitamos aprender a hablarnos en lugar de escucharnos. Cuando su alma parecía que quería irse a la deriva el salmista la traía de vuelta a la esperanza de quién es Dios: «¿Por qué voy a inquietarme? ¿Por qué me voy a angustiar? En Dios pondré mi esperanza y todavía lo alabaré. ¡Él es mi Salvador y mi Dios!» (v. 5). Debido a que nuestra tendencia es a olvidar y hacia la incredulidad, en medio de la aflicción necesitamos recordarnos las verdades del evangelio una y otra vez, las verdades del evangelio de nuestro Señor Jesús que le dan sentido a toda nuestra vida. El evangelio es el que nos recuerda que, debido a que Él vive, nosotros también viviremos. El evangelio es el que hace posible cada una de las promesas de Dios. El evangelio es el que nos enseña que Jesús nos trae salvación y nos sustenta en nuestra más grande aflicción. Recuérdale a tu alma las verdades de la cruz y que, en medio de tu aflicción, al igual que el salmista, puedas cantar «¡Él es mi Salvador y mi Dios!».

SALMO 63:1-2

«Oh Dios, tú eres mi Dios; yo te busco intensamente.
Mi alma tiene sed de ti; todo mi ser te anhela,
cual tierra seca, extenuada y sedienta»

(SAL. 63:1).

La introducción de este salmo nos describe el escenario: «Salmo de David. Cuando estaba en el desierto de Judá». *Desierto* es una palabra que inmediatamente establece el tono de lo desconocido o la incertidumbre, pero desde el primer versículo lo que leemos es exactamente lo contrario. El corazón de David clama: «Oh Dios, tú eres mi Dios; yo te busco intensamente». No está angustiado, no está buscando sin rumbo fijo o sin una sensación de seguridad. Por el contrario, nos encontramos con David mirando hacia arriba, clamando a Dios en su necesidad: «Mi alma tiene sed de ti; todo mi ser te anhela, cual tierra seca, extenuada y sedienta». No necesariamente agua física, sino que necesita la fuente eterna. No fue la vida lujosa o la comodidad de su dominio lo que lo llevó a tal necesidad. Ningún elogio o victoria podrían llevarlo a tal desesperación y deseo. Charles Spurgeon dijo: «La posición desangra el deseo». Fue en el desierto, lejos de cualquier sentido de normalidad, que su fuego se reavivó por el Único que podía satisfacer.

Nunca se puede encontrar seguridad en lo temporal y en estos versículos del Salmo 63, vemos que el corazón del rey David sufre por el Único que podría llenar y satisfacer. Estaba bajo una gran prueba, su propio hijo buscaba acabar con él. Muchos de nosotros hemos tenido tiempos de «desierto», «estaciones secas» o «noches oscuras del alma» y en esos tiempos hemos tenido los encuentros más intensos y profundos con la sed y el hambre profundas por Aquel que puede sostenernos en Él en la noche más intensa y oscura. El desierto es necesario por el bien de nuestro corazón, por mucho que pensemos lo contrario. Era como si David estuviera familiarizado con este estado. No clamaba sin rumbo fijo o gritaba como alguien sin esperanza; no, sabía hacia dónde debía volver la mirada.

El Salmo 63:2 dice: «Te he visto en el santuario y he contemplado tu poder y tu gloria». Esto nos recuerda un momento similar cuando clamó: «Una sola cosa le pido al Señor, y es lo único que persigo: habitar en la casa del Señor todos los días de mi vida, para contemplar la hermosura del Señor y recrearme en su templo» (Sal. 27:4). Aunque podemos imaginarnos que su esperanza era estar en el templo, se encontró construyendo un altar al Señor en el desierto de su corazón. En su libro *La búsqueda de Dios*, A.W. Tozer, refiriéndose a la presencia divina, escribió: «Nunca necesitamos gritar a través de los espacios a un Dios ausente. Está más cerca que nuestra propia alma, más cerca que nuestros pensamientos más secretos». David sabía eso, no había ningún lugar donde pudiera estar donde Dios no estaba y sabía que, si sus ojos pudieran contemplar la «belleza de Dios», su corazón estaría satisfecho. Qué hermosa imagen, un recordatorio muy necesario para nosotros hoy.

SALMO 119:49-56

«Este es mi consuelo en medio del dolor:
que tu promesa me da vida»

(SAL. 119:50)

El año 2020 ha marcado a esta generación. Ha generado duelo por diversas causas: pérdidas de vidas humanas, crisis económicas, convulsiones políticas, distintos tipos de abusos, entre otros.

En su búsqueda de descanso, el ser humano ha recurrido a innumerables alternativas que se convirtieron en intentos fallidos. Pero debe existir alguna fuente efectiva de consuelo. La pregunta entonces es: ¿dónde se encuentra el alivio que necesitamos frente a las dificultades de la vida?

El autor del Salmo 119 comúnmente testifica sobre su experiencia personal en sus oraciones. En el pasaje en referencia nos deja ver que había experimentado problemas, quizás depresión, seguramente miseria. Sin embargo, nos da la clave para adquirir alivio en medio de la aflicción: la Palabra de Dios. Los versos 50 y 52 lo confirman: «Este es mi consuelo en medio del dolor: que tu promesa me da vida [...]. Me acuerdo, Señor, de tus juicios de antaño, y encuentro consuelo en ellos».

Al recordar la Palabra de Dios el salmista fue fortalecido. Encontró reposo en medio de su sufrimiento. La Ley de Dios vivificó su alma, lo mantuvo vivo.

Tú y yo también podemos encontrar aliento en medio de nuestras vicisitudes. Las promesas contenidas en la Biblia traen descanso a los hijos de Dios. Las promesas de nuestro Dios son como agua en el desierto para el viajero sediento. La Palabra de Dios funge como vitamina vigorizante para el alma desnutrida por la angustia. Las Escrituras levantan al desanimado, estimulan al decepcionado, otorgan esperanza al que la ha perdido y dan vida al corazón muerto.

La experiencia de confort del salmista es un ejemplo de que Dios responde a Sus hijos que padecen tribulaciones, cuando estos meditan en las Escrituras. Afortunadamente, los cristianos ya hemos recibido el más grande consuelo por medio de Cristo. El Señor ha «cancelado el documento de deuda que consistía en decretos contra nosotros y que nos era adverso, y lo ha quitado de en medio, clavándolo en la cruz» (Col. 2:14, LBLA). Estando muertos en pecados, Dios en Cristo nos perdonó y nos dio vida juntamente con Él. ¡Qué alivio saber que no estaremos en el infierno por la eternidad!

En medio de la dificultad, duelo o depresión que estés experimentando hoy, recuérdale a tu alma que ya tienes victoria en Cristo. Trae a tu mente las promesas de un mundo venidero donde no habrá más llanto, ni dolor, ni clamor. Grítale a tu corazón que Dios es tu consuelo en medio de la aflicción. Espera en Él. ¡Mira hacia Él!

SALMO 20:1-2

«Que el Señor te responda cuando estés angustiado;
que el nombre del Dios de Jacob te proteja»

(SAL. 20:1).

¿Recuerdas la primera vez que te despediste de tus padres para irte de casa por un tiempo largo? ¿Qué te dijeron?

Las respuestas a estas preguntas pueden ser muy variadas. Algunos traen a la memoria experiencias agradables, mientras que para otros pueden evocar un recuerdo amargo. Y quizá otros no tuvieron ninguna de las experiencias anteriores porque sus padres no estuvieron allí. Cualquiera que haya sido tu experiencia en esa primera despedida de casa, deseo que analices conmigo algunas verdades alentadoras que nos dejan los dos versículos de hoy.

El Salmo 20 es conocido como un salmo real, porque se trata de una oración hecha a favor del rey antes de una batalla. Este salmo no cuenta con una introducción, sino que entra directamente a expresar el deseo de que Dios bendiga al rey en la batalla que está por emprender.

El salmista inicia con la expresión: «Que el Señor te responda cuando estés angustiado». Quien habla presupone que el rey clamará a Dios para que lo auxilie porque, en efecto, vendrán días de angustia. La siguiente línea afirma: «Que el nombre del Dios de Jacob te proteja». El autor de este salmo también expresa su deseo de que el rey obtenga la victoria en la batalla de tal forma que sea evidente a todos.

Al leer las últimas dos líneas, debemos identificar cómo pensaba la sociedad de la época de oro (gobiernos del rey David y el rey Salomón). Ellos interpretaban la presencia de Dios en términos concretos (tabernáculo, arca, templo) y geográficos (Jerusalén). Con esto en mente, ellos invocaban a Dios y pedían que la presencia divina se manifestara desde esos símbolos. Sin embargo, en Cristo, nosotros no solo somos considerados real sacerdocio, sino también templo del Espíritu de Dios. Por eso la presencia de Dios va con y en nosotros para siempre (Juan 14:16).

Cuando debemos salir de casa, emprendemos un viaje en el que tendremos batallas de nuevas dimensiones, pero también los creyentes tenemos apoyo del Rey de reyes y Señor de señores. Porque no tenemos batallas contra personas, sino contra el mundo de las tinieblas. El deseo del Señor para nosotros, expresado en las palabras del salmista, es que lo busquemos en medio de la angustia para que en nuestras victorias el nombre de Dios sea exaltado.

SALMO 25:1-8

«Encamíname en tu verdad, ¡enséñame!
Tú eres mi Dios y Salvador»

(SAL. 25:5).

Todos nos podemos identificar con la oración del rey de David. En algún momento de nuestras vidas nos hemos enfrentado a situaciones o decisiones difíciles donde deseamos tener la guía y ayuda de alguien para saber qué dirección tomar. Las circunstancias que nos rodean o las emociones que nos llenan nos hacen sentir sin dirección ni esperanza, provocando así que los sentimientos de soledad, angustia y culpa nos llenen. El mismo salmista se sentía de esta manera, perseguido por sus enemigos, culpable de sus pecados pasados y solo (Sal. 25:16).

¿Qué podemos hacer cuando nos sentimos así? ¿A dónde vamos a buscar dirección para nuestras vidas? El mundo nos ofrece muchos caminos y llama a todos «buenos». Nos dice que tomemos decisiones con base en nuestros sentimientos con frases como «si eso te hace sentir bien, entonces hazlo» y «cada quién decide su propia verdad», ¡pero estos «consejos» del mundo no nos ayudan en nada! Al contrario, nos alejan más de la verdad y nos dejan con el mismo sentimiento inicial de estar perdidos.

David sabe cuál es la única fuente de guía que es verdad y que siempre desea nuestro bien: Dios. «Encamíname en tu verdad, ¡enséñame! Tú eres mi Dios y Salvador» (v. 5). Dios es el único que puede dar dirección a nuestra vida, trayendo paz y descanso en medio de las decisiones que nos agobian. Es porque Él es bueno, que nos escucha y responde a nuestro clamor por guía; es en Su bondad que no nos deja solos a descifrar la vida cristiana en nuestras fuerzas, sino que nos acompaña paso a paso proveyendo de Su dirección y protección. Dios no solo muestra Su misericordia cuando nos salva del pecado y nos ve justos en Cristo, sino que la extiende a nuestro diario andar, dirigiéndonos en Su camino de verdad. Esto es lo que necesitamos cuando no sabemos qué hacer o qué será de nuestro futuro: confiar en que el Dios que nos salva sabe qué es lo mejor para nosotros, aunque nosotros tengamos planes o ideas diferentes, y confiar en que nos va a guiar porque es bueno y misericordioso. No nos recuerda nuestro pasado ni nos paga de acuerdo con lo que merecemos, al contrario ¡nos recuerda conforme a Su misericordia, que es perpetua! El salmista concluye así: «El Señor brinda su amistad a quienes le honran, y les da a conocer su pacto» (v. 14). Solo así encontramos descanso y paz en medio de circunstancias confusas, teniendo la certeza de que Dios es fiel a Sus promesas y carácter, sabiendo que es por ellas que nos guiará a pesar de nuestras faltas. Es Dios quién nos salva, nos hace justos y es Él mismo quien por Su bondad nos dirige. Confiemos en esto y vengamos delante de Él para obtener la dirección que nuestra vida necesita.

SALMO 1:1-2

«Dichoso el hombre que no sigue el consejo de los malvados, ni se detiene en la senda de los pecadores ni cultiva la amistad de los blasfemos, sino que en la ley del Señor se deleita, y día y noche medita en ella»

(SAL. 1:1-2).

«Era el mejor de los tiempos, era el peor de los tiempos». Esta frase es de un gran autor, Charles Dickens, de uno de sus más famosos libros, *Historia de dos ciudades*. Es un claro ejemplo de cómo las primeras líneas de los grandes libros son importantes. En este caso particular, la primera línea comienza con un contraste entre el mejor y el peor de los tiempos.

El primer salmo, el Salmo 1, comienza también con una frase contrastante. Este capítulo es el comienzo, o la introducción, a los 150 capítulos que tiene el Libro de los Salmos, y comienza con una bienaventuranza. «Dichoso» significa: «¡cuán feliz!». Es decir, no se trata de cualquier sentimiento de felicidad, sino de una felicidad inmensa. ¿Y para quién es esta felicidad inmensa? Para aquella persona que no se relaciona con los injustos y malvados, ni busca asociarse con el «bando» de los malos.

En el versículo 2 es donde observamos el contraste: «Sino que en la ley del Señor se deleita». En hebreo, la palabra «ley» es el término hebreo *torá*, que se refiere a la enseñanza de Dios, la manera en que Dios se ha revelado a Su pueblo. Dios tuvo gracia sobre nosotros y nos dio Su palabra de una manera transparente y entendible. Hoy podemos acudir a ella y conocer de manera íntima y personal a nuestro Señor, y es un deleite para quienes confiamos en Él. De eso mismo habló el salmista cuando dijo: «¡Cuán dulces son a mi paladar tus palabras! ¡Son más dulces que la miel a mi boca!» (Sal. 119:103). Entonces, la bendición y la felicidad es para aquella persona que tiene su deleite en la Palabra.

Este verso usa el nombre propio de Dios —Jehová—, el nombre del pacto con el cual se le reveló a Moisés por primera vez (Ex. 6:3). Este nombre enfatiza el pacto de amor que Dios ha hecho con Su pueblo. Él es nuestro Dios, nosotros somos suyos.

El salmo continúa: «Y día y noche medita en ella». El significado literal de meditar es murmurar para uno mismo, es constantemente meditar en la Palabra de Dios para recibir de ella dirección y, todavía más importante, la revelación del carácter de Dios. ¡Pero esto debe ser algo constante en nuestra vida! No solamente a veces, sino «día y noche», a cada momento. No hay horario ni tiempo para no contemplar Su Palabra, para no estudiarla.

Sin duda, un deseo como creyente es ser una persona que busca, estudia y memoriza la Palabra de Dios, una persona de la Biblia, que actúa correctamente, que busca ser más como Dios, que desea aprender a cada momento de la verdad y que hace la voluntad de Dios. De esta manera estaremos honrándolo y glorificándolo y, al mismo tiempo, disfrutando de Él. No como aquellas personas que no conocen Su ley ni actúan con prudencia y justicia, sino como hijos de Dios.

No solo se trata de hacer. Más bien, debemos encontrar el deleite en la Biblia, y pasar tiempo en ella, que es uno de los medios de gracia. ¡Quiera Dios que siempre deseemos más de Él, durante todo el día y toda la noche, y que ese sea nuestro deseo como creyentes!

SALMO 20:8-9

«¡Concede, Señor, la victoria al rey!
¡Respóndenos cuando te llamemos!»

(SAL. 20:9).

Viktor Frankl fue un psiquiatra austriaco que vivió la Segunda Guerra Mundial desde los campos de concentración. Frankl decidió sobreponerse a esta situación y, por eso, al terminar esta guerra escribió el libro *El hombre en busca de sentido*. Él perdió a toda su familia y todas sus posesiones, pero decidió usar esa experiencia traumática para ayudar a personas a superar sus conflictos internos. ¿Qué hacemos nosotros con nuestras experiencias más duras y éxitos públicos?

El Salmo 20 es conocido como un salmo real debido a que el salmista escribe como una oración de intercesión a favor del rey, previo a una batalla. Los versículos 8 y 9, escritos como después de la batalla, sugieren que en la guerra hubo momentos de dolor y sufrimiento por la caída de muchos guerreros del rey. Quizá por momentos el rey sintió dolor y deseos de rendirse, pero él afirma: «Pero nosotros nos erguimos y de pie permanecemos». Mientras que afirma sobre los enemigos: «Ellos son vencidos y caen».

Quizás estés pasando por uno de esos momentos en los que deseas rendirte, pero recuerda que Dios provee de la salida y, cuando no es así, te provee de la gracia para soportar el momento más duro. Analiza las palabras de Pablo: «Tres veces le rogué al Señor que me la quitara; pero él me dijo: "Te basta con mi gracia, pues mi poder se perfecciona en la debilidad". Por lo tanto, gustosamente haré más bien alarde de mis debilidades, para que permanezca sobre mí el poder de Cristo» (2 Cor. 12:8-9).

Toda persona en problemas puede elegir entre dos opciones: 1) rendirse y renegar contra Dios porque no responde, o 2) mantenerse firme y dar testimonio de cómo Dios lo bendice por medio de esta prueba. Tanto el rey como el apóstol Pablo vieron que las pruebas tenían un propósito: reconocer a Dios en tus victorias. Los creyentes somos llamados a mantenernos firmes en la batalla espiritual que libramos contra el enemigo. Se trata de una batalla sin tregua, pero en ella Dios sostiene a Su pueblo y Él nos permite salir victoriosos para rendirle gloria.

El hombre siempre está en busca de sentido y este solo lo encuentra en Dios. Fuera de Él nada tiene sentido, ni siquiera el éxito más arrollador en la sociedad. Por eso el salmista sabía que cuando él tenía éxito se debía únicamente «con su poder» (Sal 20:6). Cuando obtengas ese título, esa copa, esa medalla o cualquier reconocimiento, es porque Dios así lo quiso. No lo olvides, la victoria es de Dios.

SALMO 144

«Él es mi Dios amoroso, mi amparo, mi más alto escondite, mi libertador, mi escudo, en quien me refugio. Él es quien pone los pueblos a mis pies»

(SAL. 144:2).

Cuando los hombres se hacen eminentes en cosas en que tenían pocas ventajas, deben ser más profundamente sensibles al hecho de que Dios ha sido su Maestro. Dichosos aquellos a quienes el Señor da la más noble victoria, la conquista y dominio de sus espíritus. La oración pidiendo más misericordia comienza, muy apropiadamente, con acción de gracias por misericordias anteriores. Había un poder especial de Dios que inclinaba al pueblo de Israel a someterse a David; es un tipo de llevar las almas a someterse al Señor Jesús. Los días del hombre son poco reales si se considera cuántos pensamientos y preocupaciones del alma, que nunca muere, se emplean para un pobre cuerpo moribundo. La vida del hombre es como una sombra que pasa. En su máxima exaltación terrestre, los creyentes recordarán cuán malos, pecadores y viles son en sí mismos; así, serán librados de darse importancia a sí mismos, y de ser presuntuosos. El tiempo de Dios para socorrer a Su pueblo llega cuando zozobran y les faltan todas las demás ayudas.

Los nuevos favores piden nueva gratitud; debemos alabar a Dios por las misericordias que esperamos por Su promesa y por las que hemos recibido por Su providencia. Ser salvados de la espada que hiere, de una enfermedad que consume, sin ser liberados del dominio del pecado y de la ira venidera, es solo una pequeña ventaja. David expresa la prosperidad pública que desea para Su pueblo. En este mundo se añade mucho al consuelo y la dicha de los padres cuando ven que, probablemente, a sus hijos les irá bien. Verlos como plantas, no como malezas, no como espinas; verlos como plantas que crecen, no marchitas ni destrozadas; ver que, probablemente, den fruto para Dios en su día; ver que en su juventud crecen firmes en el Espíritu. Hay mucho que desear: que podamos ser agradecidos a Dios, generosos con nuestros amigos y caritativos con el pobre; de lo contrario, ¿de qué nos aprovecha tener llenos nuestros graneros? Además, la paz ininterrumpida. La guerra acarrea abundancia de males, sea para atacar al prójimo o para defendernos. En la medida que no nos unamos a la adoración y servicio de Dios, cesaremos de ser un pueblo feliz. Los súbditos del Salvador, el Hijo de David, comparten las bendiciones de Su autoridad y victoria, y son felices, porque tienen al Señor como su Dios.

SALMO 106:39-45

«Sálvanos, Señor, Dios nuestro; vuelve a reunirnos
de entre las naciones, para que demos gracias
a tu santo nombre y orgullosos te alabemos»

(SAL. 106:47)

En su comentario expositivo basado en el Libro de los Salmos, James Montgomery Boice tiene razón al decir que la historia de la infidelidad de Israel es también la historia de la longanimidad de Dios. «De hecho —dijo él—, es en el contexto de su pecado que la paciencia de Dios se ilumina más plenamente».

«Muchas veces Dios los libró». Sin embargo, ellos continuaron «empeñados en su rebeldía [y] se hundieron en la maldad» (Sal. 106:43). Rebeldes en el Sinaí, tercos en el desierto, y tan idólatras en la tierra que hasta a los hijos sacrificaron a los demonios (vv. 6-39). El pueblo llamado a ser santo terminó hundido en sus pecados. Y Dios se enojó tanto con la nación que Él una vez llamó Su posesión más preciada, que finalmente la repudió de Su presencia, la desterró de su tierra y la entregó a la merced de sus enemigos (Sal. 106:40-42).

Pero por más fuerte que ha sido el castigo de Dios con Israel, paralelamente, la Biblia nos señala que fuerte ha sido también Su paciencia. Por generaciones y generaciones se repetía el ciclo vicioso: Israel se desviaba, Dios los castigaba, Israel clamaba a Dios, Dios los liberaba, e Israel de nuevo se desviaba. En vez de rechazarlos, el corazón de Dios toleró el dolor de sus rebeliones. Y al escuchar el clamor de Su pueblo, dice el salmista, Él vio su angustia, «se acordó del pacto que había hecho con ellos y por su gran amor les tuvo compasión». (Sal. 106:45).

Dios nos permite ver a través de la historia de la infidelidad de Israel la magnitud de Su paciencia y la grandeza de Su amor. Por esta razón el capítulo más oscuro en la historia de la nación es un salmo de alabanza para el pecador penitente (Sal. 106). Por más lejos que estés de tu Dios y por más profundo que estés en tus pecados, el trato de Dios con Israel demuestra que nunca es muy tarde para regresar al Padre. La misericordia de Dios es para siempre porque la paciencia de Dios es infinita. ¡Gloria a Dios! Nuestro Dios verdaderamente es «bondadoso y compasivo, lento para la ira y lleno de amor, cambia de parecer y no castiga» (Joel 2:13).

Además, este salmo de alabanza también es un salmo de esperanza para la restauración espiritual. De la misma manera que Dios espera pacientemente por Israel, Hechos 17:30 dice: «Pues bien, Dios pasó por alto aquellos tiempos de tal ignorancia, pero ahora manda a todos, en todas partes, que se arrepientan». ¿Cuándo fue la última vez que pediste perdón a Dios por tus pecados? Dios siempre está listo para perdonar, pero es la obstinación del hombre lo que lo acaba por destruir. Dios nunca rechaza el clamor penitente de un pecador (Sal. 51:17). El Salmo 34:18 dice: «El Señor está cerca de los quebrantados de corazón, y salva a los de espíritu abatido».

SALMO 137:7-9

«Señor, acuérdate de los edomitas el día en que cayó Jerusalén.
"¡Arrásenla —gritaban—, arrásenla hasta sus cimientos!"»

(SAL. 137:7).

«**D**ame fuerzas, vida e inteligencia para realizar mi propia venganza». Así oraba antiguamente un idólatra, un pagano adorador de baales y falsos dioses.

Llevar a cabo su propia venganza era un derecho y un deber para cualquier hombre, clan, tribu o nación del Oriente Medio Antiguo. Hoy, nosotros, que habitamos en un contexto sociocultural que ha tenido la constante influencia, por más de dos mil años, de la fe en Cristo y de la ética judeocristiana en su mentalidad e instituciones, podemos tener dificultades para entender ciertas expresiones de los salmos que nos parecen crueles, sanguinarias y vengativas.

Pero la verdad es que si ignoramos la oscuridad religiosa, ética y cultural que gobernaba en los tiempos en los que oraciones como la del Salmo 137:7-9 fueron pronunciadas, no entenderemos la luz que estas irradian. La verdad es que solo desde la comodidad egocéntrica e indolente, una persona del siglo XXI podría arrugar la nariz con insoportable auto-justicia ante estas plegarias, que no son otra cosa sino oraciones de un pueblo que ha sufrido opresión sanguinaria.

La historia bíblica nos relata que los babilonios tomaron a los niños de los judíos y los reventaron contra las rocas cuando el pueblo ya se había rendido, sus soldados estaban muertos y solo sobrevivían un puñado de famélicos civiles. Los edomitas, por su parte, no solo presenciaron desde las montañas estos actos de crueldad, sino que los celebraron con danzas. Todo esto ocurrió mientras transcurría el siglo VIII antes de Cristo. No había corte internacional de La Haya a la cual acudir ni ONU a la cual pedir intervención; solo tenían la oración. A nosotros, habitantes de la era del escepticismo, la oración nos puede parecer poco, pero para ojos que miran con fe al Dios verdadero, es más que suficiente. Porque el Señor que se revela en los Salmos no es un diosecillo falso, tribal ni caprichoso: es el creador, dueño de todas las naciones, justo, omnipotente y soberano de la historia.

Ante este Dios, único y verdadero, los judíos hacen algo verdaderamente escandaloso para su época: aunque sus corazones pecaminosos y débiles están sedientos de venganza, ellos renuncian a vengarse. En estas oraciones, ellos sueltan aquello que era considerado su justo derecho y piden que Dios ejecute Su juicio justo.

Oremos estos salmos para arraigar en nosotros la enseñanza de Jesús y del Nuevo Testamento, ya que solo los que han dejado al Señor la venganza y han renunciado a vengarse ellos mismos pueden ser libres para dar un vaso de agua al enemigo cuando tiene sed. Aprendamos a orar salmos como este hasta que nuestro corazón descanse en la verdad que la venganza es del Señor, Él pagará, no nosotros. Solo entonces podremos amar sin ataduras a nuestros enemigos, incluso a los más violentos, sanguinarios e impenitentes, ya que habremos rendido nuestra voluntad al santo Juez del universo: el único digno de tomar la justicia en Sus manos.

SALMO 56:3-4

«Confío en Dios y alabo su palabra; confío en Dios y no siento miedo. ¿Qué puede hacerme un simple mortal?»

(SAL. 56:4).

*H*ace algunos años tuve la oportunidad de conocer una parte del Gran Cañón de Colorado, en donde han construido una especie de pasarela suspendida en el aire, que al caminar sobre ella puedes ver el precipicio de unos 1200 metros debajo de tus pies. Una experiencia única, pues como ellos dicen, es como caminar en el aire. Entre los transeúntes había de todo, unos que caminaban confiadamente, tan confiados que hasta corrían y otros que se quedaban perplejos y atemorizados por ver que lo que los separa del fondo del cañón era solo un vidrio. Ahí estaba yo, parada, mirando al precipicio a través de un cristal. ¿Que si sentí miedo? ¡Claro! Las alturas no es lo mío. Pero la razón venció al temor; decidí caminar confiada en la información que se me había dado antes de entrar. Se me enseñó sobre la calidad de la construcción, del peso que soportaba, el viento y temblores que aguantaba, en fin, un sinnúmero de datos fidedignos que hacían a mi razón confiar. La información educó mi mente, venció el temor y caminé confiada sobre ese vidrio suspendido en un precipicio.

¿Cuántos de nosotros, al transitar por esta vida, nos pasa como aquellos que, al mirar al precipicio y el supuesto peligro, se paralizan por el temor? Sentir en algún momento miedo no es algo raro, sino de humanos y Dios lo sabe. Por esta razón, en la Biblia aparecen más de 300 referencias sobre estas palabras.

¿Pero qué hacer con este sentimiento? Como dijo una vez mi pastor: «El temor es real, pero es irracional». Al ser real, es probable que seamos presas de él, en especial al transitar por tiempos de pruebas, de inestabilidad económica y de fragilidad física. Pero para el cristiano, permanecer en un estado de miedo es irracional. El salmista decía que en el día en que temía, confiaba en Dios, en Sus promesas ponía su confianza. Lo mismo debemos hacer nosotros. En los momentos de miedo, transitamos por la vida confiados en la información que la Biblia nos da sobre aquel que sostiene nuestras vidas. Sus promesas y la veracidad de ellas son las que informan mi mente y me ayudan a vencer el temor. La Biblia nos enseña sobre Dios, Su naturaleza, Su carácter y Sus propósitos para con nosotros; todas esas verdades me ayudan a caminar confiada.

El Dios en quien confió es aquel que gobierna todo (Sal. 103:19), para quien no hay nada imposible (Jer. 32:27), el autor y consumador de nuestra fe (Heb. 12:2), quien sostiene el universo por la palabra de Su poder (Heb. 1:3), quien está en control de Su creación y, por supuesto, en control de tu vida (Mat. 6:24-34), quien orquesta todo para mi bien (Rom. 8:28) y de quien nada ni nadie me podrá separar de Su amor (Rom. 8:28). Así que, si ese Dios es conmigo, ¿quién contra mí? Nada ni nadie podrá hacerme daño.

SALMO 34:3

«Engrandezcan al Señor conmigo;
exaltemos a una su nombre»

(SAL. 34:3).

*E*ste salmo fue la invitación que le hice a mi esposa al proponerle matrimonio. La invité a entrar en un pacto conmigo para glorificar a Dios en una sola carne. En nuestra boda, este salmo fue nuestro acuerdo mutuo y durante nuestros 15 años de matrimonio, el Salmo 34:3 ha sido nuestro himno. Lo grabamos en nuestros anillos de boda, lo pintamos en nuestra sala y continuamos orando que Dios lo escriba en nuestros corazones.

Aunque el Salmo 34:3 es significativo en mi matrimonio, seguro te has dado cuenta de que no tiene nada que ver con el matrimonio. Al menos a simple vista. El Salmo 34 es el testimonio de David de la redención y el cuidado fiel de Yahvéh que culmina en la invitación del salmista a disfrutar de la bondadosa salvación de Dios. Es decir, que este salmo, así como toda la Escritura, es sobre Jesús (Juan 5:39; Luc. 24:27). Y si se trata de Jesús, entonces es aplicable al matrimonio, pues el matrimonio es la gran metáfora del evangelio.

El evangelio es Cristo en la búsqueda y rescate de Su novia, la Iglesia. Ella es el objeto de sus afectos y herencia. Él la redimió por Su sangre, la perdonó por Su gracia y la santifica por Su Palabra. Solo conocemos el amor porque Jesús lo manifestó en la cruz (1 Jn. 3:16). ¿Para qué lo hizo? Para que pudiéramos unirnos a Él en el disfrute de Yahvéh. Su invitación a nosotros hace eco de la invitación del salmista.

Por esto existe el matrimonio. Desde el jardín del Edén, el propósito de Dios era apuntar a Su pueblo hacia la gloria del evangelio a través del matrimonio. Este misterio, revelado en Cristo, es que el matrimonio es una imagen del pacto de Cristo con Su Iglesia (Ef. 5:32). Cuando Jesús nos tomó como Su novia, Su propósito era restaurarnos a Dios para que pudiéramos disfrutar de Él por siempre. Este es el corazón tanto del evangelio como del matrimonio. El evangelio es la verdad eterna y el matrimonio el retrato temporal.

Este entendimiento bíblico transforma el matrimonio. Recuerda, no hay nada que nos pueda separar de Jesús. Él es eternamente fiel a Su pacto a pesar de nuestra constante infidelidad. Cristo, siendo el centro del matrimonio, crea un ambiente de gracia, perdón y adoración. Todo aspecto del matrimonio fue creado para apuntarnos hacia la verdad gloriosa del evangelio, desde el placer sexual y la paternidad, hasta la demanda constante de gracia y perdón. Todo existe para conformarnos a Su imagen para Su gloria.

El matrimonio es difícil. Por diseño revela nuestra vulnerabilidad, exponiendo nuestro pecado y egoísmo, y es en esa lucha que el evangelio de la gracia brilla a través de él. Hay un propósito eterno en cada matrimonio. El matrimonio provee un compañero para animar durante las tristezas más grandes. Nos recuerda que no importa cuántos fracasos experimentemos, Jesús permanece fiel. Así que, abraza a tu cónyuge, amen juntos, sirvan juntos, perdonen juntos, lloren juntos, y a través de todo esto, engrandezcan al Señor juntos.

SALMO 143

«Escucha, SEÑOR, mi oración; atiende a mi súplica.
Por tu fidelidad y tu justicia, respóndeme»

(SAL. 143:1).

*N*o tenemos justicia propia que alegar, por tanto, debemos alegar la justicia de Dios y la palabra de la promesa que nos ha dado libremente y nos ha hecho tener esperanza en ella. Antes de orar para que sea quitado su problema, David ora por el perdón de su pecado, y depende de la sola misericordia en cuanto a eso. Llora por el peso de los problemas externos en su mente, pero mira atrás y recuerda apariciones anteriores de Dios en favor de Su pueblo afligido, y en particular, por él. Mira a su alrededor y se fija en la obra de Dios. Mientras más consideremos el poder de Dios, menos temeremos el rostro o la fuerza del hombre. Alza sus ojos con fervientes deseos de Dios y de Su favor. Este es el mejor rumbo que podemos tomar cuando nuestro espíritu está abrumado. En sus mejores acciones el creyente no olvida que es un pecador. La meditación y la oración nos recobrarán de nuestros malestares; entonces, el alma que se lamenta lucha por regresar al Señor como el bebé estira sus manos a la madre indulgente, y tiene sed de sus consolaciones, como la tierra reseca de la lluvia refrescante.

David ora que Dios se agrade de Él, y le haga saber que así ha sido. Presenta como argumento el infortunio terrible de su caso, si Dios se apartara de él. Pero la noche de angustia y de desaliento terminará en una mañana de consuelo y alabanza. Pide ser iluminado con el conocimiento de la voluntad de Dios, y esta es la primera obra del Espíritu. El hombre bueno no pide el camino en que sea más placentero andar, sino: «Enséñame a hacerlo». Quienes tienen al Señor como Dios, tienen Su Espíritu como Guiador; son guiados por el Espíritu. Ruega ser vivificado para hacer la voluntad de Dios. Pero debemos buscar especialmente la destrucción de nuestros pecados, que son nuestros peores enemigos para que, seamos siervos de Dios con devoción.

SALMO 33:22

*«Que tu gran amor, Señor, nos acompañe,
tal como lo esperamos de ti»*

(SAL. 33:22).

Solemos pensar en la misericordia de Dios como en cuotas, como una intervención eventual de parte de Dios. Cuando estamos padeciendo peligro o necesidad, ahí necesitamos la misericordia de Dios; cuando hemos cometido un pecado, vamos a buscar Su misericordia. Claro que esto es correcto, pero tal vez nuestra percepción no sea la adecuada porque tendemos a ver la misericordia divina como un recurso para momentos urgentes.

Es cierto que la misericordia de Dios viene a nuestra vida de una manera muy especial en situaciones difíciles. Hay temporadas de verdadera prueba en que nuestro corazón logra ser más consciente de las misericordias de Dios. Tal vez ese sea uno de los mayores valores del sufrimiento, nos ayudan a ver y disfrutar mejor de la compasión del Señor. Pero si solamente vemos la misericordia de Dios de esa manera, podríamos empezar a pensar que se trata de un servicio de contención a domicilio y perder de vista que es un atributo mismo de Dios. Su misericordia nunca deja de ser, la veamos o no. Si dejamos que las urgencias y los peligros de esta vida sean los únicos recordatorios de la bondad y compasión de Dios, nos estaremos perdiendo gran parte de ellas. La misericordia de Dios se renueva cada mañana, solo que nosotros apenas nos damos cuenta porque meditamos poco en ella.

En este sentido, las épocas en que todo marcha bien son las más peligrosas para nuestra memoria. Llevados por la rutina, empezamos a anidar la idea de que los logros y éxitos vienen a causa de nuestras estrategias, nuestras capacidades o nuestra logística. Empezamos a dar por sentadas las bendiciones, o considerar solamente nuestras fuerzas. Pero como este mismo salmo afirma, nadie se salva por la multitud de su ejército. Debemos volver a encaminar nuestros pensamientos hacia la cruz, donde brilla la misericordia divina. Allí se manifestó la bondad y el amor de Dios para salvarnos, no por nuestros logros, sino por Su pura misericordia. Todo lo que tenemos, lo tenemos en Cristo y todo lo que sucede coopera para nuestro bien, ya sean hechos agradables o desagradables. Todo en nuestra vida nos habla de la bondad de nuestro Padre, porque Su amor no es eventual, sino constante.

Por eso nuestra meditación en Su amor también puede ser constante, porque Su abundante misericordia se demuestra día a día. Donde estamos, lo que tenemos y lo que perdimos, el camino recorrido hasta hoy con sus pruebas y bendiciones, todo esto viene de la mano de un Dios grande en misericordia. Tan grande e inmensa que cubre toda la tierra, no tiene fin y es para siempre. Pensar en esto cada día moverá nuestros corazones a la gratitud, al contentamiento y a la adoración de nuestro Padre celestial. Su misericordia está sobre nosotros, nos acompaña y nos guía de la mano en cada momento. ¡Adoremos a Dios por Su constante misericordia!

SALMO 103:1-5

*«Alaba, alma mía, al SEÑOR, y no olvides
ninguno de sus beneficios»*

(SAL. 103:2).

David comienza el salmo con la afirmación: «Alaba, alma mía, al SEÑOR». Nos anima a decir cosas buenas a Dios. La pregunta que muchas veces nos hacemos es: ¿qué cosas buenas puedo decirle a Dios? Sabemos que Dios es un Dios perfecto, santo, omnipresente, etc. Entonces, ¿qué más puedo decirle? Estos versículos nos explican algunas cosas en las cuáles podemos pensar cuándo nos acercamos a Él y queremos alabarle.

Lo primero que David nos lleva a considerar de Dios es Su santidad (v. 1). El nombre en la cultura judía estaba asociada a la personalidad, por eso el salmista lo expresa como «su santo nombre». Cuando pensamos en Dios y queremos alabarlo, debemos tener en cuenta Su carácter santo. Hay muchas historias en la Biblia donde Dios castiga el menosprecio de Su carácter. Justamente Dios nos llama a nosotros a ser santos porque Él es santo (1 Ped. 1:16).

En segundo lugar, no solo nos invita a recordar Su santidad, sino que nos invita a alabarlo porque Él es generoso con nosotros. David usa la expresión «beneficios», aunque también se puede traducir como «recompensa». Esta recompensa no es por lo que nosotros hacemos, es porque Dios quiere compartir con nosotros y ser generoso a pesar de no merecerlo. Hoy día, en una sociedad tecnológica y egocéntrica, nos podemos preguntar qué es lo que Dios me ha dado. Hemos perdido de vista la soberanía de Dios en nuestras vidas, hemos dejado de entender que Dios es quien nos da cada cosa material y las no materiales. Esto mismo sucedía en la época de David, así que el autor, en los siguientes versículos, nos ayuda a comprender la generosidad de Dios.

El primer beneficio es que Dios nos ha regalado el perdón de nuestras maldad e injusticia (v. 3a). ¡David lo tenía claro! Él había sido perdonado de sus pecados. Esta idea la amplía en la primera parte del versículo 4 donde dice: «Él rescata tu vida del sepulcro». Su salvación nos rescató del abismo, de la destrucción completa por el pecado. Tú y yo también somos pecadores redimidos, personas injustas y malas perdonadas por la obra de Cristo en la cruz. La generosidad de Dios es inigualable, sabiendo que nuestro destino era el infierno, el lugar de sufrimiento eterno. Pero por Su misericordia podremos disfrutar la eternidad con Dios plenamente.

El segundo beneficio es que Dios se ocupa en sanar aquello que nos hace daño. No solo se encarga del cuidado en el aspecto físico, sino también en lo emocional. ¿Cuántas veces las personas nos han herido con las palabras o los gestos? Pero Dios cuida nuestro corazón y nos permite ver las cosas desde la perspectiva correcta: la de Dios. Dios es nuestro protector. Esta forma de cuidarnos es fruto de la generosidad de Dios, de la compasión y misericordia. Y en este sentido nos corona, es decir, nos da generosamente.

El día de hoy puedes acercarte a Dios para alabarle por Su generosidad. Nuestro Dios santo cuida de nosotros cada día y lo va a hacer hoy también. ¡Alabemos al Señor! ¡Bendigamos Su santo nombre! ¡Alabémosle por Su generosidad!

SALMO 4

«Responde a mi clamor, Dios mío y defensor mío. Dame alivio cuando esté angustiado, apiádate de mí y escucha mi oración»

(SAL. 4:1).

*D*ios nos ha bendecido grandemente con tres hijos. Nuestro hijo más pequeño se cree el más grande. Tiene solo dos años, pero quiere hacer todo lo que sus hermanos mayores hacen. Cuando tratamos de ayudarlo se niega a recibir nuestra ayuda; piensa que puede solo. Pero cuando se cae o su situación se complica, rápidamente nos llama: «¡Papi! ¡Mami!».

¿Qué tal tú? ¿Estás pasando o has pasado por algún momento difícil? ¿Cómo estás reaccionando o cómo has reaccionado en el pasado? ¿Te refugias bajo la «sombra del Todopoderoso» (Sal. 91:1) o prefieres ir solo porque crees que no necesitas ayuda? O peor aún, ¿crees que Dios no puede ayudarte y por ende no acudes a Él? Permíteme darte tres simples recordatorios para momentos de dificultad.

Reconoce tu necesidad

El salmista no se esconde de su realidad; está en problemas, está en angustia. Es parte natural de la vida que los creyentes encuentren dificultades. Jesús advirtió: «En este mundo afrontarán aflicciones…» (Juan 16:33), y por lo tanto debemos aceptar que habrá momentos de dolor y sufrimiento en nuestras vidas que cultivarán lágrimas del corazón. Vivimos en un mundo caído, corrupto y enfermo, y por lo tanto saboreamos constantemente la amarga esencia de esta vida. Dios no te ha prometido una vida libre de problemas, Él ha prometido algo muchísimo mejor.

Reconoce a tu Ayudador

David reconoce que está en angustia y en dolor. El lenguaje del Salmo 4:1 es de alguien que está en depresión o ansiedad. Sin embargo, en momentos de necesidad es de sabios reconocer que nuestro Rey nos ampara. Sí, tenemos un refugio, un liberador, un rescate, una roca firme en donde colocar nuestros pies. Nuestra alma encuentra su medicina y alimento en el Dios que nos ayuda cuando estamos en problemas. Su presencia ilumina nuestra oscuridad y Su Espíritu disipa todo temor (1 Jn. 4:18). Su salvación es el sello que ha sido impreso en nuestro corazón para siempre, y esa verdad trae paz y calma en medio de la tormenta. «¿De dónde ha de venir mi ayuda? Mi ayuda proviene del Señor» (Sal. 121:1-2).

Reconoce la esperanza

Nuestra fe no es una fe ciega. Aunque David evidentemente se veía ahogado en sus conflictos, él escribe: «Dame alivio cuando esté angustiado» (Sal. 4:1). ¿Qué quiere decir esto? Que la realidad de su problema no era más grande que la promesa de su libertador. Dios es más grande que cualquier problema. Sus promesas son más reales que cualquier conflicto. Su paz es mayor cuando los problemas abundan.

¡Tenemos la promesa de que en la angustia tendremos alivio! Notemos que el texto no dice «libérame de la angustia», sino «dame alivio». Esto habla de que aun cuando Dios permita que atravesemos por angustias, Su alivio nos acompañará en cada paso. Gracias a Dios por Su promesa. Si la angustia es inevitable, Su alivio será incomparable.

SALMO 141

«A ti clamo, Señor; ven pronto a mí.
¡Atiende a mi voz cuando a ti clamo!»

(SAL. 141:1).

*V*en pronto a mí. Quienes saben valorar la presencia de Dios, serán más fervientes en sus oraciones. Cuando las oraciones se presentan a través del sacrificio y la intercesión del Salvador, ellos serán tan aceptables a Dios como lo eran los sacrificios diarios y la quema de incienso. La oración es un sacrificio espiritual, es ofrendar el alma y sus mejores afectos. Los hombres buenos conocen el mal de los pecados de la lengua. Cuando los enemigos provocan, estamos en peligro de hablar imprudentemente. Mientras vivamos en un mundo malo, y tengamos corazones tan malos, tenemos que orar para no ser arrastrados ni empujados a hacer nada pecaminoso. Los pecadores pretenden encontrar exquisiteces en el pecado, pero los que consideran cuán pronto el pecado se pone amargo, aborrecerán esas exquisiteces y rogarán a Dios que se las saque de la vista, y por Su gracia vuelva sus corazones contra ellas. Los hombres buenos oran contra la dulzura del pecado.

Debemos estar preparados para acoger bien la reprimenda de nuestro Padre celestial y también el reproche de nuestros hermanos. No quebrará mi cabeza, si solo ayuda a romper mi corazón: debemos mostrar que lo tomamos bien. Los que antes desdeñaron la Palabra de Dios, se alegrarán de ella cuando estén afligidos, porque abre el oído a la instrucción. Cuando el mundo es amargo, la Palabra es dulce. Elevemos nuestra oración a Dios. Pidámosle que nos rescate de las trampas de Satanás y de todos los hacedores de iniquidad. En palabras como las de este salmo, oh Señor, rogamos que nuestras pobres oraciones establezcan en ti a nuestra única esperanza, nuestra única dependencia. Concédenos tu gracia, para que estemos preparados para esta tarea, estando vestidos con tu justicia y teniendo todos los dones de tu Espíritu implantados en nuestro corazón.

SALMO 13

«SEÑOR y Dios mío, mírame y respóndeme; ilumina mis ojos»

(SAL. 13:3).

¿Hasta cuándo, Señor? Esta pregunta no es ajena al sentir de nuestros corazones en algunas ocasiones. Hay momentos donde la vida duele, donde recibimos la peor de las noticias, donde nuestro mayor anhelo pareciera cada vez más distante y donde el dolor se siente más real que cualquier otra cosa.

Temporadas de sufrimientos como estas son comunes en nuestras vidas y, como nos enseña el Salmo 13, también lo fue para grandes hombres de Dios.

En los primeros versos de este salmo observamos cómo el salmista expresa su dolor, sus sentimientos delante de Dios, su corazón dolido y quebrantado. Pero gracias a Dios este salmo no termina solo con la expresión de su dolor. En los últimos versos encontramos la esperanza y el lugar al que deben ser llevados nuestros corazones en nuestro sufrimiento.

Pero yo confío en tu gran amor. A pesar de su dolor, a pesar de su sufrimiento, él decide confiar en el carácter de Dios. En medio de nuestro dolor necesitamos quitar nuestros ojos de nuestras circunstancias y afianzar nuestros corazones en el carácter inmutable de nuestro Señor. Nuestro mundo puede tambalearse, nuestras circunstancias cambiarán, pero Él nunca cambia y en Él podemos decidir confiar aun cuando la vida duele. David puso su confianza en el amor inquebrantable de Dios a pesar de lo quebrantado de su corazón.

El Salmo 13 también nos enseña que podemos encontrar gozo en medio de nuestras peores circunstancias: «Mi corazón se alegra en tu salvación» (v. 5). Lo peor que nos pudo haber pasado ya nos sucedió, fuimos apartados de Dios, éramos Sus enemigos por causa de nuestros pecados. ¿Sabes algo más? ¡Lo mejor que nos pudo haber pasado ya nos sucedió! En Cristo fuimos reconciliados con Dios, por Él y Su obra en la cruz tú y yo podemos regocijarnos en nuestra salvación. Aun en medio del dolor, podemos encontrar gran gozo en la obra de Cristo, podemos encontrar gran gozo en que fuimos salvados de nuestros pecados y que nuestra salvación está segura en Él. ¡No hay nada que nos pueda separar de Su amor! (Rom. 8:39).

Finalmente, este salmo nos recuerda que aun en medio de nuestras peores circunstancias Él nos ha colmado de bienes: «Canto salmos al Señor. ¡El Señor ha sido bueno conmigo!». Dios nos ha bendecido de múltiples formas, solamente necesitamos quitar nuestros ojos de nuestros sufrimientos para poder verlo. Pero la mayor de Sus bendiciones es la cruz, el lugar donde el inocente Jesús murió por el culpable, el lugar donde somos salvados, sanados y donde todo nuestro dolor fue llevado. El lugar que nos ha asegurado cada una de las promesas de Dios.

En medio de tu dolor lleva a tu alma a decidir confiar en Dios, encuentra gozo en Su salvación y cántale porque Él te ha llenado de bienes.

SALMO 90:17

«Que el favor del SEÑOR nuestro Dios esté sobre nosotros. Confirma en nosotros la obra de nuestras manos; sí, confirma la obra de nuestras manos»

(SAL. 90:17).

*E*l gran Moisés ha llegado al final de su vida, ha deambulado por 40 años en el desierto; ha visto morir una generación entera, y finalmente ha enterrado los últimos dos miembros de su familia, Aarón y Miriam, y es aquí cuando comienza a reflexionar sobre su vida y le pide a Dios confirmar la obra de sus manos.

Él ha vivido 3 periodos de 40 años; el primero en la casa de Faraón con todo lo que el mundo ofrece, y por no esperar la confirmación en su andar, perdió todo y pasó a los segundos 40 años donde obró en el anonimato y donde Dios lo convirtió en un hombre que Él pudiera usar.

El último periodo es cuando realmente Dios usa a Moisés, un hombre humilde y manso para hacer grandes cosas a través de él. Moisés ha experimentado las tres etapas, ha aprendido de sus pecados y ya conoce cómo caminar con Dios. Moisés ha aprendido que Dios no nos necesita y, sin embargo, en Su misericordia y bondad, Él tiene un plan para cada uno de nosotros, como Efesios 2:10 nos enseña: «Porque somos hechura de Dios, creados en Cristo Jesús para buenas obras, las cuales Dios dispuso de antemano a fin de que las pongamos en práctica».

Nuestro deber es buscar el plan que Él ha planeado para nosotros, a través de estudiar la Palabra, meditar en ella y orar; cuando entendemos Su plan, debemos llevarlo a cabo y el Señor lo utilizará para la posteridad.

La realidad es que el significado de la vida no viene de lo que hacemos, sino de a quién conocemos (Jesucristo). Y en el proceso de buscar el plan, Dios se nos revela y nuestro caminar con Él se vuelve más íntimo y fuerte y Él nos regalará nuestro deleite por estar en Su camino (Sal. 37:4). Dios muestra Sus planes y cuando los ignoramos estamos en pecado porque fuimos creados a Su imagen (Gén. 1:27) para glorificarle. Nuestro propósito en la creación y lo que debemos hacer con nuestras vidas es representarlo (2 Cor. 5:20).

Dios confirma nuestros pasos únicamente cuando estamos caminando con Él. Así que, Moisés realmente ora por el pueblo, para que reconozcamos la gracia que Él nos ha derramado y por amor busquemos Sus caminos y lo obedezcamos. «Reconócelo en todos tus caminos, y él allanará tus sendas» (Prov. 3:6) Y mientras caminamos en Sus huellas, Él nos regalará paz (Fil. 4:7), gozo (Fil. 4:4) y contentamiento (Fil. 4:11-13), porque si buscamos primero Su reino, Él añadirá el resto (Mat. 6:33).

Si queremos que nuestras vidas tengan significado, y si queremos bendecir a otros, esto solamente ocurrirá cuando Dios establece nuestro trabajo y podríamos oírle decir: «¡Hiciste bien, siervo bueno y fiel! Has sido fiel en lo poco; te pondré a cargo de mucho más. ¡Ven a compartir la felicidad de tu señor!» (Mat. 25:23).

SALMO 140

«Yo le digo al Señor: "Tú eres mi Dios.
Atiende, Señor, a mi voz suplicante"»

(SAL. 140:6).

*M*ientras mayor sea el peligro, más fervorosamente debemos orar a Dios. Los que el Señor protege están todos a salvo. Si Él es por nosotros, ¿quién contra nosotros? Debemos velar y orar especialmente que el Señor sostenga nuestro andar en Sus caminos, que nuestros pasos no se deslicen. Dios es capaz de resguardar a Su pueblo del fraude secreto como del ataque franco; y la experiencia que hemos tenido de Su poder y cuidado, en peligro de una clase, puede alentarnos a depender de Él en otros peligros.

Los creyentes pueden orar que Dios no conceda los deseos de los malos ni que prosperen sus malas artes. Los acusadores falsos se acarrearán males a sí mismos, hasta las ascuas de fuego de la venganza divina. Y ciertamente el justo morará en la presencia de Dios, y le dará gracias por siempre. Esta es acción de gracias verdadera, una vida agradecida: debemos hacer este uso de todas nuestras liberaciones, debemos servir a Dios en forma más íntima y jubilosa. Los que son justos ante los ojos de Dios, aunque los hombres hablen mal de ellos y abusen de ellos, siendo justificados por la justicia de Cristo, que les es imputada, y reciben por fe, como efecto de lo cual viven sobria y rectamente, estos dan gracias al Señor por la justicia con la cual son hechos justos, y por toda bendición de gracia y misericordia de vida.

SALMO 2:1-6

*«¿Por qué se sublevan las naciones,
y en vano conspiran los pueblos?»*

(SAL. 2:1).

Una de las preguntas más importantes que podemos hacernos es: ¿hacia dónde se dirige la historia? La forma en que respondamos a esa pregunta moldeará nuestros valores, cómo vivimos y dónde ponemos nuestra esperanza. El Salmo 2, un poema profético escrito hace más de tres mil años, da la respuesta definitiva de hacia dónde se dirige la historia y cómo eso debería impactar la vida de cada ser humano en el planeta.

El Salmo 2 comienza con una pregunta: «¿Por qué se sublevan las naciones, y en vano conspiran los pueblos?». Nuestro mundo pecaminoso odia al Dios que castiga el pecado y tiene el control que ellos quieren para sí mismos. Esta rebelión es el camino de los malvados del Salmo 1 llevado a una escala global: las naciones y líderes de la tierra se oponen activamente a Dios y Sus propósitos. Si escaneas los titulares de las noticias y sabes un poco sobre la historia del mundo, verás evidencia de esta rebelión por todas partes. Las naciones persiguen a los seguidores de Jesús. Los líderes políticos se exaltan a sí mismos y a sus ideas perversas. Los educadores y científicos niegan a Dios como la fuente de la verdad y abrazan las mentiras. Naciones se levantan contra otras naciones para demostrar su dominio y reinado.

Cuando las naciones y sus líderes conspiran contra Dios y Su Ungido (vv. 1-3), la respuesta de Dios es contundente y alentadora (vv. 4-6). Él no se sienta en el cielo retorciéndose las manos con desesperación; se ríe (v. 4). Él tiene todo el poder en el universo y ha designado a Su Rey, Jesús, como el Rey de reyes y Señor de señores (v. 6). Dios puede burlarse de las personas más malvadas de la historia del mundo porque sabe que, a pesar de ellos, «hace todas las cosas conforme al designio de su voluntad» (Ef. 1:11).

En el Libro de Hechos, los apóstoles citaron este salmo en una oración (Hech. 4:25-27), explicando que los líderes (Pilato y Herodes) y el pueblo (gentiles y también judíos) tramaron contra Jesucristo para crucificarlo. Dios no fue sorprendido. Dios permitió sus intrigas «para hacer lo que de antemano [Su] poder y [Su] voluntad habían determinado que sucediera» (Hech. 4:28). Por esta razón el salmo comienza con una pregunta, como si dijera, conociendo la soberanía y justicia de Dios sobre las naciones y la historia humana, ¿por qué la gente pelearía contra Él? Dios usa la furia de las naciones y sus reyes para Su gloria y propósitos, incluso cuando significaba la crucifixión de Su amado Hijo, y usó la maldad del hombre para abrir el camino de salvación para todas las naciones rebeldes.

Nuestra respuesta a estos versículos es confiar en nuestro Rey soberano. A pesar de las dificultades de vivir en un mundo en rebeldía contra Dios, cuando confiamos en Su mano soberana sobre la historia del mundo, también podemos reírnos cuando los problemas de un mundo caído nos enfrentan.

SALMO 2:7-12

«Sirvan al Señor con temor; con temblor ríndanle alabanza»

(SAL. 2:11).

E
l Salmo 2 continúa explicando quién es el Rey sobre Sion, qué hará, y cómo todo el mundo (incluyendo nosotros) debe responder.

El decreto del Señor (v. 7) dice que este Rey es el Hijo de Dios (haciendo eco del pacto davídico de 2 Samuel 7) y también el Dueño y Juez de todas las naciones (vv. 8-9), y que toda la historia del mundo va hacia el reinado perfecto del Mesías sobre toda la tierra.

Algunos cristianos suelen pensar en Jesús solo como un hombre manso y humilde, caminando con un corderito sobre sus hombros y que nunca se enoja. Quiero enfatizar que Cristo es manso y humilde, pero solo será así en el futuro para Sus amigos perdonados. Para Sus enemigos, es un Juez aterrador que quebrantará a Sus enemigos con vara de hierro, deshaciéndolos como vaso de alfarero (v. 9). Los líderes rebeldes de las naciones no prosperarán para siempre y el Rey verdadero sobre toda la historia tendrá la última palabra, trayendo justicia y juicio para todos los que viven en rebeldía. Y no es solo para los líderes de las naciones, es para todo ser humano que vive contra el señorío de este Rey ungido de Dios.

En los últimos tres versículos (10-12), el salmista advierte a los reyes de la tierra cómo deben responder a este Rey y Juez justo. Dios no tiene que darles la oportunidad de escapar de Su ira ardiente contra su pecado y rebelión, pero en Su gracia, los advierte. En otras palabras, Dios ofrece el evangelio a los reyes y jueces que se han rebelado contra Él. Para escapar de la justa ira de Dios, estos líderes —y todo ser humano— necesitan someterse a Su señorío sobre el mundo, adorándolo con reverencia y temor (v. 11) y honrar a Su Hijo, el Rey verdadero (v. 12). Cuando creemos en Jesucristo y nos arrodillamos delante de Él en arrepentimiento, entramos al refugio de Cristo y podemos escapar de Su ira que «se inflama de repente» (v. 12). El Rey será un enemigo terrible para nosotros o el mejor amigo, maestro, y Rey imaginable. Todo depende de nuestra respuesta a Su evangelio.

Me encanta cómo termina el salmo: «¡Dichosos los que en él buscan refugio!» (v. 12). Solo cuando nos refugiamos en Cristo, recibiendo Su perdón y bendición, podemos estar en el lado correcto de la historia. Toda la historia está esperando el reino perfecto de nuestro Rey, y nuestro papel es proclamar Su evangelio a todas las naciones (Mat. 28:18–20). Todavía hay tiempo para que los reyes y naciones rebeldes de la tierra entren en el refugio de Cristo para ser salvos de Su ira.

Este evangelio nos llena de esperanza en nuestro gran Dios y Salvador. Sí, todavía es difícil vivir en un mundo que está en rebeldía contra Dios, pero sabemos que nadie jamás podrá quitarnos esta bendición eterna que tenemos en Cristo.

SALMO 20:6-7

*«Estos confían en sus carros de guerra, aquellos
confían en sus corceles, pero nosotros confiamos
en el nombre del Señor nuestro Dios»*

(SAL. 20:7).

L a palabra «convicción» viene del verbo convencer. Por esta razón, cuando tú tienes una convicción estás convencido o tienes la certeza de que algo es verdad y, en consecuencia, vives de acuerdo con esa convicción. Cuando te corresponde afrontar un problema, ¿qué convicciones tienes sobre el papel de Dios en tu vida?

El Salmo 20:6-7 expone tres convicciones que el salmista tiene y que desea compartir con el rey y el pueblo que saldrán a una batalla.

Convicción 1: Dios salva a Su pueblo

En esta sección el escritor inicia afirmando: «Ahora sé que el Señor salvará a su ungido» (v. 6a). Si en los versículos anteriores el salmista expresó su deseo de que el rey reciba la venia divina, ahora afirma que Dios en efecto muestra Su respaldo a Su ungido. El ungido aquí se refiere al rey que Dios eligió para que gobernara sobre Israel. Cuando Dios afirma que salva a Su ungido se refiere a que salvará al rey de sus enemigos y esto redundará en vida y paz para el pueblo.

Convicción 2: Dios muestra Su poder públicamente

El escritor afirma que Dios «le responderá [al rey] desde su santo cielo y con su poder le dará grandes victorias» (v. 6b). Este texto nos recuerda del poder con que Dios libró a Israel de la esclavitud de Egipto, también es un adelanto de lo que verían las personas en el tiempo del profeta Elías (1 Reyes 18:20-40). El Salmo 20:6 describe que el clamor y la obediencia del rey y del pueblo eran requisitos esenciales para que Dios respaldara al rey en la batalla y les diera la victoria con evidencias públicas.

Convicción 3: Dios es digno de nuestra confianza

El salmista escribe: «Estos confían en sus carros de guerra, aquellos confían en sus corceles, pero nosotros confiamos en el nombre del Señor nuestro Dios» (Sal. 20:7). Mientras algunos confían en sus recursos militares, el rey y el pueblo confían en Dios. Esta tercera convicción viene como resultado de las dos anteriores: Dios es digno de nuestra confianza porque Él muestra Su poder públicamente para salvar a Su pueblo. La mayor victoria fue demostrada públicamente en la cruz del Calvario y ahora nosotros recibimos el beneficio de esa victoria: «Así dice la Escritura: "Todo el que confíe en él no será jamás defraudado"» (Rom. 10:11).

SALMO 62

«Solo en Dios halla descanso mi alma;
de él viene mi salvación»

(SAL. 62:1).

C uando nos encontramos en medio de los problemas de la vida, cuán fácilmente nuestros corazones buscan su descanso en aquello que no es Dios. Cuando las tribulaciones del día a día nos agobian, con cuánta facilidad perdemos el gozo de nuestra salvación. Cuando las cosas no van como nos gustaría, cuán fácilmente perdemos de vista lo eterno. Y en lugar de correr hacia el Único en quien encontramos reposo, ¿por qué decidimos correr en sentido contrario?

Tenemos en este pasaje un llamado a esperar en Dios, a conocer a Dios y a confiar en Dios, lo cual es el resultado más natural de conocer a nuestro Dios y de levantar nuestros ojos de las aflicciones de la vida terrenal y contemplar Su gloria y majestad, de contemplar quién es Dios.

¿Quién es Dios? *Elohim*, el Dios supremo, el Dios verdadero, el Gobernante y Creador quien sostiene todas las cosas con la palabra de Su poder. Él es quien habló y todas las cosas vinieron a existir. Él es el Dios todopoderoso. Sentado en Su trono, pero que me invita a venir ante Él y derramar mi corazón delante de Él.

En Él halla descanso mi alma. En Él espera mi alma en silencio y solo de Él depende toda mi esperanza. No en cosas finitas, en personas que fallan, en posesiones, amigos o trabajo. Sino en el Dios supremo. Así que puedo confiar en Él y echar toda mi ansiedad sobre Él.

Solo Él es mi roca y mi salvación. Si confío en Él para el destino y salvación eterna de mi alma, ¿cómo no confiará mi corazón en medio del mar embravecido?

Él es mi protector, mi refugio, fortaleza y torre fuerte contra los ataques del enemigo. A Él puedo correr y encontrar confianza, seguridad y protección. Solo allí, en Sus brazos, no seré removido.

Cuando mi alma está trabajada y cargada, Él promete hacerme descansar. Él que es manso y humilde de corazón, promete que allí encontraré descanso para mi alma (Mat. 11:28-30).

En Dios mi salvación es segura. Probablemente de este lado de la eternidad mis problemas no se irán, mis enfermedades o tribulaciones no se van a resolver como a mí me gustaría, pero puedo estar seguro de que un día Él hará nuevas todas las cosas (Apoc. 21:1-7).

Dios es la roca de mi fuerza, mi refugio seguro es *Elohim*.

Así que, espera en Él continuamente, derrama tu corazón ante el único que no te defraudará, Aquel que te sostendrá con la diestra de Su justicia. Ve ante Su rostro. Corre ante Su trono. Dile lo que hay en tu corazón.

Porque Dios es nuestro refugio. Espera en Él. Descansa en Él. Confía en Él. Reposa en Él.

SALMO 138

*«El SEÑOR es excelso, pero toma en cuenta a los
humildes y mira de lejos a los orgullosos»*

(SAL. 138:1).

*C*uando podemos alabar a Dios con todo nuestro corazón no tenemos que indisponernos para que todo el mundo sea testigo de nuestra gratitud y gozo en Él. Los que confían en Su benignidad y verdad por medio de Jesucristo, siempre lo hallarán fiel a Su palabra. Si no escatimó a Su propio Hijo, ¿no nos dará con Él generosamente todas las cosas? Si Dios nos da fortaleza en nuestra alma para soportar las cargas, resistir las tentaciones y cumplir los deberes de un estado de aflicción, si nos fortalece para aferrarnos a Él por fe, y esperar con paciencia los acontecimientos, estamos obligados a ser agradecidos.

Aunque el Señor es alto, tiene respeto por todo pecador bajo y abatido; pero el orgulloso e incrédulo será echado de Su bendita presencia. Los consuelos divinos tienen suficiente en sí para revivirnos, aunque andemos en medio de problemas. Y Dios salvará a Su pueblo, para que sea revivido por el Espíritu Santo, el Dador de vida y santidad. Si damos a Dios la gloria por Su misericordia, podemos recibir el consuelo. Esta confianza no eliminará, antes bien reavivará la oración. Lo bueno que hay en nosotros es Dios, que obra en nosotros así el querer como el hacer. El Señor perfeccionará la salvación de todo creyente verdadero y nunca abandonará a los que ha creado en Cristo Jesús para buenas obras.

SALMO 96:1-3

*«Canten al Señor, alaben su nombre;
anuncien día tras día su victoria»*

(SAL. 96:2).

*F*uiste creado para adorar. Fuiste creado para alabar a Dios con adoración gozosa y declarar Su gloria entre las naciones (Isa. 43:7). Este tema es encontrado en toda la Biblia; Dios, a través de la proclamación de Su pueblo, está redimiendo adoradores quienes mostrarán Su gloria en toda la tierra (Sal. 86:9). La relación entre adoración y las misiones es obvia. Las misiones son el medio que Dios utiliza para congregar adoradores.

Este fue el propósito de Dios en establecer a Israel como una nación santa (Gén. 12:2-3). Israel debía ser una comunidad misionera, bendiciendo las naciones al llamarlas a un pacto con Yahvéh (Ex. 19:4-6). Sin embargo, Israel se volvió complaciente en su misión. Su adoración se volvió introspectiva, negligiendo a las naciones.

Lo mismo pasa con los cristianos hoy en día. ¿Te identificas con el fracaso de Israel en priorizar el corazón misionero de Dios? Tal vez tu adoración se ha estancado, perdiendo la pasión por llamar a otros a unirse en adoración. Si es tu caso, permite que las palabras del salmista renueven en ti una pasión por dar a conocer a Cristo.

Es importante entender que las misiones inician con la adoración. Es la fuente de la cual fluye la obediencia en las misiones. Por ejemplo, el Salmo 96 fue cantado cuando el arca del pacto fue instalada en el tabernáculo de David (1 Crón. 16:23-33). La intención de David era recordarle a Israel su identidad misionera, y él inicia con un llamado a la adoración. Tres mandatos a que «canten al SEÑOR» (vv. 1-2a). El punto es que la alabanza precede a la proclamación. Si tu adoración es ociosa, también lo será tu participación en las misiones.

La obediencia en las misiones fluye orgánicamente de la comunión con Cristo. La adoración personal está destinada a tener implicaciones globales, impulsarte a declarar «su gloria entre las naciones» (v. 3). Un corazón agradecido redimido proclamará «día tras día su victoria» (v. 2b). Mientras Dios satisface tus afecciones en Cristo, simultáneamente suscita en ti una pasión por ver a otros satisfechos en Él.

Más aún, la adoración es la meta de las misiones (vv. 2b-3). Las misiones no son nuestro objetivo, la adoración lo es. Las misiones son temporales, la adoración es eterna. La adoración a Dios es la razón fundamental de las misiones, porque Su gloria es el propósito de todas las cosas (Isa. 48:9-11; 1 Cor. 10:31). La motivación singular para proclamar la salvación, gloria, y obras maravillosas de Dios entre todos los pueblos es que otros puedan unirse en adoración. El objetivo es la gloria eterna de Dios exaltada por toda tribu y lengua (Apoc. 7:9-10).

Amado, has experimentado la realidad de que en Su presencia hay plenitud de gozo y deleites para siempre (Sal. 16:11). Como resultado, permite que tu adoración llena de gozo en Jesús te motive a anunciar a tus vecinos y a las naciones «prueben y vean que el SEÑOR es bueno» (Sal. 34:8).

SALMO 27

*«Hubiera yo desmayado, si no creyese que veré la
bondad de Jehová En la tierra de los vivientes»*

(SAL. 27:13, RVR1960).

El Salmo 27, escrito por David, nos presenta cómo él trato con diferentes situaciones difíciles en la vida, fue perseguido por sus enemigos y aun hasta su propio hijo lo buscaba para matarlo. Su fe fue probada de muchas maneras.

Ninguno de nosotros estamos exentos de momentos de adversidades, angustias, traiciones, envidias y malentendidos; de alguna manera has estado allí y, créeme, yo también.

Este mundo es un valle de lágrimas y eso no va a cambiar debido al pecado que comenzó en Génesis 3 y, por lo tanto, de este lado de la gloria no vamos a vivir sin circunstancias dolorosas. La tierra está bajo maldición debido al pecado de Adán y Eva, pero gracias a Dios, quien en Su gracia y misericordia envió a Cristo, Su Hijo, quien vino a dar Su vida en la cruz para el perdón de pecados, Él nos muestra Su victoria sobre la muerte de tal manera que tengamos la esperanza de estar un día en nuestro verdadero hogar, el cielo.

Lo único que tenemos como cristianos en este mundo es la fe en nuestro Señor y Su bondad. David era ya viejo y sus fuerzas habían decaído, pero tenía su confianza en Dios, quien nunca lo desampararía. David hace alusión a las personas que no deben abandonarnos, como nuestros padres, y es tal su confianza en Dios que dice: «Aunque mi padre y mi madre me abandonen, el Señor me recibirá en sus brazos» (Sal. 27:10).

¿Quién es el Señor en quien confías? Él es tu luz, tu salvación, tu fortaleza y quien nos defiende. Podemos ver en este salmo cómo David elogia estas características de Dios.

David expresa su confianza y sabía quién era Dios. Nosotros lo sabemos también y aun en una forma más exacta por medio de Jesús que resucitó y nos dio al Espíritu Santo que mora en nosotros, quien es nuestro gran intercesor en medio de nuestra debilidad y ora conforme a la voluntad del Padre. Por lo tanto, sin importar nuestras circunstancias, somos victoriosos en Cristo. Además, debemos tener la confianza en las siguientes palabras:

«Así mismo, en nuestra debilidad el Espíritu acude a ayudarnos. No sabemos qué pedir, pero el Espíritu mismo intercede por nosotros con gemidos que no pueden expresarse con palabras. Y Dios, que examina los corazones, sabe cuál es la intención del Espíritu, porque el Espíritu intercede por los creyentes conforme a la voluntad de Dios» (Rom. 8:26-27).

Recuerda que no importa lo que estés pasando, así como David, un hombre con las mismas debilidades nuestras, puedes poner tu confianza en Dios.

SALMO 137

«Cómo cantar las canciones del Señor
en una tierra extraña?»

(SAL. 137:4).

Los enemigos habían llevado cautivos a los judíos desde su propia patria. Para completar sus ayes los insultaban; les exigían alegría y una canción. Esto era muy bárbaro; también profano, porque ninguna canción serviría, sino las canciones de Sion. No hay que dar satisfacción a los burladores. Ellos no dicen: «¿Cómo cantaremos cuando estamos tan apenados?», sino: «Es la canción del Señor, por tanto, no nos atrevemos a cantarla entre los idólatras».

Nos gusta pensar en lo que amamos. Quienes se regocijan en Dios hacen de Jerusalén su gozo por amor de Él. Ellos resolvieron firmemente conservar este afecto. Cuando sufrimos, debemos recordar con santa tristeza las misericordias abandonadas y los pecados por los cuales las perdimos. Si los beneficios temporales alguna vez hacen que el creyente profeso se sienta satisfecho, estando alejado de las ordenanzas de Dios, o avergonzado de su profesión de fe, es que le ha sobrevenido la peor calamidad. Lejos esté de nosotros el vengarnos; se lo dejaremos al que dijo: «Mía es la venganza». Los que se alegran en las calamidades, especialmente por las calamidades de Jerusalén, no quedarán impunes. No podemos orar por el éxito no prometido a la iglesia de Dios sin mirar la ruina de sus enemigos, aunque no emitamos una oración por ella. Pero recordemos a Aquel cuya sola gracia y salvación consumada es, que tengamos alguna esperanza de ser llevados a casa, a la Jerusalén celestial.

SALMO 34:4

«Busqué al Señor, y él me respondió;
me libró de todos mis temores»

(SAL. 34:4).

Imagina que estamos en una ronda de amigos, donde la consigna es decir cuál es nuestra fobia o a qué le tenemos miedo. Las respuestas son variadas, unos tienen miedo a los sapos, alguien nombra a las arañas y las opiniones se dividen. Tal vez alguien tenga claustrofobia y muy pocos realmente sean capaces de comprender cómo se siente eso. Hasta que, en un momento, alguien corta las risas con un rostro serio y la voz cargada de genuino pesar: «En mi trabajo están despidiendo gente y no he tenido un buen mes... creo que me van a despedir».

Si bien sería muy difícil que alguien abra su corazón de forma tan dramática en una simple conversación de amigos, el punto es que hay temores íntimos en el corazón humano que nos someten, nos esclavizan en un dolor profundo. No digo que el miedo a las alturas o las fobias no sean reales, pero hay temores que llevamos en nuestro interior y que cada tanto nos acorralan en nuestros pensamientos y nos cuesta hablar de ellos. Vivimos en una sociedad inestable que de la noche a la mañana puede dejarnos en la calle. Las crisis de identidad y los problemas de ansiedad son cada vez más comunes en esta época. Esto es algo que no tiene sentido negar, ni callar.

Todos tenemos temores, pero los hijos de Dios tenemos también la libertad de presentarlos ante la presencia de Dios, ante el trono de la gracia donde podemos encontrar oportuno socorro. Como el salmista, busquemos al Señor de todo corazón sin desviarnos tras falsas promesas de libertad. En Dios tenemos un padre amoroso y atento a nuestras necesidades, porque Jesús logró nuestra adopción. No somos extraños, somos hijos y podemos llegar a Dios para clamar y pedir, para confesar nuestros pesares más íntimos.

Tal como asegura el autor de este salmo, Dios oye a quienes lo buscan. Él nos salva, no simplemente porque puede, sino porque nos ama. Inclina Su oído a nuestro clamor y se involucra con nuestros temores para librarnos de ellos. Esto es motivo de seguridad para nosotros, en nuestra búsqueda de Su rostro. Dios se deja hallar o, mejor dicho, sale a nuestro encuentro. De hecho, fue así como llegamos en primer lugar, porque Él fue quien nos buscó. Lo único que pudimos hacer fue clamar por ayuda. Él se acercó, vino a nuestro encuentro y nos libró.

De la misma manera, día a día podemos ir en búsqueda de Dios con la plena certeza de que Él nos recibe; se acerca dispuesto a escuchar nuestros miedos más profundos para que los entreguemos en Sus manos. Vayamos, entonces, a nuestro Padre con plena confianza, seguros de Su amor y protección.

SALMO 103:6-8

*«El Señor hace justicia y defiende
a todos los oprimidos»*

(SAL. 103:6).

Vivimos en un mundo donde el materialismo nos ha afectado en gran manera como Iglesia. No importa cuánto queramos convencernos de lo contrario, el cristianismo ha sido influenciado por un estilo de vida donde el sufrimiento es cuestionado y también rechazado. Además, queremos hacer lo mismo que los demás, y muchas veces incluso lo que atenta contra la santidad de Dios. David, a través de estos versículos, nos hace reflexionar sobre cómo buscar sinceramente a Dios y a considerar Su compasión como ejemplo para nuestras vidas. David es consciente de nuestra batalla, y por eso quiere ayudarnos a comprender quién es Dios.

David comienza haciendo énfasis en el carácter justo de Dios. La justicia de Dios es un tema que presenta muchos problemas en nuestra sociedad, donde se evita la confrontación. La justicia está ligada a valores absolutos, pero nuestro concepto de justicia está enfocado en si algo de los demás nos incomoda. ¿Por qué es tan importante la justicia? Porque Dios, al ser justo de forma plena, comprende de forma integral cómo tratar a los demás correctamente y qué es ser equitativo. ¿Alguna vez has pensado en cómo debes tratar a tu amigo o familiar correctamente sin pensar en ti? Únicamente miremos a Jesús, Dios hecho hombre.

Dios muestra a través de los principios y ejemplos en Su Palabra cómo practicarla (v. 7). En el Antiguo Testamento, Dios muestra Su compasión a través de la ley que dio a Moisés, donde se preocupaba por los débiles y oprimidos, llámense pobres, viudas o extranjeros. Posteriormente, en el Nuevo Testamento continúa enseñando, pero a través de Jesús, el Hijo de Dios. Él no buscó a los «buenos», sino a aquellos que eran los despreciados y rechazados de la sociedad. Jesús fue un ejemplo de lo que debemos hacer. Pero no solo es lo que debemos hacer, sino también debemos aprender cómo Dios se preocupa por nosotros y por nuestras debilidades.

La realidad es que a pesar de todo lo que podamos tener a nivel material o familiar, siempre habrá necesidades que cubrir. Desde necesidades emocionales por la pérdida de un ser querido, situaciones complicadas cuando perdemos un trabajo o incluso cuando sufrimos crisis importantes que nos llevan a cuestionar nuestra existencia. Dios se preocupa por nosotros y esas situaciones, ¡Dios es compasivo siempre! Pero Dios es clemente especialmente al no darnos lo que realmente merecemos por nuestros pecados.

Dios es compasivo con nosotros, y a través de Su Palabra nos ha enseñado cómo buscarle sinceramente. Dios quiere tener una relación cercana contigo, quiere mostrar Su justicia a través de nosotros. ¿Quieres vivir cada día según los valores del Reino o una vida «normal»? Dios nos invita el día de hoy a ser diferentes, el reto es que nosotros lo aceptemos y lo vayamos viviendo cada día. Que los que nos rodean vean que Dios es un Dios que los busca y quiere ser su Dios. ¿Te animas el día de hoy?

SALMO 23:1-4

«Jehová es mi pastor; nada me faltará»

(SAL. 23:1, RVR1960).

Este salmo, siendo de los más conocidos y posiblemente de los más memorizados, cobró vida el año pasado de una manera muy especial. El año pasado visitamos muchísimas veces algunos hospitales y, definitivamente, estuvimos ahí mucho más tiempo de lo que nunca habíamos estado como familia. Si has estado en un hospital, sabes lo caro que puede llegar a ser y lo rápido que se va el dinero; sin embargo, todo este tiempo no nos ha faltado absolutamente nada. ¿Alguna vez te has sentido abrumado por alguna dificultad y no sabes si te faltaran fuerzas, dinero, esperanza o fe? Pienso que el salmista había experimentado la provisión de Dios en medio de la dificultad, porque así comienza el primer versículo. Este es un salmo que, como muchos otros, nos reconforta y da aliento al alma.

Comienza con el nombre de Dios, Jehová, uno de los nombres de Dios que hace referencia a que Él es el único y Dios verdadero. Pero al mismo tiempo, busca tener una relación con Sus hijos. Este salmo nos recuerda que Él nos pastorea de una manera protectora, a tal punto que nada nos podrá faltar, nada nos podrá privar de Él. No importa dónde te encuentres, Él te proveerá de descanso.

Dios, con ese tierno amor de un pastor, nos lleva a un lugar seguro y cómodo donde podemos refugiarnos. Allí Él nos guía y, en algunas ocasiones (¡o posiblemente muchas veces!) confortará nuestra alma. ¿Cómo hace eso? Al hacernos ver de nuevo las situaciones de donde nos ha sacado, o al mostrarnos algo en nuestra vida que necesita cambiar. Y entonces, Él nos conduce al camino correcto, nos instruye y nos enseña con ese tierno amor que lo caracteriza, con ese amor profundo con el que dio a Su Hijo unigénito para salvarnos del pecado y de las tinieblas.

El versículo 4 comienza: «Aunque ande en valle de sombra de muerte». Nuestra naturaleza, sin duda, es pecaminosa, y por ende vamos a querer ir por el camino contrario, alejándonos de Dios y poniendo en gran peligro nuestra alma. Eso no es nada nuevo para el Señor, eso Él ya lo sabe, y por eso mismo nos recuerda que no debemos temer: «No temeré mal alguno». Pero el salmista va más allá. Nos da la razón por la cual no debemos temer: «Porque tú estarás conmigo». Esta es la razón de por qué no debemos temer. Más bien, hemos de seguir confiando sea cual sea la situación o circunstancia, aun si estamos en sufrimiento intenso, o en un hospital, o pasando alguna prueba familiar. Dios es quien nos sostiene y nos guarda. Y no solo eso, nos da las herramientas para hacerlo.

La vara y el callado son las herramientas que usa un pastor para cuidar y proteger a su rebaño. De esa misma manera, Dios nos apoya cuando sentimos que caeremos, cuando creemos que ya no podemos más. Allí, Él nos consuela. No solamente eso, sino que nos lleva a arrepentirnos, a venir por la gracia hacia Él, quien continuamente nos recuerda que es nuestro pastor, y que Él nos hará descansar.

SALMO 136

*«Alabad a Jehová, porque él es bueno,
Porque para siempre es su misericordia»*

(SAL. 136:1, RVR1960).

Olvidadizos como somos, las cosas deben sernos repetidas a menudo. Por «misericordia» entendemos la disposición del Señor a salvar a aquellos cuyo pecado ha vuelto miserables y viles, y toda la provisión que ha hecho para la redención de los pecadores por Jesucristo. Los consejos de esta misericordia han sido desde la eternidad y los efectos de ella durarán por siempre, para todos los que estén interesados en ella. El Señor continúa estando igualmente preparado para mostrar misericordia a todos los que la buscan, y esta es la fuente de toda nuestra esperanza y consuelo.

Las grandes cosas que Dios hizo por Israel cuando los sacó de Egipto, fueron misericordias que les duraron por mucho tiempo; nuestra redención por Cristo, tipificada por aquellas, dura por siempre. Bueno es entrar en la historia de los favores de Dios y en cada uno observar y reconocer, que Su misericordia dura por siempre. Los puso en posesión de una tierra buena; es figura de la misericordia de nuestro Señor Jesucristo.

La misericordia eterna de Dios es aquí alabada por la redención de Su Iglesia; en todas sus glorias y todos sus dones. Bendito sea Dios, que nos ha provisto y dado a conocer la salvación a través de Su Hijo. Que nos conceda que conozcamos y sintamos Su poder redentor, para que le sirvamos en justicia todos nuestros días. Que Aquel que da alimento a toda carne, alimente nuestras almas para vida eterna, y vivifique nuestros afectos por Su gracia, para que le agradezcamos y alabemos Su santo nombre, porque Su misericordia dura para siempre. Remontemos todos los favores recibidos a esta verdadera fuente y ofrezcamos alabanza continuamente.

SALMO 20:5

«Nosotros celebraremos tu victoria, y en el nombre de nuestro Dios desplegaremos las banderas. ¡Que el SEÑOR cumpla todas tus peticiones!»

(SAL. 20:5).

¿Cómo reaccionarías si tu equipo favorito ganara el mundial de fútbol? La ovación por la victoria es indescriptible porque para los aficionados se trata de algo de mucho más valor que solo un trofeo. Algo similar sucedía en los tiempos bíblicos cuando una nación ganaba una guerra.

En el mundo antiguo, la palabra «victoria» tiene repercusiones de grandes proporciones. La victoria implicaba que Dios respaldaba al rey que salía a la batalla. También significaba la preservación de las familias, las posesiones y las tierras. En una frase: victoria era sinónimo de vida, y ese era el enorme motivo para cantar con gozo y celebrar con efusividad.

El Salmo 20 es conocido como un salmo real. En los primeros cuatro versículos, el salmista inicia la oración a favor del rey antes de que este saliera a una batalla. La primera parte del Salmo 20:5 afirma: «Nosotros celebraremos tu victoria». La euforia por ganar una copa mundial no se compara con el gozo que embargaba al pueblo de Israel cuando obtenía la victoria en una batalla. Esto se debe a que en la guerra se jugaba la vida de toda una nación. Pero, sobre todo, la honra que el pueblo debía dar al nombre de Dios. Es decir, en los tiempos bíblicos la nación vencedora solía creer que su Dios era mayor que el dios de la nación vencida, como explicó Rahab a los espías que llegaron a Jericó (Jos. 2:9-11).

Esta creencia era parte de la cultura antigua y los israelitas también la creían. Por eso la segunda línea de este versículo afirma: «Y en el nombre de nuestro Dios desplegaremos las banderas» (Sal. 20:5b), que significa literalmente «nos sentiremos grandes», «nos llenaremos de orgullo» o «celebraremos» porque nuestro Dios ha mostrado Su gran poder al defendernos.

Una frase muy usada en el Salmo 20 es: «¡Que el SEÑOR cumpla todas tus peticiones!» (vv. 1, 2, 4). Podemos ver en esta afirmación que el deseo del salmista es que Dios cumpla las peticiones del rey, pero no como resultado de un capricho, sino como resultado de que el rey someta su voluntad a la de Dios. Esto me recuerda lo que Cristo afirmó: «Si permanecen en mí y mis palabras permanecen en ustedes, pidan lo que quieran, y se les concederá» (Juan 15:7). Es decir, entre más lleno esté nuestro corazón de la Palabra de Dios, más seremos como Él y, por lo tanto, nuestros deseos, pensamientos y decisiones reflejarán similitud con los del Padre y pediremos aquello que Dios desea cumplir en nuestras vidas.

La victoria de los hijos de Dios contra el enemigo consiste en someter nuestra voluntad a la de Dios en cada decisión que tomemos. Pero la mayor de las victorias fue la que Cristo logró en la cruz del Calvario. ¡Celebra este día y canta con gozo porque tenemos vida por la victoria de Cristo! «Sin embargo, en todo esto somos más que vencedores por medio de aquel que nos amó» (Rom. 8:37).

SALMO 118:15-18

«Gritos de júbilo y victoria resuenan en las casas de los justos: "¡La diestra del Señor realiza proezas!"»

(SAL. 118:15).

El salmo 118 tiene muchas cualidades que podrían llamar nuestra atención. Por un lado, está entre el salmo más corto y el salmo más largo. Muchos lo consideran el salmo que esta al centro del todo el Libro de los Salmos.

Pero más allá de estas curiosas referencias, el Salmo 118 se ha considerado como un salmo mesiánico. Un salmo que nos revela la persona y la misión del Mesías, el Salvador. No es para menos. Algunos de los versos de este salmo son de los más citados por los escritores del Nuevo Testamento para demostrar que en Cristo se cumplen las profecías del Antiguo Testamento, profetizadas muchos años atrás.

Pero eso no es lo único. El Salmo 118 es también el último de los salmos que componen un conjunto de pocos salmos que se usaban en ciertos momentos dentro de la vida cotidiana del pueblo de Israel. Algunos estudiosos señalan que este salmo pudo incluso ser el himno cantado por nuestro Señor y Sus discípulos la noche de la última cena, antes de comenzar Su camino hacia la cruz.

La carga dramática que esto agrega al salmo alcanza unas dimensiones impresionantes. Imaginemos por un instante a nuestro Señor cantando estas palabras, sabiendo que hablan de Él en Su condición de Mesías, profetizando lo que en pocas horas estaría pasando. Nuestro Señor, aun sabiendo lo que le esperaba, cantó. Incluso conociendo los grandes momentos de angustia que pronto pasaría, adoró.

Estos versos escogidos del salmo nos hablan de varias cosas a las que es provechoso prestar atención. Presenta el gozo de los justos por las proezas del Señor. Sus grandes obras alegran el alma de los justos. El salmista declara que la diestra del Señor hace proezas, y en verdad, lo que en pocas horas Cristo hará será la proeza más grande de todas: salvar a un pecador que va rumbo directo al infierno y colocarlo en dirección permanente al cielo.

Pero si bien es cierto que para nosotros hay gozo, a Cristo le esperan momentos de intensa agonía espiritual y física. Sin embargo, hay una esperanza en Su alma. Aunque delante esté la prueba, el salmista, profetizando de Cristo, dice: «No he de morir; he de vivir para proclamar las maravillas del Señor».

Esa esperanza también la pueden tener aquellos que depositan en Cristo sus esperanzas. Aflicciones tendremos muchas, pero viviremos. Veremos las proezas de Dios. Su brazo no ha acortado para salvar, ni Su diestra ha perdido Su padre. Todos los que en Él esperamos contaremos las obras del Señor.

SALMO 63:4-5

«Te bendeciré mientras viva,
y alzando mis manos te invocaré»

(SAL. 63:4).

*D*avid dice que su respuesta es bendecir al Señor mientras tenga aliento. Mientras David se encuentra en este estado desierto, así como la tierra necesita la lluvia, levanta las manos y está de acuerdo, *Él es digno de mi necesidad y dolor. Es confiable y seguro. Su nombre es mi fuente de vida.*

El versículo 5 no solo brinda una solución temporal, sino una satisfacción con los alimentos más nutritivos que el cuerpo necesita para prosperar. Igualmente, en el Salmo 36:8-9 dice: «Se sacian de la abundancia de tu casa; les das a beber de tu río de deleites. Porque en ti está la fuente de la vida, y en tu luz podemos ver la luz». Estos tiempos de dolor o sufrimiento, soledad o desierto, están devolviendo nuestro corazón a la fuente de la vida. El proceso de confiar no consiste en saber todo lo que va a suceder, sino en conocer a quien sí lo sabe. David no sabía lo que iba a pasar, pero su corazón estaba seguro de su Dios: «Oh Dios, tú eres mi Dios; yo te busco intensamente» (Sal. 63:1). Su Dios, *Deos meus*, aquel digno de ser buscado, digno de su confianza total.

El desierto no estaba fuera de la soberanía de Dios en el caso de David y tampoco lo está para nosotros como creyentes. Debemos tener la familiaridad que tenía David con Él, ya sean dificultades que enfrentamos por causa de la justicia o como resultado de nuestro pecado. David estaba en Judá, no estaba en una tierra lejana, pero estaba en el desierto, lejos de toda comodidad. Incluso en este lugar, dice: «Tu amor es mejor que la vida; por eso mis labios te alabarán» (v. 3). Fuimos creados para glorificar a Dios en todos los sentidos y nuestros corazones lo saben muy bien. Es cuando hacemos lo que Dios nos mandó hacer que nos sentimos verdaderamente completos.

En el Salmo 69:16, David dice: «Respóndeme, Señor, por tu bondad y tu amor; por tu gran compasión, vuélvete a mí». Él conoce a su Dios, por lo que declara la verdad de Su carácter, no solo para declararlo, sino para confirmar una vez más que incluso en este lugar, en este espacio, lejos de la comodidad, la verdad inherente es que Dios es mejor que la vida misma. Nuestra confianza crece a medida que conocemos la verdad de quién es Dios. No en una idea creada por humanos, sino la verdad revelada a través de la Escritura.

SALMO 77

«Cuando estoy angustiado, recurro al Señor;
sin cesar elevo mis manos por las noches,
pero me niego a recibir consuelo»

(SAL. 77:2).

Los días difíciles deben ser días de oración; cuando parece que Dios se aleja de nosotros debemos buscarlo hasta que lo hallemos. En su día difícil el salmista no buscó la diversión o el entretenimiento; buscó a Dios, Su favor y gracia. Quienes tienen problemas mentales deben orar para alejarlos. Él meditó el problema; los métodos que debieron aliviarlo solo aumentaron su pesar. Cuando se acordó de Dios fue solo la justicia e ira divina. Su espíritu estaba abrumado y hundido bajo el peso. Que el recuerdo de las consolaciones perdidas no nos haga desagradecidos de lo que quedó. En particular, él llama a recordar las consolaciones con que se sostuvo en pesares anteriores.

Este es el lenguaje de un alma adolorida y solitaria, que anda en tinieblas; caso común aun entre quienes temen al Señor. Nada hiere y lacera más que pensar que Dios está airado. El propio pueblo de Dios, en un día nublado y oscuro, puede sentirse tentado a sacar conclusiones erróneas sobre su estado espiritual y del reino de Dios en el mundo. Sin embargo, no debemos dar lugar a esos temores. Que la fe responda desde la Escritura. La fuente turbia se aclarará nuevamente; y el recuerdo de épocas anteriores de experiencias gozosas, a menudo suscita esperanza y tiende al alivio. Las dudas y los temores proceden de la falta de fe y su debilidad. El desaliento y la desconfianza en caso de aflicción suelen ser con demasiada frecuencia las enfermedades de los creyentes, y como tales, tienen que ser pensadas por nosotros con pena y vergüenza. Cuando la incredulidad esté obrando en nosotros debemos suprimir su levantamiento.

El recuerdo de las obras de Dios será un remedio poderoso contra la desconfianza en Su promesa y bondad, porque Él es Dios y no cambia. El camino de Dios está en el santuario. Estamos seguros de que Dios es santo en todas Sus obras. Los caminos de Dios son como las aguas profundas que no pueden sondearse; como el camino del barco que no puede ser detectado.

Dios sacó a Israel de Egipto. Esto fue tipo de la gran redención que se obraría en el cumplimiento del tiempo, por precio y poder. Si hemos abrigado pensamientos dudosos, debemos sin demora volver nuestra mente a meditar en el Dios que no escatimó a Su propio Hijo, sino que lo entregó por todos nosotros, para que, con Él, pudiera darnos gratuitamente todas las cosas.

SALMO 119:71

«Me hizo bien haber sido afligido,
porque así llegué a conocer tus decretos»

(SAL. 119:71).

La aflicción es algo que constantemente rechazamos, y no es para menos. El sufrimiento y el dolor no son nuestro estado natural, aunque este mundo esté lleno de ellos. Anhelamos una vida de gozo y felicidad que solo será posible cuando nuestro Señor nos saque de este mundo y nos lleve a las moradas celestiales. Pero no deberíamos ver la aflicción como un intruso enemigo que nos impide gozar de nuestra dicha. Para el creyente, la aflicción cumple también con un propósito didáctico.

Dentro de este maravilloso salmo, el autor nos lleva a considerar la aflicción como algo beneficioso para nosotros. Incluso llega a decir que ha sido bueno haber sido afligido. ¿Cómo puede ser esto?

A nuestro testarudo corazón (sí, el tuyo y el mío), le cuesta rendirse ante un Dios que, aunque amoroso, también es justo y recto. Nos rebelamos, somos testarudos y nuestros pequeños triunfos y victorias nos llevan a endurecer nuestro corazón y llenarlo de orgullo. Es allí donde entra la acción didáctica de la aflicción: aprendemos más de los episodios de dolor que de nuestras conquistas.

Al igual que un padre amoroso, Dios desea nuestro bien y prosperidad. Por esta razón, si nos ve en alguna falta, nos amonesta y nos disciplina. Como bien dicen las Escrituras, si Él no nos disciplinara, sería una prueba de que no somos Sus hijos, porque el Padre, al hijo que ama, disciplina.

Ser disciplinados no es algo que queremos, pero sí es algo que necesitamos. El hombre que ha sido afligido por Dios es manso. Ha sido perfeccionado en el dolor y esto ha dado como resultado una ofrenda de olor grato delante del Señor. Ha aprendido a ser más paciente con los demás, a callar más y responder menos. Ha de jactarse menos cuando Dios le permite algún logro y ha de buscar el rostro de Dios en humildad y amor. Por ello, cada vez que sea necesario, nuestro Padre celestial nos dará lecciones acompañadas de sufrimiento para que crezcamos en nuestra obediencia y dependencia de Él.

No rechacemos la corrección de Dios. Su aflicción es beneficiosa para nuestra alma. Su sabor puede ser amargo, pero sus frutos darán honra a Dios y son la prueba de que somos suyos. Él nos enseña a través de duras cuerdas, su látigo nos endereza y Su cayado no permite que nos desviemos en el vasto mundo del pecado y la maldad. Él hace de nosotros un mejor hombre y una mejor mujer, para que nuestra vida le dé toda la gloria a Él. Por esta razón podemos decir: «Me hizo bien haber sido afligido, porque así llegué a conocer tus decretos».

SALMO 46:1-3

*«Dios es nuestro amparo y nuestra fortaleza,
nuestra ayuda segura en momentos de angustia»*

(SAL. 46:1).

La noticia de una enfermedad terminal, el fallecimiento de un ser querido, la traición de un amigo, ¿qué produce en nosotros? Una de las respuestas más comunes es: temor.

El alma suele reaccionar frente al temor como el agua ante el frío. El agua no resiste muy bajas temperaturas, sino que pierde su esencia y se convierte en algo sólido: hielo. El temor paraliza el alma. Nos hace querer huir cuando enfrentamos circunstancias que no esperamos. Situaciones en las que el dolor o el sufrimiento están presentes.

El Salmo 46 recuerda al pueblo de Dios viviendo experiencias con condiciones parecidas. Describe en los versos dos y tres los problemas que le ocasionaron padecimientos con frases que se relacionan a cambios en la tierra, montes que se deslizan al fondo de los mares, las aguas agitándose y bramando en el océano y montes temblando con un enojo creciente.

El rugir de los mares y el temblor de los cimientos de la tierra son figuras que nos permiten entender con mayor claridad lo complejas y dolorosas que fueron sus circunstancias. En turbulencias como estas, sea en alta mar o en tierra firme, la reacción natural es temer.

De igual manera, puede que estés atravesando por circunstancias donde sientes que te remueven el piso. Donde la barca parece haber perdido el control. Sin embargo, así como el pueblo confió en Dios en medio de dificultades monumentales, tú también puedes confiar en Él. Como ellos, aunque haya tribulaciones, confiaremos y no temeremos.

Esa fe encuentra su fundamento en la declaración: «Dios es nuestro amparo y nuestra fortaleza, nuestra ayuda segura en momentos de angustia». Lo que nos indica es que la base para poder confiar es la revelación de lo que Dios es.

Crecer en el entendimiento del carácter de Dios garantiza la estabilidad emocional y espiritual de la vida de un individuo. Su amor combina Su poder y benevolencia para beneficiar a Sus hijos. Saber eso trae alivio al alma y seguridad al corazón, resultando en firmeza a pesar de las condiciones que enfrente.

Reflexionemos un momento: ¿cómo reaccionamos cuando las circunstancias se tornan diferentes a lo que planeamos? ¿Tememos o creemos que Dios puede hacer lo que nosotros no podemos? ¿Dónde está puesta nuestra confianza?

Es obvio que los cristianos experimentan miedos. La lección que nos da el pasaje es que, a pesar del temor, debido a que nuestra fe está puesta en el Soberano de la tierra, podemos sobreponernos.

El Salmo 46 es una canción de celebración que nos recuerda que contamos con Dios como refugio y fuerza. Eso nos apunta a la cruz: la condenación eterna era la sombra que nos perseguía, la ira de Dios nos atemorizaba, pero mediante el

sacrificio perfecto —al morir y resucitar— Cristo se convierte en el lugar donde nos refugiamos eternamente.

Cuando estemos con Él en gloria, desaparecerá completamente el temor. Mientras esperamos, confiemos en que estamos seguros en el Dios que es nuestro refugio y fortaleza.

SALMO 5:1-3

*«Escucha mis súplicas, rey mío y Dios mío,
porque a ti elevo mi plegaria»*

(SAL. 5:2).

Fue mi culpa, no lo revisé con anterioridad. A solo unos días de salir de México, me di cuenta de que mi pasaporte estaba por caducar. La fecha de vencimiento estaba por llegar y las autoridades de migración de Estados Unidos no permitirían mi entrada al país con ese pasaporte.

Después de mi oportuno descubrimiento, salí de inmediato hacia las oficinas encargadas de renovar pasaportes mexicanos, pero mi decepción fue aún mayor: no había citas por temporada decembrina. Solo había una pequeña luz de esperanza: «Regresa mañana temprano, tal vez alguien te reciba», me instruyeron los porteros. Así lo hice. Salí muy temprano. Llegué antes que todos. Pedí. Rogué y eventualmente mi pasaporte llegó.

Nuestra dependencia con Dios debe ser igual y más. Como seres humanos, nuestra tendencia es la de ser dependientes a lo incorrecto, a lo temporal, a lo pasajero. Pero en el Salmo 5 David nos recuerda que nadie más se merece nuestras primeras horas del día; nuestro amanecer debe encontrarse con el rostro de Dios.

Independiente de mis circunstancias

David escribe: «A ti [Dios] elevo mi plegaria» y «por la mañana te presento mis ruegos». Evidentemente David se encuentra en problemas que lo llevan a acercarse a Dios con desesperación. Pero el lenguaje de David es el de alguien que ya sabe que la mejor manera de empezar el día es admirando el rostro de Dios. En las palabras de Pedro: «¿A quién iremos? Tú tienes palabras de vida eterna» (Juan 6:68). Cuando tenemos problemas tendemos a acudir a Dios, pero independientemente de nuestras circunstancias, nuestra manera de vivir debe ser moldeada para acudir a Dios siempre. Dios es Dios en los días «buenos» y en los «malos». Aprende a conocer a Dios a través de una cercanía genuina a Él. Lee tu Biblia, medita en lo que lees, disfruta acercarte a Dios. Serás más feliz cuando estés más cerca de Él.

Dependientes de Su inmenso poder

David agrega: «Por la mañana, Señor, escuchas mi clamor; por la mañana te presento mis ruegos, y quedo a la espera de tu respuesta» (Sal. 5:3). David se siente atraído por el poder de Dios. David se acerca a Dios no para averiguar si será escuchado, sino para disfrutar de ser escuchado. David encuentra un placer incomparable en acercarse a su Creador; la criatura necesita de su Creador.

Por eso no tiene sentido que no oremos, que no nos acerquemos a Él para clamar por Su ayuda, por Su poder y Su sabiduría en nuestras vidas. Necesitamos a Dios más de lo que necesitamos oxígeno. Nuestra dependencia de Él debe ser

genuina, sincera y arraigada en un amor puro. No lo buscamos solo en nuestros problemas, ni nos acercamos solo para obtener nuestros deseos egoístas. Sino que encontramos en Él la fuente de nuestra estabilidad emocional. Confía en Dios. Depende de Él. Tu vida será mucho más plena si te plantas firmemente en Su Palabra fiel. Tú sí fallas, pero Él nunca.

SALMO 19:12-13

«¿Quién está consciente de sus propios errores?
¡Perdóname aquellos de los que no estoy consciente!»

(SAL. 19:12).

¡Yo nunca me equivoco! Pareciera una frase trillada, pero que muchos pensamos muy dentro de nosotros. Desde que somos pequeños nos cuesta trabajo reconocer nuestros errores. Nos molesta que nos reprendan o llamen la atención por alguna falta y nos ofuscamos haciendo rabietas o caras de molestia. Al crecer, las cosas no cambian mucho; quizás solo nuestra formalidad oculte un poco la misma cara molesta porque fuimos sorprendidos en algo equivocadamente hecho o dicho.

El salmista establece una pregunta inicial, pero muy profunda, porque manifiesta que muy en su interior hay pecados que ni siquiera alcanza a visualizar de manera inmediata, sino que de una forma oculta están arraigados muy dentro de él, y quizás, forman parte de su diario vivir. Su clamor es por ser librado aun de esos enquistados pecados que afectan su vida. ¿Será este también tu caso?

Siendo honestos, todos nosotros tenemos ese lastre de faltas que aún ciegan nuestra vista y nos impiden identificarlos con claridad, pero podemos pedir al Señor que nos libre aun de nosotros mismos y nuestra oculta manera torcida de actuar. Otra versión lo expresa de esta manera: «¡Perdóname, Dios mío, los pecados que cometo sin darme cuenta!» (TLA).

Ser preservado es entendido aquí con ser estorbado, refrenado o retenido. Entonces, además del deseo de ser librado de pecados cometidos sin enterarse de ellos, el salmista pide ser preservado de la soberbia, arrogancia o presunciones que pueden llegar a dominarlo. ¿Causalidad? No. Asociado no un actuar inapropiado, podemos tener una actitud arrogante que añadirá un estorbo para ver mis errores, así que no hay otra opción que pedir ser preservado.

¿Vale la pena el esfuerzo? ¡Claro que sí! El resultado de analizar nuestros actos internos detalladamente y guardarnos de faltar en ello producirá dos cosas: integridad y limpieza. ¡Que impresionante! Pero pongamos atención en la forma en que están escritos los verbos, no en primera persona, sino en segunda persona. Porque una verdadera integridad y limpieza solo pueden provenir de un corazón purificado por Dios; solo Él puede producir una vida limpia e íntegra. «Crea en mí, oh Dios, un corazón limpio, y renueva la firmeza de mi espíritu» (Sal. 51:10). De otra manera, lo único que puedo generar es rebelión, como lo confiesa el escritor del salmo (v. 13).

Así que, es mejor reconocer nuestros errores y permitir que Dios revele lo oculto y trabaje en nosotros para una vida limpia e íntegra para Él... ¡vale la pena!

SALMO 109

«Pero tú, Señor Soberano, trátame bien por causa de
tu nombre; líbrame por tu bondad y gran amor»

(SAL. 109:21).

Los Salmos es el Libro en la Biblia al cual volvemos una y otra vez en momentos bajos de nuestra fe, y allí encontramos tesoros para nuestra alma. Pero ¿qué hacemos con los salmos imprecatorios? Por ejemplo, Salmo 109:9, cuando David dice de su enemigo: «Sean huérfanos sus hijos, y viuda su mujer» (NBLA).

¿Cómo entender este Salmo 109 o cualquier otro salmo imprecatorio?

Aquí David no tiene en mente a enemigos en términos generales, sino más bien a enemigos específicos, aquellos que se valían de «maldiciones, que eran activadas mediante rituales mágicos y hechizos».[1] Esto es respaldado por el aspecto lingüístico hebreo de los versos 6-16, los cuales «reflejan un ritual de juramento que se encuentra en los textos antiguos Hititas».[2] Por esta razón observamos a lo largo del salmo que los ataques que David sufre son únicamente verbales (Sal. 109:1-5, 20). En otras palabras, lo que tenemos aquí es lo siguiente: mientras David oraba y le mostraba amor a su enemigo, este lo atacaba con odio y maldiciones (Sal. 109:4-5). La filosofía de vida de dicho impío era «amar la maldición» (Sal. 109:17a) y, por lo tanto, «estas vinieron sobre él» (Sal. 109:17b) y su familia. Y esto es exactamente lo que se describe en los versículos 6-19. Por ejemplo, probablemente, el impío le había deseado la muerte a David, y en el verso 9, la NBLA traduce: «Sean huérfanos sus hijos», sin embargo, una traducción más precisa sería: «Serán [o llegarán a ser] los hijos de él huérfanos» (mi traducción). Es decir, los adversarios de David invocarían mal contra él, pero Dios haría que el mal mismo los alcanzara a ellos.

¿Cómo somos edificados al leer un salmo de este tipo?

1. *Aprendemos a ser honestos delante de Dios.* Algo que amo de los salmistas es la forma en la que derraman su corazón delante del Señor sin importar las circunstancias. Normalmente, cuando oramos solo damos gracias y hacemos peticiones, pero ¿qué de esos momentos de profunda frustración, cuando el inconverso desprecia el amor que le expresamos? El salmista nos enseña que al momento de orar por quienes nos han hecho daño, odiándonos, debemos ser sinceros y recordar en oración que al final será el inconverso mismo quien no alcanzará misericordia si continúa en su pecado: «No habrá para

---

1. John H. Walton, Victor H. Matthews, Mark W. Chavalas, *Psalms* [«Salmos»], *The IVP Bible Background Commentary Old Testament*, (Downers Grove, IL: IVP Academic, 2000), 552.

2. Ana Marie Kitz, *An Oath, Its Curse and Anointing Ritual* [«Un juramento, su maldición y ritual de la unción»], *Journal of the American Oriental Society*, Vol.124, No.2 (abr.-jun. 2004): 321.

él una inquebrantable misericordia» (Sal. 109:12a, mi traducción). Aunque continuemos expresándole amor (Sal. 109:5).

2. *Aprendemos a no diluir la advertencia del evangelio al predicarlo.* Los versículos 6-20, que utilizan un lenguaje severo de juicio en contra del impío, no es más que la forma del Antiguo Testamento de referirse al infierno. Y si somos honestos, muchas veces, al predicar el evangelio a inconversos, minimizamos la advertencia que el evangelio hace: «Dirá también a los de Su izquierda: "Apártense de Mí, malditos, al fuego eterno..."» (Mat. 25:41, NBLA). Por lo tanto, en amor, debemos advertirle al inconverso sobre el juicio venidero, a menos que se convierta de sus malos caminos al Señor.

3. *Nos inspira a alabar cuando el Señor hace justicia.* No solamente debemos querer gracia para el impío, sino que de igual forma debemos desear profundamente justicia para el oprimido, y esto es precisamente lo que este salmo hace. Así, si estás siendo oprimido como David (Sal. 109:1-5,22-25), recuerda que el Señor «está a la diestra del pobre, para salvarlo de los que juzgan su alma» (Sal. 109:31, NBLA).

SALMO 27:13-14

*«Hubiera yo desmayado, si no creyese que veré
la bondad de Jehová en la tierra de los vivientes»*

(SAL. 27:13, RVR1960).

Cuántas veces nos hemos sentido que desmayamos. Las circunstancias nos ahogan, sentimos la presión desde varios frentes. Pensamos que no nos recuperamos de alguna situación y sentimos que no podemos más. Es exactamente lo que aquí nos describe el salmista.

David ha estado en la cueva, en el desierto, frente a guerreros más poderosos que él, incluso ha sido perseguido y ha tenido que huir por su vida.

¿Qué hace que David no desmaye? David cree.

Qué bueno que David no dijo: «Hubiera desmayado si no tuviera una cuenta de banco abultada o si no tuviera a mi amigo en tal posición». Tampoco apeló a la seguridad de un empleo ni a ninguna de las cosas en las que, por lo general, ponemos nuestra confianza. La confianza de David no está simplemente en un Dios poderoso, sino en un Dios bondadoso, en un Dios lleno de amor por Sus hijos que cuida, protege y a quienes da aliento. Las circunstancias tienen un discurso paralelo: Dios se olvidó de ti. Pero la fe dice: «Todavía he de ver la bondad del Señor».

El hombre o la mujer que pone su confianza en el Señor ha hecho el mejor depósito de su vida. No hay banco que pague más interés, no hay inversión que deje más ganancia, que depositar nuestra confianza en Dios.

Pueden venir vientos y lluvia. Puede que haya aviso de tormenta y los vientos comiencen a soplar a nuestro alrededor. El que espera en el Señor está en lugar seguro. Está en el lugar correcto. No hay lugar más seguro que las manos amorosas de Cristo. Quien espera en el Señor no será defraudado.

¿Qué hacemos mientras tanto? La espera nos desespera. Nos cuesta descansar y depositar nuestra confianza en el Señor. Sentimos que Él se demora en responder, en contestar nuestras oraciones, en ayudarnos en aquello por lo que clamamos. Pero Dios no se ha olvidado de ti. Esperar puede ser difícil, pero la espera que nos propone el salmo no es la típica espera que no hace nada. Es una espera activa, con propósito.

Nuestro Padre celestial no quiere que esta circunstancia pase sin infundir fe en nuestra alma. Cada momento de demora es una oportunidad para que confiemos en el carácter infalible de Dios y para que, en el proceso, Dios desarrolle el nuestro.

El salmo dice: «Esfuérzate y aliéntese tu corazón». Nos llama a creer más, a confiar más, a buscar Su rostro con mayor pasión y a adorarle mientras esperamos. Debemos reconocer que nuestra primera batalla es la del corazón. Nuestro mayor dilema es si confiamos en Dios o no.

Por eso, si me preguntas: ¿vale la pena esperar al Señor? Yo me uniría al salmista y te diría: «Sí, espera al Señor».

SALMO 6:6-9

«El SEÑOR ha escuchado mis ruegos;
el SEÑOR ha tomado en cuenta mi oración»

(SAL. 6:6-9).

*¿H*as pasado por momentos complicados en tu vida? ¿Estás pasando por pruebas? Si has experimentado el dolor de esa clase de eventos catastróficos en tu vida, sabes a lo que me refiero. En caso de que nunca hayas enfrentado eventos serios en tu vida, lamento decirte que tarde o temprano llegarán a ti. Por ello necesitamos una perspectiva bíblica de cómo enfrentar la dureza de este mundo.

El rey David nos ayuda a adoptar una filosofía bíblica del sufrimiento. En el Salmo 6 encontramos a un hombre profundamente dolido, caído y desanimado. Pero al mismo tiempo, vemos a un hombre fortalecido, esperanzado y profundamente amado. ¿Acaso no es incompatible una cosa con la otra? No. Permíteme mostrarte por qué.

El cuerpo y la salud mental

David describe detalladamente la naturaleza de sus síntomas. David asegura que no podía dejar de gemir, llorar y sufrir. Las dificultades en la vida de David le estaban provocando problemas físicos y emocionales. La salud mental no solamente tiene que ver con las emociones, sino que en la mayoría de los casos afecta el aspecto físico de la persona. Así fue con David. Sus problemas lo estaban ahogando. Se sentía sin aire, sin fuerzas, sin posibilidad de enfrentar la vida. Es parte de nuestra humanidad; los conflictos nos acaban, física y emocionalmente. ¿Qué provoca este malestar? David también lo explica.

Factores externos de la salud mental

David claramente identifica a los culpables de su inestabilidad emocional: sus adversarios y los hacedores de iniquidad. Evidentemente había opositores a su reinado que lo perseguían, lo difamaban y lo sofocaban.

Puede que tú no tengas a adversarios que están detrás de tu trono o vida. Pero sí encontramos enemigos de otra clase. Problemas como divorcios, enfermedades crónicas, desempleo o la muerte de un familiar, son comunes causantes de problemas emocionales. La depresión, la angustia y la ansiedad comúnmente hallan su causa en algún factor externo como los que acabo de mencionar.

La Palabra de Dios y la salud mental

Sin embargo, al igual que David podemos estar seguros de que el Señor nos ha escuchado. David estaba en profunda angustia, pero esta nunca fue mayor a su fe en Dios. David confiaba en Dios y en Sus promesas. David conocía a Dios y sabía que solo Él podía librarlo.

Contigo es igual. Dios y Su Palabra son suficientes para cada uno de tus problemas. Esto no se trata de una guerra entre Dios y la ciencia. Es más bien entender que,

aunque la ciencia pueda ayudarnos a apaciguar algunos síntomas, el mal aún se halla dentro de nosotros. Mitigar un síntoma no es lo mismo que erradicar el problema. Como creyentes podemos confiar en que nuestro Dios puede erradicar cada uno de nuestros síntomas y dar solución oportuna a nuestros problemas. Solo la Palabra de Dios puede cambiar tu alma, transformar tu mente y refrescar tu corazón.

SALMO 59:16-17

*«A ti, fortaleza mía, te cantaré salmos, pues tú, oh Dios,
eres mi protector. ¡Tú eres el Dios que me ama!»*

(SAL. 59:17).

Recuerdo en mi adolescencia salir a mi primer campamento con un grupo explorador. Estábamos divididos en pequeños grupos y con un guía, ya mayor, a cargo de todos. Él era el único que tenía tienda de campaña; y los demás usaríamos plásticos para hacer nuestros refugios en espacios ya asignados. Llegamos al lugar de campamento, pero al anochecer, ya muy tarde, ninguno de nosotros pudimos dormir en nuestros lugares. Al amanecer, descubrimos que todos habíamos dormido alrededor de la tienda de campaña del guía mayor. ¿La razón? Todos habíamos tenido miedo esa noche, y estar cerca de él nos trajo seguridad.

La lectura de hoy nos habla de un corazón que canta del poder de Dios, su alabanza está motivada por la confianza que esto produce. David era perseguido por los hombres del rey Saúl y, milagrosamente, Dios lo había socorrido. En su canto matutino él expresaba la bondad y piedad recibida. «Porque tú eres mi protector, mi refugio en momentos de angustia» (v. 16). Y así fue en muchas ocasiones. David experimentaba la fuerza que le libraba del peligro, mientras servía al Dios todopoderoso. Por cierto, solo hasta que pasamos por momentos angustiosos es que podemos experimentar el poder divino que libra del peligro. No nos extrañe pues, el fuego de las pruebas, «porque, cuando soy débil, entonces soy fuerte» (2 Cor. 12:10).

La palabra «protector», usada aquí, hace referencia a un lugar alto e inaccesible, seguro y fuerte; útil para la defensa contra un ataque. Y esto había sido Dios para David cuando estuvo en angustia y, sin lugar a duda, lo será para ti también. Él encontraba en Dios un lugar seguro, pero Dios le proveyó un lugar alto e inaccesible donde permanecer a salvo. De la misma manera Dios está al tanto de aquellos que han confiado en Él sus vidas y está atento a sus necesidades. Su provisión es mucho más abundante de lo que nosotros podamos concebir como seguridad. Así de grande es Su amor por nosotros. ¿Puedes experimentar esto en tu vida? Estoy seguro de que sí. Al permitir al Señor dirigir tus pasos, Él estará tomando tu vida como la de un hijo, para protegerla y guardarla del peligro. El salmista podía encontrar en Dios su refugio y una fuente de bondad y de misericordia que le cuidaba. Esto era razón suficiente para generar en él un canto de confianza, por Su fortaleza, por Su poder.

¿Qué canto representaría tu condición el día de hoy? ¿Un canto de tristeza, de derrota o dolor? O bien un canto de victoria y de confianza. Pues bien, tú puedes vivir seguro si pones tu vida al lado del guía que te dará un seguro y poderoso refugio en donde te sientas protegido y confiado. ¿Quieres estar allí? «¡Cuán precioso, oh Dios, es tu gran amor! Todo ser humano halla refugio a la sombra de tus alas» (Sal. 36:7).

SALMO 64:9-10

«La humanidad entera sentirá temor: proclamará las proezas de Dios y meditará en sus obras»

(SAL. 64:9).

¿Alguna vez has tenido miedo? Estoy seguro de que sí. Muchos de nosotros lo hemos sentido ante un inminente accidente, en la oscuridad, durante una pesadilla, ante una reprensión, etc. El salmista expresa estas palabras luego de que, al inicio de este salmo llamaba al Señor pidiendo ser guardado ante el temor por un enemigo. La palabra usada allí se refiere a una alarma, miedo o espanto causado por los que aún conspiraban y lanzaban sus dardos destructivos contra él para causarle daño. Finalmente, Dios será quien lance Sus saetas contra el enemigo, según se expresa en la lectura, acabando con sus acechanzas y amenazas. Entonces, ¿dónde está el temor?

El verdadero temor tiene que ver con lo que dice nuestra lectura de hoy. La palabra usada aquí significa reverenciar y honrar a Dios, lo cual es un temor diferente, uno que nos lleva a dar la gloria a quien nos libra del que amenaza o intimida. Por cierto, esta reverencia aplicará para todos los hombres, tarde o temprano. Algunos lo harán de forma voluntaria y con gratitud, otros, ante la evidencia de un Dios soberano y libertador. Y no solo eso, sino que nos hace «proclamar sus poderosos actos» (NTV), lo cual va en sentido opuesto a una vida temerosa. Proclamamos lo que Él hace por nosotros, la forma en que cada día, en medio de situaciones adversas, Él está actuando a nuestro favor, cuidándonos de cualquier adversidad. Y el fruto de anunciar la obra de Dios será entender Sus hechos. ¿Qué significa esto? Así lo explica otra versión de la Biblia: «Y se darán cuenta de todas las cosas asombrosas que él hace» (NTV).

¿Cuál es el resultado de esta forma de actuar? Alegría y confianza. Esto cambia cualquier actitud previa del temor que asusta, que espanta. El temor reverente de Dios produce esto en la vida: «Encontrarán refugio en él» (NBV). Pero todo esto solo funcionará para los que hacen lo correcto. Así que, podemos elegir bajo qué criterios temer: en espanto o en confianza y reverencia; los resultados también serán diferentes.

Dios hace grandes y asombrosas obras en nuestras vidas, cada día; para que tú y yo comprendamos cuán grande es quien cuida y guarda de nosotros. Así que, vale la pena temer a Dios, reverenciando Su nombre y anunciando cuán asombrosa es la manera en que él nos sostiene día a día.

No temas por lo que pueda hacer el hombre, teme a Dios y vive una vida en que le des toda la honra, anunciando Sus obras y experimentando de manera asombrosa todo lo que cada día hace Él por ti, y tu vida rebosará de alegría y confianza.

SALMO 103:19-22

«El Señor ha establecido su trono en el cielo;
su reinado domina sobre todos»

(SAL. 103:19).

La soberanía de Dios es incuestionable y merece toda nuestra adoración. Un gran recordatorio de estos versículos para nuestra vida tan ajetreada. ¿Por qué? Nuestras agendas siempre están llenas de actividades, el estrés y las carreras nos hacen olvidar quién es el centro de nuestras vidas. Y en medio de todo, las preocupaciones nos hacen centrarnos en nosotros mismos. Es decir, perdemos de vista la soberanía de Dios; y cuando lo hacemos dejamos de adorarle a través de nuestras vidas.

La primera afirmación me lleva a pensar en la experiencia de Isaías cuando estuvo frente a Dios: «Vi al Señor excelso y sublime, sentado en un trono» (Isa. 6:1). Al comprender la absoluta soberanía de Dios, podemos entender que los problemas en nuestra vida cotidiana que muchas veces nos hacen perder el sueño no están fuera de control. Esto nos debe llevar a confiar únicamente en Él.

Hemos hablado sobre la soberanía, quizás todavía nos preguntemos: ¿qué es la soberanía de Dios? Comprendemos las implicaciones en la creación y lo que somos, pero muchas veces no sabemos cómo nos afecta a nuestra vida diaria. La soberanía de Dios se define como: «Dios reina y obra de acuerdo con Su propósito eterno, aun a través de acontecimientos que parecerían contradecir u oponerse a Su gobierno» (*Diccionario Bíblico Ilustrado Holman*). La soberanía de Dios está relacionada con el propósito de Dios en nuestras vidas, sean las circunstancias que sean. Todo lo que nos sucede es para que Dios siempre sea adorado.

Por esta razón toda la creación debe adorarle, ¡porque Él es soberano! Y, ¿por qué lo debo de hacer yo? Nuestro egoísmo nos hace preguntarnos cosas así. David expresa que Dios se merece toda la bendición, desde la de los ángeles hasta la de nosotros. A los ángeles los categoriza como seres que obedecen estrictamente lo que Dios dice. También a Su ejército, aquellos que obedecen las instrucciones para defender sus intereses. Y finalmente, hablando de nosotros como ministros, todos aquellos que hacemos Su voluntad. ¿No te parece increíble que todos los seres creados que siguen a Dios deban adorarlo a través de lo que hablamos?

Como siervos del Señor, David nos ordena bendecir a Dios y adorarlo a través de nuestras vidas. No es una sugerencia como lo consideramos a veces; es un mandato que nos invita a reconocer quién es Dios. Hoy es un buen día para reconocer la soberanía de Dios y adorarlo. Cualquier lugar es bueno para adorarlo. Dios se merece mi adoración en todo momento, pase lo que pase.

SALMO 115

«La gloria, SEÑOR, no es para nosotros; no es para nosotros,
sino para tu nombre, por causa de tu amor y tu verdad»

(SAL. 115:1).

Que ninguna opinión sobre nuestros méritos ocupe lugar en nuestras oraciones o en nuestras acciones de gracias. Todo lo bueno que hacemos, lo hace el poder de Su gracia; y todo lo bueno que tenemos, es la dádiva de Su pura misericordia, de modo que Él debe tener toda la alabanza. ¿Estamos buscando alguna misericordia, y luchamos con Dios por ella? Debemos cobrar ánimo solo de Dios en la oración. *Señor, haz esto por nosotros, no para que tengamos el crédito y el consuelo de eso, sino para que tu misericordia y verdad tengan la gloria.* Los dioses paganos son cosas insensibles. Son obra de las manos de los hombres; el pintor, el grabador, el escultor no pueden darles vida ni sentidos. De ahí que el salmista exhibe la necedad de los adoradores de ídolos.

Necio es confiar en imágenes muertas, pero sabio es confiar en el Dios vivo, porque Él es socorro y escudo para quienes confían en Él. Donde haya recto temor de Dios, habrá fe gozosa en Él; quienes reverencian Su palabra pueden apoyarse en ella. Él siempre es hallado fiel. Los más grandes necesitan Su bendición, la que no será negada al más pequeño que tenga temor de Dios. La bendición de Dios acrecienta especialmente las bendiciones espirituales. El Señor debe ser alabado: Su bondad es inmensa, porque ha dado la tierra a los hijos de los hombres para su uso. Las almas de los fieles siguen alabándole después de ser libradas de las cargas de la carne, pero el cuerpo muerto no puede alabar a Dios; la muerte pone fin a nuestro glorificarle en este mundo de pruebas y conflictos. Otros están muertos, y por ello, se pone fin a su servicio; procuremos, por tanto, hacer lo mejor que podamos por la gloria de Dios. Por consecuencia, no solo lo haremos nosotros, sino comprometeremos a otros para hacerlo; para que le alaben cuando nosotros nos hayamos ido.

Señor, tú eres el único objeto de fe y amor. Ayúdanos a alabarte mientras vivimos y cuando muramos, que tu nombre sea el primero y el último en nuestros labios: y que el dulce sabor de tu nombre refresque nuestras almas para siempre.

SALMO 28

*«El SEÑOR es mi fuerza y mi escudo; mi corazón
en él confía; de él recibo ayuda. Mi corazón salta
de alegría, y con cánticos le daré gracias»*

(SAL. 28:7).

*E*l Salmo 28 manifiesta la oración de David cuando es acusado de algo que no había hecho. Este salmo se divide en dos partes: primero suplica en oración (vv. 1-5) y posteriormente celebra la respuesta de Dios (vv. 6-9).

David eleva una súplica con un corazón desfallecido, mostrando profunda soledad, pero al mismo tiempo acude confiadamente a Dios.

Muchas veces, y en diversas situaciones de nuestra vida, sentimos que Dios está ausente, pero como cristianos sabemos que Cristo, nuestro hermano mayor, es nuestro mediador y a la vez Dios con nosotros, el que dijo que es la verdad y la vida: «Porque hay un solo Dios y un solo mediador entre Dios y los hombres, Jesucristo hombre, quien dio su vida como rescate por todos. Este testimonio Dios lo ha dado a su debido tiempo» (1 Tim. 2:5-6).

La contestación a la oración solo depende de Dios y se da de tres maneras: «sí», «no» o «espera». Cualquiera que sea Su contestación, estamos seguros de que Jehová es nuestra fortaleza, nuestro escudo y en quién debemos confiar plenamente.

El agradecimiento del salmista debe ser ejemplo en nuestras vidas para agradecer a nuestro Señor sin importar si la respuesta a la oración es lo que nosotros queremos o esperamos. Él sabe lo que es mejor para nosotros, Él es el único omnisciente y podemos confiar en Su respuesta, agradecerle y glorificar Su nombre.

Nuestras oraciones se dirigen a Él y podemos acercarnos a Su trono de gracia con toda confianza, ya que como pecadores redimidos podemos encontrar el oportuno socorro (Heb. 4:16).

Qué hermoso es poder decir que el Señor es nuestra fortaleza y nuestro escudo. Los que podemos decir eso de nuestro Señor podemos enfrentar cualquier tormenta que venga a nuestra vida. David, en este versículo que es una expresión de confianza y alabanza a Dios, irrumpe en alabanza que emana de un corazón lleno de confianza en el obrar del Señor en su vida. Meditando en el versículo nos damos cuenta de que la confianza en que Dios responda nuestras suplicas conforme a Sus propósitos debe llevarnos a una profunda adoración que emana de nuestro corazón. Solamente un nuevo corazón, que Dios nos da después de la regeneración, puede alabar, adorar y magnificar el nombre del Señor como una ofrenda de alabanza por Su grandeza y majestad.

SALMO 20:3-4

«Que te conceda lo que tu corazón desea;
que haga que se cumplan todos tus planes»

(SAL. 20:4).

*C*omo cristiano, seguro habrás notado que en el presente hay creyentes que tienen una comprensión deficiente del propósito de ofrendar a Dios. Sin embargo, el rey David comprendía que ofrendar es un honor y no una carga en la que «hacemos el favor» de dar a Dios. Por eso David oró al Padre así: «Pero ¿quién soy yo, y quién es mi pueblo, para que podamos darte estas ofrendas voluntarias? En verdad, tú eres el dueño de todo, y lo que te hemos dado, de ti lo hemos recibido» (1 Crón. 29:14).

Sobre este principio habla el Salmo 20. Este es catalogado como un salmo real, porque fue escrito como una oración a favor del rey antes de una batalla. Los versos 4-5 nos recuerdan los tiempos de los profetas que llamaban al pueblo a ofrendar a Dios, pero con manos y corazón limpios (Isa. 1:11). A eso alude el salmista cuando afirma: «Que se acuerde de todas tus ofrendas; que acepte tus holocaustos» (Sal. 20:3). Es verdad que algunos sacrificios eran para buscar perdón y limpieza de algún pecado. Sin embargo, Dios llamaba a que los holocaustos vinieran de un corazón verdaderamente arrepentido. Y a eso llama el salmista al rey, por eso desea que Dios halle su corazón dispuesto y las ofrendas entregadas resultaran aceptables al Señor.

Selah es una palabra que tiene connotación musical y litúrgica que representa una pausa en los Salmos. Después de esta pausa, el salmista expresa su deseo de que Dios cumpla los anhelos del rey. ¿Cuáles eran esos anhelos? Probablemente el deseo del rey era ganar la batalla para proteger al pueblo que lideraba, lo que redundaría en testimonio público de que el Dios de Israel es el todopoderoso y no hay dios fuera de Él.

Dicho esto, te pido que analices estas preguntas: ¿qué te motiva a ofrendar?, ¿por qué lo haces? También reflexiona en lo siguiente: ¿cuáles son los deseos principales de tu corazón?, ¿en qué posición está tu deseo de honrar a Dios?

Nuestro crecimiento no se mide por nuestras ofrendas, ni siquiera por la cantidad de ellas, pero un corazón maduro ofrenda a Dios con la actitud correcta y con los propósitos correctos. No damos a Dios para que nos dé más —aunque Él es generoso—, sino que ofrendamos a Dios como agradecimiento por lo que Él nos ha dado. La mayor ofrenda que podemos dar es nuestra vida en obediencia y honra para Él (1 Sam. 15:22).

SALMO 19:7-8

«La ley del Señor es perfecta: infunde nuevo aliento. El mandato del Señor es digno de confianza: da sabiduría al sencillo»

(SAL. 19:7).

La clase política se cimbra cada ciclo de elecciones. Todos los candidatos gastan tiempo, energía y recursos para llegar a sus audiencias. La gente que los escucha está sedienta de sus promesas. Desesperadamente buscan alguien que los ayude. Esta es la receta para la tormenta perfecta: candidatos desesperados en busca de poder, junto a ciudadanos desesperados por líderes poderosos.

Sin embargo, las Escrituras enseñan que esa clase de reinado no viene de los hombres, sino de Dios. Dios es Rey (Zac. 14:9) y Sus ciudadanos confiamos en Su poder y soberanía. Y aun cuando no podemos verlo como un día lo haremos (1 Jn. 3:2), Dios no nos ha dejado huérfanos. Dios nos ha dejado Su Palabra. Es por medio de las Escrituras que podemos ser sabios para salvación (2 Tim. 3:15) y podemos crecer en madurez espiritual (1 Ped. 2:2). La Escritura es nuestro alimento y, en el Salmo 19, David describe la belleza de la Palabra de Dios.

Su Palabra es perfecta

David asegura que la Palabra de Dios es perfecta y que, como resultado, tiene el poder sobrenatural de restaurar almas. Lo más íntimo y escondido del ser humano —su alma— no quede fuera del alcance de Su Palabra. Para los agobiados, cansados, deprimidos y angustiados, su esperanza está en Su Palabra. Su Palabra está viva porque Dios está vivo. Nada puede transformar el corazón de alguien como lo hace Su Palabra perfecta.

Su Palabra es segura

David explica que el testimonio de Dios es seguro, confiable y estable. Las constituciones de nuestras naciones latinoamericanas son enmendadas continuamente aun cuando son relativamente recientes. Pero la Palabra de Dios no es así. Su Palabra no cambia a pesar de que las civilizaciones, culturas o costumbres sí lo hagan. La estabilidad de Su Palabra hace «sabio al sencillo». Es decir, da sabiduría, conocimiento, guía e instrucción. Todo puede cambiar. Todos pueden cambiar. Pero Su Palabra permanece para siempre.

Su Palabra es recta

Como padres cometemos muchos errores en nuestros roles. Los sistemas judiciales erran con veredictos injustos. Pero la Palabra de Dios es hermosa porque todo lo que dice es correcto, justo y bueno. No hay impureza alguna en ninguno de sus mandamientos y, por lo tanto, «alegra el corazón» del que los guarda. Es de sabios querer ser felices en la Palabra de Dios. Solo allí encontrarás lo que tu alma tanto ansía.

Su Palabra es pura

David afirma que la Palabra de Dios es pura y que alumbra los ojos. Esto habla de una pureza que irradia luz, gloria, belleza y perfección. Su Palabra es tan limpia que brilla con un esplendor que ilumina a todo aquel que se acerca humildemente. Si te sientes confundido, aturdido y sin aparente salida a la clase de vida que has llevado, no lo dudes más, acércate a la Palabra de Dios. La obscuridad de tu vida solo puede ser revertida con la luz de sus palabras.

SALMO 119:30

«He optado por el camino de la fidelidad...»

(SAL. 119:30).

Este salmo es una obra de arte. El salmista expresa de forma poética la grandeza de la Palabra de Dios. No hay nada comparable a la ley del Señor, donde encontramos toda la sabiduría para todas las preguntas de la vida.

Para describir esa plenitud, este salmo dedica una sección a cada letra del alfabeto hebreo, y en cada sección cada verso empieza con esa letra. En la sección *dálet*, la palabra preferida del salmista para empezar cada renglón es la palabra *dérek*, «camino». La Palabra de Dios es el camino por el que hemos de andar. A los primeros cristianos se los conocía como «los del Camino» (Hech. 24:14, 22). De modo que en estos versos el salmista nos presenta «el camino» como medicina para las dolencias de nuestro corazón.

¡La Palabra de Dios es el camino perfecto para nuestras almas cansadas! Solo en las Escrituras tenemos la seguridad de estar andando en la verdad. Solo en la Palabra podemos caminar tranquilos sin temor a tropezar. Jesús dijo, sin titubear: «Yo soy el camino, la verdad y la vida» (Juan 14:6). Pero andar por el camino de la verdad tiene muchas otras implicaciones en nuestra vida. No se trata solo de entender que hay un solo camino verdadero, sino también de reconocer que cualquier otro lleva a la perdición. Este es un reto muy singular para aquellos que se han criado en los caminos del Señor. Los «niños de iglesia» crecen sabiendo que Jesús es el Camino, pero pronto les llega el reto de tener que afirmar, no solo que Jesús es la Verdad, sino que todos los demás caminos son mentira.

La verdadera conversión se da cuando decimos que «sí» a Jesús, y podemos decir que «no» a cualquier otra oferta. No podemos andar por dos caminos. O caminamos por el camino ancho que lleva a la perdición, o por el camino angosto que lleva la vida. El salmista desecha el camino de la mentira (v. 29a), y escoge el camino de la verdad, el camino de los estatutos del Señor (v. 30a). El camino correcto te llena de paz y seguridad al saber que estás andando en la voluntad de Dios y bajo Su protección perfecta. «Entre llantos vendrán, y entre consuelos los conduciré. Los guiaré a corrientes de agua por un camino llano en el que no tropezarán» (Jer. 31:9).

Tal vez todos los caminos lleven a Roma, pero no todos los caminos llevan al cielo. El creyente es un peregrino que camina en el camino del Señor. ¿Por qué camino estás andando? ¿Necesitas enderezar tus pasos? Tan solo tendrás gozo y seguridad al andar en la Palabra del Señor. ¡Qué maravillosa es la obra de Dios en el creyente! En el versículo 25 de este salmo el salmista está tumbado en el polvo, y en el versículo 32 no solamente anda, sino que corre lleno de gozo: «Corro por el camino de tus mandamientos, porque has ampliado mi modo de pensar».

SALMO 99

*«Exalten al Señor nuestro Dios; adórenlo ante
el estrado de sus pies: ¡él es santo!»*

(SAL. 99:5).

*D*ios gobierna al mundo por Su providencia, gobierna la Iglesia por Su gracia y a ambos por Su Hijo. Los habitantes de la tierra tienen razón de temblar, pero el Redentor aún espera ser bondadoso. Que todos los que oyen, reciban la advertencia y busquen Su misericordia. Mientras más nos humillemos ante Él, más nos exaltará, y así, pues, seamos reverentes porque Él es santo.

La felicidad de Israel se presenta por referencia a los gobernantes más útiles de ese pueblo. Ellos hicieron su regla en todo de la Palabra y ley de Dios, sabiendo que no podían esperar otra cosa que sus oraciones fuesen contestadas. Todos prevalecieron maravillosamente en oración con Dios; se obraron milagros a pedido de ellos. Ellos rogaron por el pueblo y obtuvieron respuestas de paz. Nuestro Profeta y Sumo Sacerdote, de dignidad infinitamente mayor que la de Moisés, Aarón o Samuel, ha recibido la voluntad del Padre y nos la ha declarado. No solo exaltemos al Señor con nuestros labios, sino démosle el trono de nuestro corazón; y mientras le adoramos en Su trono de la gracia, nunca olvidemos que Él es santo.

SALMO 96:4-6

«¡Grande es el SEÑOR y digno de alabanza,
más temible que todos los dioses!»

(SAL. 96:4).

*P*arte del gozo de nuestra salvación es que Jesús nos ha hecho Sus testigos (Hech. 1:8). Cuando Dios nos salvó nos hizo mensajeros de reconciliación (2 Cor. 5:17-21). Hemos de vivir como sal y luz, brillando en el mundo para que otros disfruten a Dios en adoración (Mat. 5:13-16). Este llamado es dado a todo cristiano. Es parte de nuestra nueva identidad en Cristo. ¡Que privilegio!

Pero muy frecuentemente nuestros temores e inseguridades nos impiden caminar en obediencia al llamado de Dios. Por ejemplo, todos hemos experimentado esos momentos en los cuales el Espíritu Santo indudablemente nos urge a compartir el evangelio y nosotros permanecemos en silencio. ¿Cuál es el remedio a este fracaso tan frecuente? ¿Qué podemos hacer para ser más consistentes en anunciar «día tras día su victoria» (Sal. 96:2)?

El rey David nos ayuda a responder la pregunta al enfatizar el valor de Yahvéh y la inutilidad de los ídolos (vv. 4-5). Yahvéh es «digno de alabanza» (v. 4). ¿Por qué? Porque «el esplendor y la majestad son sus heraldos; hay poder y belleza en su santuario» (v. 6). Dios es trascendentalmente único, infinitamente superior y categóricamente distinto a todos los otros dioses. Si has experimentado la manifestación de Su infinita gracia, esplendor, santidad y dignidad revelada en Jesús, desearás apasionadamente que otros lo experimenten también (Heb. 1:3). Mientras más adoras la grandeza de Dios, más serás caracterizado por un deseo de darlo a conocer.

La tragedia del pecado, sin embargo, es que a Dios no es dada la adoración que merece. La humanidad ha intercambiado la gloria de Dios por la cosa creada (Rom. 1:23). La creación es adorada en lugar del Creador. Pero el salmista nos advierte que «todos los dioses de las naciones no son nada» (v. 5). Son dioses inútiles, indignos de adoración e incapaces de salvar (1 Cor. 8:4). Esta realidad debe movernos a actuar. Oh, ¡cuánto deberíamos lamentar que a Dios no le sea rendida la adoración que merece!

Por lo tanto, la próxima vez que sientas que Dios te persuade a compartir el evangelio, considera primero que Él es digno. Después, considera la absoluta desesperanza de aquellos que no están en Cristo. Permite que estas realidades sostengan tu proclamación. Él te ha regalado el privilegio de participar con Él en Su propósito redentor. Tú eres Su instrumento de gracia escogido, equipado con el poder del evangelio para rescatar a Su pueblo. No, no será fácil, pero Su renombre es infinitamente digno de tu obediencia. Él es digno de cualquier inconveniencia o rechazo que puedas sufrir. En la eternidad no te arrepentirás de un solo sacrificio hecho por el avance del evangelio. Levántate, alábale, proclama Su gloria, y no descanses hasta que Dios reciba la adoración que Él merece (Sal. 86:9).

SALMO 98

«Canten al Señor un cántico nuevo, porque ha hecho maravillas.
Su diestra, su santo brazo, ha alcanzado la victoria»

(SAL. 98:1).

Un cántico de alabanza por el amor redentor es un cántico nuevo, un misterio oculto de edades y generaciones. Los convertidos cantan un cántico nuevo muy diferente de lo que habían cantado. Si la gracia de Dios puso un corazón nuevo en nuestros pechos, pondrá un cántico nuevo en nuestras bocas. Que este cántico nuevo sea cantado para alabanza de Dios, considerando las maravillas que ha hecho. El Redentor ha vencido todas las dificultades del camino de nuestra redención y no se desanimó por los servicios o sufrimientos que le fueron asignados. Alabémosle por haber descubierto al mundo la obra de redención; Su salvación y Su justicia cumplen las profecías y las promesas del Antiguo Testamento. Para cumplir este designio, Dios levantó a Su Hijo Jesús para ser no solo luz para iluminar a los gentiles, sino la gloria de Su pueblo Israel. Ciertamente nos corresponde preguntar: ¿Su santo brazo ha obtenido la victoria sobre el poder de Satanás, la incredulidad y el pecado en nuestros corazones? Si tal es nuestro feliz caso, cambiaremos todas las canciones livianas de la vanidad por cánticos de gozo y acción de gracias; nuestras vidas celebrarán la alabanza del Redentor.

Que todos los hijos de los hombres se regocijen en el establecimiento del reino de Cristo, porque todos pueden beneficiarse por ello. Los diferentes órdenes de criaturas racionales del universo parecen estar descritos en lenguaje figurado en el reino del gran Mesías. El reino de Cristo será una bendición para toda la creación. Esperamos Su segunda venida a empezar Su glorioso reino. Entonces, se regocijarán el cielo y la tierra, y el gozo del redimido será pleno. Pero el pecado y sus efectos espantosos no serán totalmente eliminados hasta que el Señor venga a juzgar al mundo con justicia. Viendo, entonces, que esperamos tales cosas, pongamos diligencia para que seamos hallados en paz, sin mancha y sin culpa por Él.

SALMO 119:28

«... susténtame conforme a tu palabra»

(SAL. 119:28).

*E*n medio de las incansables demandas de esta vida hay quienes buscan renovarse en una dramática experiencia espiritual. Otros esperan grandes cosas de un retiro o de una conferencia llena de celebridades, deseando que los haga flotar como si estuvieran sobre una nube. Hay quienes buscan cobrar nuevas fuerzas en un merecido descanso veraniego, escuchando el silencio del bosque, o el murmullo del río, o disfrutando de cualquiera de los muchos placeres de esta vida.

No hay nada de malo en las bendiciones del Señor. Reconocemos en todas ellas las bondades de nuestro Creador. Pero también es cierto que hay una forma celestial de renovar nuestras fuerzas como las águilas y poder ver nuestras almas refrescadas. El salmista en esta porción de las Escrituras lo define muy bien. No exclama «susténtame conforme a tus bendiciones», sino «susténtame conforme a tu palabra».

Cuando observamos la historia de la redención vemos que en efecto así ha sido a lo largo de los siglos; Dios siempre ha sustentado a los suyos con el poder de Su Palabra. Dios habló a Noé, y él atesoró Sus palabras en su corazón para cumplir fielmente con Sus instrucciones hasta el día en que Dios abrió las cataratas de los cielos. Dios habló a Moisés, y aquel encuentro en Horeb impulsó su misión. Dios habló a Samuel, y en medio de la noche respondió con humildad y se puso a Su servicio. Cuando Dios le ordenó a Ezequiel que se comiera el rollo de la ley, el profeta exclamó: «Y yo me lo comí, y era tan dulce como la miel» (Ezeq. 3:3). Del mismo modo, el profeta Jeremías expresó: «Al encontrarme con tus palabras, yo las devoraba; ellas eran mi gozo y la alegría de mi corazón…» (Jer. 15:16).

Como cristianos deseamos vivir una vida llena de esperanza y de optimismo, de la manera en que Pablo escribe a los creyentes en Colosas con respecto a la «esperanza reservada para ustedes en el cielo. De esta esperanza ya han sabido por la palabra de verdad, que es el evangelio» (Col. 1:3-5). La palabra de Dios nos impulsa, nos restaura, nos sustenta. Deseamos de todo corazón vivir un cristianismo lleno de vida de modo que en esta tierra podamos resplandecer «como estrellas en el firmamento, manteniendo en alto la palabra de vida» (Fil. 2:15-16). Queremos ser más obedientes, más fieles, más santos, y, en Su oración sacerdotal, el Señor ora por nosotros al Padre diciendo: «Santifícalos en la verdad; tu palabra es la verdad» (Juan 17:17).

No busques el cambio donde no se puede encontrar. Todas las bendiciones de Dios son alivios temporales ante el cansancio de esta vida. Las fuerzas que deseamos ver en nuestro caminar diario y en nuestros corazones se encuentran en la Palabra de Dios. Así como Dios ha hecho siempre, que también siga haciendo contigo. Que puedas hallar en las Escrituras el sustento necesario para tu alma. Que junto al salmista puedas decir que en medio de tus ansiedades has sido sustentado conforme a Su Palabra.

SALMO 78:6-7

«Así ellos pondrían su confianza en Dios y no se olvidarían de sus proezas, sino que cumplirían sus mandamientos»

(SAL. 78:7).

En nuestra casa tenemos un pequeño mueble de madera que pudiera solo representar una antigüedad, pero ese pequeño mueble es un refrigerador. Su tecnología era simple pero precisa: por medio de un cubo de hielo que se colocaba en su interior distribuía el frío a todos sus espacios internos, manteniendo fríos los alimentos. ¿Qué importancia puede tener esto? Pues bien, ese refrigerador acompañó a mis abuelos hace casi cien años en un viaje de los Estados Unido a México, con el propósito de hablar del evangelio a todo su alrededor. Finalmente, el mueble nos fue heredado y lo guardamos como un valioso recuerdo.

Podemos confiar en los recursos que tenemos para asegurar nuestro futuro económicamente, podemos invertir en la mejor educación para los nuestros, o en la cimentación de buenas relaciones que les sirvan a futuro, pero ninguna de estas buenas decisiones garantizará totalmente su éxito. El salmista ha recordado en este escrito, que el pueblo de Israel no debe olvidar todas las maravillas con que Dios les prodigó Su amor, desde que fueron tomados de la esclavitud en Egipto, hasta establecerse de forma segura en la tierra prometida. «Te tomé de los confines de la tierra, te llamé de los rincones más remotos, y te dije: "Tú eres mi siervo". Yo te escogí; no te rechacé» (Isa. 41:9.)

¿Qué objeto tenía tal instrucción? El pasaje nos revela tres motivos. Primero, para que pusieran en Dios su confianza. Recordar continuamente la fidelidad de Dios nos ayuda a cimentar en Él nuestra propia confianza, al verificar que Sus palabras son fieles y siguen cumpliéndose al paso del tiempo. «Así que no temas, porque yo estoy contigo; no te angusties, porque yo soy tu Dios. Te fortaleceré y te ayudaré; te sostendré con mi diestra victoriosa» (Isa. 41:10).

El segundo motivo es para no olvidar las obras de Dios. Los milagros divinos fueron parte constante de sus vidas, y hoy en día, tú y yo somos guardados de la misma manera. Ignoramos de cuántas cosas somos librados cada día, y la misericordiosa mano de Dios nos sigue guiando y cuidando de manera constante, como lo hizo con ellos en toda su travesía. Así que, si olvidamos esto, estaremos perdiendo una valiosa oportunidad para que se siga recordando y honrando al Dios que cuida de nosotros.

Finalmente, el salmista da una instrucción importante: guardar sus mandamientos. ¿Fácil? Seguramente que no, pero cuando permitimos a Jesucristo el control de nuestra vida, Él hace que esto sea posible, porque Su Espíritu nos guía y convierte las órdenes de Dios en una hermosa forma de vida que no es gravosa. «En esto consiste el amor a Dios: en que obedezcamos sus mandamientos. Y estos no son difíciles de cumplir» (1 Jn. 5:3).

Hoy podemos invertir en mejores herencias para los nuestros, con tres acciones específicas que nos darán un mejor y frutífero futuro espiritual. ¿Las quieres poner en práctica?

SALMO 119:25

«Postrado estoy en el polvo...»

(SAL. 119:25).

*A*unque el propósito central de este salmo es cantar las excelencias de la Palabra, en estos versos el salmista escoge un tema muy concreto como es el abatimiento y el poder restaurador de la ley del Señor.

Nos encontramos con un creyente que está abatido, ansioso, decaído, y levanta su clamor al cielo como nosotros hacemos tantas veces diciendo: «Postrado estoy en el polvo...». A veces nos encontramos así. Sentimos que nos arrastramos por los suelos, hasta que el Señor responde generosamente a nuestro clamor. Pero para escuchar Su respuesta celestial hemos de tener bien afinados los sentidos. A menudo nos sucede que no somos capaces de vislumbrar la respuesta de Dios porque nuestras expectativas eran otras muy distintas.

Como le pasó a Naamán el Sirio, pretendemos que Dios actúe a nuestra manera, de una forma espectacular, cuando tantas veces Dios trae alivio a nuestras tristezas usando medios ordinarios. Dios le dijo a Naamán que fuera a lavarse al río. Dios sacó a José de prisión a través de un despistado copero. Dios salvó a los espías en Jericó usando la astucia de Rahab. En medio de tus presentes tribulaciones ora para que Dios quiera darte oídos atentos a Su voz, para que puedas ver con claridad la respuesta del Señor y encuentres paz en Su respuesta.

Pero hay algo más que estos versos nos impulsan a contemplar. Solemos pensar que la respuesta a nuestro pesar se encuentra en la acción prodigiosa del Señor. Le pedimos de rodillas a Dios que actúe. Que haga algo. Así como abrió el Mar Rojo para librar a Su pueblo de los egipcios, e hizo caer maná del cielo en medio del desierto, solemos pedirle que derrame sobre nosotros Sus bendiciones haciendo aquello que esperamos que haga. Solemos pensar que la respuesta de Dios se encuentra en Sus manos, cuando este salmo nos invita a aceptar que la verdadera respuesta de Dios está en Sus labios. Nuestro abatimiento encuentra su medicina celestial en las palabras de nuestro Creador. «Dame vida conforme a tu palabra», exclama el salmista. Esa es sin duda la primera y gran respuesta de parte de Dios a nuestro dolor.

En medio de tus pruebas presentes, no esperes tanto lo que Dios pueda hacer y más bien escucha lo que Dios te ha dicho. Encuentra aliento en Sus promesas. Ten paz en Sus victorias. Llena tu alma de esperanza al ver Su grandeza. Nuestro Dios no nos ha abandonado. Dios ha hablado, y al escuchar Su voz verás como crece en ti el amor y confianza en Él de modo que todas tus preocupaciones se harán cada vez más pequeñas al contemplar la grandeza de Su majestad. Si está abatida tu alma, y abatida hasta el polvo, clama al Señor del cielo que te avive con Su Palabra, que, así como en el Edén un Adán de barro cobró vida con Su aliento, el mismo Dios te vivifique con las palabras de Su boca.

SALMO 130:4

«Pero en ti se halla perdón...»

(SAL. 130:4).

*L*os Salmos son sin duda una hermosa radiografía del corazón. El salmista, en cada uno de sus versos, expresa una tras otra todas las emociones humanas. Hay salmos llenos de gozo, de pesar, de duda, de certeza. Por eso en cada época de nuestras vidas nos podemos fácilmente identificar con alguno de los salmos. Los abrazamos. Decimos: «Este salmo es mío», y nos acompaña durante mucho tiempo.

Los Salmos expresan la vivencia human de una forma poética, y reflejan todos nuestros temores. Hay salmos que expresan nuestra tristeza por que al malo le va bien, nuestros dolores en esta vida terrenal, nuestra preocupación por que el enemigo acecha.

Pero la más grande de las vivencias es sin duda la amenaza del pecado y sus consecuencias devastadoras en nuestros corazones. El gran enemigo no son los filisteos ni los egipcios, sino el pecado que nos quiere destruir. ¿Quién podrá librarse de él? Si tuviéramos gran ingenio podríamos librarnos de la hambruna. Si fuéramos estrategas militares podríamos derrotar al enemigo en el campo de batalla. ¿Pero quién puede librarse del justo juicio de Dios que se acerca? Todos nosotros nos habremos de presentar muy pronto delante del Gran Juez, y entonces ¿quién podrá mantenerse en pie? El enemigo final es la muerte y el infierno, ¿y quién lo podrá vencer?

Cuando meditamos en estas verdades nos quedamos perplejos. Como los hebreos ante el gigante Goliat, no sabemos qué hacer. Como Saúl frente al gran enemigo, estamos atónitos y nos escondemos en nuestra cabaña temblando de miedo. En nuestro verso, el salmista es consciente de la gravedad del pecado y de la necesidad de un milagro para ser librado de él. Mientras entona este hermoso salmo, se responde a sí mismo alabando al Señor por Su bondad. «Pero en ti se halla perdón…». Dios tiene la medicina para nuestras almas. Alabamos Su precioso nombre porque nuestro Dios es santo y nuestro Dios es perdonador. Jesucristo es nuestro David, quien venciendo a nuestro enemigo y levantando su cabeza ante todos nosotros ha logrado nuestra liberación. David venció al gigante, y con él venció todo Israel. Así somos nosotros redimidos, comprados, librados, rescatados por las grandes hazañas de nuestro Dios, y nuestros corazones encuentran descanso en Él.

¿Has recibido Su perdón? Tal vez sientes muchas amenazas a tu alrededor. Las preocupaciones se multiplican. La vida se puede convertir en un campo de batalla en el cual cientos de amenazas se nos acercan. Pero el mayor de los enemigos sin duda es el pecado. Tienes una deuda con Dios. Tus ofensas, grandes y pequeñas, te alejan de Su santidad. Quiera Dios hacerte sentir el peso de tus propias faltas y la gravedad de ellas. Quiera Dios también mover tu alma a un clamor sincero. Que desde lo profundo puedas clamar por Su gran misericordia hacia ti. Nuestro supremo enemigo nos llena de espanto. Si Dios mira tu corazón, no puedes permanecer ante Él. Pero milagrosamente, en Él hay perdón.

SALMO 48:9-10

«Dentro de tu templo, oh Dios, meditamos en tu gran amor»

(SAL. 48:9).

*H*ace poco estaba revisando algunas fotos antiguas, y entre ellas me topé con una en la que estábamos sentados mi difunta esposa y yo, en un barandal afuera de una cabaña en medio del bosque mientras participábamos de un campamento juvenil cuando solo éramos buenos amigos. Fue un buen tiempo para conocernos mientras nos capacitábamos para compartir el evangelio en nuestras universidades.

El salmista ahora nos llama a recordar algo más valioso que solo buenos recuerdos. La misericordia de Dios había acompañado al pueblo de Israel por largas y difíciles jornadas. En su momento, no solo los sacó de Egipto, sino que por muchos milagros los condujo por cuarenta años en el desierto, mostrándoles de diversas formas Su amor y misericordia. Y en esta palabra se acentúa el interés del escritor. La misericordia es marcada aquí como la bondad, el amor recibido para su pueblo, pero el recuerdo es más acentuado porque está expresado en medio del templo, donde se podía observar con claridad todos los símbolos de la grandeza, santidad, justicia, misericordia, juicio y amor de Dios por los suyos. Allí estaban las cortinas, el candelero de oro, la mesa de los panes y el arca del testimonio; todo apuntando hacia un Dios cercano que cuidaba de ellos.

Hoy tenemos Su Palabra escrita, que es una lámpara que alumbra nuestra oscuridad y nos muestra en medio de cualquier circunstancia el Dios maravilloso que sigue extendiendo Su misericordia hacia nosotros.

Así es la alabanza que se proclama por este hecho, y el salmista aclama que esta debe llegar hasta los confines de la tierra, porque así engrandeció Su misericordia sobre nosotros (Sal. 103:11-12). ¿Hasta dónde llega tu alabanza a Dios por lo que hace por ti? ¿Cuál es tu recuerdo de Él? ¿Hemos olvidado que Sus misericordias se renuevan sobre nosotros cada mañana y que es grande Su fidelidad?

Nuestro escritor concluye que Su mano derecha está llena de justicia, y esto es una expresión de fortaleza y seguridad.

Así que, yo te invito a recordar hoy al Dios misericordioso en medio de cualquier situación que te encuentres, porque tu vida está llena de símbolos de Su presencia, como Su paz, Su gozo, Su amor, Su paciencia y demás efectos de Su Espíritu que habita en ti al haberte reconciliado con Él.

Hay algo más que solo recordar un tiempo con alguien amado o un bonito escenario en medio del bosque; aún mejor que esto es la dulce presencia de Dios en medio de tu vida, que es Su templo, y en donde puedas recordar cómo Su misericordia te sostiene de manera permanente y podrás experimentar Su mano poderosa que te sostiene con justicia en medio de cualquier circunstancia.

SALMO 92

*«Tú, Señor, me llenas de alegría con tus maravillas;
por eso alabaré jubiloso las obras de tus manos»*

(SAL. 92:4).

Es un privilegio que seamos admitidos a alabar al Señor, y esperemos ser aceptados en la mañana y en la noche; no solo en los días de reposo, sino cada día; no solo en público, sino en privado y en nuestras familias. Demos gracias cada mañana por las misericordias de la noche, y cada noche por las misericordias del día; entrando y saliendo bendigamos a Dios. Cómo nos alegra por medio de las obras de Su providencia para nosotros y de Su gracia en nosotros, y estas por medio de la gran obra de la redención; tenemos que cobrar ánimo en eso. Como hay muchos que no conocen los designios de la providencia ni les preocupa conocerlos, los que por gracia lo hacen tienen mayor razón para estar agradecidos. Y si la visión a la distancia del gran Libertador animó a los creyentes de antaño, ¡cuánto más debemos nosotros abundar en amor y alabanza!

A veces Dios con desagrado otorga prosperidad a los malos, pero ellos florecen solo por un momento. Busquemos para nosotros la salvación y la gracia del evangelio, para que, ungidos diariamente por el Espíritu Santo, podamos contemplar y compartir la gloria del Redentor. De Su gracia, por Su palabra y por Su Espíritu reciben los creyentes toda virtud que los mantiene vivos y los hace fructíferos. Otros árboles, cuando son viejos, dejan de dar fruto, pero en los árboles de Dios no falta la fuerza de la gracia cuando disminuye la fuerza de la naturaleza. Los últimos días de los santos son, a veces, sus mejores días y su última obra, la mejor; la perseverancia es prueba cierta de sinceridad. Y que cada día de reposo, mientras muestra la fidelidad divina, halle nuestra alma reposando más y más en el Señor, justicia nuestra.

SALMO 81:12

*«Por eso los abandoné a su obstinada voluntad,
para que actuaran como mejor les pareciera»*

(SAL. 81:12).

*N*ingún castigo es más severo que éste. Si los hombres rehúsan ser frenados, y aun con el freno en la boca rehúsan la obediencia, ¿quién ha de asombrarse que se les suelten las riendas sobre el cuello y que se les deje libres para que se lancen desbocados a su propia destrucción? Sería mejor ser lanzado a los leones que a los deseos del propio corazón.

Los hombres, descartando la gracia restrictiva, pecan deliberadamente; consultan, debaten y consideran, y luego, con malicia y sangre fría, eligen lo peor en vez de lo mejor. Es una obstinación extrema en la rebelión el que los hombres no solo corran al pecado por la pasión, sino que con calma «andan según sus propios consejos» de iniquidad.

Que tu preocupación y esfuerzo constantes sean el tener la guía del Espíritu continuamente sobre ti. Si la tienes, ora para conservarla. ¿Pueden ir las cosas bien para un cristiano cuando esta guía está en suspenso o desaparece? ¡Cómo yerra y se descarría aquel a quien no guía el Espíritu! ¡Cómo se retrae y aparta del bien aquel al cual el Espíritu no inclina y guía al mismo! ¡Qué incapaz de avanzar es aquel a quien el Espíritu no sostiene! ¡Qué pasiones y concupiscencias obran sobre aquel a quien el Espíritu no tiene bajo su gobierno santo y misericordioso!

¡Oh, esto es de infinito interés para todos los que pertenecen a Dios: el preservar y asegurarse la guía del Espíritu! Considera a un hombre bueno sin ella; es como un barco sin piloto, un ciego sin guía, un niño a quien nadie sostiene, la pobre multitud que no tiene quien la mantenga en orden. ¡Qué triste diferencia hay en la misma persona cuando es guiada por el Espíritu y cuando el Espíritu la abandona!

SALMO 34:12-14

«El que quiera amar la vida y gozar de días felices,
que refrene su lengua de hablar el mal y sus
labios de proferir engaños; que se aparte del mal
y haga el bien; que busque la paz y la siga»

(SAL. 34:12-14).

¿Cuántos de nosotros quisiéramos vivir muchos años en esta tierra? Desde el día en que nacemos todos esperamos vivir por un largo tiempo. En nuestra infancia fuimos cuidados por nuestros padres y en nuestra edad adulta hacemos todo lo posible por cuidar de nosotros mismos, procurando buena salud. Algunos pudieran agregar a sus actividades diarias una alimentación balanceada, ejercicio muy definido, meditación, relajación o alguna otra recomendación que aporte salud y años a su vida. Aunado a lo anterior, pudiéramos mencionar el trabajo sobre nuestras emociones, nuestro carácter, la manera de enfrentar los problemas, etc. Pero más allá de lo que procuramos para una vida larga y placentera, Dios tiene algo importante que decirnos y en este pasaje Él responde a la misma pregunta que expresaba el salmista.

¿Quieres vivir una vida larga y prospera? Pues bien, Dios tiene una respuesta que dividió en tres acciones específicas. Primero, Dios se enfoca en nuestras palabras. ¿Cómo es nuestro hablar? ¿es acaso con insultos, mentiras o engaños? El Señor relaciona estas actitudes con lo que viene del corazón (Luc. 6:45). Así que habrá mucho que pensar respecto a lo que hay dentro de nosotros, basados en lo que hablamos.

Luego el consejo de Dios nos marca una segunda actividad: apartarnos del mal. ¿Qué significa apartarnos? La palabra usada aquí tiene como sinónimos «desterrar», «escapar», «quitarse»; todo lo que tiene que ver con lo contrario a acercarse. Entonces al verme ante la posibilidad de hacer algo inapropiado o malo, debo correr en el sentido opuesto, desterrando tal idea, acción, palabra, pensamiento o imagen de mí. ¿Cómo lograrlo? Haciendo el bien. Dios dijo: «No te dejes vencer por el mal; al contrario, vence el mal con el bien» (Rom. 12:21).

El último consejo para una larga vida es buscar la paz y seguirla. Así que no solo es encontrar una forma de vida en la que la paz sea el motor de cada acción, sino que debe ser algo esencial en mi diario vivir. Jesús mismo dijo: «La paz les dejo; mi paz les doy. Yo no se la doy a ustedes como la da el mundo. No se angustien ni se acobarden» (Juan 14:27).

Tres consejos, un solo objetivo: una larga vida. ¿Estarás dispuesto a probarlos? Toma un tiempo para meditar de nuevo en estos tres consejos y considera que, si los tomas como un objetivo de vida, no irás solo en su búsqueda, Dios acompañará tus pasos.

SALMO 123:1

«Hacia ti dirijo la mirada...»

(SAL. 123:1).

En esta vida, pocas veces miramos hacia arriba. Es habitual ver a la gente caminando a nuestro alrededor mirando al suelo. Al conversar con otros nos percatamos de que miran al frente, pero rara vez levantan la mirada. Sin embargo, levantar los ojos es un ejercicio realmente sano. Al hacerlo podemos ver los árboles, las nubes, el firmamento, y al alzar la mirada podemos contemplar aquello que es más grande que nosotros mismos y reflexionar por un momento en nuestra pequeñez.

Sentimos una paz inmensa al mirar las montañas. Contemplamos el mar y nos invade un sentimiento de paz que nos calma por completo. Un niño levanta la mirada muy a menudo, para dirigirse a sus padres, y no le sabe mal mirar hacia arriba porque ya sabe de su pequeña condición. Ya sabe que los otros son más grandes que él y que ha de pedirles ayuda para poder salir de cualquier apuro.

Pero con nuestro tamaño, tristemente también crece el orgullo que albergamos en el alma y este nos impide mirar hacia arriba con la frecuencia que debiéramos. En esta ocasión el salmista levanta su mirada hacia el Eterno porque se siente profundamente desvalido. Clama a Dios por la misericordia que solo Él puede otorgar, sabiendo que es el único que le puede socorrer. Así como un siervo se humilla ante su amo y levanta la mirada ante su señor para pedir su ayuda, tú y yo hemos de levantar la mirada hacia Aquel que tiene en Su mano toda autoridad y poder. Somos Sus siervos. Comprender nuestra posición nos ha de dar esta confianza. Somos frágiles, pero a la vez somos suyos. No somos siervos de cualquiera, sino siervos del Altísimo. Imploramos Su misericordia, no necesariamente porque hayamos pecado contra Él, sino porque otros han pecado contra nosotros. Es cierto que a veces nuestros dolores provienen de nuestras propias ofensas a Dios y entonces suplicamos Su perdón. Pero en el caso de este salmo, el autor se lamenta del daño que otros le están causando e implora el auxilio de su Amo y Señor.

¿Levantas tú la mirada? ¿Alzas tus ojos al cielo? Hazlo. Lo necesitas mucho. No hay ejercicio más sano para el alma atribulada. Necesitas sentirte pequeño, y darte cuenta de cuán grande es Él. Solamente del Señor proviene la misericordia que necesitamos en nuestro diario vivir. A nuestro alrededor vivimos toda clase de injusticias como las que expresa el salmista en estos versos, pero nuestro Dios es nuestro sustentador y ayudador perfecto. Tal vez alguien ha pecado contra ti. Tal vez has sido engañado, traicionado, herido, pero aun en medio del dolor y las pruebas, recuerda que no debes mirarte a ti mismo confiando en tus propias fuerzas, ni debes mirar a tu alrededor buscando socorro humano, ni tampoco mirar a la gente buscando un consuelo imperfecto. Alza tus ojos al cielo, al Dios Todopoderoso que escucha tu súplica, y recibe el pronto auxilio que tu alma necesita.

SALMO 103:9-12

*«Tan lejos de nosotros echó nuestras transgresiones
como lejos del oriente está el occidente»*

(SAL. 103:12).

ios es un Dios santo, pero también es un Dios misericordioso! ¿Alguna vez te has preguntado por qué Dios no nos ha destruido aún? Si Dios lo hizo en los tiempos de Noé a causa del pecado, ¿por qué no debería hacerlo ahora cuando el pecado está alcanzando niveles tan altos? Estamos en una época en donde a lo malo llamamos bueno y viceversa. ¡Qué perspectiva!

David trata estas circunstancias de nuestro corazón y el pecado. Y hace énfasis en esas personas que lo buscan sinceramente. Por un lado, comienza recordándonos Su misericordia cuando nosotros pecamos. Pero cuidado, esto no nos da derecho a pecar indiscriminadamente. Está dando esperanza a aquellos que realmente lo buscan con sinceridad y quieren seguirlo de cerca. Bellas palabras son «no sostiene para siempre su querella ni guarda rencor eternamente» (v. 9) y «no nos trata conforme a nuestros pecados ni nos paga según nuestras maldades» (v. 10). Son palabras de esperanza para aquellos que deseamos seguirle como nuestro Señor. Dios no ejecutará Su ira, sino que muestra Su amor al perdonar nuestros pecados.

Quizás en algunos momentos puedas sentir culpa por un pecado, y tu pensamiento sea «no hay nada que se pueda hacer ya». Como ya hemos dicho, Él «no nos trata conforme a nuestros pecados», pero adicionalmente lo reafirma diciendo que «engrandeció su misericordia» (v. 11, RVR1960).

Esa misericordia y esperanza se ven de forma clara a lo largo de la historia de la humanidad y también en la nuestra. La misericordia se puede definir como no recibir el castigo por algo que realmente merecemos. ¡Y Dios tiene una gran misericordia con nosotros! Si en algún momento piensas que tu pecado es imperdonable, Dios dice que Su misericordia es tan grande como la distancia entre «el cielo sobre la tierra» (v. 11). Esto significa que es una misericordia casi ilimitada. Cuando hay una verdadera reconciliación por el pecado Dios aleja el pecado completamente de nosotros («como lejos del oriente está el occidente», v. 12).

¿Alguna vez pensaste que Dios era implacable contigo? Si lo has hecho, estos versículos nos ayudan a entender la paciencia y misericordia de Dios. Por un lado, esto nos debe ayudar a dar gracias a Dios porque es cercano a nosotros; y también nos ayuda a hacer frente a cada situación de la vida. No son nuestras habilidades las que nos hacen aceptos ante Dios, es la misericordia de Dios.

R. C. Sproul, al escribir sobre la misericordia dice: «Que yo esté respirando esta mañana es un acto de misericordia divina. Dios no me debe nada. Yo le debo todo». La misericordia de Dios, en relación con mis pecados, no es por lo que yo hago, sino porque Él ha decidido tenerla de manera amplia para que cada uno de nosotros pueda disfrutar de una relación con Dios cuando lo buscamos sinceramente.

SALMO 95

«Vengan, cantemos con júbilo al SEÑOR;
aclamemos a la roca de nuestra salvación»

(SAL. 95:1).

Cada vez que vamos a la presencia de Dios debemos ir con acción de gracias. El Señor debe ser alabado; no nos falta tema, y bueno sería que no nos faltase corazón. ¡Cuán grande es Dios, a quién pertenece toda la tierra y su plenitud, que dirige todo y dispone de todo!

El Señor Jesús, a quien aquí se nos enseña a alabar, es Dios grande; el Dios omnipotente es uno de sus títulos, y Dios sobre todo, bendito por siempre. A Él se ha dado toda potestad en el cielo y en la tierra. Él es nuestro Dios y debemos alabarlo. Él es nuestro Salvador y autor de nuestra bendición. La Iglesia del evangelio es Su rebaño, Cristo es el gran buen pastor de los creyentes; Él los buscó cuando estaban perdidos y los trajo a su redil.

Cristo convoca a Su pueblo a que escuche Su voz. Lo llaman Amo, Maestro o Señor, entonces sean Su pueblo voluntario y obediente. Escuchen la voz de Su doctrina, de Su ley, ambas de Su Espíritu: oigan y obedezcan; escuchen y ríndanse. La voz de Cristo debe ser oída hoy. Este día de oportunidad no durará siempre; utilízalo mientras se dice hoy.

Oír la voz de Cristo es lo mismo que creer. La dureza del corazón está en el fondo de toda desconfianza del Señor. Los pecados del prójimo deben ser advertencias para que nosotros no sigamos Sus pasos. Las murmuraciones de Israel quedaron escritas para nuestra admonición. Dios no está sometido a pasiones como las nuestras, pero está muy airado con el pecado y los pecadores. Ciertamente es malo lo que merece tal recompensa; y sus amenazas son tan seguras como sus promesas. Tomemos conciencia de los males de nuestro corazón que nos lleva a descarriarnos del Señor. Hay un reposo ordenado para los creyentes, el reposo de la renovación eterna empezado en esta vida y perfeccionado en la vida venidera. Este es el reposo que Dios llama Su reposo.

SALMO 34:15-16

«Los ojos del Señor están sobre los justos,
y sus oídos, atentos a sus oraciones»

(SAL. 34:15).

La oración sin dudas ejercita nuestra paciencia porque nos invita a esperar en Dios. Lo más común es que pase un tiempo desde que empezamos a pedir algo en oración, hasta que veamos las evidencias de la acción divina. No es fácil para nuestro orgullo, pues queremos que las cosas sucedan a nuestro ritmo, pero justamente se trata de eso. Oramos para entregar a Dios nuestras ansiedades y preocupaciones, reconociendo Su sabiduría para intervenir en el tiempo preciso. Así aprendemos que los tiempos de Dios son perfectos.

Pienso que esa es una experiencia común en la vida de oración, pero agreguemos una dificultad más. No solo que nuestros tiempos no son los tiempos de Dios, sino que, además, durante ese tiempo de espera, suceden muchas injusticias que desestabilizan nuestra confianza. Por ejemplo, oramos para que Dios nos ayude en una situación de injusticia laboral pero las cosas parecen empeorar cada vez más. Tal vez nos encontramos atrapados en una difícil situación legal, soportando una burocracia lenta y un montón de personas que nos sacan dinero delante de nuestros ojos, solo por poner una firma.

Acorralado por las injusticias, nuestro corazón empieza a sospechar que Dios no ha estado muy interesado en nuestra situación. *Si Dios viera realmente lo que nos están haciendo, respondería de inmediato.* Pensamos que tal vez Dios envió nuestras oraciones al buzón de voz y aún no las escucha.

El apóstol Pedro cita este salmo, en su primera carta, para recordarnos que Dios sí está atento a los sufrimientos e injusticias que atraviesa Su pueblo. Sus ojos y Sus oídos están al tanto y pendientes de Sus hijos. Y no solo eso, Dios mismo promete intervenir para salvar y tratar con el mal del mundo. En esto descansan nuestras oraciones, en la justicia y la fidelidad de Dios. Aunque tengamos que esperar, y aún sufrir mientras esperamos, confiamos que Dios escucha y actúa. Siguiendo a Pedro, esta certeza del cuidado de Dios nos mueve a actuar también, a soportar las dificultades con valentía y esperanza, a tal punto de devolver bendición por maldición e integridad por injusticias, porque hemos recibido una bendición tan grande de parte de Dios.

De eso se trata la oración en medio de las injusticias, no solo de entregar nuestras preocupaciones, sino también de fortalecernos para ser de bendición. Hacer el bien a pesar del sufrimiento, porque Dios, en Cristo, nos dio todo bien a pesar de nuestro pecado. Es interesante ver cómo la justicia de Dios impacta de forma tremenda nuestras oraciones y nuestra conducta.

La oración ejercita nuestra paciencia, pero no nos vuelve pasivos. Nos mueve a ser de bendición, porque confiamos en que un Dios justo mira desde el cielo para responder y salvar a Su pueblo escogido.

SALMO 51:7

«Purifícame con hisopo mi pecado, y seré limpio;
Lávame, y seré más blanco que la nieve»

(SAL. 51:1, RVR1960).

*M*e pregunto cuánta tinta y cuántas hojas se han gastado para describir el proceso del éxito en la vida de los hombres. Cuánto esfuerzo he hecho, cuántas horas he invertido a idear planes y estrategias para tener éxito en lo que hago; todo esto se ha convertido en una pérdida de tiempo, de fuerzas y desgaste personal y profesional para mí.

Consideremos la vida de David, quien, si de éxito se tratara, lo había alcanzado todo a ojos del mundo entero. Sin embargo, tenía algo pendiente que arreglar con su Señor y, por más esfuerzo que hacía para alejar su pensamiento de la realidad, como Jonás dirigiéndose hacia Tarsis, no pudo escapar de ella. Dios lo llamó a cuentas, recibiendo la visita del profeta Natán, quien traía un mensaje especial de Dios para su rey y fue movido a dar una cátedra de consejería bíblica.

Vemos a dos hombres de Dios, dos hombres que definen el éxito al permitir ser guiados por Él. El éxito de Natán no está basado en haber sido recibido por el rey o haber compartido un espacio en la habitación con él, mucho menos por tener el privilegio de hablar con el rey. Unos minutos antes del encuentro con el rey David, seguramente Natán temblaba, desfallecía en sus entrañas y sentía temor y temblor, no solo por el mensaje, sino también por el remitente y el destinatario. ¡Pero míralo dispuesto a cumplir lo que Dios le había encomendado! Al iniciar la conversación se vio a sí mismo como un gran pecador, se humilló por tan grande mensaje y exitosamente se convirtió en el mejor consejero nunca visto.

David, por su parte, al ser el receptor de tan exitoso mensaje se humilló desde los más profundo de su corazón y lo único que salió de su boca fueron estas palabras «¡He pecado contra el Señor!» (2 Sam. 12:13). ¿Somos capaces de pronunciar estas exitosas palabras con tanta conciencia de nuestro fracaso? ¿Somos nosotros los que buscamos humillarnos de tal manera? ¿Qué es el éxito si no inicia con una verdadera humillación?

Considera una cosa: el Rey de reyes fue humillado injustamente, fue maltratado, fue escarnecido, pero ahora está siendo reconocido en el trono más alto que existe en el universo.

Nuestro éxito está en seguir Su ejemplo, como también el ejemplo de David y de Natán. Humillémonos delante del Señor y enderecemos nuestros pasos; lavémonos con hisopo, esa yerba aromática suave que su fin no es lastimar, sino sanar; su propósito no es provocar daño, sino restaurar, como la noche antes del éxodo en Egipto (Ex. 12:22). Celebremos nuestro éxito al ser liberados de nuestra esclavitud. Es ahí donde el éxito ya está consumado. Gloria al Padre, al Hijo y al Espíritu Santo. Amén.

SALMO 31

«Inclina a mí Tu oído, rescátame pronto;
sé para mí roca fuerte, fortaleza para salvarme»

(SAL. 31:2).

Si pudiera algún día conversar con David, el rey autor de muchos salmos, esto es algo de lo que quisiera decirle: «Gracias por ser real». No sé si en la eternidad será posible; pero si lo fuera, creo que esas serían mis palabras. Al menos, algunas de ellas.

El Libro de los Salmos está entre los favoritos de la mayoría de los cristianos, y creo que nos podemos identificar mucho con esos versos. Los salmos fueron escritos por personas tristes, alegres, frustradas, a veces solitarias, temerosas, valientes, llenas de amor, llenas de rabia. Sí, así es. Aquí no tengo espacio suficiente, pero si estudias los salmos con cuidado verás que todas estas emociones figuran entre sus páginas.

En estos días el mundo vive momentos oscuros, bajos; días en el valle de la tribulación, la incertidumbre, el temor, la ansiedad. Y, ¿sabes?, los momentos oscuros de la vida pueden llevarnos a muchos lugares, nosotros tenemos que decidir a cuál iremos. He llegado a la conclusión de que el único lugar seguro es la Palabra de Dios y Su presencia. En cuanto me salgo de allí el momento difícil se vuelve todavía más bajo y oscuro.

Así que, leyendo el libro de Salmos, llegué al 31, un salmo donde su autor, David, suplica a Dios protección y ayuda. Si leemos el versículo 2 encontramos una oración suplicante: «Inclina a mí Tu oído, rescátame pronto; sé para mí roca fuerte, fortaleza para salvarme» (NBLA). Estas son las palabras de alguien que sabía dónde acudir en momentos de angustia y debilidad. Dios escucha, nuestras oraciones no se quedan en el techo. En días como estos que hoy vivimos, la preocupación solo produce más preocupación y ansiedad. Corramos a Dios y abrámosle nuestro corazón, no solo porque nos escucha, sino porque es nuestra roca, Él permanece firme, nos sostiene.

Además, David dice: «Me gozaré y me alegraré en Tu misericordia, porque Tú has visto mi aflicción; has conocido las angustias de mi alma» (Sal. 31:7). ¿Te percataste? En medio de circunstancias difíciles, había un motivo de alegría: la misericordia de Dios. Esa nunca se agota, es nueva cada mañana, ¡y de ahí que podamos alegrarnos! Es una alegría que no depende de las circunstancias, sino de Dios, que domina las circunstancias y que no solo nos escucha, sino que ve nuestra angustia. ¡No estamos solos en esta situación!

Nuestras vidas están seguras en Dios: «Y no me has entregado en manos del enemigo; tú has puesto mis pies en lugar espacioso» (v. 8). David escribió este salmo en medio de la angustia de la persecución. En esta pandemia nos «persigue» un enemigo microscópico, dañino y poderoso. Pero nuestro Dios es el mismo; incluso si nos tocara atravesar una enfermedad temible, ¡tenemos Su promesa de llevarnos más allá de la muerte porque Cristo la venció! Por Su obra en la cruz sabemos que pase lo que pase, el Señor nos pondrá en ese lugar espacioso, hermoso, perfecto que es Su presencia eterna.

SALMO 23

«El Señor es mi pastor, nada me falta...»

(SAL. 23:1).

Los truenos sonaban estrepitosos. Yo tenía tan solo unos cinco años, y en aquel entonces el cuarto en donde dormía se encontraba en la parte trasera de la casa, al final de un pasillo largo. Mis padres dormían en el extremo opuesto de la casa, lo que en esa noche me parecían kilómetros de distancia.

Yo tenía miedo. Así que hice lo que cualquier niño de esa edad haría: pedí a mi mamá a gritos. En ese momento de miedo, quizás olvidé que mis padres, aunque no los podía ver, verdaderamente se preocupaban por mí y no dejarían que nada me pasara.

¿Alguna vez te has sentido así? Probablemente. Tendemos a olvidar que Dios cuida de nosotros. El Salmo 23 nos recuerda que, puesto que Dios es nuestro Pastor, podemos confiar en Él.

En este salmo, el más famoso de la Biblia, primero observamos que *Dios es nuestro confortador*. Él es el Pastor que suple aquello que nos falta (v. 1). Cuando necesitamos descansar, Él es capaz de proveer nuestro descanso (v. 2). Es el único que trae verdadero confort a lo más profundo de nuestro ser, y nos guía por el camino correcto (v. 4).

Varias veces mi GPS ha provocado que me pierda. Puesto que es impersonal, el GPS no sabe cuándo me está enviando por un camino peligroso (¡cosa que me ha sucedido más de una ocasión!). Pero ¿sabes algo? Con Dios no es así. Él nos guía correctamente, y conforta nuestra alma cuando más lo necesitamos.

Segundo, este salmo nos recuerda que *Dios es nuestro protector*. Invertimos mucho dinero en protección. Protegemos nuestros autos, nuestras casas, y compramos seguros médicos. Pero si eres creyente, sabes bien que, si bien es correcto ser prudentes y hacer lo que nos toca con respecto a estar protegidos, al final estamos en las manos de Dios. Y si es Su voluntad que pasemos por un valle de sombra, no tenemos por qué temer: «… tú estás a mi lado» (v. 4).

No hay nada que te suceda que no haya sido planeado por Dios para que crezcas en santidad y en el conocimiento del Dios altísimo. Incluso Job, después de todas sus calamidades, y de recibir consejos no muy atinados de parte de sus amigos, al final reconoció: «De oídas había oído hablar de ti, pero ahora te veo con mis propios ojos» (Job 42:5).

Finalmente, este salmo nos enseña que *Dios es nuestro proveedor*. Incluso si somos tratados con injusticia, Dios provee justicia final delante de quienes nos hicieron algún mal (v. 5a). La provisión del Señor es tal que podemos decir como el salmista: «… has llenado mi copa a rebosar» (v. 5b). Por si eso fuera poco, la bendición de Dios para con Sus hijos es continua (v. 6a), tanto que se extiende a toda la eternidad, cuando moremos con Dios en la nueva tierra, donde podremos habitar con Él (v. 6b).

Pues aquella noche de truenos, después de mis gritos, apareció mi madre al final del pasillo. Lo último que recuerdo de esa memoria es cuando corrí a sus brazos.

Si te sientes abrumado, puedes estar seguro de que Dios está al final del pasillo. Puedes correr hacia Él y te recibirá en Sus brazos. En nuestros momentos de mayor dificultad, podemos confiar en Dios, nuestro Pastor. Somos ovejas de Su prado. Dios no se ha olvidado de ti. Estás en Sus pensamientos. Pon tu confianza en el Pastor de tu alma.

SALMO 89:6-7

«¿Quién en los cielos es comparable al Señor? ¿Quién como él entre los seres celestiales? Dios es muy temido en la asamblea de los santos; grande y portentoso sobre cuantos lo rodean»

(SAL. 89:6-7).

Parece ser una pregunta retórica con una respuesta obvia. «¿Quién en los cielos es comparable al Señor? ¿Quién como él entre los seres celestiales?» (Sal. 89:6). Pero esta pregunta no es meramente poética ni retórica. Nos lleva a un viaje a través del tiempo, de regreso a algún momento antes de Génesis 3. El hecho de que esta pregunta se tenga que hacer se debe a un evento clave de la historia.

Satanás fue creado como un ser angelical con una hermosura inigualable. Pero en algún momento, injusticia se halló en él y tuvo que ser exiliado de la presencia de Dios (Isa. 14:12-15). ¿Cuál fue la injusticia que se halló en el corazón de Satanás? El orgullo. Más específicamente, el creer que podía ser semejante al Altísimo.

Satanás llevó a Adán y Eva al mismo pecado. ¡La tentación que puso delante de Eva fue que ella podía ser como Dios! Y desde ese día, todo ser humano ha creído la misma mentira: ser como Dios me daría plenitud. Controlar, reinar, y satisfacer mis deseos me haría feliz. En cada ámbito de nuestras vidas buscamos establecer nuestro reino. Procuramos controlar a las personas que están a nuestro alrededor. Un amigo manipula a otro para conseguir aprobación. Un cónyuge busca convertir al otro en la pareja que idealiza. Los padres sobornan o disciplinan a sus hijos para que cumplan con sus expectativas. Los miembros critican al pastor por no servirles «lo suficiente», según ellos.

Es el pecado más antiguo y dañino. Muchos lo han llamado el pecado «raíz» de todos los demás. En lugar de aceptar y disfrutar mi lugar como sujeto de un Rey omnipotente, temible, y amoroso, busco usurpar el lugar que Él debe ocupar. Pero ¡esto es contraproducente! Lo mejor para mí es que Dios ocupe Su debido lugar. No hay nadie semejante a Él, y eso es algo muy bueno.

En contraste conmigo, Dios es más poderoso que todos los que están a Su alrededor. En la gran congregación, Él es temible. Si Satanás, probablemente la criatura creada más hermosa y poderosa de todos los tiempos, no logró ser igual a Dios, ¿quién podrá? La respuesta es un rotundo, «¡nadie!».

Gracias a Dios por esa realidad. Nuestras vidas, familias, amistades, futuro, iglesia, y economía están bajo el control del que reina sobre todo. El inigualable Dios temible quiere una relación con los seres creados a Su imagen. Él desea demostrar Su fidelidad al transformar vidas, y lo hace al permitir que vean Su gloria.

La solución para mi vida y para tu vida no es llegar a ser semejante al Altísimo en Su reinado, poder y gloria. La búsqueda plenamente gratificante y satisfactoria de la vida es mirar a cara descubierta la gloria de Dios y ser transformados día a día a la imagen de Su Hijo.

SALMO 67:1-7

«Que te alaben, oh Dios, los pueblos;
que todos los pueblos te alaben»

(SAL. 67:3).

¡Qué hermoso es el tiempo dedicado a la alabanza de Dios! Qué alegría tener a Dios, a quien podemos alabar. Cuando realizamos esta acción, estamos reconociendo la grandeza, el poder y la gloria de nuestro Dios.

Nuestra alabanza no se limita solo al cántico, a la música o a la poesía, sino que también hace referencia a la oración, a la lectura y a la meditación de la Biblia. El tiempo que en privado pasamos en comunión con el Señor, cuando le contamos dudas, errores, sentimientos, alegrías, planes futuros, etc., estamos alabando porque esas confesiones personales y privadas demuestran que consideramos al Señor como un Dios digno de nuestra confianza.

La alabanza genuina nos pone en contacto con Dios. Recuerdo muchas ocasiones en las que, estando en oración y en búsqueda de una respuesta divina para encaminar mis acciones, Él me hizo saber con seguridad de Su presencia. En esas ocasiones he sentido la presencia de alguien junto a mí, he comprendido, sin lugar a duda, que se trataba del Señor y Su voz habló a mi espíritu de forma clara, pero con tono de amor.

Mi cuerpo ha temblado por el impacto del toque divino, de la comunión perfecta. En cada una de esas ocasiones, me he levantado tan gozoso que se ha hecho palpable para mi esposa, e inclusive para algunos hermanos que han estado cerca. La experiencia de la comunión con Dios es única, imposible de describir con palabras humanas, pero es inolvidable y es algo posible para todos los creyentes. ¡Practica la alabanza!

Triste, alaba a Dios; feliz, alaba a Dios. Toda ocasión es buena para alabar al Señor.

SALMO 69:1-5

«Sálvame, Dios mío, que las aguas ya me llegan al cuello»

(SAL. 69:1).

En muchas ocasiones hemos llegado a pensar que pedir es muestra de debilidad, sin embargo, hacerlo demuestra nuestra ausencia de solución, bienestar o recursos; por lo tanto, podemos decir que la petición existe para demostrarnos dos cosas: no podemos y necesitamos.

La petición de David, «Sálvame, Dios mío», encierra su incapacidad y necesidad, su petición suplicante es el eco de nuestra percepción ante las angustias y los temores. ¡Oh, qué profundidad encierran estas tres palabras! Este salmo es una muestra de que la petición correcta comienza con reconocer a la única fuente de ayuda y salvación, Dios mismo y solo en Cristo.

David se describe a sí mismo con el alma sumergida en la profundidad de la angustia, la cual ha llevado a su mente a perder el piso solido que da la esperanza ¿Alguna vez has estado ahí? ¿En algún momento te has sentido en la profundidad del miedo y la angustia? ¿Alguna vez has mirado que la angustia sube y sube hasta inundarte? ¿Tu angustia ha hecho inaccesible el futuro?

David lo describe como abismos y corrientes de agua, aquellos movimientos agitados de nuestra alma por motivo de lo inesperado, por aquello que no se tiene cálculo y que demuestra nuestra incapacidad de cambiar.

Pero verdaderamente Dios escucha nuestra voz que se irrita pidiendo Su favor en medio de la insoportable angustia mientras vemos pasar los días como las horas y nuestros ojos se cierran esperando a nuestro Dios y Salvador.

Dios es especialista en escuchar el silencio de nuestra mayor suplica: «Sálvame, Dios mío». Él escucha nuestro silencio mientras esperamos en Él. Aunque las agitadas corrientes de nuestra alma nos inunden y los que tuercen su rostro en señal de descalificación broten como nuestros cabellos; la ayuda viene en camino, la noche no dura para siempre y el sol esta por dar a conocer la mañana y el día de la misericordia del Señor.

Con todo esto, sabemos que vendrán aquellos que exigen que seamos según el estándar de sus conclusiones y no el estándar del Dios al que clamamos por salvación; incluso su calumnia sirve a los buenos propósitos de Dios para nuestra santificación permanente. Ahora entendemos la pregunta de David: «¿Cómo voy a devolver lo que no he robado?» (v. 4).

Ante esta pregunta podemos decir que nuestra esperanza es que somos conocidos por Dios, a Él nada le es oculto y Él no oculta Su amor por nosotros. Las mejores peticiones a Dios surgen en los momentos donde el diario vivir parece una corriente de miedo, angustia y dolor; a través de estos medios Dios captura como en ningún otro momento nuestra atención y muestra mayor gracia.

Nuestra petición a Dios en oración demuestra la profundidad de nuestra necesidad de Él, por eso la adversidad comienza y termina con Dios, esa es la manera en la que nos da pies firmes en la tierra y encarna un corazón suplicante y manso como el de Su Hijo amado.

SALMO 27

*«El Señor es mi luz y mi salvación; ¿a quién temeré? El Señor
es el baluarte de mi vida; ¿quién podrá amedrentarme?»*

(SAL. 27:1).

¿Alguna vez has sentido temor? Tal vez experimentaste temor cuando eras pequeño, al escuchar los truenos durante una tormenta, o quizás de joven, al ver las cuentas por pagar y no tener ni un centavo en el banco, o incluso pudieras haber sufrido algún tipo de agravio donde pensaste que no veías la luz del siguiente día. Mientras más vivimos, al paso de los años, nos damos cuenta de que nuestra vida está llena de situaciones que nos causan temor. No nos vayamos muy lejos... ¡actualmente estamos en medio de una pandemia!

La Biblia es la Palabra inspirada por Dios y es útil para enseñarnos. En ella encontramos historias donde podemos darnos cuenta de que Dios usó a hombres y mujeres imperfectos como tú y como yo. David no es la excepción. A pesar de los errores que cometió, Dios lo llama un hombre conforme a Su corazón y específicamente los Salmos son como una ventana a su mente y corazón. David pasó por momentos difíciles en los que su vida corría peligro. Desde enfrentar osos y leones hambrientos que querían comer sus ovejas, un gigante fuerte y desafiante que insultaba a su Dios, un rey envidioso y celoso que varias veces atentó contra su vida, hasta ejércitos enteros; podemos decir sin temor a equivocarnos que era un hombre que conocía la realidad de que su vida corriera peligro. ¡Realmente lo vivió en carne propia!

En este salmo podemos ver qué hacía David cuando sentía temor. Una práctica repetitiva en los Salmos es la de hablar verdades al corazón. Este versículo comienza con la afirmación de quién es Dios. David se recuerda a sí mismo que Dios es su luz. «Esta importante imagen verbal bíblica [...] ilustra la luz de la redención en contraste con las tinieblas de la condenación». Dios es quien lo ha salvado. Lo ha salvado de manos de hombres peligrosos, pero mejor aún, le ha dado salvación eterna. Luego se hace la pregunta que es más parecida a una afirmación. Dado que Dios es su salvación, no tiene a quién temer. David continúa y afirma que Dios es su fortaleza, y ya que es su fortaleza, no tiene de quién atemorizarse. Por las victorias que Dios le dio a David en el pasado, él expresa confianza plena a pesar de la multitud de enemigos que tenía. De este breve versículo podemos aprender verdades increíbles que será bueno recordar. Cuando te encuentres en medio de una situación atemorizante, recuerda lo que David se recordaba a sí mismo y habla estas verdades a tu corazón: (1) recuerda quién es Dios y lo que ha hecho por ti, te ha dado salvación y es la fortaleza de tu vida; (2) recuerda que pase lo que pase en esta vida, es temporal y aquí se quedará. Sin importar si se soluciona o no tu situación adversa en esta vida terrenal, tienes la esperanza gloriosa de una vida eterna con Dios donde no habrá más llanto ni dolor.

SALMO 119:41-47

«Pues amo tus mandamientos, y en ellos me regocijo»

(SALMO 119:47).

*N*o hay mayor gozo para el creyente verdadero que hablar de su Señor y de Su verdad. En los primeros versos de esta hermosa sección del Salmo 119 encontramos al salmista en una actitud de espera reverente. No actúa, está quieto de forma receptiva: «Envíame, Señor, tu gran amor» (v. 41); «porque yo confío en tu palabra» (v. 42); «pues en tus juicios he puesto mi esperanza» (v. 43). Esta es la actitud de confianza del creyente. Sabe de forma plena que es Dios quien actúa en su vida y sabe que es en Sus muchas promesas donde debe depositar toda su confianza.

El resultado de descansar en el Señor es inevitable. Un creyente lleno de las verdades de la Palabra de Dios experimentará una confianza y un gozo indestructible que lo mueve a la acción. Es lo que Dios ha hecho lo que nos mueve a obrar en consecuencia. No confiando en nuestras propias fuerzas, sino en Él que nos esfuerza.

Es entonces cuando el salmista exclama lleno de júbilo: «Obedeceré fielmente tu ley» (v. 44), «viviré con toda libertad» (v. 45) y «hablaré de tus estatutos» (v. 46). Es tal la confianza que el salmista cobra en las verdades del Señor, que no solo dice que hablará de sus testimonios a la gente, sino que lo hará «a los reyes». Tal es la certeza que el creyente cobra al meditar en las promesas del Señor.

Todo temor es disipado al escuchar Su voz. Sin duda, compartir con los demás las grandes verdades del evangelio produce en el corazón un gozo que nos llena por completo: «Pues amo tus mandamientos, y en ellos me regocijo» (v. 47). ¿No has experimentado tú también esto mismo en muchas ocasiones? Cuando compartes tu fe sincera en el Señor Jesucristo, cuando hablas de la nueva vida en Él, cuando expresas la esperanza de la salvación y describes tu futuro al lado del Señor por toda la eternidad, te embarga una alegría incontenible. Pero, si eres de Cristo, también lo habrás experimentado al revés, porque no hay nada que deprima más al verdadero cristiano que dejar de hablar de aquello que más ama y más desea en su corazón. Dejar de hablar del Señor cuando pudiéramos haberlo hecho, nos entristece y abate.

Reflexiona hoy por un instante. ¿Tienes en tu corazón ese gozo del que habla el salmista? ¿Compartes la experiencia que él describe? Es cierto que pasamos por diversas épocas en nuestra vida, y unas son de mayor o de menor gozo. Vivimos altibajos, como si estuviéramos sentados en un subibaja. Pero piensa por un instante si los momentos de gozo provienen del hecho de haber morado, meditado y confiado plenamente en las promesas del Señor Jesús. No busques gozo fuera de la Palabra del Señor. Es en ella donde has de ocupar tus pensamientos, porque en ella reside tu máxima alegría. Tal como el salmista dice en el Salmo 16:11: «Me llenarás de alegría en tu presencia, y de dicha eterna a tu derecha».

SALMO 119:59-60

«Me he puesto a pensar en mis caminos,
y he orientado mis pasos hacia tus estatutos»

(SAL. 119:59).

*A*lguna vez te has perdido? ¿Cuál fue el motivo? ¿Qué hiciste? Si tu respuesta a la primera pregunta es afirmativa, estoy segura de que el motivo fue la distracción y que una sensación de alerta te impulso a pensar intencionalmente en cómo regresar al lugar más seguro. Aquel lugar en donde tu corazón iba a encontrar quietud porque sabías que ese camino te llevaría de regreso a casa.

En el ámbito espiritual, estas prácticas también son importantes cuando somos distraídos con las cosas de este mundo. En las Escrituras vemos que el salmista pensó en sus caminos: «Me he puesto a pensar en mis caminos...» (Sal. 119:59). El salmista conocía su condición y por el contexto del Salmo 119 podemos estar seguros de que estaba examinando sus caminos a la luz de aquello que amaba, la Palabra de Dios. Una persona no se detiene a pensar en sus caminos si cree que esta andando bien, tampoco si no es consciente de lo fácil que es distraerse con las cosas de este mundo. Nosotros también necesitamos hacer una pausa en medio de las distracciones y ponernos a pensar cómo están nuestros caminos. ¿Hay algo que estamos haciendo, pensando o creyendo que no está alineado con la verdad de Dios?

El salmista, después de examinar su caminar, buscó regresar de prisa al lugar seguro. Leemos: «... y he orientado mis pasos hacia tus estatutos. Me doy prisa, no tardo nada para cumplir tus mandamientos» (Sal. 119:59-60). Si hay algún camino que nos está alejando del camino verdadero, somos llamados a dar la vuelta (arrepentirnos) para alinearnos a la voluntad de Dios. ¿Conocer que hay algo que está distrayéndome del camino correcto me lleva a «darme prisa» a obedecer? ¿O estoy huyendo de la verdad para seguir con mi pecado? Un verdadero arrepentimiento significa regresar a la dirección correcta y qué gran consuelo hay en recordar que cuando mis pies se desvían puedo encontrar perdón por medio de Cristo (1 Jn. 1:9).

Dios conocía que fácilmente nos íbamos a distraer con las cosas de este mundo, sin embargo, decidió enviar a Jesús a morir por nuestros pecados. Andar en Sus caminos siempre será el lugar más seguro porque solo en Cristo nuestra carga se vuelve más ligera (Mat. 1:30). Cuando sintamos que estamos perdiendo de vista a nuestro Padre celestial, detengámonos a pensar en nuestros caminos y con mucha prisa regresemos al lugar correcto. Recordemos que mientras estemos en esta tierra las distracciones nunca desaparecerán por completo o inclusive nos podríamos distraer en cosas buenas. Por esta razón debemos pensar continuamente en nuestros caminos a la luz de la Palabra de Dios.

SALMO 103:13-18

«Tan compasivo es el SEÑOR con los que le temen como lo es un padre con sus hijos»

(SAL. 103:1).

Ser padre es un privilegio. La relación que podemos tener con los niños, poder vivir cerca de ellos, darles cariño y verlos crecer es algo increíble. Esos momentos tanto buenos como malos son experiencias preciosas. También se puede experimentar el cuidado, la protección y la compasión de un padre hacia su hijo. La compasión sucede cuando un hijo hace algo malo, pero el amor del padre es tal que le duele disciplinarlo.

El salmista comienza presentando a Dios como nuestro Padre compasivo. Esta afirmación va en contra de lo que muchos piensan sobre Dios, incluso dentro del cristianismo: Dios se alegra en el castigo, Dios siempre está buscando disciplinarnos y ser duro con nosotros. Hay una buena noticia para nosotros Sus hijos. ¡Esto no es verdad! Dios se compadece de nosotros y no nos da el castigo que merecemos. Es una gran promesa para cada día de nuestra vida.

¿Por qué Dios es compasivo con nosotros? ¿Qué es lo que hace que Dios tenga esa paciencia con nosotros? Dios reconoce que nuestra vida es breve, que somos criaturas suyas y que un día moriremos. Ante esta situación, Dios nos trata de forma especial cuando lo buscamos y vivimos vidas piadosas. El salmista lo expresa con palabras llenas de compasión: «Sabe que somos de barro» y aun así nos tiene en memoria. No es una compasión como si tuviera pena por nuestras miserias, sino que es una compasión especial de alguien que se preocupa verdaderamente por mí.

Finalmente, David nos recuerda que Dios tiene misericordia a los que le temen. En primer lugar, la misericordia se define como la consideración que posee una persona frente a la condición y las necesidades de los demás. ¡Eso es tener compasión! Dios nos recuerda que Su compasión es eterna, es decir, nos da la seguridad que no va a cambiar. Si eres hijo de Dios, ¡eres hijo de Dios por la eternidad! En un mundo donde todo es relativo y ya no hay absolutos, Dios nos propone uno: si eres hijo, pasarás la eternidad con Él.

El texto explica que Su amor es para «los que cumplen su pacto y se acuerdan de sus preceptos». La elección es por gracia, pero esa gracia de ser hijos de Dios conduce a una vida santa. Esa vida santa es una evidencia de la salvación por gracia. Como deseo agradar a Dios entonces guardo y vivo esos mandamientos. Es una evidencia clara de la obra transformadora de Dios en nuestras vidas.

Hoy es un gran día para recordar y experimentar la compasión de Dios. La compasión nos recuerda esa consideración especial que tiene con nosotros, y también nos debe llevar a pensar en cómo deberíamos vivir nuestras vidas como fruto de esa misericordia. La vida santa no es un esfuerzo por ganar un lugar en compañía del Señor, es el fruto de una vida agradecida por la obra misericordiosa de Cristo en la cruz.

SALMO 98:1-9

*«Canten al Señor un cántico nuevo,
porque ha hecho maravillas...»*

(SAL. 98:1).

Para algunas personas cantar es una reacción natural cuando están alegres, para otras no. Sin embargo, la Biblia habla varias veces de alabar a Dios cantando. En este salmo se nos invita a cantar a Jehová y nos da algunas razones para hacerlo.

El salmo comienza declarando que Dios ha hecho maravillas. Desde la creación del universo hasta Su cuidado que nos mantiene con vida son obras maravillosas. De una manera más específica, el salmista habla de la victoria que ha obtenido Dios por ser todopoderoso. Él actúa mostrando Su salvación y Su justicia porque es misericordioso y fiel para con Su pueblo. Podríamos pensar que nosotros no hemos sido testigos de ninguna victoria de Dios, que eso solo ocurría en el pasado cuando la nación de Israel salía en batalla contra sus enemigos. ¿Acaso no es la resurrección de Jesús la gran victoria de Dios sobre el pecado y la muerte? (1 Cor. 15:55-57) Dios manifiesta al mundo Su justicia, Su misericordia y Su fidelidad en la salvación por gracia que ofrece en Jesucristo. Si nosotros hemos creído en Él, estamos viviendo una obra maravillosa de Dios.

El salmista continúa invitando a toda la humanidad a cantar a Jehová con alegría. Se pude ver cómo va agregando distintas acciones de manera que va creciendo la alabanza hasta darnos la imagen de una gozosa entrada triunfal. Y es que Dios no solo es el Guerrero todopoderoso que ha vencido, sino que también es el Rey que gobierna todo. Por eso debemos compartir con otras personas las maravillas de Dios, pues todos debemos alabarlo. Y, si todos deben alabar al Rey Jehová, ¿cuánto más nosotros que hemos creído en Jesús y le hemos dado el señorío de nuestras vidas debemos celebrar el gobierno de Dios? Cantemos con alegría confiando en que Dios es Rey y tiene control de lo que sucede, aun cuando no entendemos por qué.

Como conclusión, el salmista llama al enorme y poderoso mar, con todos sus seres, a alabar a Dios y le pide a la tierra que se le una junto a todos sus habitantes. Les dice a los ríos que aplaudan y a los montes que canten con alegría. No solo la humanidad, sino que la creación entera alaba a Jehová. Estas palabras pintan un cuadro con una emoción abrumadora que nos hace entender la importancia de alabar Dios. El último versículo nos da una razón más para cantar a Jehová: Él es Juez justo. En medio del dolor por las injusticias que suframos o presenciemos, tenemos la esperanza de que Dios juzgará al mundo con justicia. Un día, tarde o temprano, todo estará en orden.

¡Debemos alabar a Dios porque ha hecho maravillas! Nos ha salvado y Su victoria es segura, es Rey y nada sale de Su control, es Juez y Su juicio es justo. Cuando entendemos y recordamos quién es Dios y qué es lo que ha hecho, podemos cantarle con regocijo.

SALMO 147

«A Jacob le ha revelado su palabra;
sus leyes y decretos a Israel»

(SAL. 147:19).

En este salmo de alabanza a Dios por Su gran poder y Su perfecta protección sobre los suyos, el salmista empieza exhortando al pueblo para que alabe al Señor: «… cuán agradable y justo es alabarlo» (v. 1). Acto seguido, presenta las muchas razones por las cuales hemos de alabar a nuestro Dios. Lo alabamos por Su salvación presente y futura, porque Yahvéh es quién edifica Jerusalén (v. 2), es quien vuelve a reunir a Su pueblo (v. 2) y es quién sana las heridas del corazón (v. 3). El poder del Señor es tan grande que es capaz de contar todas las estrellas de los cielos y llamarlas a cada una por su nombre; ¿Cómo no habría de cuidar de cada uno de nosotros, los que formamos Su pueblo?

Dios es poderoso en los cielos, y también es poderoso en la tierra. Tal y como ya nos adelanta el versículo 4, el mismo Dios que cuenta las estrellas con precisión es quien también cuida de Su pueblo escogido con amor. El poder de Dios es mucho más alto y excelente de lo que podamos jamás comprender. Dios extiende las nubes con Sus manos y prepara la lluvia (v. 8), da de comer a los animales (v. 9), y aunque la creación es toda suya y Él la sustenta, Dios no encuentra Su mayor deleite en ella, sino en Su nueva creación: «Sino que se complace en los que le temen, en los que confían en su gran amor» (v. 11). De ahí que el salmista llegue a este hermoso imperativo después de estas estrofas: «Alaba al Señor» (v. 12).

Dios se goza en nuestras alabanzas, y se alegra al ver en nosotros un corazón sumiso delante de Él. Nuestro Dios usa toda Su creación para proteger a Su amado Israel de todos Sus enemigos, y Su protección es perfecta porque delante de Su poder «¿quién puede resistir?» (v. 17).

Ahora bien, el salmista se guarda la más grande de todas las bendiciones para las últimas palabras de este hermoso salmo: «A Jacob le ha revelado su palabra; sus leyes y decretos a Israel. Esto no lo ha hecho con ninguna otra nación; jamás han conocido ellas sus decretos» (vv. 19-20). Israel se goza, por encima de todas las cosas, en conocer la voluntad de Dios, en ser poseedor de Su revelación. Ese es también para ti y para mí, Su Israel, nuestro mayor gozo y nuestro más grande beneficio. Medita en esta inmensa verdad por un instante. Son tantos los beneficios que Dios ha derramado sobre ti. Él es inmensamente bueno contigo. Pero por encima de todo lo que puedas tener como tu bien más preciado, está la bendición de Su Palabra. Da gracias a Dios por haberte revelado Su Santa voluntad, por haberte dado a conocer Su grandeza, por haber revelado a Su Hijo en ti (Gál. 1:16). Que sea este tu mayor motivo de alabanza a Dios. Que puedas adorarlo por haberte dado Su Palabra, Su perfecta revelación.

SALMO 73:16-17

«Hasta que entré en el santuario de Dios;
allí comprendí cuál será el destino de los malvados»

(SAL. 73:16).

Si observas el mundo desde una perspectiva terrenal, parecerá que Dios no es bueno o justo. Parecerá mejor vivir en orgullo y pecado que vivir en integridad. Entonces tendrás un serio dolor de cabeza (en el mejor de los casos) o sentirás una profunda angustia en tu corazón.

Esto es lo que vemos en los versículos anteriores de este salmo. El salmista está perplejo ante la prosperidad de los impíos mientras él sufre, y entonces piensa que no vale la pena obedecer a Dios. A l igual que él, todos necesitamos una transformación constante de nuestra visión para no guiarnos por las apariencias de este mundo. Necesitamos empezar a ver por fe las cosas desde la perspectiva de Dios. El salmista dice que, si él hubiese abrazado la forma errada de ver la vida en la que hacer lo malo es provechoso, entonces sería un traidor para el pueblo de Dios (v. 15). Afirma que todo esto fue muy difícil de entender para él, hasta que entró al santuario para adorar y se acercó a la presencia de Dios. Entonces comprendió el fin de los impíos y Dios fortaleció su fe. Solo en la presencia de Dios somos levantados cuando estamos decaídos, dudando, desesperados, y dolidos.

Aquí hay una enseñanza valiosa en medio del sufrimiento y la frustración: no esperes a sentirte mejor para adorar a Dios. Sí, sé que puedes sentirte un poco hipócrita al intentarlo. Pero si deseas adorar a Dios en verdad, reconociendo con sinceridad que aún no lo adoras como Él es digno, entonces eso no es hipocresía. Eso es honestidad. Dios no solo es adorado cuando probamos de Él y decimos: «¡Cuán delicioso eres para mí, Señor!». Él también es adorado cuando decimos: «Señor, sé que eres digno de alabanza porque he probado antes de tu bondad, pero ahora mi paladar está seco. Me siento como muerto por dentro. No puedo soportar esta prueba sin ti. Mi corazón necesita experimentar tu comunión una vez más para adorarte, porque tú eres digno».

Lo mejor de todo esto es que tú y yo podemos tener un encuentro con el Dios vivo de una manera más íntima que el encuentro que tuvo el salmista. En tiempos del Antiguo Testamento, la presencia de Dios estaba en el santuario en medio del pueblo. Eso era un regalo maravilloso para los pecadores. Pero aquel santuario era una sombra de una obra más grande que Dios realizaría (Ef. 2:20-21). Es gracias a que Jesucristo fue a una cruz por nosotros, que ahora podemos tener acceso a la presencia de Dios en todo tiempo y adorarlo en Espíritu y en verdad. Solo allí aprendemos a ver todas las cosas desde la perspectiva correcta.

SALMO 17

*«Pero yo en justicia contemplaré tu rostro;
me bastará con verte cuando despierte»*

(SAL. 17:15).

Vivimos en una generación que es influenciable. Hay tanta información gracias a los medios de comunicación que, a su vez, han llevado a una desinformación y desorientación severa en las creencias y convicciones de las personas. Hoy en día, todo es tan relativo que hasta parece extraño cuando una persona tiene claridad en su vida gracias a las convicciones firmes que posee. Habiendo tanta información y tantas corrientes de pensamientos, y debido a la inclinación del corazón de desviarse, la mayoría de las personas no quieren regir su vida de acuerdo con lo que la Palabra de Dios dice.

Como creyentes debemos tener una cosmovisión bíblica de la vida, una cosmovisión que no resulta de tener mucha información teológica, sino de la evidencia práctica de conocer a Dios y creer que Jesús es el camino, la verdad y la vida, y que no podemos ir al Padre sino es por Él (Juan 14:6).

El salmista tenía una firme convicción de lo que significaba la vida para él, sabía que tenía una responsabilidad en su tiempo en la tierra, y una esperanza gloriosa en la eternidad.

Así como el salmista, esta esperanza de ver a Cristo cara a cara nos debe impulsar a llevar una vida de búsqueda incansable para ser más como Él. Como lo menciona Pedro: «Más bien, sean ustedes santos en todo lo que hagan, como también es santo quien los llamó; pues está escrito: "Sean santos, porque yo soy santo"» (1 Ped. 1:15-16).

Si bien es cierto que no podremos alcanzar la perfección completa hasta que estemos en gloria, lo que nos corresponde hacer hoy es buscar el rostro del Señor intencionalmente para conocerlo, para que nuestro corazón sea transformado y nuestra mente sea renovada, y para que vivamos en santidad. Mientras estamos en esta vida terrenal, debemos proseguir a la meta tomándonos de Cristo (Fil. 3:12).

Tanto en los tiempos del rey David, como en nuestros tiempos, esto significa ir contracultura. Sin embargo, no debemos ceder ante las voces del mundo. Hay tantas ideas y prácticas atractivas para nuestra carne que nos llevan a fijar nuestra mirada en las cosas superficiales y efímeras de esta tierra, pero necesitamos tomar una postura firme y decidir radicalmente poner toda nuestra fe en la esperanza gloriosa de ver el rostro de nuestro Señor en justicia. Una justicia otorgada por gracia y hecha efectiva a través de la obra de Cristo en la cruz del Calvario para darnos vida y reconciliarnos con el Padre.

No nos conformemos con una vida tambaleante en la fe y santidad al Señor. Nunca nos sintamos satisfechos con nuestra vida por la poca o mucha fidelidad que consideremos tener a Dios. Nunca será suficiente hasta el hermoso día en el que dejaremos atrás toda inclinación al mal y despertemos a la semejanza del Señor cumpliéndose así la promesa esperanzadora de tener un cuerpo glorificado y disfrutar de la gloria de Dios por siempre.

SALMO 120

*«SEÑOR, líbrame de los labios mentirosos
y de las lenguas embusteras»*

(SAL. 120:2).

En nuestra lectura de los Salmos encontramos muchas veces al salmista clamando por su vida, suplicando la protección de Dios ante el peligro de sus enemigos (Sal. 127), o incluso suplicando la protección del Señor frente a la fuerza descontrolada de la naturaleza (Sal. 144). Sin embargo, en este salmo pide la protección de Dios delante de otro gran enemigo que es capaz de causar grandes males: la lengua mentirosa (v. 2). Es tal el peligro de la lengua que se compara con la saeta de un guerrero, con una flecha bien afilada, aguda, capaz de traspasar cualquier coraza y herir a la persona hasta lo más profundo.

Pero el salmista recalca que él es un hombre pacífico, que no ama las contiendas, sin embargo, aquellos que le rodean «aborrecen la paz» y «hablan de guerra». Sin duda se refiere a una guerra singular, la guerra de las palabras, como lleva por título el conocido libro de Paul Tripp. El ataque de la lengua es un ataque imprevisible, sorprendente, devastador. Quien menos te lo esperas te puede herir en el momento más desconcertante, e incluso puede lanzar sus palabras como flechas punzantes sin estar físicamente presente. ¿Quién es capaz de esquivar las flechas que hieren de esta manera? En esta guerra invisible donde las armas son lenguas, el salmista y todos los demás creyentes clamamos a Dios que en Su poder soberano nos dé Su protección perfecta.

El Santiago 3 también nos advierte sobre este mismo mal. Habla de forma enfática de que la lengua esta «llena de veneno mortal» y que se trata de un animal que «ningún hombre puede domar». ¿Cómo podemos estar alabando a Dios, y después con la misma boca murmurar y mentir contra nuestro hermano? ¿Cómo podemos bendecir y maldecir con una misma lengua? ¿Acaso puede salir agua dulce y amarga de una misma fuente? Pídele a Dios que te proteja, de los grandes males que la lengua de otros pueda causar sobre ti, pero sobre todo pídele Su protección del mal que tu propia lengua te puede infligir a ti mismo.

La boca del creyente debería buscar la paz siempre y alabar a Dios su creador sobre todas las cosas (Sal. 126:2). Este salmo nos pone en una verdadera disyuntiva. Acepta el reto en este mismo momento. ¿A quién te asemejas? ¿Al salmista, víctima de sus adversarios, o a aquellos que lo atacan con sus bocas? ¿Eres maltratado por la lengua de otros o hieres tú a tu prójimo? Examina tus palabras y considera si son para destruir o para edificar a los oyentes (Ef. 4:29). Que tu oración se pueda unir a la de Job, cuando aun en medio de su dolor exclamó: «Mis labios no pronunciarán maldad alguna, ni mi lengua proferirá mentiras» (Job 27:4).

SALMO 3:4-5

«Clamo al SEÑOR a voz en cuello, y desde
su monte santo él me responde»

(SAL. 3:4-5).

l rey David experimentaba una gran persecución. Esta persecución era especialmente dolorosa para él porque su hijo, Absalón, era quien amenazaba con matarlo. El temor de ser asesinado se juntaba con el dolor de David por su pecado y por no haber sido un padre justo ni ejemplar. David ya se había arrepentido de su pecado ante Dios, pero Absalón aun guardaba resentimiento y odio hacia su padre. Así encontramos a David clamando a Dios. Él no murmulló una sencilla oración, la aflicción de David era tan grande que él derramó su ser delante de Dios y clamó a viva voz.

¿Te ha sucedido lo mismo? ¿Alguna vez te has sentido señalado por tu pecado o perseguido por la culpabilidad de los pecados pasados? ¿Alguna vez el odio de tu prójimo te ha afectado tanto? Al igual que al rey David todos nosotros cometemos pecados que en ocasiones afectan negativamente a nuestro prójimo. Y aunque confesemos nuestro pecado a Dios y Él nos otorgue perdón, aquellos que fueron afectados por nuestros pecados no siempre serán tan misericordiosos ni estarán tan dispuestos a perdonar.

Quizás alguna persona que ofendiste no tenga un corazón perdonador, y aun se le dé por difundir tu pecado delante de tus amigos. Algunas personas que no entienden el perdón de Dios pueden guardar rencor por años y convertirse en una amenaza constante a la paz de quienes lo ofendieron. ¿Cómo reaccionarás? David sabía que Absalón no lo había perdonado y que incluso buscaba asesinarlo, pero descansó en el Señor. Él entendió que Dios lo protegería de las amenazas de Absalón, pero más allá de eso, entendió que, al tener comunión con Dios, si moría a manos de Absalón, su nueva morada sería con su Señor. Por eso David se acostó y durmió. No durmió porque el problema se había solucionado, sino porque entendió que, aunque no tenía el perdón de su hijo que lo odiaba, tenía el perdón de su Padre que lo amaba.

Todos somos pecadores y con seguridad, nos ofenderemos unos a otros. Pero Dios es el único que puede traer reconciliación. Lamentablemente, en este mundo caído, a pesar de nuestros intentos de reconciliación, nuestras relaciones no siempre serán exitosas debido a nuestro pecado. Pero si hay una relación en la que podemos estar seguros es en nuestra relación con nuestro Padre misericordioso. El perdón de Dios es el más grande y significativo que podemos obtener. El Salmo 136 repite 26 veces que para siempre es Su misericordia y el Salmo 103:4 dice que Él nos corona de misericordias. Solo en Él puedes encontrar la paz y el perdón que tu alma anhela.

Haz como el rey David, clama al Señor y escucha Su respuesta. Hoy puedes acostarte y dormir, porque gracias al sacrificio de nuestro Señor Jesucristo Dios te ha otorgado Su perdón. Aunque no todo esté solucionado en este mundo, puedes descansar en Sus brazos. Y aunque tu pecado confesado te sea señalado, puedes descansar ya que el Dios santo te ha perdonado.

29 DE OCTUBRE

SALMO 70:1-5

«Apresúrate, oh Dios, a rescatarme;
¡apresúrate, SEÑOR, a socorrerme!»

(SAL. 70:1).

¿Dios tarda en ayudarnos? ¿Nuestra dependencia y devoción a Dios aumenta en la medida que aumenta la adversidad? ¿Qué es aquello que Dios quiere formar en nosotros mientras esperamos en Él?

Al leer el verso uno y dos, David concentra parte de su oración en un sentido de urgencia a Dios utilizando palabras como «líbrame», «socórreme», «confúndelos» y «avergüénzalos». La petición de ser librado es un deseo genuino de ser quitado del centro de la adversidad. Pero detrás de esta petición debemos preguntarnos: cuando pedimos a Dios Su ayuda para ser rescatados, ¿lo hacemos porque sabemos que lo hará o porque es nuestra última opción?

Oramos porque confiamos en Dios, pedimos Su ayuda porque la naturaleza de Dios es dar; inclusive este salmo nos anima a pedir a Dios con urgencia, pedir que Dios acelere Sus pasos en nuestra ayuda.

Sin embargo, una de las batallas que libramos constantemente es tratar de rescatarnos de lo que nos acontece, es decir, nos libramos a nosotros mismos, pero no recurrimos a Dios, simplemente buscamos librarnos de aquello que nos incomoda sin hacerlo a la forma de Dios ni dependiendo de Él.

Cuando David exclama en el verso uno: «Apresúrate, oh Dios, a rescatarme; ¡apresúrate, Señor, a socorrerme!», debemos saber que nuestra atención no solo debe estar concentrada en la ayuda de Dios, sino en la manera en cómo Él nos ayudará.

Dios permite momentos de prueba, usando inclusive la maldad de nuestros adversarios para santificarnos haciendo crecer nuestra fe. ¿Nuestra dependencia y devoción a Dios aumenta en la medida que aumenta la adversidad? La respuesta es sí, el mecanismo que Dios usa para atraernos a sí mismo en la mayoría de las ocasiones puede ser incómodo y desesperante, pero la atención de Dios es cautivada por nuestra oración desesperada no solo por ser rescatados de la adversidad, sino por conocerlo más.

David usa la frase «sean vueltos atrás» debido a que en ocasiones la voluntad de un adversario es atacar y eso puede llegar a paralizarnos o lastimarnos. Sin embargo, David no recurre a sí mismo para vencer a sus enemigos, por el contrario, concentra su oración en la persona de Dios para ser librado de las obras de sus enemigos; de esta manera tenemos una gran avenida para que nuestra lucha se concentre en depender de Dios sin importar las circunstancias.

Él no tarda. Sí, permite que seamos probados en formas donde podemos pensar que Él tarda en librarnos del peso de la prueba, pero lo cierto es que el gozo que da la seguridad de la salvación que Dios nos otorgó en Cristo, es suficiente para seguir confiando en Él y así no alejarnos de Él y poder decir con certeza: «Apresúrate a mí, oh Dios; ayuda mía y mi libertador eres tú; oh Jehová, no te detengas».

SALMO 39:1-6

*«Así que guardé silencio, me mantuve callado. ¡Ni aun lo
bueno salía de mi boca! Pero mi angustia iba en aumento»*

(SAL. 39:2).

Decidir guardar silencio delante de los que nos hacen daño es difícil y si no existe un motivo para hacerlo, estoy segura de que desistiríamos rápidamente. En los primeros versículos del Salmo 39 leemos que el rey David decidió guardar silencio delante de sus enemigos. Su motivación para esta determinación fue no «pecar con la lengua» (v. 1). David era consciente de que de sus labios podían salir palabras que deshonraran el nombre de Dios. Así también, podemos inferir que David no quería actuar como sus enemigos, quienes son descritos por él mismo como aquellos que «afilan su lengua como espada y lanzan como flechas palabras ponzoñosas» (Sal. 64:3). La lengua del impío es como un arma de continua maldad, sin embargo, los labios del justo deben ser guardados como un reflejo de confianza en Dios.

Guardar silencio no es suficiente cuando se hace en nuestras propias fuerzas, hay un paso más que debe acompañar esta acción y David nos los enseña. David no pudo resistirse a solo entregar ese silencio delante del Señor. En la presencia de Dios el silencio de David se detuvo para derramar su corazón en una oración honesta y humilde: «Hazme saber, Señor, el límite de mis días, y el tiempo que me queda por vivir; hazme saber lo efímero que soy» (v. 4). David pidió a Dios un cambio de perspectiva sobre la vida y las aflicciones. Él quería entender que esta vida es corta y vana en comparación de la eternidad. Finalmente, David comprendió que las aflicciones de este mundo y la persecución son parte de la vida de este lado de la eternidad.

Si nuestros corazones fueran más conscientes de que nuestra vida es una sombra y que nuestra esperanza es segura, nuestras circunstancias en la vida cobrarían otro sentido. Incluso podríamos llegar a verlas como bendiciones disfrazadas de aflicción y agradeceríamos a Dios por cómo estos momentos de dificultad nos capacitan para seguir haciendo Su obra dependiendo más de Él.

Hay ocasiones en las que es mejor guardar silencio delante de aquellos que nos ofenden o frente a una adversidad en la que somos propensos a pecar con nuestros labios. Nuestro mayor ejemplo de humildad y confianza al Padre es Jesús, quien guardo silencio delante de Sus enemigos que lo acusaron injustamente y quien dijo: «Padre, perdónalos, porque no saben lo que hacen» (Luc. 23:34). Esta fue una demostración de confianza en el Señor y también un ejemplo de amor a nuestros enemigos.

Si hoy estás luchando por guardar tus labios frente a las ofensas, quiero animarte a que veas esta etapa de tu vida a la luz de la esperanza que tenemos en Cristo. Él conoce tu condición, Él ha experimentado tu dolor y ahora está atento a tus oraciones. La vida es pasajera y algún día nuestros labios dejaran de ser tentados ante el enojo y alabaremos con labios puros la gloria de Dios en Cristo.

SALMO 146:3

«No pongan su confianza en gente poderosa...»

(SAL. 146:3).

Este hermoso salmo inicia con un cántico íntimo de alabanza al Señor. En primer lugar, el salmista no exhorta al pueblo de Dios a cantar, sino que está exhortando a su propia alma: «Alaba, alma mía, al Señor». Entonces, en el versículo 3, el cántico se dirige a todos aquellos que escuchan con una petición muy concreta: «No pongan su confianza en gente poderosa». Aquí, el hebreo *nadib* se puede traducir como príncipe, gobernante, o cualquier persona influyente. La exhortación es por tanto a no confiar en el poder y la influencia de los hombres, sino en la ayuda perfecta de nuestro Dios todopoderoso. En el hombre no hay salvación, y cuando su aliento sale de él, perece, y mueren también con él sus ideas.

No tenemos por qué temer al hombre si sabemos que se trata de polvo que vuelve al polvo. No tenemos por qué preocuparnos por agradar a aquellos cuya vida no es más que un soplo (Job 7:7). El contraste entre la fragilidad del hombre y el poder de Dios es inmenso. Dios es en verdad tu ayudador y tu rey. Dios cuida de los desamparados como ningún rey puede hacerlo y hace justicia perfecta sobre todos los hombres. Dios es nuestro ayudador, y acudimos a Él buscando Su favor y somos verdaderamente bienaventurados si depositamos toda nuestra confianza sobre el Señor. Nuestro Rey es el Rey de la tierra y es a Él a quien debemos temer y amar porque Su poder y Su reinado no tienen fin.

¿Es así contigo? ¿Buscas el favor de la gente poderosa más que el favor de Dios? ¿Temes a los hombres más de lo que temes a Dios mismo? Si es así, Jeremías 17 te advierte seriamente de las nefastas consecuencias de temer al hombre en vez de temer a Dios. Si pones tus ojos sobre lo que otros puedan hacer por ti, tu alma acabará siendo como una retama seca en el desierto. Sin embargo, aquellos que ponen su confianza en Dios, verán como su vida florece como un árbol junto a corrientes de aguas. Jesús también nos recuerda en el Nuevo Testamento que no debemos temer a los hombres que pueden matar el cuerpo, sino a Aquel que «puede destruir el alma y el cuerpo en el infierno» (Mat. 10:28, RVR1960).

El poder del hombre es pequeño, pero el poder de nuestro Dios es inmenso. Las personas del mundo se afanan por acumular riquezas, poder, prestigio, fama e influencia para ser fuertes con los recursos humanos. Pero nuestro Dios es el soberano del universo. Examina tu corazón y confiésale al Señor cuántas veces y de cuántas maneras has buscado el favor humano antes que el suyo. Explícale cuantas veces has corrido buscando ayuda de otros antes que la suya. Pídele que Él, y solamente Él, sea tu ayudador perfecto, para que entonces puedas cantar junto al salmista diciendo «Solo en Dios halla descanso mi alma; de él viene mi salvación» (Sal. 62:1).

SALMO 73:12-14

*«En verdad, ¿de qué me sirve mantener mi corazón
limpio y mis manos lavadas en la inocencia»*

(SAL. 73:13).

Los primeros versículos de este salmo muestran al salmista en perplejidad y sufrimiento, no solo porque está en medio del dolor, sino también porque mira a los impíos prosperar. En esta situación, él experimenta envidia al ver que la gente que hace lo malo parece vivir muy bien (vv. 2-3).

¿Cómo entender lo que ocurre en su corazón? La envidia significa pensar que Dios es injusto al dar a otras personas lo que crees que debe ser tuyo. Implica decir que tú gobernarías mucho mejor que Dios, porque entonces repartirías como tú crees que es debido. Al mismo tiempo, también significa creer que Dios no es suficiente para nuestros corazones y que por eso necesitamos algo más (lo que otros tienen) para ser verdaderamente felices.

Así que la envidia, en realidad, no es el mayor problema del salmista. Es solo un síntoma de un problema más profundo: este hombre está dudando de la justicia, bondad, y suficiencia de Dios. Es como si dijera: «Señor, tú no me has dado lo suficiente; eres un Dios injusto porque no repartes bien, porque los malos prosperan haciendo la maldad y tú no estás haciendo nada, mientras yo sufro y siento que no vale la pena obedecerte».

Las palabras de los versículos citados arriba nos muestran que el salmista tenía expectativas erradas sobre la vida con Dios. Es evidente que parte de la duda y angustia de este hombre era que su obediencia (al menos en este momento) no era para agradar a Dios y adorarle en agradecimiento por Su salvación, sino para obtener cosas de Él. La verdad es que todos vamos a fracasar si pretendemos controlar a Dios, porque Él es soberano y santo. Si creemos que Él nos «debe» una mejor vida ahora, vamos a sentirnos tan hundidos y confundidos como el salmista cuando las cosas no resulten exactamente como queremos.

La experiencia del salmista nos recuerda la importancia de preguntarnos: ¿estamos evaluando el amor de Dios a través de nuestras circunstancias, o estamos evaluando nuestras circunstancias a la luz del amor de Dios? ¿Estamos viendo nuestras dificultades como si esta vida lo fuese todo, o estamos procurando verlas a la luz de la eternidad? ¿Estamos obedeciendo a Dios en adoración por quién es Él y lo que ha hecho en nuestra redención, o estamos obedeciendo para obtener cosas que queremos?

Recuerda que tus peores días no son evidencia de que Dios no está contigo. Así que cuando te sientas lleno de dudas, abandonado por Dios, y como si nada tuviera sentido, eso no significa que todo está perdido para ti. Él es experto en tomar a hombres como este salmista y llenarlos de gozo en Él, como podrás leer en el resto de este salmo.

SALMO 94:17-19

«Si el Señor no me hubiera brindado su ayuda,
muy pronto me habría quedado en mortal silencio»

(SAL. 94:17).

*H*ay ocasiones en las que nuestro sufrimiento llega a nuestra vida de una manera totalmente inesperada. Un diagnóstico negativo, la muerte de un familiar o amigo cercano o la pérdida de un trabajo; de un momento a otro nuestra vida es transformada por completo a causa de esta mala noticia. Como resultado, sentimos que el dolor nos abruma por completo y no podemos seguir adelante. ¿Dónde podemos encontrar descanso en esos momentos?

El salmista nos ayuda por medio de estos versículos a descubrir cuál es la clave para poder seguir adelante cuando estamos sumergidos en nuestro sufrimiento. Este salmista reconoce que en momentos en donde sentía que su pie estaba resbalando, el Señor tuvo que intervenir para que pudiera seguir adelante. ¿En qué manera intervino el Señor? Lo sorprendente es que no tenemos registro en estos versículos que el Señor hubiera cambiado sus circunstancias. Entonces, volvemos a preguntar, ¿cómo intervino el Señor en la vida del salmista de tal forma que lo llevó de la desesperación al consuelo? El Señor le recordó Su misericordia.

Cuando todo en su interior le recordaba una y otra vez todo lo que estaba mal, el Señor le traía a mente los consuelos y la misericordia que ya le había extendido. Esta muchas veces no es la solución que queremos de parte de nuestro Dios en medio de nuestro sufrimiento. Lo que queremos es que Dios obre de manera poderosa y cambie de un momento a otro nuestra circunstancia. Sin embargo, una de las cosas que este salmo nos enseña es que tenemos consuelo aun en medio del mayor sufrimiento que podamos experimentar. El consuelo de la misericordia de Dios.

El autor de estos versos había conocido la gracia y misericordia de nuestro Dios en tiempos pasados y el Señor le está recordando que, así como ha sido fiel en el pasado en mostrarle misericordia, seguirá haciéndolo. Lo mismo nos dice a nosotros el día de hoy. En medio del sufrimiento más grande que podamos experimentar, circunstancias abrumadoras y noches oscuras del alma, tenemos un ancla segura a la cual podemos aferrarnos: las misericordias de Dios.

Sea cual sea la experiencia de misericordia que el Señor haya traído a la mente de este salmista, nosotros hemos experimentado una mucho mayor: la cruz de Cristo. En la cruz de nuestro Salvador hemos recibido la más grande muestra de la misericordia de Dios, quien dio libremente a Su hijo para que tomara nuestro lugar y experimentara el justo juicio de Dios por nuestros pecados. Él fue despreciado para que nosotros seamos aceptados por Dios. Él fue condenado para que podamos ser llamados hijos e hijas de Dios. Si Dios ha demostrado Su amor para con nosotros de esta manera, ¿cómo no hemos de confiar en Su fidelidad en medio de nuestro dolor? Por lo tanto, cuando las olas del dolor y sufrimiento golpeen tu vida una y otra vez, voltea a la cruz de Cristo y que Su consuelo deleite tu alma.

SALMO 100:4-5

*«Entren por sus puertas con acción de gracias;
vengan a sus atrios con himnos de alabanza;
denle gracias, alaben su nombre»*

(SAL. 100:4).

A veces me pregunto si perseveraré con los santos. Si podré ser aquel que entra por Sus puertas y adorarlo, darle gracias bendiciendo Su nombre todos los años que me quedan en esta vida. Si es por mis méritos, no creo que llegue a esa meta. Sin embargo, mientras más me adentro en las verdades eternas de la Palabra, más seguro me siento de estas cosas: que Dios es bueno, que hay gracia para el pecador y que mi Dios ha sido y será fiel a pesar de que yo no lo sea.

Hay días que me siento como náufrago gritándole a la tormenta: «¡Aquí estoy!». Y otras temporadas siento que ya construí una casa en la isla remota, donde estoy seguro. Así se siente la vida adulta y esa inestabilidad hace una gran herida y huella en nuestro corazón. No fuimos creados con las cosas que terminan, sino que estamos hechos de eternidad. Por esta razón el corazón de los niños se duele cuando hay cambios. La inocencia de un niño cree que existe el «para siempre». El amor de los papás era para siempre hasta que la palabra divorcio lo mató. La escuela parecía ser para siempre hasta que llegamos al último año de educación y de un día a otro se terminó. Entonces, La parte del salmo que resuena en mi cabeza desde niño es «para siempre es su misericordia». Pero la vida me ha hecho creer que Su misericordia es solo si me porto bien, si soy un «buen» cristiano. Dios es bueno hasta que me pasa un infortunio y entonces pienso que solo hace cosas buenas cuando me quiere. Dios es fiel pero solo para los que van siempre a la iglesia, no para mí.

Hace poco, cantamos durante el servicio dominical una canción que conozco desde los 5 años. Son cuarenta años de cantarla. El que yo la haya cantado durante tantos años no es por mi fidelidad, bondad y gracia. Es testimonio de que, aunque yo soy variable, inconstante y pecador, el Señor, mi Dios ha sido bueno, misericordioso y fiel.

Este salmo es un faro para los náufragos como yo; me ubica, me estabiliza, me guía hacia aquel que me amó primero. Todo lo que me dicen estos versos es eterno. Su obra me ha hecho entrar por sus puertas, no mis méritos, sino la obra de Cristo. Nuestra gratitud será por la eternidad. Mi adoración y alabanza será para siempre. Su nombre bendeciremos a través de las edades, por las generaciones. Su nombre es y será.

El mismo texto revela mi incapacidad de ser lo que Dios es, pero al mismo tiempo me toma y me abraza mostrándome la gracia que a través de la cruz amplifica mi necesidad por Él. Él es bueno, a pesar de mis faltas, pero Su bondad me hace amar el camino de santificación aún más. Ya no hago las cosas para ser bueno, camino en santidad porque Él es bueno. Mi vida tiene dirección y no depende del viento. Su misericordia es para siempre y yo la necesito cada día. Esta frase es una declaratoria de libertad diaria para el que era esclavo. ¡La libertad es

para siempre! Y luego termina con la fidelidad de Dios. Esa palabra es irresistible a nuestro corazón de niños que ha perdido la fe en el «para siempre». Su amor por mí, a través de Cristo, no cambia y es para siempre. Nuestra fe está basada en esta eternidad, y por eso la seguridad de perseverar no es mía, sino está en Él.

Hermanos, la conclusión de esta vida debería apuntar a aquel que la dio, y no a lo pasajero y cambiante, confiando que veremos cara a cara al Señor bueno, cuya misericordia es para siempre.

SALMO 9:10

*«En ti confían los que conocen tu nombre, porque tú,
Señor, jamás abandonas a los que te buscan»*

(SAL. 9:10).

¿Alguna vez te has desanimado porque las personas que más amas te han ofendido o se han alejado de ti y te sientes solo y abandonado? Llegan las circunstancias difíciles y no hay a quién correr a pedir ayuda para sentirte acompañado y más seguro.

El rey David experimentó abandono en muchas ocasiones por diferentes personas durante su vida: sus hermanos, cuando se enojaron y lo hicieron a un lado menospreciándolo al querer enfrentar al gigante Goliat; Saúl, cuando lo convirtió en uno de sus más allegados generales, pero luego buscaba matarlo; Nabal, cuando no quiso alimentar a David ni a sus hombres de guerra, aunque David había tratado bien a sus pastores y los había cuidado; o su hijo Absalón, cuando se sublevó queriendo quitarle el trono.

Sin duda, aunque David sufrió abandono de parte de personas muy amadas para él, tenía todos los recursos materiales y humanos para sentirse confiado y seguro. Llegó a ser la autoridad máxima de su poderoso reino por 40 años, teniendo el servicio y protección de generales y hombres valientes, sin embargo, siempre tuvo claro que su refugio y el único lugar donde se sentiría completamente confiado era bajo la sombra de Dios. No porque había sacerdotes y profetas a quienes acudir y pedir consejo y protección de Dios, sino porque él sabía que su confianza estaba directamente relacionada con su conocimiento de Dios.

En muchos de los salmos que escribió, podemos leer que David reconocía el poder, la grandeza y la omnisciencia de Dios, no solo porque lo protegía de sus enemigos y le daba victoria tras victoria, sino porque lo protegía de sí mismo al hacerle ver sus pecados cuando caía, llevándolo al arrepentimiento. Él conocía a su Torre fuerte (Sal. 61:3), tan cerca era su relación con Él que decía preferir estar un día en la casa de Dios que mil años lejos de Él. David entendió que su confianza nunca podría estar puesta en la gente que lo abandonaba ni en la gente que lo rodeaba, sino en su fiel Dios, con quien buscaba estar todo el tiempo.

Conocer el carácter y los atributos de Dios nos permite tener una confianza plena en Él en medio de nuestras circunstancias presentes y la incertidumbre de nuestro futuro terrenal invisible, porque, aunque no sepamos qué hacer o qué esperar, podemos confiar en Aquel que todo lo sabe y que todo lo permite para que obre para nuestro bien (Rom. 8:28). Sus promesas son fieles y nunca cambian. Aunque experimentemos abandono en este mundo pasajero, mientras que busquemos a Dios, siempre nos llevará a vivir confiados. En Sus planes no está el desampararnos, sino en llevarnos de la mano y perfeccionar la obra que ya empezó en nosotros (Fil. 1:6). ¿No es esto maravilloso?

Buscar a Dios y conocerlo nos lleva a una confianza segura de la compañía de Dios en este caminar.

SALMO 8:4-6

«Me pregunto: "¿Qué es el hombre, para que en él pienses?
¿Qué es el ser humano, para que lo tomes en cuenta?"»

(SAL. 8:4).

*N*ietzsche afirmó que «el hombre es un orgullo, creó a Dios a su imagen y semejanza». Es decir que Dios es un producto humano. En la actualidad la sociedad busca prescindir de Dios en todas sus áreas, y eso ha empujado a que la sociedad sea menos sensible y solidaria. Somos egoístas. Así mismo, la Iglesia ha separado a Cristo de la realidad de la vida cotidiana, relegándolo solamente al culto. Esta realidad es devastadora en el cristianismo occidental.

El salmista, a lo largo de este salmo, exalta a Dios por ser el soberano y creador del mundo. Nos habla en términos del segundo y tercer día cuando Dios creó todo lo que existe y vemos. Y no solo habla de la soberanía de Dios, sino que también a pesar de ser criaturas de Dios, Él nos puso a señorear la creación. Este salmo nos hace entender nuestra dependencia de Dios.

David nos recuerda la centralidad de Dios en nuestras vidas como hijos suyos. El versículo en cuestión nos hace pensar en cómo nosotros siendo criaturas de Dios, Él tuvo en estima ponernos como administradores de Su creación.

Nos ha dado gloria. ¿Qué significa esto? ¿Qué implica que «nos coronó de gloria y honra»? En primer lugar, cuando pensamos en «coronar», es una palabra que está asociada con la realeza, con poder. Dios, a pesar de nuestro pecado, decidió darnos un lugar preeminente para gobernar y juzgar Su creación. En segundo lugar, David nos explica que nos coronó con gloria y honra. La gloria tiene que ver con una posición privilegiada, significa algo «con mucho peso». Dios nos puso arriba dentro de la escala de la creación. Somos criaturas de Dios, pero decidió darnos un lugar privilegiado. Hoy tenemos una buena razón para vivir y hacer las cosas para honrar a Dios.

Al vernos como criaturas exaltadas hace que comprendamos nuestra dependencia de Dios. Somos criaturas llamadas a administrar y cuidar la creación de Dios. Es nuestra responsabilidad cuidar el agua que Dios nos ha dado, los alimentos, los recursos económicos y compartir con aquellos que tienen necesidad. Este salmo nos lleva a entender que el cristianismo no se vive solo los domingos por la mañana. Se vive todo el día donde sea que nos encontremos.

La sociedad rechaza a Dios. Desde la perspectiva de Nietzsche, Dios es un invento humano que sirve para ayudar a ostentar el poder de unos pocos. Desde la perspectiva correcta de Dios creador, Él es un Dios misericordioso que se preocupó en darnos un lugar especial. Es nuestra responsabilidad como cristianos vivir de la manera que Dios nos ha llamado; ser buenos administradores. ¿Qué piensas hacer hoy?

SALMO 127

«... porque Dios concede el sueño a sus amados»

(SAL. 127:2).

Las palabras del salmista son muy claras. Aquellos que confían en el Señor hallarán descanso. No hay nada más reparador que descansar en Aquel que nos hace dormir en paz. Si edificamos una casa y no es Dios quien la edifica, estamos trabajando en vano. Si vigilamos una ciudad y no es Dios quien la guarda, estamos trabajando en vano. Si Dios no está detrás de cada uno de nuestros esfuerzos todo lo que hacemos es en vano. Nos fatigamos trabajando, pero al fin y al cabo «Dios concede el sueño a sus amados» (v. 2).

Estos versos nos exhortan a que demos toda la gloria y honor a nuestro Dios. Solemos en todo caso darle al Señor el mérito de aquellos logros espirituales que vemos en nosotros. Sin embargo, este salmo nos está moviendo a tener una ética verdaderamente protestante del trabajo, que no supone otra cosa que aplicar el «Soli Deo Gloria» en todos nuestros logros cotidianos (1 Cor. 10:31).

Esto también es cierto en el área del hogar. En la época del salmista la mayor de todas las bendiciones era poseer descendencia, pues era señal de prosperidad y de riqueza. Los hijos trabajaban en la propiedad familiar y protegían los intereses del padre. Los hijos son también herencia de Yahvéh (v. 3), y como flechas en mano del valiente que son lanzadas muy lejos para alcanzar a una generación en la cual no estaremos. «Dichosos los que llenan su aljaba con esta clase de flechas» (v. 5).

Nuestro Dios es un Dios de bendiciones, sin duda, pero esto no significa que podamos reclamar esas bendiciones de parte de Dios. Lo material en el antiguo Israel reflejaba como en un espejo as bendiciones espirituales que tenemos hoy en Cristo Jesús. Dios puede colmarte de todo tipo de bendiciones materiales, pero son las bendiciones espirituales las que has de procurar y muestran Su máxima provisión. Servimos a Cristo y recordemos que a lo largo de Su ministerio terrenal vivió de forma humilde. No tuvo casa, ni bienes, ni descendencia (Hech. 8:33) y, sin embargo, no ha habido nadie tan bendecido por Dios; el Padre lo colmó de todas las bendiciones espirituales (Fil. 2:9), mismas que hemos de pedir y procurar nosotros también (Ef. 1:3).

Reconoce a Dios en tus caminos, y reconoce que Él es el autor de todas las bendiciones y todos tus logros cotidianos. Pídele al Señor que te de la capacidad de ser cada día más y más consciente de las bendiciones que derrama sobre ti y ruégale que ante todo te bendiga con aquellas bendiciones espirituales que son tuyas por los méritos del Señor Jesucristo. Que puedas unirte al salmista orando de forma sincera cuando exclama «Alaba, alma mía, al Señor, y no olvides ninguno de sus beneficios» (Sal. 103:2). Recuerda que tu esfuerzo es en vano si no es Dios que prospera la obra de tus manos (Prov. 28:25).

SALMO 46:10

«Quédense quietos, reconozcan que yo soy Dios. ¡Yo seré exaltado entre las naciones! ¡Yo seré enaltecido en la tierra!»

(SAL. 46:10).

Este salmo es un himno que celebra la liberación ante el pueblo enemigo. En medio de todos los temores y preocupaciones que tenían, lo más seguro a la vista del hombre era moverse, comenzar a hacer algo, actuar, poner manos a la obra. Pero el salmista deja claro qué es lo primero que Dios quiere de Su pueblo y eso es que se queden quietos. En medio de esa quietud podrían ver cómo Él se mueve a favor de Su pueblo, obteniendo así la victoria y siendo exaltado.

¿Te has puesto a pensar cuán difícil era para el pueblo estar quieto? ¡Has pensado en cuánto perdemos por andar siempre en movimiento y cuán beneficioso sería a nuestra alma si nos detuviéramos por un momento?

En la actualidad, es necesario buscar y planificar los momentos de soledad y el silencio. Todo a nuestro alrededor está hecho para distraernos o entretenernos. El ruido y la abundancia de responsabilidades nos han robado el silencio y la quietud que Dios quiere que tengamos en Él. Por esta razón el sueño es algo difícil de conciliar. Durante el día andamos medio dormidos y durante la noche medio despiertos. Encontrar silencio y quietud parece más complicado que encontrar oro y vivimos para solucionar lo urgente dejando de lado lo importante, detenernos es una locura que atenta contra la tan anhelada productividad.

Dios quiere que estemos quietos en Su presencia. Observa el ejemplo de los profetas en el Antiguo Testamento. Elías se apartó al monte Horeb para estar quieto y en silencio (1 Rey. 19:8-9), Habacuc se mantuvo de pie atento, como un centinela en su puesto, para escuchar lo que Dios decía (Hab. 2:1). Mira también a Pablo solo en Arabia y Damasco antes de comenzar su ministerio (Gál. 1:17-18) y principalmente el ejemplo de nuestro Señor Jesús, quien siempre se apartaba de las multitudes y buscaba un tiempo a solas con Su Padre (Mat. 14:23). Debemos entender que, en medio de las más grandes dificultades y obligaciones, nosotros no tenemos el poder para enfrentar ninguna situación si no lo hacemos de la mano de Dios.

Jim Elliot dijo: «Creo que el diablo se ha propuesto monopolizar tres elementos: el ruido, la prisa y las multitudes, ya que está muy consciente del poder del silencio».[1] La razón por la que no contemplamos el poder inmenso y la bondad infinita de Dios en quietud es que nos afanamos en hacer las cosas en nuestras propias fuerzas, pensamos que si nosotros no nos encargamos del asunto nadie podrá solucionarlo. La prisa, el ruido y las multitudes son herramientas que el diablo usa para llevarnos a una vida sin esperanza y de desaliento. Hermano, el Señor te quiere hablar. Busca un lugar a diario donde puedas guardar silencio y lee Su palabra. No hay reunión más importante que la que tienes hoy con tu Padre quien te conoce, te ama y quiere que le conozcas para que puedas exaltarlo y enaltecer Su nombre.

---

1. Jim Elliot, citado en Donald S. Whitney, *Spiritual Disciplines for the Christian Life* [Disciplinas espirituales para la vida cristiana] (Colorado Springs: NavPress, 2014), 239.

SALMO 25:14-15

*«El SEÑOR brinda su amistad a quienes
le honran, y les da a conocer su pacto»*

(SAL. 25:14).

La mayoría de nosotros tenemos buenos amigos; personas con las que nos hemos identificado a lo largo de la vida y con quienes disfrutamos pasar un buen rato. Valoramos su amistad y los apreciamos como hermanos. Nos duelen sus problemas y nos vemos apoyados por ellos en los nuestros.

En esta ocasión la lectura bíblica nos lleva a una expresión sincera de parte del escritor del salmo, notando una palabra importante: «amistad». Otras versiones traducen esta palabra como «amigos» o «comunión». El significado expresa una relación estrecha, cercana, de consejo. Y es parte de la voluntad de Dios mantener esta relación personal. El verbo «brinda» está expresado en un tiempo presente continuo. Así es la comunión con el Señor, permanente, cercana, continua, de amigos. Solo mediante una relación así se puede conocer más de Él, de Su voluntad y de sus planes.

¿Cómo mantener hoy en día una relación así? La Biblia nos enseña que, rindiendo nuestra vida al señorío de Jesucristo podemos ser participantes de un nuevo pacto, en donde nuestro corazón goza de perdón y compañía permanente a través de Su Espíritu Santo. Y por medio de Su Palabra y la oración, podemos tener una comunicación constante con el Padre y conocer Su voluntad para nuestras vidas.

Eso podía notar el salmista, y entonces expresa: «Mis ojos están puestos siempre en el Señor». La frase traduce una continuidad en la acción, algo que sucede de manera constante. ¿Es así tu relación con Él? ¿Disfrutas pasar un buen rato, recibiendo aliento y consejo a la vez que le puedes confiar el quebranto más profundo del alma, sabiendo que hallaremos una buena respuesta de Su parte? Eso hace alguien que mantiene sus ojos siempre en el Señor. Y pudiera resultar sencillo hacer esto en medio de tiempos de paz, pero ¿cuándo todo sale mal? ¿Cuándo los problemas se agolpan y se acaban las salidas? El escritor de este pasaje nos dice un motivo importante: «Pues solo él puede sacarme de la trampa». Así que, los mejores tiempos, cuando podemos experimentar esa cercanía y amistad con nuestro Señor, es cuando nuestros pies están enredados, cuando nuestra vida se haya envuelta en graves problemas, en angustias, quebrantos, depresiones, soledad, tristeza o cualquier otra situación que nos lleve a sentirnos atrapados. Allí está el Amigo, Consejero, Admirable, Dios fuerte, Padre Eterno, Príncipe de paz (Isa. 9:6), quien nos revela los planes más perfectos y eternos para nosotros y nos llena de Su paz que sobrepasa todo entendimiento.

Pero recuerda, para poder experimentar Su libertad, es necesario tener una comunión íntima con Él. Esta comunión es para los que le temen, para los que han comprendido el alto valor del respeto a Dios, de la cercanía a Su verdad y guardan en su corazón Sus principios, valorando el alto precio pagado para alcanzar esa comunión.

Y tú, ¿ya gozas de esa comunión? Y si no es así, ¿qué esperas para disfrutar de ella?

SALMO 140

*«Yo sé que el Señor hace justicia a los pobres y
defiende el derecho de los necesitados»*

(SAL. 140:12).

*E*n este hermoso salmo el rey David expresa su temor y su preocupación por el enemigo que le asedia. Lo describe como un hombre malo, soberbio, cuyas armas son lazos, redes, e incluso su malvada lengua. David sabe muy bien lo que supone tener enemigos que te acechan, y tener que vivir en el exilio huyendo continuamente de tus perseguidores. Si bien el temor del rey David era grande a causa de aquellos que querían quitarle la vida, aún mayor era su confianza en Dios, a quien describe como su perfecto protector. David confía en su Señor porque sabe que Dios escucha todos sus ruegos (v. 6), y por eso le llama «mi Salvador poderoso» (v .7). Literalmente, el salmista ve a Dios luchando a su lado, de manera que confía tanto en Su protección como en la condenación final de los malos en el fuego.

Sin duda el Señor hace justicia. El Señor escucha la súplica de Sus hijos. Dios es tu protector en momentos de prueba y persecución. Él está al lado de los suyos. El Señor escucha la causa del afligido, y aquí el verso 12 es clave en la comprensión de todo este salmo. En efecto Dios protege al salmista, Dios dará su merecido castigo a todos los malos, Dios exaltará a los justos, y todo ello será así porque «yo sé que el Señor hace justicia a los pobres y defiende el derecho de los necesitados» (v. 12). Y llegados a este punto nos preguntamos: ¿quién es este pobre y necesitado? ¿Se trata del rey David? Sin duda David está siendo afligido y sabe que Dios está a su lado, pero David no habla de su causa, sino de la causa del pobre y necesitado. Este salmo, como tantos otros, está apuntando de una forma profética a los padecimientos del Señor Jesucristo. La persecución injusta de David es sombra y preludio de la persecución que sufrió Jesús de Nazaret. Dios está a favor de la causa del afligido, a favor de la causa del varón de dolores, a favor del Justo de Dios, quien padeció hasta el extremo de ver que Su protector se alejaba de él: «Dios mío, Dios mío, ¿por qué me has desamparado?» (Mat. 27:46).

La Palabra de Dios nos exhorta a que nuestra persecución sea esta, la persecución de Cristo. Cuando Saulo perseguía a la Iglesia, Jesús le dijo «¿Por qué me persigues?» (Hech. 9:4). No nos han de perseguir porque hayamos hecho el mal, sino porque persiguen a nuestro Señor (Mat. 5:11). Cuando así suceda, cuando a causa de la cruz seas perseguido, injuriado, ridiculizado, recuerda descansar en todo momento en Dios. Recuerda no erigirte en tu propio defensor, sino confiar plenamente en el todopoderoso. Sigue los pasos de Cristo, quien sufrió lo indecible mirando al cielo y vio el día en que el Padre le exaltó. Pídele al Señor que crezca más y más tú confianza en Él, sabiendo que Él es tu defensor y tu escudo alrededor de ti, quien te rescata siempre del mal.

SALMO 73:25-26

«¿A quién tengo en el cielo sino a ti? Si estoy contigo, ya nada quiero en la tierra»

(SAL. 73:25).

En este salmo no vemos que la prueba que atravesaba el salmista se hubiese terminado cuando llegamos a estos versículos. Todavía hay sufrimiento en este lado de la eternidad y a veces veremos a los impíos prosperar. Pero ahora Dios es suficiente para este pecador redimido por gracia, y esto es lo importante para él. Cuando entiendes lo que tienes en Dios, comprendes que en realidad ya no tienes nada que envidiar al impío. Tienes mayores riquezas y alegrías eternas. El salmista estaba tentado a envidiar a los malos que prosperaban, pero ahora dice que lo único que desea es a Dios. Él es su máxima fortaleza. Estar cerca de Él es lo mejor. Él es bondadoso con nosotros y más valioso que cualquier otra cosa que tengamos en esta vida.

¿Puedes decir lo mismo que este salmista? Este salmo te enseña que lo que más necesitas en realidad no es que tu cuenta bancaria tenga más números a tu favor, o que tu matrimonio sea más feliz, o que la enfermedad se termine, por ejemplo. Todas esas cosas son buenas, pero lo que más necesitan nuestros corazones es Dios mismo.

¿Cómo podemos llegar a atesorar a Dios de esta manera? Los versículos anteriores en este salmo nos apuntan a la importancia de adorar a Dios en medio de toda circunstancia. No necesitamos esperar sentirnos bien para adorar a Dios. De hecho, necesitamos descubrir que adorar suele ser el camino para experimentar el gozo que tanto anhelamos. Nosotros solemos esperar a sentir para entonces adorar, pero este salmo muestra que adorar nos lleva a sentir.

Ahora, si el pueblo de Dios en el Antiguo Testamento debía adorar corporativamente con cánticos en respuesta a la majestad de Dios y Sus hechos poderosos, ¿cuánto más nosotros, que conocemos de manera más gloriosa cuán grande es Su santidad, amor, y poder para salvarnos? Conocemos la historia del pesebre, la cruz, la tumba vacía, y el Salvador exaltado. ¡No faltan razones para adorar al Señor con nuestras vidas y cantos públicos junto a Su Iglesia! ¡Y tampoco faltan razones para adorar a solas!

Entender esto es lo que más necesitamos para soportar toda prueba y vivir con gozo en Dios. De hecho, el propósito mismo de las pruebas es que tú puedas experimentar más esta bondad. La prueba no tiene el fin de destruir tu fe, sino de fortalecerla y ejercitarla para que puedas crecer más, como vemos en este salmo. Es como un gimnasio para la fe: va a ser doloroso, pero saldrás de allí más fortalecido y gozoso en Dios si lo atesoras a Él.

SALMO 146

*«No pongan su confianza en gente poderosa,
en simples mortales, que no pueden salvar»*

(SAL. 146:3).

La religión de Roma consideraba a los emperadores como dioses. Construían templos en su memoria, ofrecían sacrificios en su nombre, y adoraban en público al representante vivo del imperio. Pero según cuenta la leyenda sobre Marco Aurelio, el emperador de Roma en el siglo II d. C., cuando un ciudadano se le arrodillaba o gritaba algún cumplido o una palabra de elogio, él ordenaba a uno de sus siervos susurrar en sus oídos: «Eres solo un hombre. Eres solo un hombre».

Los seres humanos tendemos a cometer el error de poner nuestra confianza en el hombre en lugar de confiar en Dios. Sin embargo, por tan poderosos, admirados y honrados que sean en la sociedad, las Escrituras nos reiteran como los susurros del siervo de Aurelio que, a última instancia, los hombres son tan solo hombres: «No pongan su confianza en gente poderosa, en simples mortales, que no pueden salvar. Exhalan el espíritu y vuelven al polvo, y ese mismo día se desbaratan sus planes» (Sal. 146:3-4).

Por esta razón, el Salmo 146 en particular nos advierte a no confiar en príncipes ni en los hijos de los hombres. En el día de hoy el mundo se encuentra marcado en todas partes con divisiones sociales y políticas, cada quién trabajando a favor de sus propios intereses o los de su partido favorito o persona preferida. Sin embargo, la confianza que pondríamos en ellos será tan incierta como su precaria existencia. Están aquí hoy como una vez lo estuvo Alejandro Magno, Napoleón y Winston Churchill, pero de la misma manera, algún día dejarán de existir aquellos en quienes buscamos ayuda y ponemos nuestra esperanza. Por tanto, «Así dice el Señor: "¡Maldito el hombre que confía en el hombre! ¡Maldito el que se apoya en su propia fuerza y aparta su corazón del Señor!"» (Jer. 17:5).

En cambio, la persona que pone su confianza en Dios, dice la Biblia, es considerado bendito: «Dichoso aquel cuya ayuda es el Dios de Jacob, cuya esperanza está en el Señor su Dios» (Sal. 146:5). Dios es el eterno Creador del universo (v. 6). Existió antes de la creación y continuará hasta la eternidad. Y si Dios es eterno también lo son Sus atributos, Su misericordia y Su fidelidad. Por esta razón los Salmos con frecuencia nos motivan a mirar a Dios con un espíritu de adoración por la esperanza perdurable que encontramos en Él (Sal. 117).

Por tanto, confiar en el hombre es una proposición absurda a la luz de quién es Dios. El reino de los hombres tendrá su fin, pero «El Señor reinará para siempre» (Sal. 146:10, RVR1960). La ayuda de los hombres es parcial e incierta, más la ayuda de Dios es verdadera y segura (vv. 6-9). ¿Dónde está tu confianza el día de hoy? ¿Tu confianza mora en el reino limitado de los hombres o en el reino eterno y perfecto de nuestro Dios?

Pidámosle a Dios en oración que nos enseñe a confiar en Él; que nos dé paz al saber que Su esperanza es eterna y segura; y que independientemente del hombre que esté en el poder, nunca perdamos de vista quién es el verdadero y perfecto Rey del universo.

SALMO 141

*«No permitas que mi corazón se incline a la maldad,
ni que sea yo cómplice de iniquidades...»*

(SAL. 141:4).

*E*n las Santas Escrituras podemos leer salmos suplicando la protección de Dios de todos los ejércitos enemigos. El salmista pide también muchas veces al Señor que lo cuide ante las calamidades de la vida, las tempestades, las sequías, los accidentes e incluso que lo libre de los engañadores. Pero sin duda alguna el principal enemigo que todos nosotros tenemos es nuestro propio pecado. Un enemigo que también es retratado con toda honestidad en los salmos.

En este caso, vemos una vez más al salmista clamando al Señor en oración, y la primera descripción que da de su enemigo es esta: «SEÑOR, ponme en la boca un centinela» (v. 3). Este es el principal temor del rey David: que sus labios se desvíen a cosas malas y que su corazón se incline irremisiblemente al mal. David reconoce que necesita de la intervención de Dios para alejarse del pecado y necesita que Dios obre soberanamente usando en su propia vida instrumentos humanos: «Que la justicia me golpee, que el amor me reprenda; que el ungüento de los malvados no perfume mi cabeza» (v. 5). Los creyentes somos, o debiéramos de ser, al fin y al cabo, meros instrumentos en las manos del Redentor. Herramientas en las manos de Dios para el bien de Su obra.

El rey David comprobó de primera mano que así es cuando el profeta Natán se le acercó con una clara exhortación respecto a su pecado. David pudo gustar que en verdad la represión del justo es medicina. Por otro lado, aquellos que no tienen tal represión, están condenados a seguir su camino de destrucción sin retorno. La conclusión del salmista es muy clara. Es simple, pero no simplista: «En ti, SEÑOR Soberano, tengo puestos los ojos» (v. 8).

Quiera el Señor hacernos más y más conscientes del enemigo que llevamos todos dentro, de nuestro propio pecado, y de la batalla diaria que hemos de librar contra él. Quiera el Señor darnos que nuestros ojos no reposen en nuestras fuerzas, ni confíen en los demás, sino solamente en Él. En Él solamente hallarás perfecta ayuda y en Él encontrarás las fuerzas para vivir la vida cristiana.

Reflexiona por un momento. ¿Cuán consciente eres de la gravedad de tu propio pecado? ¿Reconoces de qué manera te aparta de Dios y los efectos destructivos en tu vida? Ora al Señor como hizo el rey David, pidiéndole a Dios que no deje que tu corazón se incline al mal. Reconoce que tan solo Él es tu ayudador. Fija la mirada en el cielo y no en el suelo. Ora al Señor rogándole que te dé las fuerzas necesarias para combatir fervientemente contra tu peor enemigo, el más íntimo, y el que más te conoce. La vida del creyente supone una lucha encarnizada contra el pecado a fin de que Dios siga formando a Su Hijo en nosotros. Sigamos luchando porque «en la lucha que ustedes libran contra el pecado, todavía no han tenido que resistir hasta derramar su sangre» (Heb. 12:4).

SALMO 89:20-22

«Mi mano siempre lo sostendrá; mi brazo lo fortalecerá»

(SAL. 89:21).

*C*reo que en más de una ocasión todos hemos sentido temor o miedo, ante una situación médica, o ante un peligro inminente, un accidente, un error en el trabajo o alguna amenaza. Lo inesperado nos causa un gran temor, nos asusta, inquieta y nos deja temblando. Pues bien, la lectura de hoy nos habla de cómo, en medio de una larga historia de experiencias vividas, el pueblo de Israel pudo experimentar de manera consistente el fiel cuidado de Dios. Y en el momento apropiado, Su ayuda se hizo patente a través de un líder, David, quien fue tomado por Dios, de su trabajo como pastor de ovejas, para llevarlo a pastorear toda una nación.

Pero ¿cómo lo hizo? Lo primero que observamos es que lo halló y lo ungió de una forma santa, es decir, le dio un llamado especial y lo separo para tal propósito. Esto hizo el Señor con nosotros cuando en nuestra vida todo se complicaba, nos halló y nos dio un llamado a la santidad. Luego, en el caso de David, Dios hizo dos acciones importantes: Su mano estaba con él y Su brazo lo fortalecía. Brillantes ejemplos para mostrar fuerza y confianza. Así es Dios con nosotros, nos toma de la mano para acompañar nuestros pasos, y extiende Su brazo para sostenernos y darnos fuerza. Siendo así, resulta muy diferente la forma de enfrentar la vida, caminando de Su mano y contando con Su fuerza para la jornada de cada día.

Esta lectura termina diciendo de David que su enemigo no lo sorprenderá, ni el malvado lo quebrantará. Así es, ni sorpresas, ni quebrantos. La palabra usada para sorprender encierra el significado de descarriar, engañar o seducir, así que va más allá de una sorpresa; es la capacidad que Dios da para evitar algo que nos haga desviarnos del camino definido por Él para nosotros.

En cuanto a la palabra «quebrantar», su significado original incluye el despreciar, intimidar o deprimir, aun deshonrar, debilitar y humillar, entre otras. Así que, veamos cómo Dios se ocupa de nuestros más hondos y oscuros temores, como la intimidación o la depresión. Y todo, ¿gracias a qué? A ser hallado y ungido, a contar con una maravillosa compañía y un brazo que fortalece y sostiene. Eso hace el Señor Jesucristo cuando acudimos a Él.

Dios está interesado en tu vida y te puede llevar a ser de gran bendición para otros. No temas, confía, Su brazo poderoso te sostendrá, para que no haya enemigos que causen temores ni quebrantos que sorprendan tu vida.

SALMO 73:27-28

«Para mí el bien es estar cerca de Dios. He hecho del
SEÑOR Soberano mi refugio para contar todas sus obras»

(SAL. 73:28).

En diferentes ocasiones me he encontrado volteando a mi alrededor y preguntándome cómo es que a algunas personas que están lejos del Señor les va muy bien. A veces con un sentimiento de asombro, otras veces con envidia; porque, ¿cómo es posible que puedan enriquecerse tanto y muchas veces a través de actividades ilícitas? Van a restaurantes caros, viajan, viven en sus placeres carnales, no ayudan a los necesitados, y, ¡parece que Dios no ve que no lo consideran a Él en lo más mínimo! ¡Les va muy bien!

Ahí está el problema. ¿Qué significa que a una persona le vaya bien? ¿Tener bienes materiales? ¿Disfrutar de los placeres de este mundo? ¿No tener problemas aparentes?

Este pasaje de la Biblia es confrontador. No hay peor situación que estar separado y alejado de Dios. Pareciera que son felices, pero sabemos que es felicidad temporal; pensamos que no tienen muchos problemas, pero tienen el mayor problema del pecado de un corazón incrédulo. Sin embargo, nuestro corazón es engañado fácilmente por las mentiras de este mundo y nuestra propia necedad de buscar nuestros deleites más que a Dios.

Podemos recordar lo que Cristo sufrió antes de ir a la cruz, orando al Padre y trayendo toda Su angustia al saber que se acercaba el momento en el que cargaría con nuestro pecado y sería abandonado por el Padre, satisfaciendo así la justa ira de Dios. ¡Ese es el destino de todo aquel está lejos de Dios! ¡Ser destruido y perecer por el abandono de Dios eternamente! ¡Gloria a Dios por Su poder que levantó a Cristo de los muertos y que, al poner nuestra confianza en Él, nos da una esperanza en esta vida pasajera y en la vida futura en la que pasaremos la eternidad en gloria!

Así que, el salmista llegó a una conclusión absolutamente clara: solamente el estar cerca de Dios iba a ser su bien, no porque Dios le prometiera bienestar terrenal y riquezas, sino por Su presencia en su vida y la esperanza venidera. Sin embargo, él no pretendía quedarse con esta esperanza sin compartirla a toda persona que estuviera a su alrededor, tomó la decisión de contar todas las obras de Dios a favor suyo.

Ahora es también nuestra responsabilidad. Hemos recibido la salvación por gracia y nuestra vida al estar cerca de Dios ha sido transformada y debe ser un reflejo de que creemos que no hay mayor bien que estar en Cristo. Esta es una gran verdad que no debemos callar, sino anunciar a todo aquel que está alejado de Dios. ¡En Cristo hay esperanza! ¡En Cristo hay salvación!

SALMO 19:12-13

«¿Quién está consciente de sus propios errores?
¡Perdóname aquellos de los que no estoy consciente!»

(SAL. 19:12).

*E*l orgullo es la raíz de todo pecado. Es este orgullo el que nos hace pensar que todo lo que hacemos, aun como cristianos, es hecho con las mejores intenciones, convicciones y motivaciones. Es ese orgullo el que nos hace reaccionar rápidamente para defendernos cuando se nos señala algún defecto, exabrupto o pecado. El salmista había entendido esto y por eso se pregunta: «¿Quién está consciente de sus propios errores?». Y pide a Dios: «¡Perdóname aquellos de los que no estoy consciente!». El Señor nos ha provisto dos herramientas, una interna y otra externa, que son muy útiles para entender nuestros propios errores y librarnos de los que nos son ocultos. La primera herramienta es la examinación y la segunda el escuchar.

Decir que somos cristianos es admitir que necesitamos un salvador, ya que somos pecadores perdidos y empedernidos. Habiendo reconocido esto, haremos bien en examinarnos constantemente con el propósito de purificarnos y alejarnos del pecado, pero no con el propósito de condenarnos. Cuando nos examinamos internamente, lo debemos hacer a la luz del perdón que recibimos de Cristo y entendiendo que el Espíritu Santo que nos capacita para ser íntegros habita en nosotros y no nos va a abandonar. Cuando nos examinamos debemos preguntarnos primero cómo está nuestra fe. ¿Mi vida de oración, devoción en la Palabra y asistencia a los servicios reflejan amor por Dios o negligencia? ¿Mi vida da testimonio de confianza en un Dios soberano o estoy sumergido en la ansiedad?

En segundo lugar, debemos examinar nuestras obras. ¿Estoy permitiéndome hacer algo que no es honroso a Dios? ¿Estoy acercándome a lo prohibido y alejándome de lo piadoso? ¿Estoy compartiendo mi fe con mi prójimo o estoy siendo negligente en la labor de hacer discípulos? Y por último, examina tus anhelos. ¿He dejado mi primer amor? ¿Mis deseos se han centrado en lo material y no en lo espiritual? ¿Estoy sintiéndome más atraído a lo que este mundo ofrece o sigo perseverando en mi deseo de dar gloria a Dios con mi vida? Estas preguntas te ayudarán a examinarte saludablemente.

La segunda herramienta, la externa, es escuchar. Si nos negamos a examinarnos, rápidamente nos deslizaremos y permitiremos que el pecado se anide en nuestras vidas. Por Su gracia, Dios no nos deja así. El Señor sabe que examinarnos a nosotros mismos no es una de nuestras actividades favoritas. Por eso en el momento que nos salvó nos hizo parte de Su familia y nos rodeó de gente que lo ama. En esta familia llamada Iglesia, todos somos mandados a exhortarnos unos a otros. Escuchar atentamente y en silencio las exhortaciones de tus hermanos te ayudará a entender tus errores. Procura no reaccionar negativamente y no buscar defenderte inmediatamente. Toma tu tiempo, escucha y acepta la corrección.

Si no te examinas y mucho menos escuchas la corrección de tus hermanos con un corazón humilde, entonces la soberbia se enseñoreará de ti y te guiará por el camino de la rebelión. Pero si te examinas y prestas atención a las exhortaciones de tus hermanos y las recibes con humildad, entonces conocerás tus errores y estarás en camino de integridad y lejos de la rebelión.

SALMO 142

«Atiende a mi clamor, porque me siento muy débil...»

(SAL. 142:6).

A l leer este salmo es fácil dejar de ver el aspecto más importante que quiere resaltar. Podríamos pasar horas y horas meditando en cada una de sus palabras, los recursos lingüísticos, la estructura poética, pero sin duda lo más sorprendente en estos versos es que el rey David está profundamente angustiado y aun así su angustia no le priva de clamar a Dios.

La primera y gran enseñanza de este salmo es que en medio de la angustia más profunda nos es posible acudir y clamar al Señor buscando Su socorro, y en Él hallaremos la salida a nuestra desesperación. Muchas son las cosas que quieren quitarnos la paz. Hay muchos asuntos que nos turban y pretenden deprimirnos profundamente: la pérdida de un ser querido, los problemas económicos, las enfermedades que acechan y los conflictos personales. Ante tantas amenazas las reacciones humanas pueden ser muy diversas. Algunos reaccionan con ira, otros con depresión, con agresión o queriendo echar la culpa sobre los demás. Pero en medio de nuestra inquietud, lo que Dios desea es que acudamos a Él confiados como un niño que se echa en los brazos de su padre.

El rey David estaba siendo perseguido por Saúl y clama al Señor buscando refugio. Se esconde entre las peñas, teme volver al camino porque sabe que allí le tienden lazo para atraparlo. Prefiere seguir escondido en una cueva a la que llama su «prisión» (v. 7). En el versículo 4 David clama: «No tengo dónde refugiarme; por mí nadie se preocupa», para luego reconocer que en verdad Dios es su refugio y su protector: «A ti, Señor, te pido ayuda; a ti te digo: "Tú eres mi refugio"» (v. 5). Es precisamente en medio de su oración cuando el salmista recobra la confianza en el Señor. Así sucede con nosotros tantas veces. Cuando estamos desesperados pensamos que estamos solos en el mundo, que nadie se acuerda de nosotros, pero entonces, mientras oramos al Señor abriéndole nuestro corazón, nos acordamos de Él y de Su bondad incomparable. Dios, en medio de nuestro clamor, nos recuerda que Él permanece fiel a Su Palabra y nunca nos va a dejar.

Como David, muchos otros cristianos a lo largo de la historia se han visto perseguidos, solos y acosados por los poderosos de este mundo: Daniel, Elías, Pablo, Lutero, etc., para luego poder comprobar de primera mano que Dios es la fortaleza de Sus siervos y que el Señor tiene otros muchos justos dispuestos a servirle. ¿Te sientes tú como el rey David en medio de la prueba? ¿Sientes que las dificultades te tienen encerrado en una cárcel? Clama al Señor con todas tus fuerzas. No busques la salida rápida confiando en tus propios recursos, ni dejes que la desesperación te engulla por completo. Levanta los ojos, mira al cielo y que sea el Señor tu Dios la salida a tu angustia. Qué puedas decir junto al rey David que el Señor es tu refugio seguro y tu única esperanza.

SALMO 16:1-6

«Cuídame, oh Dios, porque en ti busco refugio»

(SAL. 16:1).

*C*uando tenemos miedo en nuestra infancia, cuando nos sentimos vulnerables o ante la percepción de peligro, corremos al lugar más seguro que conocemos: nuestros padres. A medida que vamos adquiriendo independencia, sentimos que debemos buscar solución a nuestros problemas por nosotros mismos. Sin embargo, en ocasiones la ansiedad y la angustia nublan nuestra mente y no vemos salida. No deberíamos llegar a ese punto de confusión, sino reconocer mucho antes que Dios es realmente nuestro Señor —le pertenecemos y es nuestro Padre—, somos amados por quien es infinitamente sabio, protector, guía y soberano; es seguro correr a Él.

Podemos repetir cosas que escuchamos de otros, o incluso de la misma Biblia, y hacerlo sin que estas verdades se arraiguen verdaderamente en nuestros corazones. El señorío de Cristo es una de las verdades más obvias en la confesión y mente de los creyentes, sin embargo, es una de las más ausentes en sus vidas. El salmista clama al Señor en su momento de angustia. Le pide protección, reconociendo que, como Señor, Él decide cómo otorgar esa protección. Muchas veces al pedirle protección a Dios lo que realmente estamos pidiendo no es la seguridad que Su presencia provee en cualquier circunstancia. Lo que realmente queremos es que Dios nos evite el sufrimiento. No me mal entiendas, no somos masoquistas en búsqueda del sufrimiento, pero Cristo mismo nos prometió que en el mundo atravesaremos por problemas, pero debemos confiar, pues Él ha vencido al mundo.

Las aflicciones son reales y nunca debemos negarlas o minimizarlas. A veces escucho a creyentes decir que están «en victoria», cuando realmente se sienten derrotados; dicen estar libres en medio de su esclavitud al pecado o que están sanos en medio de evidente cáncer u otra enfermedad terminal. Lamentablemente la mentira nos esclaviza, pero la verdad nos hace libres. Usamos estas expresiones no como meditaciones de fe, sino como escapismo a nuestra realidad.

La invitación del salmista es enfocarnos en lo que verdaderamente tenemos en Cristo, sin negar el sufrimiento que estamos atravesando. Este salmo nos enseña cómo sufrir bien, cómo clamar a Dios bíblicamente en medio de la angustia. Si no reconocemos nuestra verdadera realidad y necesidad, ¿cómo podremos reconocer la grandeza de la presencia de Dios con nosotros y Su salvación? Un corazón que sinceramente clama a Dios en su angustia reconoce Su mano y responde en adoración y agradecimiento. Mientras más profundo el reconocimiento de nuestra necesidad, más gozoso y grande el reconocimiento y la alabanza que brotan de ese corazón. Pide al Espíritu Santo que te permita correr a Dios y alabarlo porque Él responde.

SALMO 106:43-45

*«Se acordó del pacto que había hecho con ellos
y por su gran amor les tuvo compasión»*

(SAL. 106:45).

¿Te resulta difícil obedecer? A la mayoría de nosotros nos gusta hacer nuestra propia voluntad, pensando que podemos ser más listos o astutos que los demás, especialmente si son nuestros padres, maestros o alguna otra autoridad a quien retar con nuestros propios argumentos o ideas y, por supuesto, también retamos a Dios.

Recuerdo que, en los inicios de mi carrera universitaria, viví un período de rebeldía, en el que, de forma callada hacía mi voluntad y no lo que era correcto. Fingía estudiar, pero me la pasaba escuchando música y perdiendo el tiempo, al mismo tiempo que mantenía una doble cara en la iglesia en la que participaba, teniendo responsabilidades con otros jóvenes, pero en realidad era rebelde a la autoridad. El resultado era esperado, en poco tiempo reprobé muchas materias y mi escasa vida espiritual se hizo evidente. Finalmente, Dios trató con mi vida y, a través de muchas vergüenzas, corrigió mis pasos y me permitió volver a una relación personal con Él y terminar satisfactoriamente mis estudios profesionales.

El pasaje bíblico de hoy nos refiere esta actitud en el pueblo de Israel, siendo muchas veces librado por Dios, pero ellos se mantenían rebeldes a Su consejo. El pasaje habla de cómo, desde su salida de Egipto, fueron continuamente librados de muchos males y circunstancias adversas y, aun así, al llegar a la tierra prometida se vieron envueltos en pecados penosos y su continua actitud rebelde terminó por atraer sobre ellos consecuencias terribles. Y, como me sucedió a mí, sus maldades cometidas terminaron por humillarlos.

Así que, no pensemos que llevar una vida de ideas propias o justicia personal, lejos de la voluntad de Dios, nos llevará al éxito; no será así. La Biblia dice: «Todo el que a sí mismo se enaltece será humillado, y el que se humilla será enaltecido» (Luc. 14:11). Una vida rebelde a Dios no es una buena opción; yo la viví y realmente no vale la pena. En mi oscuridad lejos de Él, pude clamar y recibí Su misericordia, y me siento agradecido, porque no debió hacerlo y, sin embargo, lo hizo, me tomó de nuevo, enderezó mis pasos y me dio un camino limpio. Eso hace la misericordia de Dios, no nos da lo que merecemos, y Su gracia nos da lo que no merecemos. Esto enseña nuestro pasaje; Él se arrepintió conforme a la muchedumbre de sus misericordias, y atendía a su clamor.

¿Te sientes lejos de Dios? Quizás tu caso sea como el mío, en rebeldía, humillado por tus faltas, con derrotas constantes, sin vida espiritual, sin victoria; entonces yo te invito a volver al Señor, clama por ayuda. Permite que el Señor Jesús regrese tu vida a una senda de victoria. Deja a un lado tu rebeldía. Su disposición a la misericordia es mucha, y todavía puede hacer de tu vida una vida libre.

SALMO 109

«Porque él aboga por el necesitado para
salvarlo de quienes lo condenan»

(SAL. 109:31).

Las palabras de este salmo no son fáciles de leer. Estamos acostumbrados a leer salmos que exponen alabanzas y peticiones, pero cuando nos encontramos con un salmo como este —de los llamados salmos imprecatorios—, vemos que en esencia se trata de una oración al Señor pidiendo venganza.

Lo primero que vemos es que el salmista expresa su dolor. David no se auto compadece, no se flagela, ni se traga las ofensas sufridas. Tampoco las pregona a los cuatro vientos hablando mal de sus enemigos, sino que se las explica a Dios. Le dice al Señor que otros le han hecho mal, que le han devuelto mal por bien y odio por amor (v. 5). Después de expresar todo su dolor, presenta ante Dios una lista de todos aquellos males que quisiera ver caer sobre su enemigo: desea su muerte (vv. 8-10), su ruina (vv. 11-12), su olvido (v. 13) y desea que Dios no tenga de él misericordia (vv. 14-19). La pregunta que nos hacemos al leer estas palabras es ineludible: ¿podemos también nosotros orar este salmo? ¿acaso no hemos de amar a nuestros enemigos? (Mat. 5:44).

En efecto, David está atribulado, pero no desea vengarse él mismo, sino que confía en Dios como su vengador. El Señor es nuestra venganza, y es nuestro consuelo saber que Él, en Su día, hará justicia a los perseguidores de Su pueblo. Como cristianos nos es lícito orar este salmo en tanto refleje nuestro deseo de ver el nombre del Señor vindicado. Hoy, los enemigos de Dios están aún siendo vencidos por medio de Su gracia, pero el día de mañana otros muchos serán vencidos con Su perfecta ira.

Esta es pues la confianza que tenemos como hijos de Dios. Confiamos en la venganza final de Su causa (Apoc. 6:10). Los últimos versos de este salmo expresan aún más el dolor del rey David, y la petición de la intervención poderosa de Dios. El salmista aquí está cargado de sufrimiento, pero a la vez lleno de una profunda confianza en Dios. Recordemos que la Palabra enseña: «Mía es la venganza; dice el Señor» (Rom. 12:19). Este, una vez más, es un salmo profético que nos habla del Mesías prometido. Cristo es el Justo atribulado que confió plenamente en el Padre. Cristo amó, y recibió odio como respuesta (v. 5); Su traidor vio muy pronto la muerte (v. 8); Cristo, pudiendo vengarse, confió y esperó en el poder de Su Padre celestial. ¿Estás tú sufriendo como el salmista? Si es así, recuerda que el Señor nos advierte que hemos de ser perseguidos tan solo por Su causa y no por haber hecho algún mal nosotros mismos (1 Ped. 4:15-16). Si es así, que sea este un salmo de confianza en el tremendo poder de Dios, y ora para que el Padre venza a todos tus enemigos en el día de hoy con Su gracia antes de que llegue el día del juicio y sean vencidos con Su ira.

SALMO 51

«Lávame de toda mi maldad y límpiame de mi pecado»

(SAL. 51:2).

Luego de pecar en gran manera, el rey David fue confrontado por su pecado por medio del profeta Natán. Esto produjo un gran arrepentimiento. En medio de su dolor y quebrantamiento, el rey David escribió este salmo. En él podemos observar que el rey David desarrolla una visión más clara sobre su propio pecado y de su maldad a raíz de la exhortación de Dios.

El rey David no dice: «Perdóname por este desliz, por esta imprudencia, ayúdame a andar con más cuidado y fortaléceme en mi debilidad». ¡No! Él reconoce que posee tanta suciedad de pecado que pide ser limpiado de «toda» su maldad.

Uno de los mayores daños que ha causado la introducción e intromisión de la psicología en lugar de la enseñanza bíblica en la Iglesia, es que nos ha dado herramientas para intentar justificar nuestro pecado. Ahora podemos señalar a otro lado y acusar a otras personas o incluso a nuestras circunstancias para excusar nuestro pecado. Ahora podemos decir como Adán: «La mujer que me diste» o sustituirlo por: «la familia que me diste», «la condición económica que me diste» o «la circunstancia que me diste». No niego que hay situaciones difíciles, pero justificarnos nunca nos llevará al arrepentimiento verdadero. Dios quiere que reconozcamos la maldad de nuestro pecado para que podamos acercarnos a Él con un corazón contrito y humillado al que Él no despreciará (Sal. 51:17). Mientras más justificamos nuestro pecado nos volvemos más ciegos a lo horrendo que es y nos alejamos de Dios. Mientras más reconocemos nuestra pecaminosidad más bella es la obra de salvación de nuestro Señor Jesucristo y más nos acercaremos a Dios.

Aquellos que pasan tiempo en intimidad con Dios desarrollan un corazón más sensible a Su voluntad y como consecuencia tienen mayor dolor por su pecado. Aquellos que pasan tiempo en el pecado desarrollan un corazón insensible a la voluntad de Dios y como consecuencia pierden toda cualidad de discernimiento entre el bien y el mal. Los que no aman a Dios son incapaces de sentir dolor por su pecado, más bien encuentran cualquier excusa para justificar sus actos pecaminosos, pues aman las tinieblas. ¡Dios nos libre de caer en esa trampa! Sí, esta es una trampa del diablo. Él nos miente y nos dice que podemos seguir a Cristo y al mismo tiempo vivir en pecado. No caigas en esta trampa, sino más bien, examínate a ti mismo.

¿Has desarrollado una conciencia más sensible a tu pecado? ¿Has acostumbrado tu mente al pecado de tal manera que tu conciencia está cauterizada? Nuestro Dios perdonó a David y te puede perdonar a ti también. Acércate a Él con un corazón contrito y humillado. Acércate confiadamente a Su trono de gracia y recibe misericordia. Pídele que cautive tu corazón, que te aleje del pecado y ora junto con David: «Lávame de toda mi maldad y límpiame de mi pecado» (Sal. 51:2). Que este sea el día de arrepentimiento y de iniciar de nuevo.

SALMO 16:7-11

«Siempre tengo presente al Señor;
con él a mi derecha, nada me hará caer»

(SAL. 16:8).

En tiempos de confusión, algunos de nosotros tendemos a encerrarnos en nuestros pensamientos. Como los israelitas en el desierto empezamos a caminar en círculos. Buscamos consejo con personas que piensan igual que nosotros y a veces de aquellos que nos dirán lo que anhelamos oír, no necesariamente lo que necesitamos. La verdad y la gracia son tan necesarias para que no salgamos de la prueba con los mismos pecados, hábitos y actitudes con los que entramos. No me malinterpretes, no creo que la prueba sea siempre consecuencia de algo que hicimos, aunque a veces puede ser así. Las pruebas son de hecho una promesa segura en la vida de este lado de la eternidad y siempre traen consigo la promesa de la presencia de Dios para acompañar a Sus hijos a través de ese proceso. Debemos salir de la prueba conociendo a Dios más profundamente y transformados más como Cristo, nuestra corona (Sant. 1:12).

En este salmo nos vemos confrontados por la actitud inicial del salmista. En medio de la prueba, a diferencia de lo común, lo primero que viene a su mente es adorar y bendecir a Dios, es decir, hablar bien y justamente de Su gracia y misericordia. En contraste, cuando nos encontramos en la prueba, constantemente lo primero que vienen son los cuestionamientos a Dios y Su carácter. Sin embargo, David en medio de un canto y oración, en tiempos difíciles, lo primero que hace es hablar bien sobre Dios; a esto se refiere con bendecir Su nombre.

Nuestras circunstancias revelan cosas que desconocemos aun de nosotros mismos. Nuestro corazón es engañoso y en Su gracia desvela lo que para nosotros está encubierto, ya sea por negligencia o por la naturaleza misma de un mundo que nos lleva rápido y por el cual nos dejamos llevar. ¿Cómo es posible? Todos tenemos puntos ciegos, y en nuestras circunstancias adversas el vernos como víctimas de ellas y no como objetos de la voluntad de Dios nos desvía del propósito santificador de las pruebas y de la adversidad. Necesitamos centralidad en alguien fuera de nosotros mismos. Nuestro propio consejo, si no sale de un corazón lleno de la Palabra de Dios, nos llevará por un camino adverso.

¿Cómo salimos de esa encrucijada? El salmista nos lleva a tornar la mirada hacia el gran Consejero. Es increíble cómo el Dios que creó y sostiene el universo está disponible para Sus hijos y Su creación; la fuente de toda sabiduría a nuestra disposición como buen Padre. El apóstol Santiago también nos exhorta a que pidamos sabiduría a Dios y afirma que Él la dará abundantemente y sin reproche (Sant. 1:5). Esto afirma lo que el salmista expresa: el Señor es Su consejo. El consejo es una guía necesaria en tiempos de confusión, que busca dar respuestas a preguntas del corazón en búsqueda de entender las circunstancias que lo rodean. Notemos que el salmista personifica el consejo, el consejo nos acompaña y Dios mismo en Sus atributos se convierte en el consejo mismo. Dios no ha abandonado a Su creación y mucho menos a Sus hijos quienes contamos con Su consejo y Su

presencia a través de peregrinar por la vida y los obstáculos de las dificultades y tiempos tumultuosos. Toma un tiempo para correr a Él y buscar Su consejo. Habla bien de Dios reconociendo que Él está dispuesto y disponible para escucharte y guiarte con Su consejo y Su fiel presencia; ¡alégrate en esta verdad!

SALMO 6

«Cansado estoy de sollozar; toda la noche inundo de lágrimas mi cama, ¡mi lecho empapo con mi llanto!»

(SAL. 6:6).

Los salmos reflejan magistralmente todos nuestros estados de ánimo: gozo, ira, tristeza, preocupación, temor… pero pocos reflejan de una forma tan detallada la tristeza como este salmo. La tristeza que vemos reflejada en estos versos es aquel sentimiento que hace dos siglos llamábamos «melancolía» y que en la actualidad acostumbramos a llamar «depresión», y que dentro de poco llamaremos de otro modo. Pero la llamemos como la llamemos, la realidad y la experiencia es una misma, y el salmista describe una tristeza tan profunda que puede llevarnos a la muerte.

David no nos revela el motivo principal de su tristeza. Tan solo hace referencia a sus angustiadores, y en medio de su profundo pesar describe su dolor como una enfermedad del alma (v. 2), una turbación (v. 3), un largo sufrimiento (v. 7); y en medio de esa angustia clama al Señor para que lo escuche, consuele y restaure sus fuerzas. David le pide a Dios que libre su alma. El salmista sabía muy bien cuál es el antídoto de su depresión, como tú y yo sabemos dónde buscar consuelo: en Dios mismo. Es cierto que Dios es quien puede salvar su vida y guardarlo de todo mal, pero también es cierto que la mismísima presencia de Dios es el único y mayor consuelo, lo único que puede calmar ese profundo dolor del espíritu. Por eso el rey clama diciendo «Vuélvete, Señor, y sálvame la vida; por tu gran amor, ¡ponme a salvo!» (v. 4). Aun en la tristeza más profunda tú y yo podemos acudir al Señor para que Él dé descanso a nuestras almas.

El Señor escucha la voz de David, al igual que escucha la tuya cuando clamas en medio de tu dolor. El salmista encuentra descanso en la respuesta de Dios. Pero Dios no responde apartando de él a sus enemigos, ni responde con una voz audible. Su respuesta es más bien íntima y privada. Habla al corazón, de modo que el rey David sabe perfectamente que «el Señor ha escuchado [su] llanto» (v. 8). Esta convicción interior es la que nos dice que Dios está por nosotros y es la medicina a la tristeza más profunda de nuestro corazón.

¿Te has sentido alguna vez hundido en una profunda tristeza? ¿Abatido? ¿Has estado como David, regando tu cama con tus lágrimas en medio de la noche? Examina tu corazón, y cómo reaccionas en medio de tu tristeza. Vigila tus palabras en esos momentos. Mira si son de queja, de ira, de rencor, de autocompasión, de venganza o si, por otro lado, son palabras santas llenas de confianza en tu Creador. Que sean tus palabras y tus pensamientos, aun en medio de la más profunda depresión, como las palabras del salmista. Expresa con confianza tu dolor al Señor y siente muy de cerca Su presencia y cuidado cuando Él te responda que está contigo. Recuerda que Él nos dijo: «Vengan a mí todos ustedes que están cansados y agobiados, y yo les daré descanso» (Mat. 11:28).

SALMO 140:1-8

«SEÑOR, protégeme del poder de los impíos; protégeme de los violentos, de los que piensan hacerme caer»

(SAL. 140:4).

Cristo nos ha librado del mayor enemigo: el pecado que habita en cada ser humano y busca nuestra destrucción. El mundo es el sistema de todo lo que es contrario a Dios y que se opone a Su reinado, no en reinos externos, sino en corazones esclavizados al pecado. Por esta razón las enemistades, contiendas y guerras inician en el corazón (Sant. 4:1). Al leer el clamor de los hombres malignos que el salmista describe, no podemos olvidar que en otros tiempos éramos enemigos de Dios. Hoy en día los que se constituyen en enemigos del pueblo de Dios también están librando batallas en sus mentes y corazones. Sus maquinaciones inician allí. Ellos y nosotros estamos librando batallas y lo único que nos diferencia es el hecho de que nosotros hemos sido librados en Cristo del poder del pecado. Por ello, antes de quejarse de sus enemigos, él pide a Dios que sea Él quien lo libre. Solo Dios puede derrotar argumentos de la mente y el corazón. Constantemente, ya sea de manera individual o corporativa, los creyentes nos encontramos en batallas contra nuestros enemigos (el pecado que habita en nosotros, el pecado del mundo, las tentaciones y los que se oponen a Dios y a Su pueblo) y estas batallas pueden ser debilitantes. Palabras injustas, leyes opresoras, sistemas que buscan excluir y castigar a los hijos de Dios cada vez son problemas reales que enfrenta la Iglesia de Cristo. Nuevamente el salmista pide «guárdame», «líbrame», «protégeme». El conocido guerrero David sabe que la batalla y la salvación son del Señor, no de sus propias manos. Y la pregunta es: ¿hago yo lo mismo?

En el lenguaje poético de los Salmos, la frase «cubriste mi cabeza en el día de batalla» es un recordatorio con agradecimiento, al rememorar los tiempos difíciles y la protección y liberación obtenidas por Dios en favor de los suyos. Pero es también en la mente donde todo creyente libra sus más grandes batallas. La palabra nos manda a renovar nuestra mente para cambiar nuestra forma de vivir (Rom. 12:2). Otras batallas como la actual lucha contra el aborto y la defensa de la vida, la revolución cultural, el racismo y la opresión del vulnerable se libra en la mente primero. La mente de una generación esclavizada a principios contrarios a Dios constituye cada vez más una humanidad rebelde y contraria a Dios, Su ley todo lo que Él representa. Pero el salmista declara una confianza total que reconoce el poder de Dios para salvación, dejando a un lado sus argumentos personales. Ciertamente nuestros argumentos bien comunicados y claramente pensados pueden ser medios para que Dios logre Su propósito y libremos muchas de las batallas que hemos mencionado. Pero no podemos perder de vista que es el Espíritu Santo el que convence de pecado, justicia y juicio y quien en última instancia se lleva la victoria y la gloria sobre los enemigos de Dios y todo pensamiento contrario a Él.

¿Te sientes cansado de estas luchas y batallas? Confía en Dios. Reconoce que la batalla, la victoria y la salvación son del Señor. Descansa como el salmista en la verdad de que Dios hace todo lo que nosotros no podemos hacer.

SALMO 51:10-12

«Crea en mí, oh Dios, un corazón limpio,
y renueva la firmeza de mi espíritu»

(SAL. 51:10).

*E*ra una cena normal. Ella quería algo especial así que puso el mantel blanco de la abuelita. Él se sentó viendo el celular, mientras ella le servía la copa con un vino tan tinto como la sangre. Ella hablaba, él asentía nada más. El brazo del esposo botó la copa de vino y lo blanco del mantel se tornó rojo carmesí. Ella le gritó, lamentándose por el mantel. Él defendiéndose, pidió perdón, pero repetía que ella le había servido el vino sin decirle. Ella acusándolo por no poner atención, le lanzó una granada que decía: «Tú solo miras el celular». Él se hizo a un lado y atacó con un: «Para problemas mejor me quedo en el trabajo». Ella balbuceó una letanía eterna que incluía historial de hace diez años de relación y cuatro verdades como espada de dos filos hirientes a cualquier corazón. El vino se agrió, y cada uno se fue a un cuarto diferente.

Es interesante cómo nuestro corazón aparenta estar arrepentido, pero se justifica. En lugar de, en amor por la otra persona, entender lo que acabamos de hacer y la dimensión de lo que sucedió, nos defendemos. Esto no es un arrepentimiento, sino un remordimiento; el primero actúa en amor y el otro por egoísmo.

Vemos un ejemplo claro en Adán y Eva. Sin arrepentimiento al descubrirse su pecado, ellos le echan la culpa al Creador. «Yo no tengo la culpa, la mujer que tú me diste fue la que me dio a comer». «Yo no fui, la serpiente (que tú hiciste, por cierto) fue la que me tentó». Y antes de que empecemos a pensar que si ellos hubieran actuado de forma distinta las cosas serían muy diferentes, veamos nuestro propio corazón. Mi corazón de piedra tiraría al mismo Cepillín a los leones si eso me brindara una excusa para mis actos y una oportunidad de salir sin culpa.

El problema es que nos creemos infalibles y no hemos entendido que somos pecadores. La ley ha revelado nuestro pecado. Y es allí donde entra el evangelio, la buena noticia de salvación. Si lo entendiéramos no nos justificaríamos tanto, sino aceptaríamos la culpa y pediríamos perdón, no para aminorar la sentencia, sino por amor.

Este salmo fue escrito por David después de hablar con Natán por el caso de Betsabé. David había cometido actos no dignos de un rey conforme al corazón de Dios. Ha trasgredido la ley. Ha roto un listado de mandamientos. El profeta lo confrontó y David no se justificó. No hizo un drama para salvar su imagen. Cuántos hubiéramos culpado a Betsabé, al esposo, a Dios, al mismo Natán con tal de salvar nuestra reputación. Sin embargo, David no hizo nada de eso. La respuesta inmediata de David se refleja en el salmo. El verso 4 es la primera acción de un corazón arrepentido: «Contra ti he pecado, solo contra ti, y he hecho lo que es malo ante tus ojos; por eso, tu sentencia es justa, y tu juicio, irreprochable».

Ahora que conocemos esto, podemos saborear y apreciar lo que sigue en el versículo 10. David suplica por un corazón limpio. El arrepentimiento genuino nos centra en Dios, contra quien pecamos y también el único que restaura. Solo Dios

tiene la medida de lo que es un corazón limpio y recto. La plegaria de David no es para restaurar su reino o su imagen. Lo que pide es lo que deberíamos pedir más allá de lo material: que Su presencia esté con nosotros. Que Su presencia no se vaya, pues es todo lo que tenemos.

El salmo continúa con lo que anhelamos luego de la caída. «Devuélveme la alegría de tu salvación» (v. 12). ¡No se trata de mí! ¡No se trata de lo que yo puedo hacer o de quién soy! Lo que necesito para continuar es regresar a la cruz, a Cristo, al evangelio. Tengo vida solo porque Cristo murió en esa cruz. Nada tengo fuera de ella. ¡Sostenme pues yo no puedo solo! Si somos conscientes de nuestro pecado y su obra, deberíamos repetir como súplica las palabras del Padre Nuestro: «No nos dejes caer en tentación».

El arrepentimiento solo viene de Dios y Él es el que restaura. Viene porque en esa cruz me salvó e hizo posible que un pecador sea redimido, limpiado y restaurado. Ahora puedo ver Su cruz cada vez más grande, cada vez más necesaria y cada vez más amada. Todo lo que tengo viene de Él, y lo amo porque Él me amó primero.

SALMO 42

«Tengo sed de Dios, del Dios de la vida.
¿Cuándo podré presentarme ante Dios?»

(SAL. 42:2).

E l salmista empieza este salmo expresando la realidad más profunda de su corazón: «Tengo sed...». Esta no es una sed física. No es una sed del cuerpo que se calma con agua, sino una sed del corazón, del espíritu. Todo ser humano está sediento. El alma humana está sedienta de Dios. Aunque el incrédulo busque saciar esa sed interior en muchas otras fuentes de este mundo, busca en vano. Todos tenemos sed en el alma, pero las personas buscan saciarse en muchas partes: en las relaciones personales, en los placeres del mundo, en atesorar riquezas, en acumular sabiduría... sin embargo el salmista da un paso más allá y nos da junto a la enfermedad también el remedio: «Tengo sed de Dios, del Dios de la vida» (v. 2). Aquí nuestra alma ha de clamar también por la presencia de Dios y cantar junto al salmista: «¡Él es mi Salvador y mi Dios!».

Con absoluta franqueza este salmo presenta las inquietudes del alma delante del Señor. El salmista se siente triste y abatido (v. 5), observa cómo sus enemigos se burlan de él (v. 10), pero por encima de todas las cosas el autor de este salmo puede ver que la mano de Dios lo estaba poniendo a prueba. Las palabras de los versículos 7-8 conectan con la experiencia del profeta Jonás y a su vez expresa una gran confianza en la ayuda milagrosa de Dios: «Todas tus ondas y tus olas se han precipitado sobre mí. Esta es la oración al Dios de mi vida: que de día el Señor mande su amor, y de noche su canto me acompañe». Puede parecer una frase sencilla, pero lo cierto es que nos cuesta pronunciarla, porque confiamos en el Señor, pero hay momentos en nuestra vida en los que nos parece ver cómo retira Su mano de nosotros: «Y le digo a Dios, a mi Roca: "¡Por qué me has olvidado?"» (v. 9). Estas palabras expresan confianza en Dios, y la certeza de estar viviendo una vida consecuente centrada en la voluntad del Señor.

El hermoso coro que encontrábamos en el versículo 5 se repite: «Por qué voy a inquietarme? ¿Por qué me voy a angustiar? En Dios pondré mi esperanza...» (v. 11). La verdad es que nos ponemos ansiosos por muchos asuntos de la vida y entonces, como los discípulos en la barca, nos afanamos por sacar agua con todas nuestras fuerzas usando nuestras propias manos (Mar. 4:37-41).

Este salmo nos invita a descansar en Dios, nuestra salvación y auxilio. ¿Y tú? ¿En medio de tu angustia puedes exclamar: «¿Por qué me has olvidado?». ¿Tienes una profunda certeza de no haber sido tú quien se ha olvidado de Dios? Reconoce que tu sed no es de otra cosa sino de Cristo. Nos resulta demasiado fácil transitar por la vida cristiana mientras bebemos de otras fuentes, pero este salmo nos exhorta a vivir un cristianismo práctico, auténtico, sincero, en el cual Dios está presente en las bendiciones, así como en nuestras muchas preocupaciones. Descansa solamente en Él. «Pero el Señor está conmigo como un guerrero poderoso» (Jer. 20:11).

SALMO 37:23-24

*«Por Jehová son ordenados los pasos del hombre,
y él aprueba su camino. Cuando el hombre cayere,
no quedará postrado, Porque Jehová sostiene su mano»*

(SAL. 37:23-24, RVR1960).

Estos versículos muestran la solidez de la vida dirigida por Dios. La comunión con Dios produce pasos firmes. Además, a Dios le da alegría cuando seguimos Su camino. Un justo puede caer, pero el que gana la carrera no es el que no cae, sino el que cuando cae se levanta y sigue.

Uno de los atributos de Dios es el orden que vemos reflejado desde de la creación. Él creó los cielos, la tierra y las aguas que representan los más grandes contenedores de vida, si esto no fuera en ese orden sería imposible lograr la concepción.

Cuando reconocemos el plan de Dios para nuestra vida, la primera evidencia es la separación del desorden como hábitos, costumbres y vicios que existen en nuestra vida mundana. Por esta razón el salmista inicia este pasaje con el orden de nuestros pasos, esto solo sucede cuando la persona se somete a Dios. Someterse a Dios tiene el significado de vivir una vida aprobada por Él, solo entonces damos cabida a que el Creador de nuestro entorno pueda ordenar nuestros pasos.

La palabra «aprobación» es la palmadita en la espalda a lo que estamos haciendo; no existe mayor placer en la vida que ser aprobado por Dios. Por eso Pablo menciona en Timoteo que busque como obrero estar aprobado por Dios para que no dé cabida a la vergüenza o al descrédito. Me encanta la idea de que solo Dios sea quien al final de la vida pueda aprobar o desaprobar nuestro camino.

Por si fuera poco, el salmista recalca que es completamente seguro que en nuestras caídas no estaremos abandonados como indica el verso 25. A veces Dios permite a Sus hijos sufrir para cumplir Sus propósitos. Pero Él asegura que por medio del sostenimiento de Su mano podemos establecer nuestro andar.

Todos pasamos por el proceso de aprender a caminar —nadie puede jactarse de que nació caminando—, sin embargo, no existe mejor manera de iniciar este proceso que el sostenimiento con amor y protección que solo Dios nos puede dar. Según el verso 31, la enseñanza para caminar y ordenar nuestros pasos solo se encuentra en Su Palabra. Esta es siempre útil para ser enseñado, redargüido y corregido. Me impresiona que toda inspiración de parte de Dios es perfecta para toda buena obra que el hombre desee emprender en su vida. Seas un recién nacido o un veterano en la fe, el principio se aplica de la misma manera para que nuestros pasos no sean considerados vacilantes, sino sabios.

SALMO 10

«¡Levántate, Señor! ¡Levanta, oh Dios, tu brazo!
¡No te olvides de los indefensos!»

(SAL. 10:12).

Los alejamientos de Dios son muy penosos para Su pueblo, en especial en tiempos de tribulación. Nos alejamos de Dios por nuestra incredulidad y, luego, nos quejamos de que Dios se aleja de nosotros. Las palabras apasionadas contra los hombres malos hacen más mal que bien; si hablamos de su maldad, que sea ante el Señor, en oración; Él puede mejorarlos. El pecador se gloría orgullosamente en su poder y éxito. La gente mala no busca a Dios, esto es, no lo invoca. Ellos viven sin orar, y eso es vivir sin Dios. Tienen muchos pensamientos, muchos objetos y aparatos, pero no piensan en el Señor en ninguno de ellos; no se someten a Su voluntad ni buscan Su gloria. La causa de esto es el orgullo. Los hombres piensan que los rebaja el ser religiosos. No podrían quebrantar todas las leyes de la justicia y la bondad hacia el hombre, si primero no se hubieran sacudido de todo sentido de religión.

El salmista habla con estupefacción de la maldad del impío y la paciencia y tolerancia de Dios. Dios prepara el corazón para orar, enciende deseos piadosos, fortalece nuestra fe más santa, fija los pensamientos y suscita el afecto y, luego, en su gracia acepta la oración. La preparación del corazón es del Señor, y debemos buscarlo a Él en eso. Que el creyente pobre, afligido, perseguido o tentado recuerde que Satanás es el príncipe de este mundo y que es el padre de todo impío. Los hijos de Dios no pueden esperar bondad, verdad o justicia de las personas que crucificaron al Señor de la gloria. Pero este Jesús, una vez sufriente, reina ahora como Rey sobre toda la tierra, y de Su dominio no habrá fin. Consagrémonos a Él, confiando humildemente en Su misericordia. Él rescatará al creyente de toda tentación, y romperá el brazo de todo malvado opresor, y herirá dentro de poco a Satanás bajo nuestros pies. Pero solo en el cielo será eliminado todo pecado y tentación, aunque en esta vida el creyente pruebe anticipadamente Su liberación.

SALMO 140:11-13

«Yo sé que el Señor hace justicia a los pobres y defiende el derecho de los necesitados»

(SAL. 140:12).

uchas veces estas secciones de los Salmos nos pueden parecer confusas. La sección imprecatoria representa oraciones de los siervos y el pueblo de Dios ante la opresión y agresión del enemigo. Es fácil identificar a Satanás como enemigo, pero muchas veces fallamos en reconocer que esta lucha que no es contra carne y sangre inicia en nuestros propios corazones.

¿Recuerdas la historia del caballo de Troya? La conquista se desata de adentro hacia afuera. Mientras estaban enfocados en luchar contra un posible ataque externo, no se dieron cuenta de cómo se llevaría a cabo la lucha; la invasión enemiga sería desde adentro hacia afuera. Estas afirmaciones preceden a la historia del caballo de Troya donde el enemigo está oculto en el interior de lo que externamente parece inofensivo. Muchas veces fallamos en identificar características de los enemigos de Dios en nuestros propios corazones. Mientras vivamos tendremos una lucha contra el pecado. En esta lucha debemos ser cada vez mejores en rechazarlo y oponernos a él, y no solo me refiero a toda maldad en el mundo, sino a la concupiscencia de nuestros propios corazones. Debemos desear que el mal, empezando por el pecado en nuestras propias vidas, sea destruido. Somos salvos por la gracia de Dios y desear la destrucción de todo mal requiere que reconozcamos que de los pecadores somos los primeros.

Los creyentes luchamos con la idea de orar contra el mal especialmente cuando significa orar para que el malo reciba su castigo (lo cual es la voluntad de Dios, por tanto, es buena y perfecta), pero justamente eso es lo que significa que la justicia de Dios sea establecida en la tierra. Evidente y repetitivamente somos llamados a orar por la salvación de los pecadores. Pero una cosa no es excluyente de la otra. No son contradictorias, porque ambas las hace Dios y todo lo que Él hace es bueno. Esto quiere decir que cuando el pecado sea erradicado, los pecadores tienen dos términos: o son redimidos o destruidos (Sal. 37:38; 94:23, Prov. 10:39; Oseas 7:13; Fil. 1:28). Esa es la realidad bíblica. Por tanto, debemos orar para que el mal no prospere y sea destruido en la tierra, pero también en nuestras propias vidas. Que las características de los enemigos de Dios descritas en este salmo en forma de la lengua mala y la soberbia, sean desarraigadas de nuestras vidas; oremos con intensidad para que sea así.

Oremos por la causa del que sufre, contra quien se comete injusticia, la causa del oprimido, la causa de desvalido y el que es vejado, por el derecho de los pobres cuando es quebrantado y oremos para que toda maldad sea destruida. Pero debemos concluir cada oración por estas aflicciones con una esperanza firme sabiendo que un día moraremos con Cristo y en Él seremos libres de todo mal en nosotros y alrededor de nosotros. Así será para todos los que hemos sido justificados en Cristo, por Sus méritos y misericordia y no por nuestra propia justicia. En Él descansamos y en Él esperamos.

SALMO 143

«Por tu nombre, Señor, dame vida;
por tu justicia, sácame de este aprieto»

(SAL. 143:11).

ste es un salmo de lamento. El salmista empieza pidiéndole al Señor que escuche su oración, y luego expresa sus tristezas al igual que en los salmos anteriores (Sal. 140-142). En este caso, el rey David abre su corazón delante del Señor y le expresa su dolor más profundo diciendo: «Escucha, Señor, mi oración; atiende a mi súplica» (v. 1). David entonces presenta la naturaleza de su dolor delante de su Rey. El enemigo le ha perseguido y su alma está muy angustiada. ¿Qué es lo que lleva a David en este momento a acercarse a Dios con tal confianza? Lo hace al acordarse de «los tiempos de antaño» (v. 5). ¿Acaso no ha cuidado el Señor de los suyos a lo largo de los siglos? ¿No fue Dios también quien libró a Israel de manos de Faraón? Recordar las obras prodigiosas de nuestro Dios nos lleva a adorarlo y a confiar en Su poder y en Su bondad demostrado en Sus hazañas.

La confianza es grande, pero el dolor es intenso. Hay urgencia también en este salmo. La angustia se está haciendo insoportable, y el lenguaje del salmista expresa la gravedad del asunto: «Me obliga a vivir en las tinieblas como los que murieron hace tiempo» (v. 3); «No escondas de mí tu rostro, o seré como los que bajan a la fosa» (v. 7). David solía esconderse en una cueva, a la que tantas veces llama su «prisión», y en esta ocasión llama «fosa». Así de grande es su angustia. Es tal, que se siente como aquellos que ya han muerto y, aun así, aquel que también escribiera «aunque ande en sombra de muerte» sigue confiando en su Señor.

David es de nuevo sombra de Cristo, quien sí vio en efecto Su sepultura y a quien el Padre levantó de entre los muertos. Pero ahora es David quien se lamenta y suplica la ayuda de Dios. ¿Y por qué habría de socorrer el Señor a David? El salmista una vez más nos presenta la realidad de la salvación de Dios. Dios librará a David, no por sus méritos ni perfección, sino «por [su] nombre [...]; por [su] justicia [...]. Por [su] gran amor...» (vv. 11-12) y porque David es Su siervo. No es por David; es por Dios mismo que David será librado. No es por nosotros; es por Dios mismo que tenemos salvación en Cristo. Nuestro Dios, por amor a Su nombre, nos rescata y salva aun de las mismísimas garras de la muerte.

¿Clamas tú también al Señor en tu angustia? El Señor quiere que te acerques a Él aun en lo más profundo de tu dolor, no para culparlo, no para culpar a otros, no para justificarte a ti mismo, sino para suplicar Su ayuda. David no presentó sus argumentos, pues sabía que «ante [Él] nadie puede alegar inocencia» (v. 2). Clamó en confianza por la misericordia y la perfecta bondad de Dios para con él: «Por tu nombre, Señor, dame vida» (v. 11).

SALMO 17

*«A ti clamo, oh Dios, porque tú me respondes;
inclina a mí tu oído, y escucha mi oración»*

(SAL. 17:6).

ste salmo es una oración. Las oraciones fingidas son estériles, pero si nuestro corazón dirige nuestras oraciones, Dios las responderá con Su favor. El salmista acostumbraba a orar, de modo que no es su intranquilidad ni el peligro lo que principalmente lo lleva ahora a su deber. Su fe lo anima a esperar que Dios tome nota de sus oraciones. Una buena prueba de nuestra integridad es la constante resolución contra los pecados de la lengua y velar en ello. Consciente de la propensión del hombre a las malas obras, y de sus tentaciones peculiares, David hizo de la palabra de Dios su protección contra los caminos de Satanás que llevan a la destrucción. Si evitamos cuidadosamente los caminos del pecado, será muy consolador en la reflexión, cuando estemos en problemas. Quienes por gracia andan en los caminos de Dios deben pedir que su andar sea conservado en esas sendas. David ora: «Señor, sostenme todavía». Los que siguen y perseveran en los caminos de Dios deben, por la fe y la oración, recibir nuevas raciones diarias de gracia y fuerza de Su parte. Muestra tus maravillosas misericordias, tus favores especiales, no misericordias comunes, pero sé bueno conmigo; haz como acostumbras a hacer a los que aman tu nombre.

Estando rodeado por los enemigos, David ora a Dios que lo mantenga a salvo. Esta oración es una predicción de que Cristo será guardado a través de todas las penurias y dificultades de Su humillación, para ser llevado a las glorias y goces de Su estado de exaltación, y es un patrón para que los cristianos entreguen a Dios el cuidado de sus almas, confiando en que Él las preservará para Su reino celestial. Los enemigos de nuestras almas son nuestros peores enemigos. Son espada de Dios que no se puede mover sin Él, y que envaina cuando ya ha hecho Su obra con ellos. Ellos son Su mano por la cual castiga a Su pueblo. No hay huida de la mano de Dios, sino huida a ella. Muy consolador es que cuando tememos el poder del hombre, veamos que depende del poder de Dios y está sometido a Él. La mayoría de los hombres miran las cosas de este mundo como las mejores cosas y no miran más allá, ni muestran interés por proveer para la otra vida. Las cosas de este mundo son llamadas tesoros; así se las cuenta, pero para el alma, y comparadas con las bendiciones eternas, son basura. El cristiano más afligido no tiene que envidiar al hombre más próspero del mundo, que tiene su porción en esta vida. Vestidos con la rectitud de Cristo, teniendo buen corazón y buena vida por Su gracia, contemplemos por la fe el rostro de Dios, y pongámoslo siempre delante de nosotros. Cuando despertemos cada mañana, satisfagámonos con Su semejanza puesta delante de nosotros en Su Palabra, y con Su semejanza estampada en nosotros por Su gracia renovadora. La felicidad en el otro mundo está preparada solo para los justificados y santificados: ellos tomarán posesión de esto cuando, en la muerte, su alma despierte de su profundo sueño en el cuerpo, y cuando, en la resurrección, el cuerpo despierte de su sueño en la tumba. No hay satisfacción para un alma sino en Dios y en Su buena voluntad hacia nosotros, y Su buena obra en nosotros; pero esa satisfacción no será perfecta hasta que vayamos al cielo.

SALMO 94:12

«Bienaventurado el hombre a quien tú, JAH, corriges, y en tu ley lo instruyes»

(SAL. 94:12, RVR1960).

Uno de mis mayores recuerdos sobre la disciplina que atesoro en mi corazón es la corrección que un día mi abuelo, sin ser aún creyente, me dio. Una tarde soleada mi tío fue a comprar un refresco y mi intención desde el principio era acompañarlo, pero al salir por la puerta, justo en el porche de la casa, estaba sentado en su tradicional mecedora mi abuelo. De inmediato dijo: «Solo irá tu tío por los refrescos», pero mi corazón lleno de rebeldía concedió solo un pensamiento y respondí: «¿Crees que podrás detenerme?». Al ver mi negativa tan rotunda, mi abuelo solo dijo: «Prométeme que no te soltaras de la mano de tu tío». Asentí con la cabeza y tras recibir el permiso condicionado de mi abuelo, mi tío sin dudarlo me dijo que lo tomara de su dedo índice, característica que solo él tenía cuando me llevaba a caminar al parque o cualquier lugar donde saliéramos juntos.

Era tanta mi rebeldía que decidí soltarme y correr para cruzar la calle. Creo que ya te imaginas lo que sucedió. Un carro frenó bruscamente y el sonido de las llantas aferrándose al pavimento se escuchó varios metros a la redonda. Mi abuelo saltó de su mecedora para gritarme desde la otra orilla de la acera: «¡Verás cuando regreses!». Mientras tanto, mi tío solo miraba cómo mi cara se empezaba a llenar de tristeza y preocupación; no comentó nada porque sabía que el veredicto había sido pronunciado. Al regresar a casa de mi abuelo, la disciplina llegó sin miramientos, sin condolencias ni advertencia previa. Fue rápida y concisa. Lo interesante de esta historia es que sabía perfectamente que lo merecía y no llegué a odiar a nadie por este hecho; mi pensamiento solo se enfocó en mi arrepentimiento. Ahora te puedo decir que amé más a mi abuelo y lo sigo amando por medio de este recuerdo.

En Mateo 7:9-11, Jesús nos enseña que, en los momentos difíciles de la vida y cuando somos disciplinados, nuestro Padre nos dará lo que es mejor para nuestro corazón y para nuestra vida. Si nuestros padres terrenales, siendo humanos con defectos y sin poder ver las intenciones de nuestro corazón, nunca quisieron perjudicarnos, sino amarnos y cuidarnos, ¿cuánto más nuestro Padre celestial?

El salmista nos dice que será mil veces bendecido aquel que es corregido, amonestado o hasta disciplinado y que está seguro de que no existe mayor bendición en esos momentos nada agradables al observar detrás de ellos al Señor. El Libro de Proverbios también nos recuerda este principio: «Porque el Señor disciplina a los que ama, como corrige un padre a su hijo querido» (Prov. 3:12).

En momentos como este, donde todos somos «expertos» en criticar a través de las redes sociales, donde cada acción puede ser exhibida a cientos o miles de personas, donde las acciones disciplinarias pueden ser mal interpretadas con facilidad, Dios enseña por medio de Su Palabra: «Pues si ustedes, aun siendo malos, saben dar cosas buenas a sus hijos, ¡cuánto más su Padre que está en el cielo dará cosas buenas a los que le pidan!» (Mat. 7:11). ¡Gloria a Dios!

SALMO 21

«Enaltécete, Señor, con tu poder,
y con salmos celebraremos tus proezas»

(SAL. 21:13).

Feliz el pueblo cuyo rey hace del poder de Dios su confianza, y de la salvación de Dios su gozo; se complace por todo progreso del reino de Dios, y confía en Dios como apoyo en todo lo que hace a su servicio. Todas las bendiciones que recibimos son bendiciones procedentes de la bondad, y se deben exclusivamente a la bondad de Dios, y no a mérito ninguno de nosotros. Pero cuando las bendiciones de Dios llegan antes y son más ricas de lo que imaginamos; cuando nos son dadas antes de que oremos; antes de que estemos preparados para recibirlas, y cuando tememos lo contrario, entonces puede decirse verazmente que previno, o se adelantó a nosotros. Ciertamente, nada impidió o se adelantó a Cristo, pero nunca hubo para la humanidad favor dado con más anticipación que nuestra redención por Cristo. Tú has hecho que sea una bendición universal, eterna para el mundo, en quien son y serán benditas las familias de la tierra; y, así, le llenaste de alegría con tu presencia en su empresa, y junto a él en sus esfuerzos por lograrla. El Espíritu de profecía surge de lo relacionado con el rey, en lo que es peculiar de Cristo; ningún otro es bendecido para siempre, mucho menos con bendición eterna.

El salmista enseña a anhelar con fe, esperanza y oración lo que Dios va a hacer finalmente. El éxito con que Dios bendijo a David es tipo de la derrota final de todos los enemigos de Cristo. Quienes hubieran podido tener a Cristo para que los mandara y los salvara, pero lo rechazaron y lo combatieron, encontrarán que su recuerdo es gusano que no muere. Dios por gracia vivifica a los pecadores, los recibe en Su favor y los libra de la ira venidera. Que Dios sea exaltado en nuestros corazones, por Su gracia todopoderosa, para la destrucción de las fortalezas del pecado y de Satanás. ¡Qué grande debe ser el gozo de nuestra alabanza al contemplar a nuestro Hermano y Amigo en el trono, y por todas las bendiciones que esperamos de Él! Sin embargo, Él se complace en Su exaltación, que lo capacita para dar felicidad y gloria a pobres pecadores que aprenden a amarle y a confiar en Él.

SALMO 53

«Dice el necio en su corazón: "No hay Dios".
Están corrompidos, sus obras son detestables;
¡no hay uno solo que haga lo bueno!»

(SAL. 53:1).

E l Salmo 53 empieza describiendo lo desesperada de la condición humana. El necio dice: «No hay Dios». Esta es la confesión de fe del ateo. Literalmente en el hebreo leeríamos «no hay *Elohim*», apuntando al nombre de Dios que aparece en el relato de la creación en el Génesis. El necio niega la existencia de su Creador. ¿Y por qué lo hace? Podríamos decir que es una respuesta irreflexiva, pero lo cierto es que responde a una realidad espiritual muy profunda. Niega la existencia de su Creador porque está corrompido. La humanidad entera se echó a perder como una fruta que se pudre. Todos pecamos en Adán, y a su vez todos pecamos por nosotros mismos (Rom. 5:12). Por tanto, «¡no hay uno solo que haga lo bueno!». El hombre puede hacer obras que a nuestros ojos nos pueden parecer buenas, pero no lo son a los ojos de Dios (Ef. 2:10).

Tal y como Dios hizo en Génesis 6 se asomó desde los cielos para ver «si había algún entendido que buscara a Dios» (v. 2). En aquel entonces, Noé halló gracia ante los ojos de Dios, y Dios le encomendó la obra de construir un arca para ser salvos del diluvio. Sin embargo, en este salmo, el rey David se lamenta de vivir en una época mucho peor que la de Noé. Hoy «no hay uno solo que haga lo bueno». (v. 3). *Señor* —medita el salmista— *todos persiguen a tu pueblo, todos hacen el mal, ¿y dónde está tu juicio? ¿Dónde está el que ha de proveer salvación para los tuyos? ¿Dónde está la solución, Señor?*

Así como el salmo nos presenta el problema también nos presenta la perfecta provisión de Dios. El hombre está totalmente perdido en sus pecados y solo Dios puede proveernos de un Salvador. Nuestro Noé ha de descender de los cielos. El justo de Dios, el Señor Jesucristo, es el único en quien Dios el Padre tiene complacencia (Mat. 3:17). Cristo Jesús es esa salvación —Jeshua— que saldrá de Sión, el Josué espiritual que conduce a Su pueblo a una tierra prometida. Cristo es la respuesta al clamor del salmista y es también hoy la respuesta a nuestro clamor.

¿Te identificas con las palabras del salmista cuando dice: «no hay uno solo que haga lo bueno»? Reconoce delante del Señor que tú también eres uno de aquellos que hacen el mal. Reconoce tus muchos pecados y faltas, pues son tan solo los enfermos los que tienen necesidad de médico. Solo Cristo es el Justo y Perfecto, y solo Él, clavado en la cruz, hace tuya Su perfección y Su justicia. Si hay algo bueno en ti, en nosotros, si hay alguna virtud, o fe, o esperanza, es por Su obra perfecta en nuestros corazones. Reconoce delante del Señor el mal que hay en ti y a su vez reconoce que «toda buena dádiva y todo don perfecto desciende de lo alto» (Sant. 1:17).

SALMO 24

*«Del Señor es la tierra y todo cuanto hay en
ella, el mundo y cuantos lo habitan»*

(SAL. 24:1).

*N*osotros no nos pertenecemos; nuestros cuerpos, nuestras almas no son nuestras. Aun las de los hijos de los hombres son de Dios, aunque no lo conocen ni admiten una relación con Él. Un alma que conoce y considera su propia naturaleza, y que debe vivir para siempre, cuando ha visto la tierra y su plenitud, se sentará insatisfecha. Piensa en subir hacia Dios y preguntar: «¿Qué haré para vivir en ese lugar santo y feliz donde Él hace santa y feliz a su gente?». Hacemos nada de la religión si no la hacemos obra del corazón. Solo podemos ser lavados de nuestros pecados y renovados para santidad por la sangre de Cristo y el lavamiento del Espíritu Santo. Así llegamos a ser Su pueblo; así recibimos bendición del Señor y justicia del Dios de nuestra salvación. El pueblo peculiar de Dios será feliz verdaderamente y para siempre. Donde Dios da justicia, Él otorga salvación. Los que están hechos para el cielo será llevados a salvo al cielo y hallarán lo que han estado buscando.

La majestuosa entrada, se refiere a la solemne manera de conducir el arca a la tienda que David levantó, o al templo edificado por Salomón para ella. También se puede aplicar a la ascensión de Cristo al cielo, y a la bienvenida que se le brinda allí. Nuestro Redentor encontró cerradas las puertas del cielo, pero habiendo hecho expiación por el pecado por Su sangre, con Su autoridad, exige entrar. Los ángeles iban a adorarlo (Heb. 1:6); preguntan maravillados: «¿Quién es Él?». La respuesta es que Él es el fuerte y valiente; poderoso en batalla para salvar a Su pueblo y someter a Sus enemigos y a los enemigos de Su pueblo. Podemos aplicarlo a la entrada de Cristo en el alma de los hombres por Su palabra y Su Espíritu, para que sean Su templo. He aquí, Él está a la puerta, y llama (Apoc. 3:20). Los pórticos y las puertas del corazón tienen que ser abiertos para Él, como posesión que es entregada legítimamente a su dueño. Podemos aplicarlo a Su segunda venida con poder y gloria. *Señor, abre las puertas eternas de nuestra alma por tu gracia, para que ahora podamos recibirte y ser totalmente tuyos; y que, al final, seamos contados con tus santos en gloria.*

SALMO 119:99-100

«Tengo más entendimiento que los ancianos porque obedezco tus preceptos»

(SAL. 199:100).

E s común que en nuestro caminar cristiano nos encontremos con maestros por quienes damos gloria a Dios con un corazón agradecido. Reconocemos los dones que el Señor les da y nos gozamos en la instrucción que el Señor nos brinda a través de Sus siervos. Aunque esto es muy bueno, si no somos cuidadosos podríamos exaltar demasiado a los maestros que el Señor nos ha dado y menospreciar el poder del Espíritu de Dios en nuestras vidas. Esto se manifiesta cuando un cristiano siente que no tiene la capacidad para conocer a su Señor tan íntimamente. Esto no es cierto, a todos nosotros se nos dio la misma Biblia y el mismo Espíritu Santo. Pero si queremos conocer y obedecer en realidad a nuestro Señor, debemos considerar dos factores importantes que los versos de hoy nos señalan.

El primer factor es la meditación. El salmista dice que ha aprendido más que sus maestros porque los testimonios de Dios son su meditación. El salmista no dice que ha entendido más porque compró varios comentarios bíblicos, porque tiene una biblioteca muy grande o porque fue a un seminario, sino porque los testimonios de Dios son su meditación. Cuando dejamos la lectura de la Palabra para lo último del día, cuando pasamos solo 5 minutos en la Biblia o le damos un vistazo rápido a un devocional, no estamos meditando en la Palabra. La meditación bíblica nos invita a llenar nuestra mente de la Palabra y luego hacer preguntas. Una buena práctica para crecer en la meditación es, preguntar, responder, aplicar y repetir el proceso. Pregunta qué quiere decir el texto que leíste, responde a tu pregunta, luego pregúntate cómo puedes poner en práctica lo que aprendiste y repite el proceso con otro texto. A esto le puedes añadir una conversación con el Señor sobre lo que estás aprendiendo. Si haces esto estarás meditando en la Palabra.

El segundo factor es una consecuencia del primero. El salmista ahora señala que ha aprendido más que los ancianos porque ha guardado los mandamientos. El salmista no dice que ha entendido más porque tiene mucha experiencia o porque ha pasado varias etapas de la vida, sino porque ha guardado los mandamientos de Dios. La desobediencia a los mandamientos de Dios es la simple evidencia de poca meditación bíblica. Sin importar cuánto sepamos intelectualmente, la desobediencia a Dios nos ciega espiritualmente y no nos permite ver la sabiduría iluminadora de Su Palabra. Por otro lado, la obediencia a los mandamientos de Dios nos permite conocerle más íntimamente e incluso nos capacitará para guiar a otros por el camino del Señor.

Medita en la Palabra y entenderás aún más que tus maestros. Obedece la Palabra y entenderás aún más que los ancianos. Pregunta, responde, aplica y repite el proceso. Conversa con el Señor sobre lo que estás aprendiendo y Él te dará más sabiduría. La meditación bíblica dirigirá tus pensamientos a la obediencia al Señor, pero la mente divagante será el patio de recreo del diablo.

SALMO 131

«Israel, pon tu esperanza en el SEÑOR
desde ahora y para siempre»

(SAL. 131:3).

Cuando estoy abrumada, este salmo me calma de manera especial y enfoca mi vida de oración. Tengo la costumbre de buscar soluciones a problemas, me encanta darles vuelta a los retos y encontrar una solución factible. Sin embargo, es a través de este proceso que soy recordada de mis límites, falibilidad y fragilidad. Cuando pensamos mucho en los problemas, aunque sea con el propósito de encontrar solución, podemos ser consumidos por la ansiedad y esto puede destruir nuestra paz, sosiego y confianza en Dios. La soberbia puede estar firme e inamovible disfrazada de silencio y aparente quietud. Es una actitud del corazón, que se revela en un más alto concepto propio, creer que podemos hacer más de lo que humanamente es posible.

Una de las formas más proactivas de la lucha contra la soberbia es cultivar la dependencia de Dios: que nuestros pensamientos se alineen a Su verdad. No debemos justificar lo que Él dice que es malo y que no debe estar en nuestras vidas, sino que debemos reconocerlo y clamar por ayuda antes de que nos veamos en aprietos. Otra forma de luchar contra la soberbia es reconocer cuando algo con lo que lidiamos es demasiado complejo y confiar en que Dios tiene siempre una mejor opinión y curso de acción del que podamos pensar en nuestra propia prudencia o sabiduría (Prov. 3:3-5). Es entonces cuando vamos en oración a Dios, pidiendo sinceramente que, aunque no nos guste lo que estemos enfrentando, se haga Su voluntad y no la nuestra.

Recuerdo que cuando era niña me encantaban los dulces. Para uno de mis cumpleaños reclamé que la porción de pastel que se me había asignado era muy pequeña y que como era mi cumpleaños debía ser más grande. Mi mamá me castigó por eso. En mi sentido de derecho no podía ver lo ingrata y arrogante que estaba siendo. Tampoco podía entender cómo hería el corazón de mi mamá el que no pudiera recibir agradecida la provisión de pastel que con mucho esfuerzo mis padres habían hecho. Muchas veces creemos entender las circunstancias en las que Dios nos coloca y respondemos, en medio de nuestra incomprensión, de manera ingrata y arrogante como si supiéramos mejor que Él lo que es bueno, agradable y perfecto. Pensar que sabemos más que Dios y que podemos tomar mejores decisiones que Él, nos convierte en necios.

Necesitamos orar por arrepentimiento y que se haga un hábito en nuestras vidas, sobre todo en tiempos tumultuosos, correr humildemente a los brazos de nuestro Dios, aquietar nuestros corazones y depender de Él en oración reconociendo que hay cosas muy complejas para nosotros, pero no para Él. Que podamos esperar en quietud, no en pasividad. ¿Por qué no tomas unos momentos para orar y hacer lo mismo? Pídele que aquiete tu alma, reconoce y pide Su ayuda, sabiduría e instrucción y ríndete a los brazos del Padre seguro. Espera en Él.

SALMO 125

*«Los que confían en el Señor son como el monte Sión,
que jamás será conmovido, que permanecerá para siempre»*

(SAL. 125:1).

El salmista exalta muchas veces a nuestro Dios por Su grandeza y por Su inmenso poder, pero en este salmo en particular es curioso observar que el salmista empieza de una forma diferente. Aquí es el creyente quien es presentado en primer término como alguien fuerte. Aquellos que confiamos en Jehová somos «como el monte Sión», que no se mueve, que no tiembla, que no huye. Qué hermosa comparación. El creyente es fuerte y firme como una roca gracias a la fe depositada sobre su Señor, porque a la vez que exalta esa fortaleza este salmo también repite de dónde viene el carácter firme del cristiano. Igual como Jerusalén está rodeada de montes, «así rodea el Señor a su pueblo» (v. 2). No son nuestras fuerzas las que nos hacen fuertes. Es la presencia protectora de Dios la que nos mantiene en pie.

Entonces, meditando dentro de nosotros mismos nos preguntamos cuando vienen las adversidades: ¿habrá abandonado Dios a Su pueblo en manos de los impíos? ¿Te ha dejado Dios a tu suerte en medio de las pruebas? ¡De ningún modo! El poder de los malos será siempre limitado por Dios y tendrá un propósito muy concreto. Al pueblo de Dios le pueden llegar calamidades, sin embargo, «no reposará la vara de la impiedad» sobre ellos para siempre. Israel estuvo bajo el yugo de Egipto, la Iglesia del Señor está bajo persecución, pero Dios ciertamente protege a los suyos y junto a la prueba nos dará la salida para que podamos soportar (1 Cor. 10:13). Tranquilo. El juicio de Dios pronto llegará, y sin duda será justo y perfecto. Aquellos que hacen el mal, y hacen el mal contra el pueblo de Dios, serán llevados junto a aquellos que hacen perversidad. El infierno es un lugar muy real, está lleno de horrores, y uno de los horrores que describe este pasaje es que los hacedores de maldad habrán de estar juntos eternamente.

Qué contraste tan tremendo con el maravilloso destino del justo. El justo «no se mueve, sino que permanece» porque Dios está con él (v. 1); al malo «Dios lo llevara con los que hacen iniquidad», pero la compañía del justo es la mismísima compañía del Señor. Para unos Dios es paz y esperanza, y para otros es turbación y castigo. Este salmo concluye a modo de resumen diciendo: «¡Que haya paz en Israel!». ¿Estás viviendo en esa paz tan profunda expresada por el salmista? ¿Descansas en el Señor, así como Jerusalén descansa en medio de esos montes? Como Jesús dijo a Sus discípulos cuando tuvieron temor, así te dice a ti también hoy en medio de tus muchas preocupaciones: «Yo soy; no temas». Confía en Cristo. Él es tu paz y tu seguridad. Él es tu roca y refugio. Confíale todo en oración y no desmayes jamás. «No se inquieten por nada; más bien, en toda ocasión, con oración y ruego, presenten sus peticiones a Dios y denle gracias» (Fil. 4:6).

SALMO 94:21-23

«Pero el Señor es mi protector, es mi Dios
y la roca en que me refugio»

(SAL. 94:22).

Aún se emociona mí espíritu cuando leo y releo el pasaje de Juan 8:1-11, donde relata que «Jesús se inclinó y con el dedo comenzó a escribir en el suelo. Y, como ellos lo acosaban a preguntas, Jesús se incorporó y les dijo: "Aquel de ustedes que esté libre de pecado, que tire la primera piedra"». Al leer el pasaje me pregunto: ¿cuántos de esos puños que estaban preparados para apedrear se apretaron con mayor fuerza antes de haber soltado las piedras? Tengo que reconocer que he lastimado a otras personas por haber emitido juicios sobre ellas. Quisiera que no leyeres estas palabras de un pastor como yo, pero la realidad es que gran parte de nuestro reto personal día a día al estar cuidando del rebaño es recordarme: «No juzgues, inclínate. No señales con tu dedo índice, mejor escribe en la tierra. No incites a la violencia, solo medita. No hables, mejor calla». Si aplicamos estas verdades en nuestras vidas no tendríamos falsos prejuicios sobre los demás y veríamos a los demás como el Señor quiere que lo hagamos: «Consideren a los demás como superiores a ustedes mismos» (Fil. 2:3).

Al meditar en este salmo me doy cuenta de que el salmista *no* está hablando como alguien que tiene la piedra en la mano, sino como el que está a punto de ser apedreado. Es tanta su preocupación porque ve que se han reunido para hacer un juicio precipitado sobre él y su vida.

La frase «y condenan a muerte al inocente» se refiere que no les bastó con haber juzgado con ligereza, sino que al inocente lo declararon culpable. Es ahí donde nace la necesidad de un *refugio*. No solo es necesario un escondite o una escapatoria sencilla para momentos difíciles, sino una defensa fundamentada en la verdad y en la seguridad, que si Dios así lo desea, es capaz de llegar a destruir al enemigo.

Esos somos nosotros, en nuestra condición de pecadores somos acusados por nuestros tres terribles enemigos: Satanás, el mundo y nuestra carne. Estos enemigos se han reunido para destruirnos y condenarnos, y no estarán satisfechos hasta que se haya derramado la última gota de sangre. Pero Cristo, quien es nuestro refugio, se inclina para continuar escribiendo en la tierra este mensaje: «La sangre más inocente y sin defecto ya fue derramada en la cruz, el castigo más injusto y cruel ya fue ejecutado y juzgado en esa misma cruz». Solo entonces Cristo se convierte en mi refugio y nos recuerda que «Tampoco yo te condeno. Ahora vete, y no vuelvas a pecar» (Juan 8:11, comp. 1 Jn. 1:9; Isa. 1:18).

SALMO 27

«El SEÑOR es mi luz y mi salvación; ¿a quién temeré?
El SEÑOR es el baluarte de mi vida;
¿quién podrá amedrentarme?»

(SAL. 27:1).

El Señor, que es la luz del creyente, es la fortaleza de su vida; no solo por Él quien vive, sino en el cual vive y se mueve. Fortalezcámonos en Dios. La presencia de Dios, Su poder, Su promesa, Su disposición para oír oraciones, el testimonio de Su Espíritu en los corazones de Su pueblo; estos son el secreto de Su tabernáculo y en estos los santos encuentran la causa de esa santa seguridad y paz mental en que habitan cómodamente. El salmista ora por la comunión constante con Dios en las santas ordenanzas. Todos los hijos de Dios desean habitar en la casa de su Padre. No una estadía allí, como pasajero que se queda por una noche; ni habitar allí solo por un tiempo, como el siervo que no permanece en la casa para siempre; sino habitar allí todos los días de su vida, como hijos con su padre. ¿Esperamos que la alabanza de Dios sea la bienaventuranza en la eternidad? Seguro entonces que debemos hacerlo asunto importante de nuestro tiempo. Esto tenía en el corazón más que cualquier cosa. Sea lo que fuere el cristiano en esta vida, considera que el favor y el servicio de Dios es la única cosa necesaria. Esto desea, ora y procura, y en ello se regocija.

Donde estuviere el creyente, puede hallar el camino al trono de gracia por la oración. Dios nos llama por Su Espíritu, por Su Palabra, por Su adoración y por providencias especiales, misericordiosas que nos afligen. Cuando estamos neciamente coqueteando con las vanidades mentirosas, Dios está, por amor a nosotros, llamándonos a buscar nuestras misericordias en Él. La llamada es general. «Buscad mi rostro», pero debemos aplicarlo a nosotros mismos: «Tu rostro buscaré». La Palabra no sirve cuando no aceptamos la exhortación: el corazón bondadoso responde rápidamente al llamado del Dios bondadoso, siendo voluntario en el día de Su poder. El salmista requiere el favor del Señor; la continuación de Su presencia con él; el beneficio de la dirección divina y el beneficio de la protección divina. El tiempo de Dios para ayudar a los que confían en Él llega cuando toda otra ayuda falla. Él es un Amigo más seguro y mejor de lo que son o pueden ser los padres terrenales.

¿Cuál era la creencia que sustentaba al salmista? Que vería la bondad del Señor. Nada hay como la esperanza de fe en la vida eterna, los vistazos anticipados de esa gloria y el sabor previo de sus placeres para impedir que desfallezcamos mientras estamos sometidos a todas las calamidades. Mientras tanto él debe ser fortalecido para soportar el peso de sus cargas. Miremos al Salvador sufriente y oremos en fe que no seamos entregados a las manos de nuestros enemigos. Animémonos unos a otros a esperar en el Señor con paciente esperanza y oración ferviente.

SALMO 90

*«Enséñanos a contar bien nuestros días,
para que nuestro corazón adquiera sabiduría»*

(SAL. 90:12).

uestro Dios es el Eterno, y nos es muy necesario meditar en la grandeza de Dios para adquirir la perspectiva correcta sobre nuestra propia existencia. El Señor nuestro Dios es grande y nosotros somos muy pequeños, y en este precioso salmo de Moisés se nos recuerda nuestra pequeñez en la actitud suplicante del salmista. Si observamos el caminar de la gente, veremos que el hombre suele vivir como si fuera a vivir por siempre, sin pensar en lo que le espera después de cruzar el río de la muerte y sin meditar en su condición temporal. Cuando Job le pregunta a Dios por su estado, el Señor le responde con un hermoso discurso sobre Su inmensa grandeza (Job 38-39), a lo que Job admirado responde guardando silencio: «Mi mano pongo sobre mi boca» (Job 40:4).

En este salmo, Moisés empieza de la misma manera, maravillándose de la grandeza del Dios eterno, el que siempre ha existido y para quien mil años son como el día de ayer. Sin duda el hombre es como un sueño, y después de haber meditado en la inmensidad de Dios nos sentimos frágiles y pequeños. El hombre es breve. Su vida es corta como la vida de la hierba. La justa ira de Dios pende sobre nosotros, pues le enojamos continuamente con nuestros muchos pecados, y qué fácil sería para Dios poner rápidamente fin a nuestra existencia. Nuestras maldades y yerros están siempre presentes delante de Él (v. 8).

Cuánto bien nos hace reflexionar sobre la brevedad de la vida si después nuestros ojos acaban mirando al cielo. Sí, nuestros días son breves. Si en los más fuertes no suelen ser más de ochenta sus años, y si el Creador está indignado por nuestras faltas, ¿no deberíamos contar todos nuestros días como pequeños tesoros que nos vienen de parte de Dios como un regalo totalmente inmerecido? El Señor, sin duda, tiene mucha misericordia de nosotros, y al final de este hermoso salmo Moisés clama a Dios por Su compasión: «¡Compadécete ya de tus siervos!» (v. 13). Esta es la oración del creyente: que Dios llene nuestros pocos días de alegría, que sea generoso en perdón y en compasión con Sus hijos, y que «el favor del Señor nuestro Dios esté sobre nosotros» (v. 17) para guiar todos y cada uno de nuestros pasos.

Y tú, ¿cómo cuentas tus días? ¿los cuentas como si fueran tuyos, o como verdaderos regalos de Dios? Como seres finitos que somos deberíamos de centrar todo nuestro pensamiento en aquello que permanece: dar gloria a Dios con nuestra vida y compartir las buenas nuevas del evangelio con aquellos que están perdidos. Que el Señor te ayude a meditar en tu pequeñez para maravillarte más aún de Su grandeza y de la eternidad que nos tiene preparada para gozar de Él. «Hazme saber, Señor, el límite de mis días, y el tiempo que me queda por vivir; hazme saber lo efímero que soy» (Sal. 39:4).

SALMO 28

«Bendito sea el SEÑOR, que ha oído mi voz suplicante»

(SAL. 28:6).

*D*avid es muy ferviente para orar. Observemos su fe en la oración: *Dios es mi roca sobre quien edifico mi esperanza.* Los creyentes no deben descansar hasta que hayan recibido alguna señal de que sus oraciones son escuchadas. Pide no ser contado con los impíos. *Sálvame de ser enredado en las trampas que han puesto para mí. Sálvame de ser infectado con sus pecados y de hacer lo que ellos hacen. Señor, nunca dejes que para mi seguridad yo use las artes de engaño y traición que ellos usan para mi destrucción.* Los creyentes temen el camino de los pecadores; los mejores son sensibles al peligro que corren de ser descaminados: todos debemos orar fervorosamente a Dios por Su gracia para salvaguardarnos. Los que tienen el cuidado de no participar con los pecadores en sus pecados, tienen razón para esperar que no recibirán sus plagas.

Él habla de los justos juicios del Señor sobre los obradores de perversidad (v. 4). Este no es lenguaje de pasión ni de venganza. Es una profecía de que ciertamente llegará el día en que Dios castigue a todo hombre que persista en sus malas obras. Los pecadores serán responsables no solo por el mal que han hecho, sino por el mal que concibieron y por lo que hicieron para concretarlo. El desprecio por las obras del Señor es la causa del pecado de los pecadores, y llega a ser la causa de su ruina.

¿Ha oído Dios nuestras súplicas? Entonces bendigamos Su nombre. El Señor es mi fortaleza, me sostiene, y me conduce a través de todos mis servicios y sufrimientos. El corazón que verdaderamente cree, a su debido tiempo se regocijará en gran manera; tenemos que esperar gozo y paz al creer. Dios tendrá la acción de gracias por ello: así debemos expresar nuestra gratitud. Los santos se regocijan en el consuelo de los demás, como en el propio: no aprovechamos menos la luz del sol y la luz del rostro de Dios porque los demás participan de ellas. El salmista concluye con una oración breve, pero de gran alcance. El pueblo de Dios es Su heredad, preciosa a sus ojos. Pide que Dios los salve; que los bendiga con todo bien, especialmente con la abundancia de Sus ordenanzas que son alimento para el alma. Y que dirija sus acciones y gobierne sus asuntos para siempre. También, que los levante para siempre; no solo a los de esta edad, sino a Su pueblo de toda edad venidera; que los levante tan alto como el cielo. Allí y solo allí serán elevados los santos para siempre, para no volver a hundirse o deprimirse jamás. *Sálvanos, Señor Jesús, de nuestros pecados; bendícenos, tú, Hijo de Abraham, con la bendición de la justicia; aliméntanos, tú, buen Pastor de las ovejas, y elévanos por siempre del polvo. Oh, tú, que eres la resurrección y la vida.*

SALMO 28:6-9

«El Señor es mi fuerza y mi escudo; mi corazón
en él confía; de él recibo ayuda. Mi corazón salta
de alegría, y con cánticos le daré gracias»

(SAL. 28:7).

¿Te has encontrado en tiempos y situaciones donde sientes el impulso constante de defenderte como si tu vida dependiera de tu defensa y tus fuerzas? Podría ser una amenaza percibida de que tu reputación, anhelo, o plan está en peligro y depende de ti salvarlo. A veces el sentido de supervivencia nos gana. Lamentablemente en esos momentos, se nubla nuestro entendimiento y no podemos pensar clara, justa y verdaderamente (Fil. 4:8-9) y no podemos hacer lo bueno que sabemos que deberíamos hacer. Decimos cosas que no deberíamos, pensamos y sentimos cosas contrarias a las de un corazón puro, actuamos de manera fría, contenciosa y hasta con prejuicios contra quienes estamos convencidos merecen nuestra actitud y terminamos pecando igual que ellos o por lo menos como creemos. En otras ocasiones, ese sentido de supervivencia nos inmoviliza e incapacita para tomar decisiones y nos encerramos en nosotros mismos, todo porque sentimos que debemos protegernos de todo y de todos. No podemos ver a Dios como nuestro protector y ayudador porque creemos que podemos hacerlo mejor y más rápido que Él.

Las súplicas son las oraciones levantadas a Dios en momentos donde nuestra fe se ve colgando de un hilo y una solución humana a nuestra precariedad se muestra imposible. Realmente no debería ser necesario llegar a un punto de quiebre para poder reconocer nuestra incapacidad y limitación. Lamentablemente es la forma en la que nuestro orgullo es puesto en su sitio. Necesitamos llegar muchas veces al punto del agotamiento para descubrir que nuestras luchas tienen un límite, nuestras explicaciones no son suficientes y solo la fuente de gracia y sabiduría, Dios mismo, puede rescatarnos.

Es imposible ayudar a alguien que no quiere ser ayudado. Solo Dios puede orquestar las circunstancias necesarias para tornar rebeldes negados a recibir ayuda en pecadores clamando a un salvador.

En este salmo la confianza precede a la salvación y la rendición y el reconocimiento preceden a la victoria. El salmista utiliza términos que se refieren a esta necesidad y dependencia de Dios de manera individual y corporativa. Él reconoce su propia necesidad y la del pueblo de Dios de ser rescatados. Muchas veces podemos reconocer que otros necesitan a Dios a la vez que minimizamos que nosotros mismos necesitamos de Él. A veces no lo negamos, pero no reconocemos de manera adecuada nuestra condición interior que a veces es más amenazante que las circunstancias externas. Por esta razón necesitamos examinarnos como la Biblia constantemente nos llama a hacerlo. Cristo habló de ver la viga en nuestro ojo antes de la paja en el ojo de nuestro hermano. Necesitamos clamar con humildad y pedirle al Espíritu Santo que nos examine y traiga la verdad de nuestra condición a nuestro conocimiento con el fin de arrepentirnos y ser santificados cada vez más.

Este salmo nos ayuda a reconocer el problema, pero también nos señala la solución. El humillarnos y reconocer que no somos Dios y que solo Él puede rescatarnos, guiarnos, protegernos, alimentarnos y defendernos debe convertirse en un ejercicio recordatorio permanentemente grabado en nuestros corazones. Memoriza estos versos y cuando te encuentres sin palabras ni saber cómo expresarte, ora con todo tu corazón estas palabras: «El Señor es mi fuerza y mi escudo; mi corazón en él confía; de él recibo ayuda. Mi corazón salta de alegría, y con cánticos le daré gracias. El Señor es la fortaleza de su pueblo, y un baluarte de salvación para su ungido. Salva a tu pueblo, bendice a tu heredad, y cual pastor guíalos por siempre» (Sal. 28:7-9).

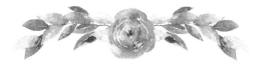

SALMO 65

«Tú, oh Dios y Salvador nuestro, nos respondes con imponentes obras de justicia; tú eres la esperanza de los confines de la tierra y de los más lejanos mares»

(SAL. 65:5).

ste es un salmo encantador. Viniendo después de los anteriores que son tan tristes, parece la aparición de la mañana después de las tinieblas de la noche. Hay la frescura del rocío en él, y desde el versículo nueve hasta el final hay una sucesión dulce de cuadros o paisajes que nos recuerdan la hermosura de la primavera; y verdaderamente es una descripción, en imágenes naturales, del estado feliz de la mente de los hombres que resulta del «Día de la primavera que nos visita desde lo alto» (Luc. 1-7-8).

Nos respondes con imponentes obras de justicia. Buscamos santificación, y la respuesta es prueba; pedimos más fe, y resulta más aflicción; oramos por el esparcimiento del evangelio, y la persecución cae sobre nosotros. Sin embargo, es bueno que sigamos pidiendo, porque nada de lo que el Señor nos concede en Su amor puede causarnos daño alguno. Los desastres van a resultar en bendiciones, después de todo, cuando vienen como respuesta a la oración.

Tú eres la esperanza de los confines de la tierra. La estabilidad de las montañas no ha de ser adscrita a ciertas leyes físicas, sino al poder de Dios. Sin el poder inmediato de Dios las leyes de la naturaleza no podrían producir su efecto. Qué consolador y satisfactorio es este modo de ver la Providencia divina, comparado con el de la filosofía infiel que nos prohíbe ir más allá del poder de ciertas leyes físicas que, si bien concede que fueron establecidas por Dios, pueden ejecutar su función sin Él.

Y de los más lejanos mares. Si la tierra dio ancianos a Moisés, el mar dio apóstoles a Jesús. Noé, cuando todo era océano, estaba tan tranquilo con Dios como Abraham en su tienda. La fe es una planta de crecimiento universal; es un árbol de vida en la ribera y una planta de renombre en el mar; y, bendito sea Dios, los que ejercen fe en Él en cualquier punto, hallarán que Él es rápido y fuerte en contestar sus oraciones.

SALMO 30

«SEÑOR mi Dios, te pedí ayuda y me sanaste»

(SAL. 30:2).

Las grandes cosas que el Señor ha hecho por nosotros, tanto por Su providencia como por Su gracia, obligan nuestra gratitud para hacer todo lo que podamos para el progreso de Su reino entre los hombres, aunque lo más que podamos hacer sea poco. Los santos de Dios en el cielo le cantan; ¿por qué no hacen lo mismo los que están en tierra? Ninguna de las perfecciones de Dios conlleva en sí más temor para el impío o más consuelo para el santo que Su santidad. Buena señal es que seamos, en parte, partícipes de Su santidad si podemos regocijarnos de todo corazón con su solo recuerdo. Nuestra felicidad está ligada al favor divino; si lo tenemos, tenemos bastante, sea lo que sea lo demás que necesitemos; pero mientras dure la ira de Dios, durará el lloro de los santos.

Cuando las cosas nos salen bien, somos dados a pensar que siempre será así. Cuando vemos nuestro error, nos corresponde pensar con vergüenza que nuestra seguridad carnal es necedad nuestra. Si Dios esconde Su rostro, el hombre piadoso es perturbado, aunque ninguna calamidad le sobrevenga. Pero si Dios, en Su sabiduría y justicia, se aparta de nosotros, será una gran necedad si nosotros nos apartamos de Él. Aprendamos a orar en las tinieblas. El espíritu santificado que vuelve a Dios, lo alabará, seguirá alabándolo; pero los servicios de la casa de Dios no pueden ser realizados por el polvo; no puede alabarlo; no hay ciencia ni obra en el sepulcro, porque es la tierra del silencio. Pedimos bien cuando pedimos vida, si lo hacemos para alabarlo.

En su debido momento, Dios libró al salmista de sus problemas. Nuestra lengua es nuestra gloria, y nunca lo es más que cuando se la usa para alabar a Dios. Quisiera perseverar hasta el fin alabándole, y esperando que en breve estará donde esto sea su tarea eterna. Pero cuidémonos de la seguridad carnal. Ni la prosperidad externa ni la paz interior son aquí seguras y duraderas. El Señor, en Su favor, ha fijado firmemente la seguridad del creyente como montañas de profundas raíces, pero debe esperar encontrarse con tentaciones y aflicciones. Cuando nos descuidamos, caemos en pecado, el Señor esconde Su rostro, nuestros consuelos se derrumban, y los problemas nos asedian.

SALMO 51

«Contra ti he pecado, solo contra ti, y he hecho lo
que es malo ante tus ojos; por eso, tu sentencia
es justa, y tu juicio, irreprochable»

(SAL. 51:4).

*E*ste es un hermoso salmo de confesión en el cual, después de pecar contra Betsabé y contra Urías, el rey David suplica el perdón del Señor. David pide a Dios que tenga misericordia de él. Después de su pecado se acerca al Señor con la actitud apropiada, orando hacia el cielo con un corazón quebrantado y humillado (v. 17), y reconociendo que no ha pecado tan solo contra su prójimo, sino que ante todo ha pecado contra el Señor su Dios (v. 4).

Después de la exhortación del profeta Natán, quien fue instrumento en las manos de Dios para mover el corazón de David al arrepentimiento, el rey confiesa sus rebeliones y reconoce que el pecado está en él aun desde antes de nacer (v. 5), suplicando el perdón perfecto de Dios. El salmista clama pidiéndole al Señor que lo purifique por completo. Sin duda solo Dios tiene la facultad de cambiar a las personas, y David ruega por un cambio auténtico. No ruega que Dios cambie sus actos, ni sus manos, ni sus pensamientos, ni sus hábitos, ni tampoco las circunstancias que le rodean… porque David sabe muy bien dónde radica el centro del cambio duradero y de dónde proviene su pecado. Por esta razón, David ruega a Dios que cambie su corazón: «Crea en mí, oh Dios, un corazón limpio» (v. 10), pidiéndole al Señor que le purifique para poder volver a sentir de nuevo el gozo de la salvación (v. 12).

Este es el principio del cambio verdadero. El alma que ha sido verdaderamente redimida es la que publicará alabanzas al Señor con mayor gozo y mayor prontitud (v. 15). Cuando experimentamos el perdón de Dios en nuestras vidas nuestros labios se alegran de poder pregonar lo que Dios ha hecho con nosotros, pobres pecadores. La Palabra de Dios es una gran evidencia de ello. La Biblia está llena de hombres y mujeres imperfectos que fueron restaurados por la gracia de Dios y dieron testimonio de ello anunciando la bondad de Dios; la Iglesia de hoy está así mismo llena de pecadores que han sido transformados y pregonan que antes eran ciegos, pero ahora ven. Todos debiéramos confesar a Dios nuestras faltas y pecados, y al recibir Su generoso perdón debiéramos de enseñar a los transgresores sus caminos (v. 13).

Examina hoy tu propio corazón. ¿Le has confesado a Dios tus pecados? Este salmo enseña que Dios ama la verdad en lo íntimo (v. 6). Dios conoce todos los pensamientos que hay en ti, aun en lo más recóndito de tu alma. ¿Crees que no hay nada de lo cual hayas de arrepentirte en tu vida? Ruégale hoy Su perdón, con un espíritu contrito y verdaderamente humillado. Quiera el Señor escuchar tu confesión y devolverte el gozo de la salvación al saber que has sido verdaderamente perdonado de todos tus pecados por la sangre del Señor Jesús. Dios se complace en ello, porque «el sacrificio que [le] agrada es un espíritu quebrantado» (v. 17).

SALMO 66

«¡Aclamen alegres a Dios, habitantes de toda la tierra!»

(SAL. 66:1).

Tiene que haber sido un hombre de gran destreza el que cantó este salmo: la mejor música del mundo se sentiría honrada de poderse unir a expresiones semejantes. No sabemos quién fue su autor, pero no vemos razón alguna para dudar que fuera David el que lo escribió.

¡Aclamen alegres a Dios, habitantes de toda la tierra! Necesitamos sonidos alegres. Dios ha de ser loado con la voz, y el corazón debe acompañar en santa exultación. Todas las naciones deben rendir alabanzas al Señor. Feliz el día en que no habrá gritos discordantes, sino que toda la tierra adorará a su Creador. El dar gloria a Dios no es sino restaurarle lo que es suyo. Es una gloria para nosotros el poder dar gloria a Dios; y toda nuestra verdadera gloria debería ser adscrita a Él, porque es Su gloria (v. 2). La devoción, a menos que sea decididamente dirigida al Señor, no es más que silbar al viento (v. 3).

Es tan grande tu poder que tus enemigos mismos se rinden ante ti. El poder pone al hombre de rodillas, pero solo el amor gana su corazón. Faraón dijo que dejaría partir a Israel, pero mentía ante Dios; se sometía de palabra, pero no de hecho. Decenas de millares, tanto en la tierra como en el infierno, están rindiendo un homenaje forzado al Todopoderoso; solo se someten porque no pueden por menos que hacerlo; esto no es lealtad, sino que el poder de Dios los mantiene sometidos bajo Su dominio sin límites.

Si en mi corazón hubiera yo abrigado maldad, el Señor no me habría escuchado. No hay nada que estorbe tanto a la oración como la iniquidad alojada en el pecho; como con Caín, lo mismo con nosotros: el pecado se halla a tu puerta, estorbándote el paso. Si escuchas al diablo, Dios no te escuchará. Si rehúsas escuchar los mandamientos de Dios, sin duda Él rehusará escuchar tus peticiones. Una petición a Dios imperfecta será oída por amor a Cristo, pero no una que haya sido tergiversada a propósito por la mano de un traidor. El que Dios aceptara nuestras devociones cuando nosotros estamos aún deleitándonos en el pecado, sería hacer de Él el Dios de los hipócritas, lo cual es un nombre apto para Satanás, pero no para el Dios de Israel.

SALMO 31

*«Guíame, pues eres mi roca y mi fortaleza,
dirígeme por amor a tu nombre»*

(SAL. 31:3).

La fe y la oración deben ir juntas, porque la oración de fe es la oración que prevalece. David entregó su alma a Dios en forma especial. Y con sus palabras (v. 5), nuestro Señor Jesús dio Su último aliento en la cruz, e hizo de Su alma una ofrenda voluntaria por el pecado, entregando Su vida como rescate. Pero aquí David es un hombre confundido y con problemas. Su mejor parte es su gran cuidado por su alma, por su espíritu. Muchos piensan que, si están confundidos por sus asuntos mundanos y se multiplican sus preocupaciones, pueden ser excusados si descuidan su alma; pero somos los más interesados por cuidar de nuestra alma para que el hombre interior no sufra daño, aunque el hombre exterior se deshaga. La redención del alma es tan preciosa, que hubiera cesado para siempre, si Cristo no la hubiera emprendido. Habiendo confiado en la misericordia de Dios, uno se alegra y regocija en eso. Dios mira nuestra alma cuando estamos atribulados, para ver si se humilla por el pecado y mejora por la aflicción. Todo creyente enfrentará peligros y liberaciones, hasta que sea librado de la muerte, su postrer enemigo.

Las aflicciones de David lo hicieron varón de dolores. Aquí era tipo de Cristo que estaba experimentado en quebrantos. David reconoce que sus aflicciones eran merecidas por sus pecados, pero Cristo sufrió por los nuestros. Los amigos de David no se animaron a socorrerlo. No pensemos que es raro si nos abandonan, pero asegurémonos de un Amigo en el cielo que no falla. Con toda seguridad Dios ordenará y dispondrá todo en la mejor forma para quienes también encomiendan su espíritu en su mano. El tiempo de la vida está en las manos de Dios, que lo alarga o acorta, lo amarga o endulza, conforme al consejo de su voluntad. El camino del hombre no está en sí, ni en las manos de nuestros amigos, ni en las manos de nuestros enemigos, sino en las de Dios. Con esta fe y confianza pide al Señor que lo salve por amor a Sus misericordias, no por algún mérito de él. Profetiza que serán silenciados quienes reprochan y hablan mal del pueblo de Dios. Hay un día venidero en que el Señor ejecutará juicio contra ellos. Mientras tanto, debemos dedicarnos a hacer el bien, si es posible, para silenciar la ignorancia de los necios.

En lugar de rendirnos a la impaciencia o al desencanto cuando somos atribulados, debemos volver nuestros pensamientos a la bondad del Señor para con quienes le temen y confían en Él. Todo llega a los pecadores a través de la dádiva maravillosa del unigénito Hijo de Dios, para ser la expiación por los pecados. No se rinda nadie a la incredulidad o al pensar, en circunstancias desalentadoras, que han sido cortados de delante de los ojos del Señor, y entregados al orgullo de los hombres. Señor, perdona nuestras quejas y temores; aumenta nuestra fe, paciencia, amor y gratitud; enséñanos a regocijarnos en la tribulación y en la esperanza. La liberación de Cristo, con la destrucción de sus enemigos, debiera fortalecer y consolar los corazones de los creyentes sometidos a todas sus aflicciones de aquí abajo, para que habiendo sufrido valientemente con su Maestro, puedan entrar triunfantes a su gozo y gloria.

SALMO 24

«¿Quién es este Rey de la gloria? Es el Señor
Todopoderoso; ¡él es el Rey de la gloria!»

(SAL. 24:10).

La gloria de nuestro Dios rebosa en estos versos. El salmista inicia este cántico exaltando la grandeza del Señor. Él posee la tierra, Él la fundó y Él la afirmó con Sus manos. Nadie como Jehová nuestro Dios. Por tanto, la pregunta que el salmista se hace a continuación es tremendamente apropiada. Si nuestro Dios es tan grande, ¿quién podrá acercarse a Él? ¿Quién podrá entrar en Su lugar Santo? (v. 3). ¿Quién podrá entrar en la presencia de Dios, si Él es el rey de gloria cuyas manos están limpias y cuyo corazón es puro? ¿Quién es este Rey de Gloria que este salmo describe con tanto esplendor? Nadie puede entrar en la presencia de un Dios santo. Tan solo aquel en el cual no haya pecado: «El limpio de manos y puro de corazón». Solo este podrá entrar en la presencia de Jehová, y delante de tal afirmación solo podemos quedarnos sorprendidos y abrumados. Porque ¿quién es así? ¿Acaso no hay en todos nosotros impureza y pecado? ¿Quién es este varón perfecto que no posee falta alguna?

En efecto, este salmo no te está describiendo a ti ni a mí, sino a nuestro precioso Señor Jesús. Él es el único limpio, puro y sin engaño. Cristo es el único, y siguiéndole a Él y por Sus méritos, también somos así todos los que lo buscan (v. 6). Él, Cristo Jesús, es nuestro Rey de Gloria. Parece ser que este salmo se cantaba cuando el arca de la alianza era conducida al templo. Entonces, al modo de la época, en la que se cantaban cánticos militares en honor de los guerreros (1 Sam. 18:6-9), se entonaba este salmo en honor a Jehová de los ejércitos, el Guerrero sublime por excelencia.

Jehová es el Rey de la Gloria, el fuerte y valiente, el poderoso en batalla que merece entrar en la mismísima presencia de Dios. Por tanto, al tratar de responder a la pregunta del versículo 3, «¿Quién puede subir al monte del SEÑOR? ¿Quién puede estar en su lugar santo?», encontramos la respuesta en el versículo 10: «Jehová de los ejércitos» (RVR1960). Solo Jehová puede entrar en la presencia de Jehová. Solo Dios el Hijo es digno de presentarse ante Dios el Padre. Cristo es el Rey de Gloria por cuya victoria nosotros somos más que vencedores (Rom. 8:37) y por cuya llaga fuimos nosotros curados (Isa. 53:5).

Reconoce por tanto delante del Señor que tus manos no están limpias como deberían y tu corazón no es puro como para ser digno de presentarte delante de Él. Reconoce delante del Señor que Cristo es el Rey de Gloria que logra tu acceso al Padre y que solamente en Cristo tienes las puertas del cielo abiertas de par en par. No descanses en tus propias fuerzas ni en tu propia piedad, sino en los méritos del Rey de Gloria, «porque hay un solo Dios y un solo mediador entre Dios y los hombres, Jesucristo hombre» (1 Tim. 2:5).

SALMO 119:89-91

«Tu fidelidad permanece para siempre...»

(SAL. 119:90).

En corto tiempo podemos hacernos una impresión sobre alguien, pero es imposible conocer verdaderamente a una persona. La permanencia demuestra el verdadero amor y revela el verdadero carácter.

Dios precede todo lo existente. La Palabra tiene tantas afirmaciones de la permanencia de Dios. La Real Academia Española, define permanecer como «mantenerse sin mutación en el mismo lugar, estado o calidad». A través de la historia de Su pueblo, y al mirar al pasado, podemos claramente reconocer en la vida de cada ser humano y cada generación que ha existido, que Dios permanece. En Él no hay sombra, ni un ápice de variación (Sant. 1:17). Piensa en esto por un momento. Dios siempre ha permanecido y Cristo nos llama a hacer lo mismo con Él, a permanecer en Él (Juan 15:4-7).

Un dios cambiante —como son todos los dioses hechos por manos humanas y pensados por mentes falaces— es un falso dios. Los dioses de la antigüedad de las historias épicas son descritos como reactivos, emocionalmente volátiles, cuyas opiniones cambian y los seres humanos a su merced no sabían qué esperar de ellos. Las deidades paganas comparten las mismas características.

De igual forma, los dioses seculares y los sustitutos modernos de Dios que nos hemos construido las generaciones modernas también son cambiantes, no prometen permanencia ni estabilidad porque cambian al mismo ritmo de las opiniones de la revolución cultural y el relativismo, el post-modernismo y la rebelión que caracterizan al mundo, especialmente en este tiempo en particular. Las promesas del placer, del libertinaje, de las opiniones y filosofías vanas, del poder político y el dinero son ídolos frágiles y pasajeros.

Un virus imperceptible al ojo humano ha hecho temblar al mundo y considerar todo lo que entendíamos como seguro, revelando lo vano de la ilusión de control que el ser humano pensaba tener. Nuestro conocimiento se reveló insuficiente, nuestros temores mayores de lo que pensamos y nuestros sistemas y seguridades insuficientes para calmar el corazón humano. Nuestra generación se ha construido ídolos con las misma características y volatilidad que los de la antigüedad y por eso tenemos la impresión constante de vivir en un caos.

Sin embargo, Dios como creador y fuente de toda sabiduría y verdad, ha establecido el fundamento en el cual podemos encontrar la seguridad que en esencia todos anhelamos: la Palabra de Dios la cual revela al Dios de la Palabra. El ser humano necesita un lugar firme, confiable e inamovible en donde poner su confianza. Esto solo puede ser provisto por Dios pues Él es el creador, sustentador y verdadero Rey sobre todo lo que existe. Todo le sirve a Él, aunque se niegue a reconocerlo o no tenga conciencia de cómo lo hace.

Dios se goza en ser permanente, firme y constantemente salvar y santificar pecadores, de los cuales soy la primera. Este pensamiento debilita mis múltiples

inseguridades y corrige el rumbo de cualquier pensamiento o argumento que se levante contrario al conocimiento correcto de quién Él es.

Mientras más conocemos a Dios como es, más arraigado y cimentado es ese amor en el corazón de pecadores que batallamos constantemente con la realidad descalificadora del pecado. Pero también es real que a los que hemos puesto nuestra confianza en Cristo, la permanencia de Dios en las vidas de cada ser humano que ha existido y existirá, vistiendo cada flor que es oculta a nuestros ojos y cada ave que cae y levanta vuelo; al conocerlo, Él permanece como creador, conocedor y sustentador.

Esto debe llenarnos de esperanza, sabiendo que no hay detalle que haga a Dios huir, sino que siempre actúa en favor de que Su propósito sea cumplido en Su creación y en favor de los que le aman. Percatarnos cada día de una realidad mayor a nosotros nos lleva a adorar. La fuente de la adoración del salmista era tan profunda como la meditación en darse cuenta del Dios objeto de su meditación. Mientras más le conozcamos, mayor sentido de asombro tendremos; y mientras mayor sentido de asombro tengamos, mayor reconocimiento y rendición tendremos ante la realidad de quién es Dios. De igual forma, mientras más meditemos en la bondad, gracia, justicia, ira ante el pecado y la rebelión, santidad, rectitud, soberanía, inamovilidad, conocimiento, omnipresencia y todo lo que puede ser desde nuestra perspectiva parcialmente conocido de Dios, más movidos a la alabanza seremos. ¿Qué has aprendido de Dios sobre Su Palabra que te lleva a adorarle hoy? Toma unos minutos y medita en esto bendiciendo Su nombre por quién Él es. Todo, aun la situación más triste y trágica le sirve y puedes confiar en Su carácter inmutable, Sus propósitos llenos de bondad y compasión para los que le aman. Confía.

SALMO 32

*«Dichoso aquel a quien se le perdonan sus
transgresiones, a quien se le borran sus pecados»*

(SAL. 32:1).

El pecado es la causa de nuestra desgracia; pero las transgresiones del creyente verdadero a la ley divina son todas perdonadas puesto que están cubiertas por la expiación. Cristo llevó sus pecados, en consecuencia, no se le imputan. Puesto que se nos imputa la justicia de Cristo, y por haber sido hechos justicia de Dios en Él, no se nos imputa nuestra iniquidad, porque Dios cargó sobre Él el pecado de todos nosotros, y lo hizo ofrenda por el pecado por nosotros. No imputar el pecado es un acto de Dios, porque Él es el Juez. Dios es el que justifica. Observemos el carácter de aquel cuyos pecados son perdonados; es sincero y busca la santificación por el poder del Espíritu Santo. No profesa arrepentirse con la intención de darse el gusto pecando, porque el Señor esté listo para perdonar. No abusa de la doctrina de la libre gracia. Y al hombre cuya iniquidad es perdonada, se le promete toda clase de bendiciones.

Es muy difícil llevar al hombre pecador a que acepte humildemente la misericordia gratuita, con la confesión total de sus pecados y la condena de sí mismo. Pero el único camino verdadero a la paz de conciencia es confesar nuestros pecados para que sean perdonados; declararlos para ser justificados. Aunque el arrepentimiento y la confesión no merecen el perdón de la transgresión, son necesarios para disfrutar realmente la misericordia que perdona. ¡Y qué lengua podría expresar la felicidad de esa hora cuando el alma, oprimida por el pecado, es capacitada para derramar libremente sus penas ante Dios, y para recibir la misericordia del pacto en Cristo Jesús!

Los que prosperan en oración, deben buscar al Señor cuando, por Su providencia, Él los llama a buscarlo y, por Su Espíritu, los incita a que lo busquen a Él. En el tiempo de encontrar, cuando el corazón está ablandado por la tristeza y cargado por la culpa; cuando falla todo refugio humano; cuando no se puede hallar reposo para la mente turbada, entonces Dios aplica el bálsamo sanador por Su Espíritu.

Dios enseña por Su palabra y guía con las intimaciones secretas de Su voluntad. David da una palabra de advertencia a los pecadores. La razón de esta advertencia es que el camino del pecado terminará ciertamente en dolor. Aquí hay una palabra de consuelo para los santos. Vean ellos que la vida de comunión con Dios es lo más grato y consolador. *Que nos regocijemos en ti, oh Señor Jesús, y en tu salvación; así ciertamente nos regocijaremos.*

SALMO 67:6

«La tierra dará entonces su fruto, y Dios,
nuestro Dios, nos bendecirá»

(SAL. 67:6).

Nunca amamos bien a Dios hasta que sabemos que es nuestro, y cuanto más le amamos, más anhelamos estar plenamente seguros de que es nuestro. ¡Qué nombre más querido podemos darle que el de «Dios mío»! La esposa, en los Cantares, nunca tiene palabras más dulces que «Mi amado es mío y yo soy suya».

Sean cuales sean los detalles y pasos de la obra de la redención, todos han de seguirse a su fuente original: la gracia soberana y la misericordia de nuestro Dios... La misericordia eterna, gratuita, inmutable, inagotable de nuestro Dios revelada por medio de Su querido Hijo Jesucristo; este es el manantial del bendito incremento que se predice aquí.

El orden en que es concedido este incremento puede ser considerado después. El plan divino es primero escoger a los suyos y bendecirlos y luego hacer de ellos una bendición, como vemos en Abraham, el padre de los fieles.

El mundo anhela, y aún anhelará más, un gobierno justo. El Señor ha prometido proporcionar esta necesidad natural del corazón humano, aunque Él se vengue de sus enemigos endurecidos. Aun en la venida del Señor para juicio, la bondad va a triunfar finalmente sobre las naciones, de modo que estén alegres y canten de gozo.

Los hombres ahora viven sin Dios en el mundo, por muchas que sean las pruebas de su sabiduría y amor... Qué cambio cuando cada círculo social será una comunidad de santos, y todos abocados a un gran propósito: la gloria divina y la bendición los unos de los otros. Sus siervos serán distinguidos por la mucha alabanza, el mucho celo, la mucha reverencia y humildad. La fe, la esperanza y el amor se hallarán en su ejercicio más pleno. Cristo será el todo en todos, y cada potencia será consagrada a Él. Este es el mejor incremento que la tierra producirá para Dios.

La perpetuidad de este incremento ha de ser añadida a esta gloria. Esto es en conformidad con la promesa hecha al Admirable, Consejero, Dios fuerte, Padre eterno y Príncipe de paz.

SALMO 68

*«Cuando tú, Dios y SEÑOR, ascendiste a las alturas,
te llevaste contigo a los cautivos; tomaste tributo de los
hombres, aun de los rebeldes, para establecer tu morada»*

(SAL. 68:18).

*D*ios es el Rey poderoso, y así como sucede en el Salmo 24 y en tantos otros, este salmo se convierte en un cántico de victoria dedicado a Jehová, Dios de los ejércitos. Nuestro Dios no tiene comparación cuando se trata de contemplar Su poder. Él vence a los impíos como quien esparce el humo (v. 2), Él cabalga sobre los cielos (v. 4), Él hace temblar la tierra entera (v. 8) y Él hace huir a los reyes poderosos (v. 12). Su poder no tiene igual y Sus ejércitos son innumerables (v. 17). Este salmo ensalza las virtudes de Dios como Rey victorioso, el cual no tiene a nadie igual en poder o en bondad. Su victoria es tan grande que hace cautiva la cautividad y así trae salvación a Su amado pueblo.

Pero Dios no solamente es poderoso, sino también justo. Pobres de nosotros si Dios fuera un Rey todopoderoso, pero no tuviera bondad. Pudiera usar Su poder de forma caprichosa, despiadada y opresiva. Pero nuestros amado Dios es perfecto, y es ambas cosas al mismo tiempo: fuerte y bueno. Qué confianza tan grande y que paz llena nuestra alma cuando sabemos que Dios hace uso de Su poder para traer justicia a las viudas y a los huérfanos (v. 5), que Él provee de familia a aquel que está desamparado (v. 6), que Él sustenta al pobre y necesitado (v. 10). El pueblo de Dios no solo le alaba por ser el Rey de reyes, sino también por ser un Rey que ama a Su gente y provee para los suyos. El poder y la bondad de nuestro Dios es tan grande que subió a lo alto e hizo cautiva la cautividad (v. 18). Sí, nuestro Dios es capaz de apresar la opresión, de matar a la muerte y de cautivar la cautividad para liberarnos de nuestros captores.

Su poder es bondadoso. Su bondad es poderosa. Nuestro Dios tomó dones para los hombres. Qué regalo tenemos en Jesucristo, Dios encarnado, que reúne en sí fuerza y bondad. Jesús es ese León poderoso que es sacrificado y del cual mana dulce miel para alimentar a los suyos (Jue. 14:8). Jesús, siendo Dios mismo, se entregó hasta la muerte y muerte de Cruz, descendió al sepulcro y al tercer día ascendió a lo más alto y obtuvo para nosotros un tesoro espiritual del cual no somos merecedores, pero somos propietarios (Ef. 4:8). Del fuerte brotó dulzura, y en este precioso salmo Dios es llamado el Dios de nuestra salvación porque tan solo en Él tenemos esperanza de nueva vida (v. 19). ¿Has experimentado esta salvación que está describiendo aquí el salmista? ¿Conoces la liberación de la cual nos habla? Cristo, con Su poder, te puede liberar del maligno y de las cadenas del pecado que te oprimen. Cristo, con Su gracia preciosa, te adopta la familia de Dios y te colma de bendiciones espirituales (Ef. 1:3). «Bendito sea el Señor, nuestro Dios y Salvador, que día tras día sobrelleva nuestras cargas» (v. 19).

SALMO 33

«La palabra del SEÑOR es justa; fieles son todas sus obras»

(SAL. 33:4).

El gozo santo es el corazón y el alma de la alabanza, cosa que aquí se pide al justo. La alabanza de agradecimiento es el aliento y el lenguaje del gozo santo. Los cánticos religiosos son la expresión adecuada de la alabanza por gratitud. Todo don debemos usarlo con toda nuestra destreza y fervor al servicio de Dios. Todas Sus promesas son sabias y buenas. Recta es Su palabra y, por tanto, solo estamos bien cuando estamos de acuerdo con ella. Toda Su obra es hecha con fidelidad. Él es el justo Jehová, por tanto, ama la justicia. ¡Qué lástima es que esta tierra, que está tan llena de pruebas y de muestras de la bondad de Dios, esté tan vacía de alabanzas a Él; y que haya tan pocos que vivan para Su gloria en las multitudes que viven de Su generosidad! Lo que el Señor hace, lo hace a propósito; permanece firme. Pasa por alto todos los consejos de los hombres, y hace que sirvan a Sus consejos; nada puede impedir que el consejo eterno de Dios llegue a cumplirse, cosa que para nosotros es de lo más sorprendente.

Todos los movimientos y operaciones del alma de los hombres, que ningún mortal conoce sino ellos mismos, Dios los conoce mejor que ellos. En Su mano están sus corazones todos y sus tiempos; Él formó el espíritu de cada hombre en su interior. Todos los poderes de la criatura dependen de Él, y para nada cuentan ni para nada sirven sin Él. Si hacemos que el favor de Dios sea seguro para nosotros, entonces no tenemos que temer lo que esté en contra nuestra. Tenemos que darle a Él la gloria de Su gracia especial. Todos los intentos humanos para la salvación de nuestra alma son vanos, pero el ojo vigilante del Señor está sobre aquellos cuyo temor consciente de su nombre procede de la esperanza que cree en Su misericordia. Ellos serán socorridos en sus dificultades; no recibirán daño real en sus peligros. Quienes temen a Dios y Su ira, deben esperar en Dios y Su misericordia, porque no hay modo de huir de Él sino huir hacia Él. *Que tu misericordia, oh Señor, esté sobre nosotros; que siempre tengamos consuelo y provecho, no por nuestro mérito, sino conforme a la promesa que tú nos diste en tu Palabra y conforme a la fe que nos diste por tu Espíritu y tu gracia.*

SALMO 9:9-10

*«En ti confían los que conocen tu nombre, porque tú,
Señor, jamás abandonas a los que te buscan»*

(SAL. 9:10).

ace poco tiempo sufrí en casa dos pérdidas muy difíciles de sobrellevar. Fueron días complicados y tristes. En un período de dos meses fallecieron mi esposa y a mi padre. Ella falleció luego de una lucha de doce años contra el cáncer. Algo muy sobrecogedor para mi entendimiento, aun cuando ya nos habíamos preparado y despedido varias veces. Finalmente llegó el tiempo de su partida con el Señor y, tanto yo como mis hijos, tuvimos que atravesar un proceso de dolor que nos tomó tiempo ir superando. Luego, un mes y medio después, mi padre también falleció.

Este pasaje nos manifiesta una certeza: «Jehová será refugio del pobre» (v. 9, RVR1960). Y sinceramente, ante situaciones tan difíciles, se siente uno realmente pobre. Pobre de ánimo, de rumbo, de paz, de compañía y de muchas cosas más. El significado de esta palabra habla de alguien que ha sido triturado, abatido, lastimado u oprimido con violencia. Así que, ¿cuál pena estás atravesando? Del tipo que sea, el Señor promete ser nuestro refugio, nuestra fortaleza y el lugar inalcanzable para quien procure dañarnos.

El salmista agrega una importante declaración: «En ti confían lo que conocen tu nombre». ¿Por qué dice esto? Porque no es posible depositar la confianza en un desconocido. Y, por cierto, si alguien se ha dado a conocer al mundo es Dios, así que la responsabilidad de no confiar en Él es nuestra. Nosotros decidimos apartarnos de Su consejo, de Su conocimiento. No es posible dejar la vida en manos de alguien a quien desconozco. Pero si, por el contrario, hemos conocido el resultado de descansar en Dios nuestra vida, comprobaremos, al paso del tiempo, la enorme cobertura de consuelo, certeza, confianza, y aun gozo y paz, que en medio de la angustia Él provee para los que pasamos por la prueba, por más difícil que parezca.

Finalmente se añade una frase más: «Porque tú, Señor, jamás abandonas a los que te buscan». ¿Y qué significa esto? Que, al acercarnos por ayuda, buscando al Creador, al postrarnos ante Su Hijo Jesús, nuestro Salvador, reconociendo nuestra necesidad de Él, fuimos atendidos, y no quedamos en el desamparo o soledad. Su vara y Su cayado infunden aliento y compañía para el día malo.

Así que, en mi caso, cuando más angustia había en mi interior y me sentía más agobiado, pude conocer el significado de confiar en el Señor, pues Él trajo paz y cobijo para mí y mi familia, de una forma cariñosa y esperanzadora. Y estoy seguro de que tú puedes experimentar esta misma protección divina en medio de tu problema, por más difícil que sea.

¿Tienes problemas, angustia, situaciones complicadas? Conoce a Dios, y confía en Él; búscalo, no te arrepentirás y seguramente hallarás en Él refugio en medio de la angustia. «En él, mediante la fe, disfrutamos de libertad y confianza para acercarnos a Dios» (Ef. 3:12).

SALMO 68

*«Temible eres, oh Dios, desde tus santuarios; el Dios de
Israel, él da fuerza y vigor a su pueblo. Bendito sea Dios»*

(SAL. 68:35, RVR1960).

Al inicio de este impactante salmo Jehová es presentado como un Rey poderoso y justo con Su pueblo, y a medida que avanzamos en estos versos vamos descubriendo otro aspecto de Su magnífico poder: que Dios es temible con Sus enemigos. Tal como hallamos en estas estrofas, Dios aplastará a todos Sus enemigos. Estos versículos presentan una convicción abrumadora al describir el triunfo final y absoluto de Dios sobre todos Sus adversarios. Dios vencerá, puesto que Él confunde los planes del maligno y esparce a todos los enemigos de Su pueblo (v. 30); Dios vencerá, pues Él herirá mortalmente la cabeza de Sus enemigos (v. 21) hasta que los pies de Su Siervo estén rojos de tanta sangre como habrá pisado (v. 23). Cuando eso acontezca, los perros lamerán la sangre de los adversarios de Jehová, así como en su día lamieron la sangre de la malvada reina Jezabel (1 Rey. 22:38). Dios vencerá aplastando la cabeza de Su enemigo, como ya anunció Dios mismo a la serpiente en el Edén: «Y pondré enemistad entre ti y la mujer, y entre tu simiente y la simiente suya; ésta te herirá en la cabeza, y tú le herirás en el calcañar» (Gén. 3:15, RVR1960).

Israel contemplará el despliegue glorioso del poder de Dios y se gozará en la gran victoria final de Jehová. Los versículos 24 al 27 describen al pueblo del Señor en procesión alabando a su rey y dando gracias a Dios por haberle dado la fuerza para vencer en la batalla: «Tu Dios ha ordenado tu fuerza» (v. 28); «el Dios de Israel, Él da fuerza y vigor a su pueblo» (v. 35). Pero entonces vemos que el canto no solo incluye a Israel, sino que todos los pueblos están también invitados a unirse a esta gran alabanza: «Reinos de la tierra, cantad a Dios, cantad al Señor» (v. 32). Ante tal victoria sobre los adversarios de Dios todos los reinos de la tierra entonarán cánticos de júbilo. Aun hoy todos los reinos están invitados a unirse a este canto de celebración. Nosotros también, los que antes no éramos pueblo, ahora somos pueblo y festejamos Su victoria. Aun hoy todos aquellos que son enemigos de Dios pueden ser derrotados con Su gracia sublime, antes de ser vencidos mañana con Su justa ira.

Al final del salmo el salmista entona «Temible eres, oh Dios» (v. 35). Así como la paz vertida sobre Su Israel, el pueblo de la fe, es inmensa, también es grande la ira terrible que le espera a los enemigos de Cristo. Si tú aún no estás en Cristo, quiera el Señor que estos versos te muevan a correr hacia Él; si ya estás escondido en Cristo, quiera el Señor que te muevan a alabarle aun con más júbilo por una salvación tan perfecta. Recuerda que «el que cree en el Hijo tiene vida eterna; pero el que rehúsa creer en el Hijo no verá la vida, sino que la ira de Dios está sobre él» (Juan 3:36).

SALMO 50:10-12

«... pues mío es el mundo, y todo lo que contiene»

(SAL. 50:12).

¿*H*as notado la frecuencia con la que los seres humanos emitimos juicios o cuestionamientos sobre Dios? Todos lo hemos hecho, ya sea con nuestras palabras o en nuestros corazones. Hemos pensado en algún momento que Dios no es bueno, o justo; que no está escuchando. Quizás preguntamos: ¿dónde está Él cuando no recibimos respuesta inmediata? Yo lo he hecho. Él conoce cada pensamiento de los corazones confundidos, heridos y también malvados y orgullosos.

La realidad es que Dios no nos debe explicaciones. Nosotros somos la criatura y Él es el Creador. Cristo mismo enmudeció en ocasiones ante los cuestionamientos de Sus adversarios y esto era un mensaje para que supieran ante la autoridad de quién estaban. El sistema sacrificial en el Antiguo Testamento puede resultar confuso. Pero a su audiencia original les hacía perfecto sentido. El constante derramamiento de sangre les recordaba que el pecado tenía un costo, que era sucio y que alguien debía pagar. Dios no necesitaba los sacrificios, los seres humanos eran quienes lo necesitaban. Dios no tenía hambre de sangre, los seres humanos necesitaban ser cubiertos por sus pecados y rebeliones. Aun esos sacrificios representaban la provisión de Dios, así que el pueblo no le estaba dando nada a Dios que Él no había creado o provisto para ellos primero. El salmista tenía esta idea clara al ser inspirado por el Espíritu Santo y confrontar a su audiencia con estas palabras.

En mi niñez tenía una mesada para la escuela y recuerdo que era buena para ahorrar. Un día, para el cumpleaños de mi mamá, quise comprar flores con mis ahorros. Recuerdo haber hecho lo mismo a los 16 años con mi primer cheque en mi primer empleo, ¡qué gozo y alegría fueron ambas ocasiones! Al final podía darle algo a mi mamá, aunque sabía que había salido de lo que ella me había dado o invertido en mí primero. Todo el beneficio y el gozo de lo que pudiera ofrecer era mío, y me había sido dado por alguien que me amaba. La acción de gracias y la adoración que podamos ofrecer a Dios vienen de la vida física y espiritual que Él nos ha dado. La voz con la cual le agradecemos y el corazón que palpita y nos mantiene vivos es dado y sustentado por Él. Dios siempre ha buscado una devoción, rendición y entrega completa del corazón de Su pueblo, no solo de sus acciones. Por eso, Él demanda agradecimiento. Todo lo que existe, todo lo que tenemos y todo lo que le podemos ofrecer ha venido de Su mano. Nada de lo que podamos ofrecerle, es realmente nuestra obra porque todo viene de lo que Él nos ha dado.

Alguien cultiva los alimentos que ingerimos diariamente, pero es Dios quién gobierna Su creación, envía la lluvia, sostiene el sol y da el crecimiento al sustento diario de todo un planeta de criaturas y seres humanos. Y es a ese Dios que llamamos Padre y Señor, ¡inescrutables son sus caminos! Es a ese Dios a quién nos llama este salmo a invocar en el día de la angustia.

SALMO 34

«Bendeciré al Señor en todo tiempo;
mis labios siempre lo alabarán»

(SAL. 34:1).

Que la gente joven empiece la vida aprendiendo el temor del Señor, si aquí desean consuelo verdadero, y felicidad eterna en el más allá. Serán muy felices los que se inician temprano en el servicio de tan buen Amo.

Todos desean ser felices. Con seguridad esto debe mirar más allá del mundo presente; porque la vida del hombre en la tierra es de unos pocos días, y llenos de tribulaciones. ¿Qué hombre es el que verá lo bueno de allá donde toda bienaventuranza es perfecta? ¡Ay! Pocos son los que tienen este bien en sus pensamientos. La religión que promete lo mejor es la que hace velar sobre el corazón y la lengua. No basta con no herir, debemos estudiar cómo ser útiles y vivir para algún propósito; tenemos que buscar la paz y seguirla; estar dispuestos a negarnos a nosotros mismos en gran medida en aras de la paz.

Costumbre constante de los verdaderos creyentes es clamar a Dios cuando están en dificultades, y su consuelo constante es que Él los oye. Los justos son humillados por el pecado y son poca cosa ante sus propios ojos. Nada es más necesario para la verdadera santidad que el corazón contrito, quebrantado de toda confianza en sí mismo. En ese suelo florecerá toda gracia y nada puede animar más a alguien así, que la gracia rica y libre del evangelio de Jesucristo. Los justos son puestos bajo la protección especial del Señor, aunque tienen su cuota de cruces en este mundo y hay quienes los odian. De la misericordia del cielo y de la maldad del infierno, las aflicciones del justo deben ser muchas. Pero cualesquiera sean las tribulaciones que les sobrevengan, no herirán su alma, porque Dios los resguarda para que no pequen cuando están afligidos. Ningún hombre está desolado sino aquel al cual Dios ha abandonado.

SALMO 130

*«A ti, Señor, elevo mi clamor desde las
profundidades del abismo»*

(SAL. 130:1).

Este sencillo salmo compuesto por tan solo cuatro estrofas está cargado de profundas enseñanzas. El salmista clama al Señor por Su perdón y lo hace describiendo en primer lugar cuán grande es su desesperada condición. Reconoce que está en el «abismo», sin esperanza aparte del auxilio divino, y presenta una sincera súplica a Dios: «Si tú, Señor, tomaras en cuenta los pecados, ¿quién, Señor, sería declarado inocente?» (v. 3). Le pide a Dios que no mire sus faltas, que escuche su petición, y que le otorgue Su perfecto perdón.

Puede parecernos algo sencillo a nosotros, los que leemos este salmo desde este lado de la cruz, pero para el pueblo del antiguo pacto Jehová era un Dios misericordioso y compasivo que ofrecía Su perdón a Su pueblo, en contraste con los dioses de los pueblos vecinos, que eran despiadados y sin misericordia oprimían con sus preceptos. El pueblo del Señor encuentra en su Dios una esperanza continua, auténtica, inquebrantable.

Podemos ver que después de la súplica viene la espera, y que esta no es una espera frágil y tenue, sino una espera robusta e insistente. El salmista aguarda el perdón de Dios, lo anhela de todo corazón, más que los centinelas aguardan la llegada de la mañana tras estar una noche en vela. «Espero al Señor con toda el alma» (v. 6), o lo que es lo mismo, «en su palabra he puesto mi esperanza» (v. 5). No tenemos ninguna duda. Confiamos en las promesas de Dios, y al confiar en Su Palabra estamos esperando en Él. Podemos esperar de una forma constante porque Él cumple con lo que dice, y sabemos que Dios es un Dios perdonador. El salmista se acoge a las promesas de Dios para esperar el perdón que Él mismo ha prometido a todos aquellos que se arrepienten: «Si mi pueblo, que lleva mi nombre, se humilla y ora, y me busca y abandona su mala conducta, yo lo escucharé desde el cielo, perdonaré su pecado y restauraré su tierra» (2 Crón. 7:14). Nuestro Dios es un Dios que abunda en misericordia y perdón y Su gracia es tan grande que cubre todas nuestras faltas.

La convicción del salmista es profunda. Las promesas del Señor nos llevan a disfrutar de una paz y una esperanza inquebrantables: «En él hay plena redención. Él mismo redimirá a Israel» (Sal. 130:7-8). No hay ninguna duda de que tras la confesión hay perdón. No se trata de un perdón parcial, pues Dios redimirá a Israel «de todos sus pecados». ¿Vives tú en esta petición, en esta esperanza del corazón y en esta convicción del perdón de Dios? ¿Son las palabras de este salmo una realidad que impacta tu vida? Acércate a Cristo con un espíritu humilde, reconociendo todas tus penas y faltas, pues nuestro Dios es un Dios misericordioso en cuyos labios hay perdón. Ora al Señor diciéndole: «Señor, sé que en ti hay perdón. Mi alma está confiada en ti. En ti esperaré».

SALMO 35

*«Defiéndeme, Señor, de los que me atacan;
combate a los que me combaten»*

(SAL. 35:1).

 o es cosa nueva que los hombres más justos, y la causa más justa, encuentren enemigos. Esto es fruto de la vieja enemistad de la descendencia de la serpiente contra la simiente de la mujer. David en sus aflicciones, Cristo en Sus sufrimientos, la Iglesia bajo persecución, y el cristiano en la hora de la tentación, todos ruegan al Todopoderoso que se presente a favor de ellos y reivindique su causa. Tenemos la tendencia a justificar la intranquilidad por las injurias que nos infligen los hombres, pensando que no hemos dado motivos para que nos traten mal; pero esto debiera darnos tranquilidad, porque entonces podemos esperar con mayor razón que Dios defienda nuestra causa. David oró a Dios que se manifestara en su tribulación. Déjame tener consuelo interior en medio de todos los trastornos exteriores para sostener mi alma. Si Dios, por Su Espíritu, atestigua a nuestros espíritus que Él es nuestra salvación, no tenemos que desear más para hacernos felices. Si Dios es nuestro Amigo, no importa quién sea nuestro enemigo. Por el Espíritu de profecía, David predice los justos juicios de Dios que, por su gran maldad, sobrevendrán a Sus enemigos. Estas son predicciones, miran al futuro, y muestran la condenación de los enemigos de Cristo y de Su reino. No debemos desear ni pedir la ruina de ningún enemigo, salvo nuestras lujurias y los malos espíritus que quieren nuestra destrucción. Un viajero sorprendido por la noche en un camino malo es expresiva señal del pecador que camina en las sendas peligrosas y resbaladizas de la tentación. Pero David, habiendo encomendado su causa a Dios, no dudó de su propia liberación. Los huesos son las partes más fuertes del cuerpo. Aquí el salmista se propone servir y glorificar a Dios con toda su fuerza. Si tal lenguaje puede aplicarse a la salvación exterior, ¡cuánto más se aplicará a las cosas celestiales en Cristo Jesús!

Llama ingrato al hombre, y no puedes decirle nada peor: este era el carácter de los enemigos de David. Aquí él era tipo de Cristo. David muestra con cuánta ternura se había comportado con ellos en las aflicciones. Debemos lamentarnos por los pecados de quienes no se lamentan por sí mismos. No perderemos por los buenos oficios que hagamos a nadie, por ingratos que sean. Aprendamos a dominar nuestra alma con paciencia y mansedumbre como David o, más bien, según el ejemplo de Cristo.

Aunque el pueblo de Dios sea tranquilo y contemple serlo, aun ha sido corriente que sus enemigos conciban ideas engañosas contra ellos. David ora: *Mi alma peligra; Señor, rescátala; te pertenece a ti, Padre de los espíritus, por tanto reclama lo tuyo; es tuya, ¡sálvala! Señor no te alejes de mí como si yo fuera un extraño.*

Él que exaltó al entonces sufriente Redentor, comparecerá por todo Su pueblo: el león rugiente no destruirá sus almas, no más de lo que puede con la de Cristo, su Seguridad. Ellos encomiendan su alma en Sus manos, por fe son uno con Él, son preciosos a Sus ojos, y serán rescatados de la destrucción para que den gracias en el cielo.

SALMO 2

«Bésenle los pies, no sea que se enoje y sean ustedes destruidos en el camino, pues su ira se inflama de repente. ¡Dichosos los que en él buscan refugio!»

(SAL. 2:12).

Las naciones de la tierra se unen. Los reyes y los príncipes se confabulan contra Dios y contra Su Mesías, Su ungido. Los reinos se amotinan con el fin de librarse de Su señorío y de Sus ligaduras (vv. 1-3). Mientras tanto, desde los cielos el Señor observa tales planes y se ríe, incluso se burla de la diminuta fuerza de los hombres. Entonces es cuando Dios repleto de ira se dirige a las naciones del mundo con Su voz potente y las hace temblar de espanto: «He establecido a mi rey sobre Sión, mi santo monte» (v. 6). Este es el decreto del Soberano del universo, que Jehová tiene un Hijo, Su ungido, engendrado por Él, el cual posee toda la tierra y es poderoso para deshacer las naciones con la misma facilidad que una vara de hierro desmenuza una vasija de barro.

El Hijo es Señor sobre todas las cosas. Cristo es Señor sobre todas las naciones y es el único Salvador sobre Su pueblo. El mundo entero le debe obediencia porque todo es suyo y, sin embargo, el enemigo, el diablo, de forma ignorante pretendió tentarle en el desierto ofreciéndole todo aquello que Él ya poseía (Mat. 4:9). El salmista lanza entonces una advertencia a todos los pueblos de la tierra. Un ultimátum a la obediencia, apelando a su prudencia para que reciban Su reprensión y decidan servir a Jehová de todo corazón. ¿Y por qué habrían de servir a Jehová? ¿Tal vez para recibir Sus bendiciones? No. Deben servir a Jehová para no ser destruidos con Su ira (v. 12).

Este es sin duda uno de los salmos más impactantes de todo el salterio. Aquí todas las naciones de la tierra son exhortadas a honrar al Hijo de Dios, no atraídas por Su perdón y Su misericordia, sino por Su ira y por el temor que esta provoca. El salmo concluye llamando bienaventurados a todos aquellos quienes confían en Dios. Aquellos que se inclinan ante Él y le rinden honor. ¿Eres tú uno de los bienaventurados? ¿Confías tú en el Señor? ¿Temes la ira venidera? Muchas veces escuchamos el evangelio enfatizando el perdón de los pecados, la bondad y la dulzura de Jesús. Y es cierto, pues el Señor es bueno y dulce. Pero solemos descuidar este otro aspecto del evangelio, que la ira de Dios pende sobre las cabezas de los incrédulos y que la fe y la obediencia no son tan solo una invitación sino una orden de parte del Dios todopoderoso. Recuerda, si aún no te has rendido ante la majestad de Jesucristo, que la ira del León de Judá está hoy más cerca que ayer, y que Dios «pasó por alto aquellos tiempos de tal ignorancia, pero ahora manda a todos, en todas partes, que se arrepientan» (Hech. 17:30).

SALMO 41

*«Dichoso el que piensa en el débil; el SEÑOR
lo librará en el día de la desgracia»*

(SAL. 41:1).

El pueblo de Dios no está libre de pobreza, enfermedad ni aflicción externa, pero el Señor considera el caso de ellos y envía las necesarias provisiones. Del ejemplo de su Señor, el creyente aprende a considerar a sus hermanos pobres y afligidos. Esta rama de la santidad suele ser recompensada con bendiciones temporales. Pero nada es tan angustiante para el creyente contrito como el temor o sentido del descontento divino, o de pecado en su corazón. El pecado es la enfermedad del alma; la misericordia que perdona la sana, la gracia que renueva la sana y debemos anhelar más esta sanidad espiritual que la salud corporal.

Nos quejamos, y justamente, de la falta de sinceridad, y de que escasamente se puede hallar una amistad verdadera entre los hombres; pero los días pasados no fueron mejores. En particular uno en quien David había puesto gran confianza tomó parte con sus enemigos. Y no pensemos que es extraño si recibimos mal de los que suponemos amigos. ¿No hemos quebrantado de esa manera nuestras palabras ante Dios? Comemos diariamente de Su pan, pero levantamos el calcañar contra Él. Pero aunque no nos complazcamos en la caída de nuestros enemigos, podemos complacernos en que sus designios se vuelven vanidad. Cuando podemos discernir el favor del Señor en cualquier misericordia, sea personal o pública, eso la dobla. Si la gracia de Dios no tuviera constante cuidado de nosotros, no seríamos sustentados. Pero mientras estemos en la tierra, asintamos de todo corazón a las alabanzas que los redimidos de la tierra y del cielo rinden a Su Dios y Salvador.

ÍNDICE DE CONTRIBUYENTES

ÍNDICE DE CAPÍTULOS